中国纺织出版社

内 容 提 要

《群书治要》是唐初著名谏官魏征等人在贞观初年受命于唐太宗李世民辑录而成。它取材于六经、四史、诸子百家，是中国古圣先王修身治国之智慧之作，是历经千年考验所累积的文化宝藏。这部宝典既能助唐太宗开创“贞观之治”，也必能为当今各个阶层的领导者提供可贵借鉴。而对于生活在当今社会中的每个人，该书也能成为修身、齐家、处世的智慧源泉。

图书在版编目（CIP）数据

群书治要全鉴 /（唐）魏征编撰；东篱子整理．—北京：中国纺织出版社，2016．2
ISBN 978-7-5180-2233-5

Ⅰ．①群… Ⅱ．①魏… ②东… Ⅲ．①政书—中国—唐代②《群书治要》—注释③《群书治要》—译文 Ⅳ．① D691.5

中国版本图书馆 CIP 数据核字（2015）第 295547 号

策划编辑：丁守富　特约编辑：韩玉林　责任印制：储志伟

中国纺织出版社出版发行
地址：北京市朝阳区百子湾东里A407号楼　邮政编码：100124
邮购电话：010—67004422　传真：010—87155801
http://www.c-textilep.com
E-mail：faxing@c-textilep.com
中国纺织出版社天猫旗舰店
官方微博 http://weibo.com/2119887771
北京睿特印刷厂印刷　各地新华书店经销
2016年2月第1版第1次印刷
开本：710×1000　1/16　印张：20
字数：467千字　定价：38.00元

前言

《群书治要》顾名思义，即从众多书籍之中，选出关乎治国安邦之精要辑录成册。贞观初年，唐太宗李世民为鼓励群臣进谏、批评其决策过失，下令由谏官魏征及大臣虞世南、褚遂良等从先前历代帝王治国资政史料中撷取有关修身、齐家、治国、平天下之精要，编撰成此书。

书成之后，魏征在序文中称之为一部“用之当今，足以鉴览前古；传之来叶，可以贻厥孙谋”的治世宝典。唐太宗在读此书后，在《答魏征上〈群书治要〉手诏》中感慨道：“朕少尚威武，不精学业，先王之道，茫若涉海。观所撰书，见所未见，闻所未闻，使朕致治稽古，临事不惑，其为劳也，不亦大哉！”他特令缮写此书十余部，分赐太子及诸侯王以作从政龟鉴。贞观九年，唐太宗再次总结阅读此书的感受时说：“手不释卷，知风化之本，见政理之源”（见《贞观政要》）。由此可见，此书不仅是魏征等人向唐太宗进谏的重要理论依据，还被唐太宗及其群臣作为了创建“贞观之治”的思想源泉和施政参考。

然而如此珍贵的一部典籍，却因当时印刷术不发达而未能普及，加之唐末战乱，致使此书至宋初已失传，然而幸被日本的遣唐使带回国，后被日本历代天皇及大臣奉为宝典，从而得以保存下来。

《群书治要》一书共五十卷，约五十余万言，共选录经典六十五种，基本依照经、史、子的次第排列。经的部分，共节录了《周易》《尚书》《毛诗》《春秋左氏传》《礼记》等内容，内容均为与修身理政有关的嘉言懿行，表明了魏征等辑录者以儒家思想为主导的治国主张。史的部分，节录了《史记》《汉书》《三国志》《晋书》等内容，其中既有明君用贤、忠良辅国达致天下太平的经验，也有昏主宠佞、奸臣欺主导致朝政危亡的实录，具有重要的史料价值。子的部分，则从数十种典籍中摘录而成，涵盖了儒、道、墨、法等诸家思想流派，博采众长。

“以铜为镜，可以正衣冠；以古为镜，可以知兴替；以人为镜，可以明得失。”作为一部资政巨著，《群书治要》对于继承中国传统治国理政思想，学习古圣先贤留传至今的治国智慧、理念、方法，汲取历史上治理国家和社会的各种有益经验，都具有重要的意义。本书根据天明本《群书治要》、元和本《群书治要》校勘整理而成，认真研读本书，理解书中精髓，相信你能从中有所借鉴。

整理者

2015 年 10 月

原序

窃惟载籍之兴，其来尚矣。左史右史记事记言，皆所以昭德塞违，劝善惩恶。故作而可纪，薰风扬乎百代；动而不法，炯戒垂乎千祀。是以历观前圣，抚运膺期，莫不懔乎御朽，自强不息，朝乾夕惕，意在兹乎？

近古皇王，时有撰述，并皆包括天地，牢笼群有。竞采浮艳之词，争驰迂诞之说，骋末学之博闻，饰雕虫之小伎，流宕忘反，殊途同致。虽辩周万物，愈失司契之源；术总百端，弥乖得一之旨。

皇上以天纵之多才，运生知之睿思，性与道合，动妙几神。玄德潜通，化前王之所未化；损己利物，行列圣之所不能行。翰海龙庭之野，并为郡国；扶桑若木之域，咸袭缨冕。天地成平，外内禔福，犹且为而不恃，虽休勿休；俯协尧舜，式遵稽古，不察貌于止水，将取鉴乎哲人。以为六籍纷纶，百家踳驳。穷理尽性，则劳而少功；周览泛观，则博而寡要。故爰命臣等采摭群书，翦截淫放，光昭训典。

圣思所存，务乎政术，缀叙大略，咸发神衷；雅致钩深，规摹宏远，网罗治体，事非一目。若乃钦明之后，屈己以救时；无道之君，乐身以亡国。或临难而知惧，在危而获安；或得志而骄居，业成以致败者，莫不备其得失，以著为君之难。

其委质策名，立功树惠，贞心直道，忘躯殉国，身殒百年之中，声驰千载之外。或大奸臣猾，转日回天，社鼠城狐，反白仰黑，忠良由其放逐，邦国因以危亡者，咸亦述其终始，以显为臣不易。

其立德立言，作训垂范，为纲为纪，经天纬地，金声玉振，腾实飞英，雅论徽猷，嘉言美事；可以弘奖名教，崇太平之基者，固亦片善不遗，将以丕显皇极。至于母仪嫔则，懿后良妃，参徽猷于十乱，著深诫于辞辇。或倾城哲妇，亡国艳妻，候晨鸡以先鸣，待举烽而后笑者，时有所存，以备劝戒。爰自六经，讫乎诸子；上始五帝，下尽晋年。凡为五帙，合五十卷，本求治要，故以《治要》为名。

但皇览遍略，随方类聚，名目互显，首尾淆乱，文义断绝，寻究为难。今之所撰，异乎先作，总立新名，各全旧体，欲令见本知末，原始要终，并弃彼春华，采兹秋实。一书之内，牙角无遗；一事之中，羽毛咸尽。用之当今，足以鉴览前古；传之来叶，可以贻厥孙谋。引而申之，触类而长，盖亦言之者无罪，闻之者足以自戒。庶弘兹九德，简而易从。观彼百王，不疾而速，崇巍巍之盛业，开荡荡之王道。可久可大之功，并天地之贞观；日用日新之德，将金镜以长悬。

秘书监钜鹿男臣魏征等奉敕撰

目录

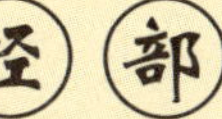

经部

史部

子部

经部

卷　一

《周易》治要

☰ 乾上乾下《乾》：元、亨、利、贞〔《文言》备也〕。象曰：天行健，君子以自强不息。

九三：君子终日乾乾，夕惕若厉，无咎〔处下体之极，居上体之下。纯修下道，则居上之德废；纯修上道，则处下之礼旷。故终日乾乾，至于夕，惕犹若厉也〕。

九五：飞龙在天，利见大人〔不行不跃而在乎天，故曰飞龙也。龙德在天，则大人之路亨也。夫位以德兴，德以位叙，以至德而处盛位，万物之睹，不亦宜乎〕。

上九：亢龙有悔。彖曰：大哉乾元，万物资始，乃统天。云行雨施，品物流行，大明终始，六位时成，时乘六龙以御天。乾道变化，各正性命〔大明乎终始之道，故六位不失其时而成也。升降无常，随时而用。处则乘潜龙，出则乘飞龙，故曰“时乘六龙”也〕。保合大和，乃利贞〔不和而刚暴也〕。首出庶物，万国咸宁〔万物所以宁，各以有君也〕。《文言》曰：“元”者，善之长也。“亨”者，嘉之会也。“利”者，义之和也。“贞”者，事之干也。君子体仁足以长人，嘉会足以合礼，利物足以和义，贞固足以干事。君子行此四德者，故曰：“乾，元、亨、利、贞”。“君子终日乾乾，夕惕若厉，无咎”，何谓也？子曰：“君子进德修业。忠信，所以进德也；修辞立其诚，所以居业也。是故居上位而不骄，在下位而不忧〔居下体之上，在上体之下，明夫终敝，故不骄也；知夫至至，故不忧也〕。故乾乾，因其时而惕，虽危无咎矣〔惕，怵惕之谓也〕。”“飞龙在天，利见大人”，何谓也？子曰：“同声相应，同气相求。水流湿，火就燥，云从龙，风从虎，圣人作而万物睹。”“亢龙有悔”，何谓也？子曰：“贵而无位，高而无民〔下无阴也〕，贤人在下位而无辅〔贤人虽在下而当位，不为不助〕，是以动而有悔也。”君子学以聚之，问以辨之〔以君德而处下体，资纳于物者也〕，宽以居之，仁以行之。夫大人者与天地合其德，与日月合其明，与四时合其序，与鬼神合其吉凶。先天而无弗违，后天而奉天时。天且弗违，而况于人乎？况于鬼神乎？“亢”之为言也，知进而不知退，知存而不知亡，知得而不知丧。其唯圣人乎？知进退存亡而不失其正者，其唯圣人乎？

☷ 坤上坤下《坤》：象曰：地势坤，君子以厚德载物。彖曰：至哉坤元，万物资生，乃顺承天。坤厚载物，得合无疆，含弘光大，品物咸亨。《文言》曰：坤至柔而动也刚，至静而德方，含万物而化光。坤道其顺乎？承天而时行。积善之家，必有余庆；积不善之家，必有余殃。君子敬以直内，义以方外，敬义立而德不孤。

䷂坎上震下《屯》：象曰：云雷，屯。君子以经纶〔君子经纶之时〕。彖曰：天造草昧，宜建侯而不宁〔屯体不宁，故利建诸侯也。屯者，天地造始之时也。造物之始，始于冥昧，故曰“草昧”也。处造始之时，所宜之善，莫善于建侯〕。

䷃艮上坎下《蒙》：象曰：山下出泉，蒙。君子以果行育德。彖曰：匪我求童蒙，童蒙求我，志应也〔我，谓非童蒙者。暗者求明者，明者不咨暗。故蒙之为义，匪我求童蒙，童蒙求我也。童蒙之来求我，志应故也〕。蒙以养正，圣功也。

䷆坤上坎下《师》：象曰：地中有水，师。君子以容民畜众。

初六：师出以律，否臧，凶〔为师之始，齐师者也。失令有功，法所不赦，故师出不以律，否臧皆凶也〕。

上六：大君有命，开国承家，小人勿用〔处师之极，师之终也。大君之命，不失功也。开国承家，以宁邦也。小人勿用，非其道也〕。象曰：大君有命，以正功也。小人勿用，必乱邦也。

䷇坎上坤下《比》：象曰：地上有水，比，先王以建万国，亲诸侯〔万国以比建，诸侯以比亲〕。

䷉乾上兑下《履》：象曰：上天下泽，履。君子以辨上下，定民志。

䷊坤上乾下《泰》：象曰：天地交，泰。后以财成天地之道，辅相天地之宜，以左右民〔上下大通，则物失其节，故财成而辅相，以左右民也〕。彖曰：天地交而万物通也，上下交而其志同也。内君子而外小人，君子道长，小人道消也。

䷋乾上坤下《否》：象曰：天地不交，否。君子以俭德避难，不可荣以禄。彖曰：天地不交而万物不通，上下不交而天下无邦也。内阴而外阳，内柔而外刚，内小人而外君子。小人道长，君子道消也。

九五：休否，大人吉。其亡其亡，系于苞桑〔居否之世，能全其身者，唯大人耳。巽为木，木莫善于桑，人虽欲有亡之者，众根坚固，弗能拔之也〕。

䷌乾上离下《同人》：象曰：天与火，同人〔天体于上，而火炎上，《同人》之义〕。君子以类族辩物〔君子小人，各得所同〕。彖曰：文明以健，中正而应，君子正也〔行健不以武，而以文明用之；相应不以邪，而以中正应之，君子正也〕。唯君子为能通天下之志〔君子以文明为德者也〕。

☲离上 ☰乾下《大有》：象曰：火在天上，大有。君子以遏恶扬善，顺天休命〔“大有”，包容之象也。故遏恶扬善，成物之美，顺奉天德，休物之命也〕。彖曰：柔得尊位，大中，而上下应之，曰“大有”〔处尊以柔，居中以大，上下应之，靡所不纳，大有之义也〕。其德刚健而文明，应乎天而时行，是以“元亨”〔德应于天，则行不失时矣。刚健不滞，文明不犯，应天则大，时行无违，是以元亨也〕。

上九：自天佑之，吉，无不利〔居大有之上，而不累于位，志尚于贤者也〕。

☷坤上 ☶艮下《谦》：象曰：地中有山，谦。君子以裒多益寡，称物平施〔多者用谦以为裒，少者用谦以为益，随物而与，施不失平也〕。彖曰：谦，亨。天道下济而光明，地道卑而上行；天道亏盈而益谦，地道变盈而流谦；鬼神害盈而福谦，人道恶盈而好谦。谦，尊而光，卑而不可逾，君子之终也。

初六：谦谦君子，用涉大川，吉〔能体谦谦，其唯君子，用涉大难，物无害也〕。象曰：谦谦君子，卑以自牧也〔牧，养也〕。

九三：劳谦，君子有终，吉〔劳谦匪懈，是以吉也〕。象曰：劳谦君子，万民服也。

☳震上 ☷坤下《豫》：象曰：雷出地奋，豫。彖曰：豫，顺以动，故天地如之。天地以顺动，故日月不过，而四时不忒。圣人以顺动，则刑罚清而民服。豫之时义大矣哉。

☱兑上 ☳震下《随》：象曰：泽中有雷，随。君子以向晦入宴息〔泽中有雷，动悦之象也。物皆悦随，可以无为，不劳明鉴，故君子向晦入宴息也〕。彖曰：随时之义大矣哉〔得时则天下随之矣。随之所施，唯在于时，时异而不随，否之道也。故随时之义大矣哉〕。

☴巽上 ☷坤下《观》：象曰：风行地上，观。先王以省方，观民设教。彖曰：顺而巽，中正以观天下。观天之神道，而四时不忒。圣人以神道设教，而天下服。

六四：观国之光，利用宾于王〔居观之时，最近至尊，观国之光者也。居近得位，明习国仪者也。故曰“利用宾于王”也〕。

九五：观我生，君子无咎〔上之化下，犹风靡草，故观民之俗，以察己道。百姓有罪，在余一人，君子风著，己乃无咎。上为化主，将欲自观，乃观民也〕。

☲离上 ☳震下《噬嗑》：象曰：雷电，噬嗑。先王以明罚敕法。彖曰：刚柔分，动而明，雷电合而章〔刚柔分动，不溷乃明；雷电并合，不乱乃章。皆利用狱之义也〕。

䷕艮上离下《贲》：象曰：山下有火，贲。君子以明庶政，无敢折狱〔处贲之时，止物以文明，不可以威刑，故君子以明庶政，而无敢折狱也〕。彖曰：观乎天文，以察时变；观乎人文，以化成天下。

六五：贲于丘园，束帛戋戋。吝，终吉〔为饰之主，饰之盛者也。施饰于物，其道害矣；施饰丘园，盛莫大焉。故曰"贲于丘园"，束帛乃戋戋。用莫过俭，泰而能约，故必吝焉，乃得终吉也〕。

䷙艮上乾下《大畜》：象曰：天在山中，大畜。君子以多识前言往行，以畜其德〔物之可畜于怀，令德不散，尽于此也〕。彖曰：大畜，刚健笃实，晖光日新其德〔凡物能晖光日新其德者，唯刚健笃实者也〕。

䷚艮上震下《颐》：象曰：山下有雷，颐。君子以慎言语，节饮食〔言语饮食，犹慎而节之，而况其余乎〕。彖曰：颐，贞吉，养正则吉也。天地养万物，圣人养贤以及万民，《颐》之时大矣哉！

䷜坎上坎下《习坎》：象曰：水洊至，习坎。君子以常德行，习教事〔至险未夷，教不可废，故以常德行而习教事也。习于坎，然后能不以险难为困，而德行不失常〕。彖曰：习坎，重险也。天险不可升也〔不可得升，故得保其威尊〕。地险，山川丘陵也〔有山川丘陵，故物得保以全也〕。王公设险以守其国〔国之为卫，恃于险也。言自天地以下，莫不须险也〕。险之时用大矣哉〔非用之常，用有时也〕。

䷝离上离下《离》：象曰：明两作，离。大人以继明，照于四方〔继，谓不绝〕。彖曰：离，丽也〔丽犹著也，各得所著之宜者也〕。日月丽于天，百谷草木丽乎土，重明以丽乎正，乃化成天下。

䷞兑上艮下《咸》：象曰：山上有泽，咸。君子以虚受人〔以虚受人，物乃感应也〕。彖曰：咸，感也。柔上而刚下，二气感应以相与。天地感而万物化生〔二气相与，乃化生也〕，圣人感人心而天下和平。观其所感，而天地万物之情可见矣〔天地万物之情，见于所感也〕。

䷟震上巽下《恒》：象曰：雷风，恒〔长阳长阴，合而相与，可久之道也〕。君子以立不易方〔得其所久，故不易也〕。彖曰：天地之道，恒久而不已也〔得其所久，故不已也〕。日月得天而能久照，四时变化而能久成，圣人久于其道而天下化成〔言各得所恒，故皆能久长也〕。观其所恒，而天地万物之情可见矣〔天地万物之情，见于所恒也〕。

九三：不恒其德，或承之羞〔德行无恒，自相违错，不可致诘，故“或承之羞”也〕。不恒其德，无所容也。

☶乾上艮下《遁》：象曰：天下有山，遁〔天下有山，阴长之象也〕。君子以远小人，不恶而严。

九五：嘉遁，贞吉〔遁而得正，反制于内，小人应命，率正其志。不恶而严，得正之吉，遁之嘉者也〕。象曰：嘉遁，贞吉，以正志也。

上九：肥遁，无不利〔最处外极，无应于内，超然绝志，心无疑顾。忧患不能累，矰缴不能及，是以“肥遁，无不利”也〕。象曰：肥遁，无不利，无所疑也。

震上乾下《大壮》：象曰：雷在天上，大壮。君子以非礼弗履〔壮而违礼则凶，凶则失壮矣，故君子以大壮而顺礼也〕。彖曰：大壮利贞，大者正也。正大，而天地之情可见矣〔天地之情，正大而已。弘正极大，则天地之情可见矣〕。

离上坤下《晋》：象曰：明出地上，晋。君子以自昭明德〔以顺著明，自显之道〕。

坤上离下《明夷》：象曰：明入地中，明夷。君子以莅众〔莅众显明，蔽伪百姓者也，故以蒙养正，以明夷莅众矣〕。用晦而明〔藏明于内，乃得明也；显明于外，乃所避也〕。彖曰：内文明而外柔顺，以蒙大难，文王以之。“利艰贞”，晦其明也。内难而能正其志，箕子以之。

巽上离下《家人》：象曰：风自火出，家人〔由内相成，炽也〕。君子以言有物而行有恒〔家人之道，修于近小而不妄者也。故君子言必有物，而口无择言；行必有恒，而身无择行也〕。彖曰：家人，女正位乎内，男正位乎外，天地之大义也。家人有严君焉，父母之谓也。父父、子子、兄兄、弟弟、夫夫、妇妇，而家道正。正家而天下定矣。

离上兑下《睽》：象曰：上火下泽，睽。君子以同而异〔同于通理，异于职事〕。彖曰：睽，火动而上，泽动而下。天地睽而其事同也，男女睽而其志通也，万物睽而其事类也。睽之时用大矣哉〔睽离之时，非小人之所能用也〕。

坎上艮下《蹇》：象曰：山上有水，蹇。君子以反身修德〔除难莫若反身修德也〕。彖曰：蹇，难也，险在前也。见险而能止，智矣哉！

六二：王臣蹇蹇，匪躬之故〔处难之时，履当其位，执心不回，志匡王室者也，故曰"王臣蹇蹇，匪躬之故"也。履中行义，以存其上，处蹇以此，未见其尤也〕。象曰：王臣蹇蹇，终无尤也。

䷧震上坎下《解》：象曰：雷雨作，解。君子以赦过宥罪。彖曰：天地解而雷雨作，雷雨作而百果草木皆甲坼〔天地否结，则雷雨不作；交通感散，雷雨乃作也。雷雨之作，则险厄者亨，否结者散，故百果草木皆甲坼也〕。解之时大矣哉〔无所而不释也〕。

六三：负且乘，致寇至，贞吝〔处非其位，履非其正，以附于四，用夫柔邪以自媚者也。乘二负四，以容其身，寇之来也，自己所致矣。虽幸而免，正之所贱也〕。

䷨艮上兑下《损》：象曰：山下有泽，损。君子以惩忿窒欲〔可损之善，莫善损忿欲也〕。彖曰：损益盈虚，与时偕行〔自然之质，各定其分，损益将何加焉！非道之常，故必与时偕行也〕。

䷩巽上震下《益》：象曰：风雷，益。君子以见善则迁，有过则改矣〔从善改过，益莫大焉〕。彖曰：益，损上益下，民悦无疆，自上下下，其道大光。利有攸往，中正有庆〔五处中正，自上下下，故有庆也。以中正有庆之德，有攸往也，何适而不利哉〕。

䷭坤上巽下《升》：象曰：地中生木，升。君子以慎德，积小以成高大。

䷰兑上离下《革》：象曰：泽中有火，革。彖曰：革，水火相息〔凡不合而后变生。火欲上，泽欲下，水火相战，而后变生者也〕。天地革而四时成，汤武革命，顺乎天而应乎人。革之时大矣哉。

上六：君子豹变，小人革面〔居变之终，变道已成。君子处之，能成其文。小人乐成，则变面以顺上也〕。

䷱离上巽下《鼎》：象曰：木上有火，鼎。彖曰：鼎，象也。以木巽火，亨饪也。圣人以享上帝，而大亨以养圣贤〔亨者，鼎之所为也。革去故而鼎成新，故为亨饪调和之器也。去故取新，圣贤不可失也。饪，熟也。天下莫不用之，而圣人用之，乃上以享上帝，下以大亨养圣贤焉〕。

䷲震上震下《震》：震惊百里，不丧匕鬯〔威震惊乎百里，则足可以不丧匕鬯矣。匕，所以载鼎实。鬯，香酒，奉宗庙之盛者也〕。象曰：洊雷，震。君子以恐惧修省。彖曰：震，亨。震来虩虩，恐致福也。震惊百里，惊远而惧迩也〔威震惊乎百里，则惰者惧于近矣〕。出可以守宗庙社稷，以为祭主也〔明所以堪长子之义也。不丧匕鬯，则已出可以守宗庙也〕。

䷳艮上艮下《艮》：象曰：兼山，艮。君子以思不出其位〔各止其所，不侵官也〕。彖曰：艮，止也。时止则止，时行则行，动静不失其时，其道光明〔止道不可常用，必施于不可以行，适于其时，道乃光明〕。

䷶震上离下《丰》：亨，王假之〔大而亨者，王之所至也〕。勿忧，宜日中〔丰之为义，阐弘微细，通夫隐滞者也。为天下之主，而令微隐者不亨，忧未已也，故至丰亨，乃得勿忧也。用夫丰亨不忧之德，宜处天中以遍照者也，故曰"宜日中"也〕。象曰：雷电皆至，丰。君子以折狱致刑〔文明以动，不失情理〕。彖曰：日中则昃，月盈则食，天地盈虚，与时消息，而况于人乎？况于鬼神乎〔丰之为用，困于昃食者也。施于未足则尚丰，施于已盈则方溢，不可以为常，故具陈消息之道也〕？

䷹兑上兑下《兑》：象曰：丽泽，兑。君子以朋友讲习。彖曰：兑，悦也。刚中而柔外，悦以利贞〔悦而违刚则谄，刚而违悦则暴。刚中而柔外，所以悦以利贞也〕。是以顺乎天而应乎人〔天，刚而不失悦者也〕。悦以先民，民忘其劳；悦以犯难，民忘其死。悦之大，民劝矣哉。

䷺巽上坎下《涣》：象曰：风行水上，涣。

九五：涣汗其大号。涣，王居无咎〔处尊履正，居巽之中，散汗大号，以汤险扼者也。为涣之主，唯王居之，乃得无咎也〕。

䷻坎上兑下《节》：象曰：泽上有水，节。君子以制度数，议德行。彖曰：苦节不可贞，其道穷〔为节过苦，则物不能堪也。物不能堪，则不可复正也〕。悦以行险，当位以节，中正以通〔无悦而行险，过中而为节，则道穷也〕。天地节而四时成。节以制度，不伤财，不害民。

䷼巽上兑下《中孚》：象曰：泽上有风，中孚。君子以议狱缓死〔信发于中，虽过可亮〕。彖曰：中孚，柔在内而刚得中，悦而巽孚〔有上四德，然后乃孚〕，乃化邦也〔信立而后邦乃化也。柔在内而刚得中，各当其所也。刚得中，则直而正；柔在内，则静而顺。悦而以巽，则乖争不作。如此，则物无巧竞。敦实之行著，而笃信发乎其中矣〕。豚鱼吉，信及豚鱼〔鱼者，虫之潜隐者也。豚者，兽之微贱者也。争竞之道不兴，忠信之德淳著，则虽微隐之物，信皆及之也〕。中孚以利贞，乃应天〔盛之至也〕。

䷽震上艮下《小过》：象曰：山上有雷，小过。君子以行过乎恭，丧过乎哀，用过乎俭。彖曰：小过，小者过而亨也〔小者，谓凡诸小事也。过于小事而通者也〕。过以利贞，与时行也〔过而得以利贞，应时宜也。施过于恭俭，利贞者也〕。柔得中，是以小事吉；刚失位而不中，是以不可大事〔成大事者，必在刚也。柔而侵大，剥之道也〕。

䷾坎上离下《既济》：象曰：水在火上，既济，君子以思患而豫防之〔存不忘亡，既济不忘未济也〕。彖曰：既济，亨，利贞。刚柔正而位当〔刚柔正而位当，则邪不可以行矣。故唯正乃利贞也〕。

九五：东邻之杀牛，不如西邻之禴祭，实受其福〔牛，祭之盛者也。禴，祭之薄者也。居既济之时，而处尊位，物皆济矣。将何为焉？其所务者，祭祀而已。祭祀之盛，莫盛修德，故沼沚之毛、蘋蘩之菜，可羞之于鬼神。“黍稷非馨，明德惟馨”。是以“东邻杀牛，不如西邻之禴祭，实受其福”也〕。

天尊地卑，乾坤定矣；卑高以陈，贵贱位矣；动静有常，刚柔断矣〔刚动而柔止也。动止得其常体，则刚柔之分著矣〕。方以类聚，物以群分，吉凶生矣〔方有类，物有群，则有同有异，有聚有分也。顺其所同则吉，乖其所趣则凶，故“吉凶生矣”〕。在天成象，在地成形，变化见也〔象，况日月星辰；形，况山川草木也。悬象运转以成昏明，山泽通气而云行雨施，故“变化见也”〕。是故，鼓之以雷霆，润之以风雨。日月运行，一寒一暑。乾知大始，坤作成物。乾以易知，坤以简能〔天地之道，不为而善始，不劳而善成，故曰“易简”〕。易则易知，简则易从。易知则有亲，易从则有功。有亲则可久，有功则可大〔有易简之德，则能成可久可大之功〕。可久则贤人之德，可大则贤人之业〔天地易简，万物久载其形；圣人不为，群方各遂其业。德业既成，则入于形器，故以贤人目其德业也〕。易简而天下之理得矣。

易与天地准〔作易以准天地也〕，故能弥纶天地之道。仰以观于天文，俯以察于地理，是故知幽明之故。原始反终，故知死生之说也〔幽明者，有形无形之象。死生者，始终之数也〕，知鬼神之情状。与天地相似〔德合天地，故曰“相似”也〕，知周乎万物，而道济天下〔知周万物，则能以道济天下也〕。乐天知命，故不忧〔顺天之化，故曰乐也〕。范围天地之化而不过〔范围者，拟范天地而周备其理也〕，曲成万物而不遗〔曲成者，乘变应物，不系一方者也，则物得宜矣〕。故神无方，而易无体〔神则阴阳不测，易则唯变所适，不可以一方、一体明也〕。仁者见之谓之仁，智者见之谓之智，百姓日用而不知，故君子之道鲜矣〔君子体道以为用者也，体斯道者，不亦鲜乎〕。

显诸仁，藏诸用〔衣被万物，故曰“显诸仁”；日用而不知，故曰“藏诸用”也〕，盛德大业至矣哉！富有之谓大业〔广大悉备，故曰“富有”〕，日新之谓盛德〔体化合变，故曰“日新”〕。生生之谓易〔阴阳转易，以成化生〕。阴阳不测之谓神〔神也者，变化之极也，妙万物而为言，不可以形诘者也，故曰“阴阳不测”也〕。夫易，广矣大矣，以言乎天地之间则备矣。广大配天地，变通配四时，阴阳之义配日月，易简之善配至德〔易之所载，配此四义也〕。子曰："《易》，其至矣乎！夫《易》，圣人所以崇德而广业也〔穷理入神，其德崇也；兼济万物，其业广也〕。天地设位，而易行乎其中矣。"圣人有以见天下之赜，而拟诸其形容，象其物宜〔乾刚坤柔，各有其体，故曰"拟诸其形容"也〕。拟之而后言，议之而后动，拟议以成其变化〔拟议以动，则尽变化之道也〕。"鸣鹤在阴，其子和之。我有好爵，吾与尔縻之。"〔鹤鸣则子和，修诚则物应。我有好爵，与物散之，物亦以善应也。鹤鸣乎阴，气同则和。出言户庭，千里应之。出言犹然，况其大者乎？千里或应，况其迩者乎〕。子曰："君子居其室，出其言，善则千里之外应之，况其迩者乎？居其室，出其言，不善，则千里之外违之，况其迩者乎？言出乎身，加乎民；行发乎迩，见乎远。言行，君子之枢机〔枢机，制动之主〕。枢机之发，荣辱之主也。言行，君子之所以动天地，可不慎乎！"《同人》，"先号咷而后笑。"子曰："君子之道，或出或处，或默或语。二人同心，其利断金〔同人终获后笑者，以有同心之应也。夫所况同者，岂系乎一方哉？君子出处默语，不违其中，则其迹虽异，道同则应也〕。同心之言，其臭如兰。"初六：藉用白茅，无咎。子曰："苟错诸地而可矣，藉之用白茅，何咎之有？慎之至也。"劳谦，君子有终，吉。子曰："劳而不伐，有功而不德，厚之至也。语以其功下人者也。德言盛，礼言恭。谦也者，致恭以存其位者也。"不出户庭，无咎。子曰："乱之所生也，则言语为之阶。君不密则失臣，臣不密则失身，机事不密则害成。是以君子慎密而不出也。"子曰："为易者，其知盗乎〔言盗亦乘衅而至也〕？《易》曰：'负且乘，致寇至。'负也者，小人之事也。乘也者，君子之器也。小人而乘君子之器，盗思夺之矣；上慢下暴，盗思伐之矣。慢藏诲盗，冶容诲淫。《易》曰：'负且乘，致寇至。'盗之招也。"

子曰："易有圣人之道四焉：以言者尚其辞，以动者尚其变，以制器者尚其象，以卜筮者尚其占〔此四存乎器象，可得而用者也〕。"是以君子将有为也，将有行也，问焉而以言，其受命也如响，无有远近幽深，遂知来物。非天下之至精，其孰能与于此？参伍以变，错综其数。通其变，遂成天下之文；极其数，遂定天下之象。非天下之至变，其孰能与于此？《易》无思也，无为也，寂然不动，感而遂通天下之故。非天下之至神，其孰能与于此？夫《易》，圣人之所以极深而研几也。唯深也，故能通天下之志；唯几也，故能成天下之务〔极未形之理则曰"深"，适动微之会则几也〕；唯神也，故不疾而速，不行而至。子曰："《易》有圣人之道四焉者，此之谓也〔四者由圣道以成，故曰"圣人之道"也〕。"夫《易》，开物成务，冒天下之道，如斯而已者也〔冒，覆也。言易通万物之志，成天下之务，其道可以覆冒天下也〕。是故圣人以通天下之志，以定天下之业，以断天下之疑。其孰能与于此哉？古之聪明睿智，神武而不杀者夫〔服万物而不以威刑者也〕！是以明于天之道，而察于民之故，以神明其德。一阖一辟谓之变，往来不穷谓之通。见乃谓之象〔兆见曰"象"〕，形乃谓之器〔成形曰"器"〕，制而用之谓之法，利用出入，民咸用之谓之神。

法象莫大乎天地，变通莫大乎四时，悬象著明莫大乎日月，崇高莫大乎富贵〔位，所以一天下之动而济万物也〕。备物致用，立成器以为天下利，莫大乎圣人。探赜索隐，钩深致远，以定天下之吉凶，成天下之亹亹，莫善乎蓍龟。子曰："天之所助者，顺也；人之所助者，信也。履信思乎顺，是以自天佑之，吉无不利。"

天地之道，贞观者也〔明夫天地万物，莫不保其贞以全其用也〕；日月之道，贞明者也；天下之动，贞夫一者也。天地之大德曰生，圣人之大宝曰位。何以守位？曰仁。何以聚人？曰财〔财所以资物生也〕。理财正辞，禁民为非，曰义。

《易》曰："困于石，据于蒺藜。入于其宫，不见其妻，凶。"子曰："非所困而困焉，名必辱；非所据而据焉，身必危。"子曰："小人不耻不仁，不畏不义，不见利不劝，不威不惩。小惩而大诫，此小人之福也。《易》曰：'屦校灭趾。无咎。'此之谓也。善不积，不足以成名；恶不积，不足以灭身。小人以小善为无益而弗为也，以小恶为无伤而弗去也，故恶积而不可掩，罪大而不可解也。《易》曰：'何校灭耳，凶。'"子曰："危者，安其位者也；亡者，保其存者也；乱者，有其治者也。是故君子安不忘危，存不忘亡，治不忘乱，是以身安而国家可保也。《易》曰：'其亡其亡，系于苞桑。'"子曰："德薄而位尊，知小而谋大，力少而任重。鲜不及矣。《易》曰：'鼎折足，覆公餗，其形渥，凶。'言不胜其任也。"子曰："知几，其神乎？君子上交不谄，下交不渎，其知几乎！几者，动之微，君子见几而作，不俟终日。《易》曰：'介于石，不终日，贞吉〔定之于始，故不待终日〕。'君子知微知彰，知柔知刚，万夫之望〔此知几其神者也〕。"子曰："颜氏之子，其殆庶几乎！有不善，未尝不知，知之未尝复行也。《易》曰：'不远复，无祇悔，元吉。'"子曰："君子安其身而后动，易其心而后语，定其交而后求，君子修此三者，故全也。危以动，则民不与也；惧以语，则民不应也；无交而求，则民不与也。莫之与，则伤之者至矣。”

子曰：“《履》，德之基也〔基，所蹈也〕。《谦》，德之柄也。《复》，德之本也。《恒》，德之固也〔固，不倾移也〕。《损》，德之修也。《益》，德之裕也〔能益物者，其德宽大也〕。《困》，德之辨也〔困而益明〕。”

夫乾，天下之至健也，德行恒易以知险；夫坤，天下之至顺也，德行恒简以知阻。能悦诸心，能研诸侯之虑〔诸侯，物主有为者也。能悦万物之心，能精为者之务也〕，定天下之吉凶，成天下之亹亹者。凡易之情，近而不相得，则凶〔近况比爻也〕。将叛者其辞惭，中心疑者其辞枝，吉人之辞寡，躁人之辞多，诬善之人其辞游，失其守者其辞屈。

昔者圣人之作《易》也，将以顺性命之理。是以立天之道曰阴与阳，立地之道曰柔与刚，立人之道曰仁与义。

卷　二

《尚书》治要

昔在帝尧，聪明文思，光宅天下〔言圣德之远著〕。作《尧典》〔典者常也，言可为百代常行之道〕。曰若稽古，帝尧〔言能顺考古道而行之者，帝尧也〕，曰放勋，钦明文思安安〔勋，功也。言尧放上世之功化，而以敬、明、文、思之四德，安天下之当安者也〕，允恭克让，光被四表，格于上下〔既有四德，又信恭能让，故其名闻充溢四外，至于天地也〕。克明俊德，以亲九族〔能明俊德之士任用之，以睦高祖、玄孙之亲也〕。九族既睦，平章百姓〔百姓，百官〕。百姓昭明，协和万邦，黎民于变时雍〔时，是也。雍，和也。言天下众人皆变化从上，是以风俗大和也〕。

虞舜侧微，尧闻之聪明〔侧，侧陋。微，微贱〕，将使嗣位，历试诸难〔历试之以难事〕。慎徽五典，五典克从〔五典，五常之教也，谓父义、母慈、兄友、弟恭、子孝。舜举八元，使布五教于四方，五教能从，无违命也〕；纳于百揆，百揆时叙〔揆，度也。舜举八凯以度百事，百事时叙也〕；宾于四门，四门穆穆〔宾，迎也。四门，宫四门也，舜流四凶族，诸侯来朝者，舜宾迎之，皆有美德，无凶人也〕；纳于大麓，烈风雷雨弗迷〔纳舜于尊显之官，使大录万机之政，于是阴阳清和，烈风雷雨，各以期应，不有迷错愆伏，明舜之行合于天心也〕。正月上日，受终于文祖〔尧天禄永终，舜受之也。文祖，是五庙之大名也〕，五载一巡狩，群后四朝；敷奏以言，明试以功，车服以庸〔敷奏，犹遍进也。诸侯每见，皆以次序遍进而问焉，以观其才。既则效试其居国为政，以著其功。赐之车服，以旌其所用任也〕。象以典刑〔典，常也。象用之者，谓上刑赭衣不纯，中刑杂屦，下刑墨幪，以居州里，而民耻之，而反于礼〕，流宥五刑〔流，放也。宥，三宥也。言所流宥，皆犯五刑之罪也〕；眚灾肆赦〔眚，过也，灾，害也。肆，失也。言罪过误失，以为当赦之也〕，怙终贼刑〔怙，谓怙赦宥而为者也。终为残贼，当刑之也〕。流共工于幽州〔共工，穷奇也。幽州，北裔也〕，放欢兜于崇山〔欢兜，浑敦，崇山南裔也〕，窜三苗于三危〔三苗，国名也。缙云氏之后，为诸侯，号饕餮也。三危，西裔也〕，殛鲧于羽山〔鲧，梼杌也。殛，诛也。羽山，东裔也〕。四罪而天下咸服〔美舜之行，故本其征用之功也〕。二十有八载，放勋乃殂落。百姓如丧考妣，三载，四海遏密八音〔遏，绝也。密，止也。尧崩，百姓如丧父母，绝止金石八音之乐也〕。舜格于文祖，询于四岳，辟四门〔开辟四方之门，广致众贤也〕，明四目〔明视四方也〕，达四听〔听达于四方也〕；柔远能迩〔能安远者，则能安近也。不能安近，则不能安远也〕，惇德允元〔所厚而尊者德也，所信而行者善也〕，而难任人〔任，佞也。辩给之言，易悦耳目，以理难之也〕，蛮夷率服〔远无不服，迩无不安〕。三载考绩，三考，黜陟幽明〔黜，退也。陟，升也。三岁考功，九载三考；退其幽暗无功者，升其昭明有功者也〕，庶绩咸熙〔九载三考，众功皆兴也〕。

曰若稽古大禹，曰："后克艰厥后，臣克艰厥臣，政乃乂，黎民敏德〔敏，疾也。能知为君之难，为臣不易，则其政治，而众民皆疾修德也〕。"帝曰："俞！允若兹，嘉言罔攸伏，野无遗贤，万邦咸宁〔攸，所也。嘉言无所伏，言必用也。如此，则贤材在位，天下安也〕。稽于众，舍己从人，弗虐无告，弗废困穷，惟帝时克〔帝谓尧也。舜因嘉言无所伏，遂称尧德以成其义。考众从人，矜孤悯穷，凡人所轻，圣人所重也〕。"益曰："都！帝德广运，乃圣乃神，乃武乃文〔益因舜言，又美尧也。广谓所覆者大，运谓所及者远，圣无不通，神妙无方，文经纬天地，武定祸乱也〕。皇天眷命，奄有四海，为天下君〔言尧有此德，故为天所命，所以勉舜也〕。"禹曰："惠迪吉，从逆凶，惟影响〔迪，道也。顺道吉，从逆凶。吉凶之报，若影之随形、响之应声，言不虚〕。"益曰："吁，戒哉！儆戒无虞，罔失法度，罔游于逸，罔淫于乐〔淫，过也。游逸过乐，败德之源，富贵所忽，故特以为戒也〕；任贤勿二，去邪勿疑，疑谋勿成，百志惟熙〔一意任贤，果于去邪，疑则勿行，道义所存于心者，日以广也〕；罔违道以干百姓之誉〔干，求也。失道求名，古人贱之也〕，罔咈百姓以从己之欲〔咈，戾也，专欲难成，犯众兴祸，故戒也〕，无怠无荒，四夷来王〔言天子常戒慎，无怠惰荒废，则四夷归往之也〕。"禹曰："於！帝念哉！德惟善政，政在养民。水、火、金、木、土、谷惟修〔言养民之本在先修六府也〕，正德、利用、厚生惟和〔正德以率下，利用以阜财，厚生以养民，三者和，所谓善政也〕。九功惟序，九序惟歌〔言六府三事之功有次序，皆可歌乐，乃德政之致〕。戒之用休，董之用威，劝之以《九歌》，俾勿坏〔休，美也。董，督也。言善政之道，美以戒之，威以督之，歌以劝之，使政勿坏，在此三者也〕。"帝曰："俞！地平天成，六府三事允治，万世永赖，时乃功〔水土治曰平，五行叙曰成，因禹陈九功而叹美之，言是汝之功也〕。”帝曰：“咎繇，惟兹臣庶，罔或干予正〔或，有也，无有干我正，言顺命也〕，汝作士，明于五刑，以弼五教，期于予治〔欲其能以刑辅教，当于治体也〕。刑期于无刑，民协于中，时乃功，懋哉〔虽或行刑，以杀止杀，终无犯者，刑期于无所刑，民皆合于大中，是汝之功，勉之也〕！”咎繇曰：“帝德罔愆，临下以简，御众以宽〔愆，过也。善则归君，人臣之义也〕；罚弗及嗣，赏延于世〔嗣，亦世也。延，及也。父子罪不相及也，而及其赏，道德之政也〕；宥过无大，刑故无小〔过误所犯，虽大必宥；不忌故犯，虽小必刑也〕；罪疑惟轻，功疑惟重〔刑疑附轻，赏疑从重，忠厚至也〕；与其杀弗辜，宁失不经。好生之德，洽于民心，兹用弗犯于有司〔咎繇因帝勉己，遂称帝之德，所以明民不犯上也。宁失不常之罪，不枉不辜之善，仁爱之道也〕。”帝曰：“来，禹！汝惟弗矜，天下莫与汝争能；汝惟弗伐，天下莫与汝争功〔自贤曰矜，自功曰伐。言禹推善让人而不失其能，不有其劳而不失其功，所以能绝众人也〕。人心惟危，道心惟微；惟精惟一，允执厥中〔危则难安，微则难明，故戒以精一，信执其中也〕。无稽之言勿听，弗询之谋勿庸〔无考，无信验也。不询，专独也。终必无成，故戒勿听用也〕。可爱非君？可畏非民？众非元后何戴？后非众罔与守邦〔庶民以君为命，故可爱。君失道，民叛之，故可畏。言众戴君以自存，君恃众以守国，相须而成也〕。惟口出好兴戎，朕言弗再〔好谓赏善，戎谓伐恶。言口荣辱之主，虑而宣之，成于一也〕。”帝曰：“咨，禹！惟时有苗弗率，汝徂征〔三苗之民，数于王诛。率，循也。徂，往也。不循帝道，言乱逆也，命禹讨之〕。”禹乃会群后，誓于师曰：“济济有众，咸听朕命〔会诸侯共伐有苗也，军旅曰誓。济济，众盛之貌也〕。蠢兹有苗，昏迷弗恭〔蠢，动也。昏，暗也。言其所以宜讨也〕；侮嫚自贤，反道败德〔狎侮先王，轻嫚典教，反正道，败德义也〕；君子在野，小人在位〔废仁贤，任奸佞〕；民弃弗保，天降之咎〔信民叛之，天灾之也〕。肆予以尔众士，奉辞伐罪〔肆，故也〕。尔尚一乃心力，其克有勋。”三旬，有苗民逆命，益赞于禹曰：“惟德动天，无远弗届。满招损，谦受益，时乃天道〔自满者人损之，自谦者人益之，是天道之常〕。至诚感神，矧兹有苗〔至和感神，况有苗也。言易感也〕。”禹拜昌言曰：“俞！”班师振旅〔以益言为当，故拜受，遂班师。兵入曰振旅，言整众也〕。帝乃诞敷文德〔远人不服，大布文德以来之也〕，舞干羽于两阶。七旬，有苗格〔讨而不服，不讨自来，明御之必有道也〕。

咎繇曰：“允迪厥德，谟明弼谐〔迪，蹈。厥，其也，其古人。谟，谋也。言人君当信蹈行古人之德，谋广聪明，以辅谐其政也〕。”禹曰：“俞，如何〔然其言，问所以行也〕？”咎繇曰：“都！慎厥身修，思永〔叹美之重也。慎修其身，思为长久之道也〕。惇叙九族，庶明厉翼，迩可远在兹〔言慎修其身，厚次叙九族，则众庶皆明其教，而自勉厉，翼戴上命，迩可推而远者在此道也〕。”禹拜昌言曰：“俞〔以咎繇言为当，故拜受而然之〕！”咎繇曰：“都！在知人，在安民〔叹修身亲亲之道在知人，所信任在能安民也〕。”禹曰：“吁！咸若时，惟帝其难之〔言帝尧亦以知人安民为难也〕。知人则哲，能官人；安民则惠，黎民怀之〔哲，知也，无所不知，故能官人。惠，爱也，爱则民归之也〕。能哲而惠，何忧乎欢兜？何迁乎有苗？何畏乎巧言令色孔壬〔孔，甚也。壬，佞也。巧言，静言庸违也。令色，象恭滔天也。禹言有苗、欢兜之徒，甚佞如此，尧畏其乱政，故迁放之也〕。”咎繇曰：“都！亦行有九德〔言人性行有九德，以考察真伪，则可知也〕：宽而栗〔性宽弘而能庄栗也〕，柔而立〔和柔而能立事〕，愿而恭〔悫愿而恭恪也〕，乱而敬〔乱，治也。有治而能谨敬也〕，扰而毅〔扰，顺也，致果为毅也〕，直而温〔行正直而气温和也〕，简而廉〔性简大而有廉隅也〕，刚而塞〔刚断而实塞也〕，强而义〔无所屈挠，动必合义〕。彰厥有常，吉哉〔彰，明也。吉，善也。明九德之常，以择人而官之，则政之善也〕！九德咸事，俊乂在官〔使九德之人皆用事，则俊德治能之士并在官也〕。百僚师师，百工惟时〔僚工，皆官也。师师，相师法也。百官皆是，言政无非也〕，庶绩其凝〔凝，成也，言百事功皆成也〕。无教逸欲有邦〔不为逸豫贪欲之教，是有国者之常也〕，兢兢业业，一日二日万几〔兢兢，戒慎。业业，危惧。戒慎万事，微也〕。无旷庶官，天工，人其代之〔旷，空也，位非其人为空官。言人代天理官，不可以天官私非其才也〕。政事懋哉懋哉〔言无非天意者，故人君居天官，听政治事，不可以不自勉也〕。”

帝曰：“吁！臣哉邻哉！邻哉臣哉！”禹曰：“俞〔邻，近也。言君臣道近，相须而成也〕！”帝曰：“臣作朕股肱耳目〔言大体若身也〕，予欲左右有民，汝翼〔左右，助也。助我所有之民，富而教之，汝翼成我也〕。予欲观古人之象〔欲观示法象之服制也〕，以五采彰施于五色作服，汝明〔天子服日月以下，诸侯自龙衮以下，上得兼下，下不得僭上。以五采明施于五色，作尊卑之服，汝明制之也〕。予欲闻六律五声八音，以出纳五言，汝听〔言欲以六律和声音，出纳仁义礼智信五德之言，施于民以成化，汝当听审之〕。予违，汝弼。汝无面从，退有后言〔我违道，汝当以义辅正我。无得面从我违，退后言我不可弼也〕。”禹曰：“俞哉！万邦黎献，共惟帝臣，惟帝时举，敷纳以言，明庶以功，车服以庸〔献，贤也。万国众贤，共为帝臣，帝举是而用之，使陈布其言，明之皆以功大小为差，以车服旌其能用之也〕。谁敢弗让？敢弗敬应〔上唯贤是用，则下皆敬应上命而让善也〕？帝弗时，敷同日奏罔功〔帝用臣不是，则远近布同，而日进于无功，以贤愚并位、优劣共流故也〕。无若丹朱傲，惟慢游是好〔丹朱，尧子，举以戒也〕，傲虐是作，罔昼夜頟頟〔傲戏而为虐，无昼夜常頟頟，肆恶不休息也〕，罔水行舟，朋淫于家，用殄厥世〔朋，群也。丹朱习于无水陆地行舟，言无度也。群淫于家，妻妾乱也。用是绝其世，不得嗣也〕。帝其念哉！”夔曰：“於！予击石拊石，百兽率舞，庶尹允谐〔尹，正也。众正官之长，信皆和谐，言神人治也。始于任贤，立政以礼，治成以乐，所以致太平也〕。”帝庸作歌，曰：“敕天之命，惟时惟几〔敕，正也。奉正天命以临民，惟在顺时、惟在慎微也〕。”乃歌曰：“股肱喜哉！元首起哉！百工熙哉〔元首，君也。股肱之臣，喜乐尽忠。君之治功乃起，百官之业乃广也〕！”咎繇拜手稽首，乃赓载歌曰：“元首明哉！股肱良哉！庶事康哉〔赓，续也。载，成也。帝歌归美股肱，义未足，故续歌，先君后臣，众事乃安，以成其义也〕！”又歌曰：“元首丛脞哉！股肱惰哉！万事堕哉〔丛脞，细碎无大略也。君如此则臣懈惰，万事堕废，其功不成。歌以申戒也〕！”帝拜曰：“俞，钦哉〔拜受其歌，戒群臣自今已往敬职也〕！”

太康尸位以逸豫〔启子也。尸，主也，以尊位为逸豫，不勤也〕，灭厥德，黎民咸二〔君丧其德，则众民二心也〕。乃盘游无度〔盘乐游逸，无法度也〕，畋于有洛之表，十旬弗反〔洛水表也〕。有穷后羿，因民弗忍，拒于河〔有穷，国名。羿，诸侯名也。拒太康于河，遂废之也〕。厥弟五人，御其母以从〔御，侍，言从畋也〕，傒于洛之汭。五子咸怨〔待太康，怨其久畋失国也〕，述大禹之戒以作歌〔述，循也〕。其一曰：“民惟邦本，本固邦宁〔言人君当固民以安国也〕。予视天下愚夫愚妇，一能胜予〔言能敬畏小民，所以得众心也〕，怨岂在明？不见是图〔不见是谋，备其微也〕。予临兆民，懔乎若朽索之驭六马〔懔，危貌也。朽，腐也。腐索御马，言危惧甚也〕。为人上者，奈何弗敬〔能敬则不骄，在上不骄，则高而不危也〕？”其二曰：“训有之，内作色荒，外作禽荒〔迷乱曰荒〕，甘酒嗜音，峻宇雕墙。有一于此，未或弗亡〔此六者，有一必亡，况兼有乎〕。”其三曰：“惟彼陶唐，有此冀方〔陶唐，帝尧氏，都冀州也〕。今失厥道，乱其纪纲，乃底灭亡〔言失尧之道，乱其法制，自致亡灭也〕。”其四曰：“明明我祖，万邦之君。有典有则，贻厥子孙〔典，谓经籍也。则，法也〕；荒坠厥绪，覆宗绝祀〔言古制存，而太康失其业以亡也〕！”其五曰：“乌乎曷归？予怀之悲〔曷，何也，言思而悲也〕。万世仇予，予将畴依〔仇，怨也。言当依谁以复国乎〕？郁陶乎予心，颜厚有忸怩〔郁陶，言哀思也。颜厚，色愧。忸怩，心惭也。惭愧于仁人贤士也〕。弗慎厥德，虽悔可追〔言人君行己，不慎其德，以速灭败。虽欲改悔，其可追及乎？言无益也〕？”

成汤放桀于南巢，惟有惭德〔有惭德，惭德不及古也〕，曰：“予恐来世，以台为口实〔恐来世论道，我放天子，常不去口也〕。”仲虺乃作诰〔陈义告汤可无惭也〕，曰：“乌乎！惟天生民有欲，无主乃乱〔民无君主，则恣情欲，必致祸乱也〕，惟天生聪明时乂〔言天生聪明，是治民乱也〕。有夏昏德，民坠涂炭〔夏桀暗乱，不恤下民，民之危险，若陷泥坠火，无救之者〕。惟王弗迩声色，弗殖货利〔迩，近也〕；德懋懋官，功懋懋赏；用人惟己，改过弗吝〔勉于德者，则勉之以官；勉于功者，亦勉之以赏。用人之言，若自己出。有过则改，无所吝惜，所以能成王业者也〕。克宽克仁，彰信兆民〔言汤宽仁之德，明信于天下也〕。乃葛伯仇饷，初征自葛。东征，西夷怨；南征，北狄怨〔葛伯游行，见农民之饷于田者，杀其人，夺其饷，故谓之仇饷。仇，怨也〕。曰：‘奚独后予〔怨者辞也〕？’。攸徂之民，室家相庆，曰：‘徯予后，后来其苏’〔汤所往之民，皆喜曰：‘待我君，君来其可苏息也’〕。佑贤辅德，显忠进良〔贤则助之，德则辅之，忠则显之，良则进之，明王之道〕。推亡固存，邦乃其昌〔有亡道则推而亡之。有存道别辅而固之。王者如此，国乃昌盛也〕。德日新，万邦惟怀；志自满，九族乃离〔日新，不懈怠也。自满，志盈溢也〕。王懋昭大德，建中于民，以义制事，以礼制心，垂裕后昆〔欲王自勉，明大德，立大中之道于民。率义奉礼，垂优足之道示后世也〕。予闻曰：‘能自得师者王〔求圣贤而事之〕，谓人莫己若者亡〔自多足，人莫之益，己亡之道〕。好问则裕，自用则小〔问则有得，所以足也。不问专固，所以小也〕。’乌乎！

慎厥终，惟其始〔靡不有初，鲜克有终，故戒慎终如其始也〕。殖有礼，覆昏暴〔有礼者封殖之，昏暴者覆亡之〕。钦崇天道，永保天命〔王者如此上事，则敬天安命之道也〕。”

王归自克夏，至于亳，诞告万方〔诞，大也，以天命大义告万方之众〕。曰：“夏王灭德作威，以敷虐于尔万方百姓〔夏桀灭道德，作威刑，以布行虐政于天下百官，言残酷也〕。肆台小子，将天命明威，弗敢赦。其尔万方有罪，在予一人〔自责化不至也〕；予一人有罪，无以尔万方〔无用汝万方，言非及也〕。乌乎！尚克时忱，乃亦有终〔忱，诚也，庶几能是诚道，乃亦有终世之美也〕。”

成汤既殁，伊尹作《伊训》〔作训以教道大甲也〕，曰：“乌乎！古有夏先后，方懋厥德，罔有天灾〔先君，谓禹以下、少康以上贤王，言能以德禳灾也〕。于其子孙弗率，皇天降灾，假手于我有命〔言桀不循其祖道，天下祸灾，借手于我，有命商王诛讨之也〕。惟我商王，布昭圣武，代虐以宽，兆民允怀〔言汤布明武德，以宽政代桀虐政，兆民以此皆信怀我商王之德也〕。今王嗣厥德，罔弗在初〔言善恶之由，无不在初，欲其慎始也〕，立爱惟亲，立敬惟长；始于家邦，终于四海〔言立爱敬之道，始于亲长，则家国并化，终洽四海也〕。乌乎！先后敷求哲人，俾辅于尔后嗣〔敷求贤智，使师辅于尔嗣王，言仁及后世也〕，制官刑，儆于有位〔言汤制治官刑法，儆戒百官也〕。曰：‘敢有恒舞于宫，酣歌于室，时谓巫风〔常舞则荒淫也。乐酒曰酣，事鬼神曰巫也〕；敢有徇于货色，恒于游畋，时谓淫风〔徇，求也，昧求财货美色，常游戏田猎，是淫过之风俗〕；敢有侮圣言，逆忠直，远耆德，比顽童，时谓乱风〔狎侮圣人之言而不行，拒逆忠直之规而不纳，耆年有德，疏远之；童稚顽嚚，亲比之，是谓荒乱之风俗也〕。惟兹三风十愆，卿士有一于身，家必丧〔有一过则德义废，失位亡家之道也〕；邦君有一于身，国必亡〔诸侯犯此，国亡之道也〕。臣下弗匡，其刑墨〔邦君卿士，则以争臣自匡正。臣不正君，服墨刑、凿其额，涅以墨也〕。’乌乎！嗣王祗厥身，念哉〔言当敬身，念祖德也〕！惟上帝弗常，作善，降之百祥；作不善，降之百殃〔祥，善也。天之祸福，唯善恶所在，不常在一家也〕。尔惟德罔小，万邦惟庆〔修德无小，则天下赖庆也〕。尔惟弗德罔大，坠厥宗〔苟为不德无大，必坠失宗庙，此伊尹至忠之训也〕。”

太甲既立，弗明〔不用伊尹之训，不明居丧之礼〕。伊尹放诸桐〔汤葬地也〕。王徂桐宫居忧〔往入桐宫居忧位也〕，克终允德〔言能思念其祖，终其信德也〕。

惟三祀，伊尹奉嗣王归于亳，王拜稽首，曰：“予小子弗明于德，自底弗类〔类，善也。暗于德，故自致不善也〕。欲败度，纵败礼，以速戾于厥躬〔速，召也。言己放纵情欲，毁败礼仪法度，以召罪于其身也〕。天作孽，犹可违；自作孽，弗可逭〔孽，灾也。逭，逃也。言天灾可避，自作灾不可逃也〕。既往背师保之训，弗克于厥初，尚赖匡救之德，圆惟厥终〔言己已往之前，不能言修德于其初，今庶几赖教训之德，谋终于善。悔过之辞也〕。”伊尹拜手稽首〔拜手，首至手也〕，曰：“修厥身，允德协于下，惟明后〔言修其身，使信德合于群下，惟乃明君〕。先王子惠困穷，民服厥命，罔有弗悦〔言汤子爱困穷之人，使皆得其所，故民心服其教令，无有不欣喜也〕。奉先思孝，接下思恭〔以念祖德为孝，以不骄慢为恭也〕。视远惟明，听德惟聪〔言当以明视远，以聪听德〕。朕承王之休无斁〔王所行如此，则我承王之美无厌也〕。”

伊尹申诰于王曰：“乌乎！惟天无亲，克敬惟亲〔言天于人无所亲疏，唯亲能敬身者〕；民无常怀，怀于有仁〔民所归无常，以仁政为常也〕；鬼神无常享，享于克诚〔言鬼神不保一人，能诚信者，则享其祀〕。天位难哉〔言居天子之位难，以此三者〕！德惟治，否德乱〔为政以德则治，不以德则乱也〕。与治同道，罔弗兴；与乱同事，罔弗亡〔言安危在所任，治乱在所法也〕。若升高，必自下；若陟遐，必自迩〔言善政有渐，如登高升远，必用下近为始，然后致高远也〕。无轻民事，惟难〔无轻为力役之事，必重难之乃可也〕；无安厥位，惟危〔言当常自危惧，以保其位也〕。慎终于始〔于始虑终，于终虑始〕。有言逆于汝心，必求诸道〔人以言咈违汝心，必以道义求其意，勿拒逆之也〕；有言逊于汝志，必求诸非道〔逊，顺也。言顺汝心，必以非道察之，勿以自臧也〕。乌乎！弗虑胡获？弗为胡成？一人元良，万邦以贞〔胡，何也。贞，正也。言常念虑道德，则得道德；念为善政，则成善政也。一人，天子也。天子有大善，则天下得正也〕。君罔以辩言乱旧政〔利口覆国家，故特慎焉〕，臣罔以宠利居成功〔成功不退，其志无限，故为之极以安之也〕，邦其永孚于休〔言君臣各以其道，则国长信保于美也〕。”

伊尹既复政厥辟〔还政大甲〕，将告归，乃陈戒于德〔告老归邑，陈德以戒〕，曰：“乌乎！天难忱，命靡常〔以其无常，故难信也〕。常厥德，保厥位。厥德匪常，九有以亡〔人能常其德，则安其位。九有，诸侯也〕。夏王弗克庸德，慢神虐民〔言桀不能常其德，不敬神明，不恤下民〕，皇民弗保〔言天不安桀所为〕，眷求一德，俾作神主〔天求一德使代桀，为天地神祇之主〕。惟尹躬暨汤，咸有一德，克享天心，受天明命〔享，当也〕。非天私我有商，惟天佑于一德〔非天私商而王之也，佑助一德，所以王也〕；非商求于下民，惟民归于一德〔非商以力求民，民自归于一德〕。德惟一，动罔弗吉；德二三，动罔弗凶。惟吉凶不僭，在人；惟天降灾祥，在德〔行善则吉，行恶则凶，是不差也。德一，天降之福；不一，天降之灾：是在德也〕。今嗣王新服厥命，惟新厥德〔其命，王命也。新其德，戒勿怠也〕；终始惟一，时乃日新〔言德行终始不衰杀，是乃日新之义也〕。任官惟贤材，左右惟其人〔官贤才而任之，非贤才不可任也；选左右必忠良，不忠良非其人也〕。其难其慎，惟和惟一〔其难，无以为易也。其慎，无以轻之也。群臣当和，一心事君，政乃善也〕。后非民罔使，民非后罔事〔君以使民自尊，民以事君自生〕。无自广以狭人，匹夫匹妇，弗获自尽，民主罔与成厥功〔上有狭人之心，则下无所自尽矣。言先尽其心，然后乃能尽其力，人君所以成功也〕。”

高宗梦得说〔小乙子也，名武丁，梦得贤相，其名曰说也〕，使百工营求诸野，得诸傅岩〔使百官以所梦之形象，经营求之于外野，得之于傅岩之溪也〕。曰：“朝夕纳诲，以辅台德〔言当纳谏诲直辞以辅我〕！若金，用汝作砺；若济巨川，用汝作舟楫；若岁大旱，用汝作霖雨。启乃心，沃朕心！若药弗瞑眩，厥疾弗瘳〔开汝心以沃我心，如服药必瞑眩极，其病乃除。欲其出切言以自警也〕；若跣弗视地，厥足用伤〔跣必视地，足乃无害。言欲使为己视听也〕。惟暨乃僚，罔弗同心，以匡乃辟〔与汝并官，皆当倡率，无不同心，以匡正汝君也〕。”说复于王曰：“惟木从绳则正，后从谏则圣〔言木以绳直，君以谏明也〕。后克圣，臣弗命其承〔君能受谏，则臣不待命，其承意而谏也〕。谁敢弗祇若王之休命〔言如此，谁敢不敬顺王之美命而谏也〕？”

惟说命总百官〔在冢宰之任也〕，乃进于王曰：“乌乎！明王奉若天道，建邦设都〔天有日月五星，皆有尊卑相正之法，言明王奉顺此道，以立国设都也〕；树后王君公，承以大夫师长〔言立君臣上下也。将陈为治之本，故先举其始也〕；弗惟逸豫，惟以乱民〔不使有位者，逸豫于民上也。言立之主使治民也〕。惟口起羞，惟甲胄起戎〔言不可轻教令，易用兵也〕；惟衣裳在笥，惟干戈省厥躬〔言服不可加非其人，兵不可任非其才也〕。王惟戒兹！允兹克明，乃罔弗休〔言王戒慎四惟之事，信能明政，乃无不美也〕。惟治乱在庶官〔所官得人则治，失人则乱也〕。官弗及私昵，惟其能〔不加私昵，唯能是官也〕；爵弗及恶德，惟其贤〔言非贤不爵也〕。虑善以动，动惟厥时〔非善非时，不可动也〕。有其善，丧厥善，矜其能，丧厥功〔虽天子亦必让以得之〕。无启宠纳侮〔开宠非其人，则纳侮之道也〕，无耻过作非〔耻过误而文之，遂成大非〕。”王曰：“旨哉！说，乃言惟服〔旨，美也。美其所言，皆可服行也〕。乃弗良于言，予罔闻于行〔汝若不善于所言，则我无闻于所行之事〕。”说拜稽首，曰：“非知之艰，行之惟艰〔言知之易，而行之难，以勉高宗也〕。”

王曰：“来。汝说！尔惟训于朕志〔言汝当教训于我，使我志通达也〕。若作酒醴，尔惟曲糵〔酒醴须曲糵以成，亦我须汝以成也〕；若作和羹，尔惟盐梅〔盐咸，梅酢，羹须咸酢以和之〕。”说曰：“王！人求多闻，时惟建事，学于古训乃有获〔王者求多闻以立事，学古训乃有所得也〕。事弗师古，以克永世，匪说攸闻〔事不法古训，而以能长世，非所闻〕。”王曰：“乌乎，说！四海之内，咸仰朕德，时乃风〔风，教也。使天下皆仰我德，是汝教也〕。股肱惟人，良臣惟圣〔手足具乃成人，有良臣乃成圣也〕。昔先正保衡，作我先王〔保衡，伊尹也。作，起也。正，长也。言先世长官之臣也〕，乃曰：‘予弗克俾厥后惟尧舜，其心愧耻，若挞于市〔言伊尹不能使其君如尧舜，则心耻之，若见挞于市也〕。’一夫弗获，则曰：‘时予之辜〔伊尹见一夫不得其所，则以为己罪也〕。’佑我烈祖，格于皇天〔言以此道左右成汤，功至大天〕。尔尚明保予，罔俾阿衡专美有商〔汝庶几明安我事，与伊尹同美也〕。惟后非贤弗乂，惟贤非后弗食〔言君须贤以治，贤须君以食也〕。其尔克绍乃辟于先王，永绥民〔能继汝君于先王，长安民，则汝亦有保衡之功也〕。”说拜稽首，曰：“敢对扬天子之休命〔受美命而称扬之也〕！”

武王伐殷，师渡盟津。王曰：“今商王受，弗敬上天，降灾下民；沉湎冒色，敢行暴虐〔沉湎嗜酒，冒乱女色，敢行酷暴，虐杀无辜也〕；罪人以族，官人以世〔一人有罪，刑及父母兄弟妻子，言淫滥也。官人不以贤才，而以父兄，所以政乱也〕；焚炙忠良，刳剔孕妇〔忠良无罪，焚炙之；怀子之妇，刳剔视之，言暴虐也〕。皇天震怒，惟受罔有悛心，乃夷居，弗事上帝神祇，遗厥先宗庙弗祀〔悛，改也。言纣纵恶无改心，平居无故，废天地百神宗庙之祀，慢甚也〕。乃曰：‘吾有民有命！’罔惩其侮〔纣言吾所以有兆民，有天命故也。群臣畏罪不争，无能止其慢心〕。同力度德，同德度义〔力钧则有德者胜，德钧则秉义者强。揆度优劣，胜负可见〕。受有臣亿万，惟亿万心〔人执异心，不和谐也〕；予有臣三千，惟一心〔三千一心，言同欲也〕。商罪贯盈，天命诛之；予弗顺天，厥罪惟钧〔纣之为恶，一以贯之。恶贯已满，天毕其命。今不诛纣，则为逆天，与纣同罪〕。天矜于民，民之所欲，天必从之〔矜，怜也。言天除恶树善，与民同也〕，时哉不可失〔言今我伐纣，正是天人合同之时，不可违失也〕！”

王次于河朔〔次，止〕，群后以师毕会。王乃徇师而誓，曰：“我闻吉人为善，惟日弗足；凶人为不善，亦惟日弗足〔言吉人竭日以为善，凶人亦竭日以行恶者也〕。今商王受，力行无度，播弃犁老，昵比罪人〔鲐背之耇称犁老。播弃，不礼敬也。昵，近也。罪人，谓天下逋逃小人也〕，剥丧元良，贼虐谏辅〔剥，伤害也。贼，杀也。元善之长，良善也。以谏辅纣，纣反杀之〕，谓己有天命，谓敬弗足行，谓祭无益，谓暴无伤。天其以予乂民〔用我治民，当除恶也〕。受有亿兆夷人，离心离德〔平人，凡人也。虽多而执心用德不同也〕；予有乱臣十人，同心同德〔我治理之臣虽少，而心德同也〕，今朕必往。百姓懔懔，若崩厥角〔言民畏纣之虐，危惧不安，若崩摧其角，无所容头也〕。乌乎！乃一德一心，立定厥功，惟克永世〔汝同心立功，则能长世以安也〕。”

王曰：“商王受，自绝于天，结怨于民〔不敬天，自绝之也；酷虐民，结怨也〕。斫朝涉之胫，剖贤人之心；崇信奸回，放黜师保；屏弃典刑，囚奴正士〔屏弃常法而不顾也，箕子正谏，而以为囚奴也〕；郊社弗修，宗庙弗享；作奇伎淫巧，以悦妇人。古人有言曰：‘抚我则后，虐我则仇〔武王述古言以明义，言非唯今恶纣也〕。’独夫受洪惟作威，乃汝世仇〔言独夫失君道也，大作威，杀无辜，乃是汝累世仇。明不可不讨也〕。树德务滋，除恶务本〔立德务滋长，除恶务除本，言纣为天下恶本也〕，肆予小子，诞以尔众士，殄歼乃雠〔言欲行除恶之义，绝尽纣也〕。”

武王与受战于牧野，王曰：“古人有言：‘牝鸡无晨〔言无晨鸣之道〕。牝鸡之晨，惟家之索〔索，尽也。喻妇知外事，雌代雄鸣则家尽，妇夺夫政则国亡也〕。’今商王受，惟妇言是用〔妲己惑纣，纣信用之〕，乃惟四方之多罪逋逃，是崇是长〔言纣弃其忠臣，而尊长逃亡，罪人信用之〕，是信是使，是以为大夫卿士，俾暴虐于百姓，以奸宄于商邑〔使四方罪人、暴虐奸宄于都邑也〕。今予发，惟恭行天之罚。”

王来自商，至于丰。乃偃武修文〔倒载干戈，示不复用也。行礼射，设庠序，修文教也〕，归马于华山之阳，放牛于桃林之野，示天下弗服〔示天下不复乘用也〕。王若曰：“今商王为天下逋逃主，肆予东征，陈于商郊，受率其旅若林，会于牧野，罔有敌于我师，前徒倒戈，攻于后以北，血流漂杵。一戎衣天下大定〔一著戎服而灭纣，言与众同心，动有成功也〕。”释箕子囚，封比干墓，式商容闾〔封，益其土也。商容，贤人，纣所黜退。〕。散鹿台之财，发巨桥之粟〔纣所积之府仓也，皆散发以赈贫民也〕，大赉于四海，而万姓悦服〔施舍已责，救乏赒无，所谓周有大赉也。天下皆悦仁服德也〕。

西旅献獒〔西旅，远国也，贡大犬〕，太保乃作《旅獒》，用训于王〔陈贡獒之义，以训谏也〕。曰：“乌乎！明王慎德，四夷咸宾〔言明王慎德以怀远，故四夷皆宾服〕。无有远近，毕献方物，惟服食器用〔天下万国，尽贡方土所生之物，惟可以供服食器用者，言不为耳目华侈〕。王乃昭德之致于异姓之邦，无替厥服〔德之所致，谓远夷之贡也，以分赐异姓诸侯，使无废其职也〕，分宝玉于伯叔之国，时庸展亲〔以宝玉分同姓之国，是用诚信其亲亲之道也〕。人弗易物，惟德其物〔言物贵由人也，有德则物贵，无德则物贱，所贵在德也〕。德盛弗狎侮〔盛德必自敬，何狎易侮慢之有也〕。狎侮君子，罔以尽人心〔以虚受人，则人尽其心矣〕；狎侮小人，罔以尽其力〔以悦使民，民忘其劳则尽力矣〕。玩人丧德，玩物丧志〔以人为戏弄，则丧其德矣；以器物为戏弄，则丧其志矣〕。弗作无益害有益，功乃成；弗贵异物贱用物，民乃足〔游观为无益，奇巧为异物。言明王之道，以德义为益，器用为贵，所比化俗生民〕。犬马非其土生弗畜〔非此土所生不畜，以不习其用〕，珍禽奇兽弗育于国〔皆非所用，有所损害故也〕。弗宝远物，则远人格〔不侵夺其利，则来服〕；所宝惟贤，则迩人安〔宝贤任能，则近人安。近人安，则远人安矣〕。乌乎！夙夜罔或弗勤〔言当常勤于德〕。弗务细行，终累大德〔轻忽小物，积害毁大，故君子慎其微也〕。为山九仞，功亏一篑〔谕向成也，未成一篑，犹不为山，故曰功亏一篑。是以圣人乾乾日侧，慎终如始也〕。允迪兹，生民保厥居，惟乃世王〔言其能信蹈行此诫，则生民安其居，天子乃世世王天下也。武王虽圣，犹设此诫，况其非圣，可以无诫乎。其不免于过则亦宜矣〕。”

王若曰：“小子封〔封，康叔名〕！惟乃丕显考文王，克明德慎罚，弗敢侮鳏寡，庸庸、祗祗、威威、显民〔惠恤穷民，不慢鳏夫寡妇。用可用、敬可敬、刑可刑、明此道以示民也〕。天乃大命文王，殪戎殷，诞受厥命〔天美文王，乃大命之杀兵殷，大受其王命〕。往尽乃心，无康好逸豫〔往当尽汝心为政，无自安好逸豫也〕。我闻曰：'怨弗在大，亦弗在小。惠弗惠，懋弗懋〔不在大，起于小也；不在小，小至于大也。言怨不可为，故当使不顺者顺、不勉者勉也〕。'若保赤子，惟其民康乂〔爱养民如赤子，不失其欲，惟其民皆安治也〕。非汝封刑人杀人〔言得刑杀人也〕，无或刑人杀人〔无以得刑杀人，而有妄刑杀也〕；非汝封劓刵人〔劓，截鼻也。刵，截耳也〕，无或劓刵人〔所以举轻刑以戒，为人轻行之也〕。"王曰："封！元恶大憝，矧惟弗孝弗友〔言人之罪恶，莫大于不孝不友〕。乃其速由文王作罚，刑兹无赦〔言当亦速用文王所作违教之罚，刑此无得赦也〕。敬哉！无作怨，勿用非谋非彝〔言当修己以敬，无为可怨之事，勿用非善之谋，非常之法〕。小子封，惟命弗于常〔当念天命之不于常也。行善则得之，行恶则失之〕。"

王若曰："乃穆考文王，诰庶邦御事，朝夕曰：'祀兹酒〔文王所告众国治事吏，朝夕敕之，唯祭祀而用此酒，不常饮也〕。'曰：'小大邦用丧，亦罔非酒惟辜〔于小大之国所用丧，无不以酒为罪也〕。饮惟祀，德将无醉〔饮酒惟当因祭祀，以德自将，无至醉〕。'在昔殷先哲王，惟御事，弗敢自暇自逸〔惟殷御治事之臣，不敢自宽暇、自逸豫〕。矧曰其敢崇饮〔崇，聚也。自逸暇犹不敢，况敢聚会饮酒乎〕，弗惟弗敢，亦弗暇〔非徒不敢，志在助君敬法，亦不暇饮〕。在今后嗣王酣身〔嗣王，纣也。酣乐其身，不忧政也〕，惟荒腆于酒，弗惟自息〔言纣大厚于酒，昼夜不念自息〕。庶群嗜酒，腥闻在上。故天降丧于殷〔纣众群臣，用酒耽荒，腥秽闻在天，故下丧亡于殷也〕。天非虐，惟人自速辜〔言凡为天所亡，天非虐人，惟人所行恶，自召罪〕。古人有言曰：'人无于水鉴，当于民鉴〔古贤圣有言，人无于水鉴，当于民鉴也。视水见己形，视民行事见吉凶〕。'今惟殷坠厥命，我其可弗大鉴〔今惟殷纣无道，坠失天命，我其可不大视为戒也〕。"

周公作《无逸》〔中人之性，好逸豫。成王即政，恐其逸豫，故以所戒名篇〕。周公曰："乌乎！君子所，其无逸〔叹美君子之道，所在念德，其无逸豫也。君子且犹然，况王者乎〕。先知稼穑之艰难，乃逸，则知小人之依〔稼穑，农夫之艰难事。先知之，乃谋逸豫，则知小民所依怙〕。我闻曰：昔在殷王中宗〔大戊也〕，治民祗惧，弗敢荒宁〔为政敬，身畏惧，不敢荒怠自安〕，享国七十有五年〔以敬畏之故，得寿考之福也〕。其在高宗，嘉靖殷邦，至于小大，无时或怨〔善谋殷国，至于小大之政，民无时有怨也〕，享国五十有九年。其在祖甲〔汤孙大甲〕，爰知小人之依，能保惠于庶民，弗侮鳏寡〔知小人以所依，依仁政也，故能安顺于众民，不敢侮慢茕独也〕，享国三十有三年。自时厥后立王，生则逸〔从是三王，各承其后而立者，生则逸豫，无法度也〕，弗知稼穑之艰难，弗闻小人之劳，惟耽乐之从〔过乐谓之耽，惟耽乐之从，言荒淫〕，亦罔或克寿〔以耽乐之故，无有能寿者也〕。或十年，或七八年，或四三年〔高者十年，下者三年，言逸乐之损寿也〕。惟我周大王、王季，克自抑畏〔大王，周公曾祖。王季即祖也。言皆能以义自抑，畏敬天命也〕。文王卑服〔文王节俭，卑其衣服〕，自朝至于日中昃，弗遑暇食，用咸和万民〔从朝至日昳，不暇食，思虑政事，用皆协和万民者也〕，厥享国五十年。自殷王中宗，及我周文王，兹四人迪哲〔言此四人皆蹈智明德以临下也〕。厥或告之曰：‘小人怨汝詈汝。’则皇自敬德〔其有告之，言小人怨詈者，则大自敬德，增修善政也〕。此厥弗听，人乃或诪张为幻，曰：‘小人怨汝詈汝，则信之〔此其不听中正之君，有人诳惑之，言小人怨憾榰诅詈汝，则信受之也〕，乱罚无罪，杀无辜。怨有同，是丛于厥身〔信谗含怒，罚杀无罪，则天下同怨仇之，丛聚于其身也〕。’乌乎！嗣王其监于兹〔视此乱罚之祸，以为戒也〕！”

蔡叔既没〔以罪放而卒也〕，王命蔡仲践诸侯位〔王，成王也。父卒命子，罪不相及〕。王若曰：“小子胡〔胡仲，名也〕！皇天无亲，惟德是辅；民心无常，惟惠之怀〔天之于人，无有亲疏，惟有德者，则辅佐之；民心于上，无有常主，惟爱己者，则归往之〕。为善弗同，同归于治；为恶弗同，同归于乱。尔其戒哉！慎厥初，惟厥终，康济小民。率自中，无作聪明乱旧章〔汝为政，当安小民之业，循用大中之道，无敢为小聪明，作异辩，以变乱旧典文章也〕；详乃视听，罔以侧言改厥度，则予一人汝嘉〔详审汝视听，非礼义勿视听也。无以邪巧之言易其常度，必断之以义，则我一人善汝矣〕。小子胡，汝往哉！无荒弃朕命〔汝往之国，无废我命，欲其终身奉行之〕。”

王若曰：“猷！告尔四国多方〔顺大道，告四方〕：惟圣罔念作狂，惟狂克念作圣〔惟圣人无念于善，则为狂人；惟狂人能念善，则为圣人。言桀纣非实狂愚，以不念善故灭亡也〕。自作不和，尔惟和哉！尔室弗睦，尔惟和哉！尔邑克明，尔惟克勤乃事〔小大众官，自为不和，汝有方多士，当和之哉。汝亲近室家不睦，汝亦当和之。汝邑中能明，是汝惟能勤职事也〕。”

周公戒于王曰：“文王罔攸兼于庶言，庶狱庶慎，惟有司之牧夫〔文王无所兼知于毁誉众言，及众刑狱，众所当慎之事，惟慎择有司牧夫而已。劳于求才，逸于任贤〕，是训用违。庶狱庶慎，文王罔敢知于兹〔是万民顺法。用违法，众狱众慎之事，文王一无敢自知于此，委任贤能而已也〕。武王率惟敉功，弗敢替厥义德〔武王循惟文王抚安天下之功，不敢废其义德，奉遵父道也〕。孺于王矣〔稚子今已为王矣，不可不勤法祖考也〕，继自今文子文孙，其勿误于庶狱庶慎，惟正是乂之〔文子文孙，文王之于孙也。从今以往，惟以正是之道，治众狱众慎，其勿误也〕。”

王曰：“若昔大猷，制治于未乱，保邦于未危〔言当顺古大道，制治安国，必于未乱未危之前，思患豫防之〕。曰：‘唐虞稽古，建官惟百。内有百揆四岳，外有州牧侯伯〔道尧舜考古以建百官，上下相维，内外咸治也〕。庶政惟和，万国咸宁〔官职有序，故众政惟和。万国皆安，所以为至治也〕。’夏商官倍，亦克用乂〔禹汤建官二百，亦能用治，言不及唐虞之清要也〕。明王立政，弗惟其官，惟其人〔言圣帝明王，立政修教也，不惟多其官，惟在得其人也〕。立太师、太傅、太保，兹惟三公。论道经邦，燮理阴阳〔师，天子所师法。傅，傅相天子。保，保安天子于德义者也。此惟三公之任，佐王论道，以经纬国事和理阴阳也〕。官弗必备，唯其人〔三公之官，不必备员，惟其人有德乃处之也〕。少师、少傅、少保，曰三孤〔孤，特也。卑于公，尊于卿，特置此三人也〕。二公弘化，寅亮天地，弼予一人〔副二三公，弘大道化，敬信天地之教，辅我一人之治〕。冢宰掌邦治，统百官，均四海〔天官卿称太宰，主国政治，统理百官，均平四海之内邦国，言任大〕。司徒掌邦教，敷五典，扰兆民〔地官卿，主国教化，布五常之教，安和天下众民，使小大协睦也〕。宗伯掌邦礼，治神人，和上下〔春官卿，主宗庙天地神祇人鬼之事及国之五礼。以和上下尊卑等列也〕。司马掌邦政，统六师，平邦国〔夏官卿，主戎马之事，掌国征伐，统正六军，平治王邦四方之乱也〕。司寇掌邦禁，诘奸慝，刑暴乱〔秋官卿，主寇贼，法禁治奸恶，刑强暴作乱者也〕。司空掌邦土，居四民，时地利〔冬官卿，主国空土，以居士农工商四民，使顺天时、分地利，授之土〕。六卿分职，各帅其属，以倡九牧，阜成兆民〔六卿各率其属官大夫士，治其所分之职，以倡导九州之牧伯为政，大成兆民之性命，皆能其官，则政治矣〕。”王曰：“乌乎！凡我有官君子，钦乃攸司，慎乃出令。令出惟行，弗惟反〔有官君子，大夫以上也。叹而戒之，使敬所司，慎出令，从政之本也。令出必惟行之，不惟反改。二三其令，乱之道也〕。以公灭私，民其允怀〔从政以公平灭私情，则民其信归之〕。学古入官，议事以制，政乃弗迷〔言当先学古训，然后入官治政。凡制事必以古义，议度终始，政乃不迷错也〕。其尔典常作师，无以利口乱厥官〔其汝为政，当以旧典常故事为师法，无以利口辩佞乱其官也〕。弗学墙面，莅事惟烦〔人而不学，其犹正墙面而立，临政事必烦矣〕。戒尔卿士，功崇惟志，业广惟勤〔此戒凡有官位，但言卿士，举其掌事者也。功高由志，业广由勤也〕；位弗期骄，禄弗期侈〔贵不与骄期，而骄自至。富不与侈期，而侈自来。骄侈以行己，所以速亡也〕；恭俭惟德，无载尔伪〔言当恭俭惟以立德，无行奸伪也〕。作德，心逸日休；作伪，心劳日拙〔为德，直道而行，于心逸豫，而名日美；为伪，饰巧百端，于心劳苦，而事日拙，不可为之也〕。居宠思危，罔弗惟畏，弗畏入畏〔言虽居贵宠富，当常思危惧，无所不畏。若乃不畏，则入不可畏之刑〕。推贤让能，庶官乃和〔贤能相让，俊乂在官，所以和谐也〕。举能其官，惟尔之能；称匪其人，惟尔弗任〔所举能修其官，惟亦汝之功能也。举非其人，惟亦汝之不胜其任也〕。”王曰：“乌乎！三事暨大夫，敬尔有官，乱尔有政〔难而敕公卿以下，各敬居汝所有之官，治汝所有之职也〕，以右乃辟，永康兆民，万邦惟无斁〔言当敬治官政以助汝君，长安天下兆民，则天下万国，惟乃无厌我周德也〕。”

周公既殁，命君陈分正东郊成周〔成王重周公所营，故命陈分居东郊成周之邑〕。王若曰：“君陈，我闻曰：‘至治馨香，感于神明；黍稷非馨，明德惟馨〔所闻上古圣贤之言也。政治之至者，芬芳馨气，动于神明。所谓芬芳，非黍稷之气，乃明德之馨，厉之以德也〕。’凡人未见圣，若弗克见；既见圣，亦弗克由圣〔此言凡人，有初无终也。未见圣道，如不能得见。已见圣道，亦不能用之，所以无成也〕。尔其戒哉！尔惟风，下民惟草〔汝戒勿为凡人之行也。民从上教而变，犹草应风而偃，不可不慎也〕，无依势作威，无倚法以削〔无乘势位，作威民上；无倚法制，以行刻削之政〕；宽而有制，从容以和〔宽不失制，动不失和，德教之治也〕。殷民在辟，予曰辟，尔惟勿辟；予曰宥，尔惟勿宥；惟厥中〔殷民有罪在刑法者，我曰刑之，汝勿刑也；我曰赦宥，汝勿宥也。惟其当以中正平理断也〕。有弗若于汝政，弗化于汝训，辟以止，辟乃辟〔有不顺于汝政，不变于汝教，刑之而惩止。犯刑者，乃刑之也〕。尔无忿疾于顽，无求备于一人〔人有顽嚚不喻，汝当训之。无忿怒疾之，使人当器之，无责备于一夫也〕。”

王曰：“乌乎！父师〔毕公代周公为大师、为东伯，命之代君陈也〕！政贵有恒，辞尚体要，弗惟好异〔政以仁义为常，辞以体实为要，故贵尚之。若异于先王，君子不好也〕。商俗靡靡，利口惟贤，余风未殄，公其念哉〔纣以靡靡利口为贤，覆亡国家。今殷民利口，余风未绝，公其念绝之也〕。我闻曰：‘世禄之家，鲜克由礼。’以荡凌德，实悖天道〔世有禄位而无礼教，少不以放荡陵邈有德者，如此实乱天道也〕；弊化奢丽，万世同流〔言弊俗相化，车服奢丽，虽相去万世，若同一流者也〕。兹殷庶士，骄淫矜侉，将由恶终，闲之惟艰〔言殷士骄恣过制，矜其所能，以自侉大，将用恶自终，以礼御其心惟难也〕。惟周公克慎厥始，惟君陈克和厥中，惟公克成厥终〔周公迁殷顽民，以消乱阶，能慎其始也。君陈弘周公之训，能和其中也。毕公阐二公之烈，能成其终也〕。钦若先王成烈，以休于前政〔敬顺文武成业，以美于前人之政，所以勉毕公〕。”

穆王命君牙作周大司徒〔穆王，昭王子也〕。王若曰：“乌乎！惟乃祖乃父，世笃忠贞，服劳王家，厥有成绩，纪于太常〔言汝父祖世厚忠贞，服事勤劳王家，其有成功，见纪录书于王之太常，以表显之也〕。惟予小子，嗣守文、武、成、康遗绪，亦惟先王之臣，克左右乱四方〔惟我小子，继守先王遗业，亦惟父祖之臣，能佐助我治四方。言己无所能也〕。心之忧危，若蹈虎尾，涉于春冰〔言祖业之大，己才之弱，故心怀危惧也。虎噬畏噬，春冰畏陷，危惧之甚也〕。今命尔予翊，作股肱心膂〔今命汝为我辅翊，股肱心体之臣，言委任之也〕。尔身克正，罔敢弗正；民心罔中，惟尔之中〔言汝身能正，则下无敢不正。民心无中，从汝取中。必当正身，示民以中正之道〕。夏暑雨，小民惟曰：‘怨咨〔夏月暑雨，天之常道。小民惟怨叹咨

嗟，言心无中正也〕。’冬祁寒，小民亦惟曰：‘怨咨。’厥惟艰哉！思其艰以图其易，民乃宁〔天不可怨，民犹怨嗟，治民其惟艰哉！当思虑其艰以谋其易，民乃安〕。”

王若曰：“伯冏！昔在文、武，聪明齐圣，小大之臣，咸怀忠良〔聪明，听视远也；齐圣，无滞碍也。臣虽官有尊卑，无不忠良〕。其侍御仆从，罔匪正人〔给侍进御，仆从从官，官虽微，无不用中正之人〕，以旦夕承弼厥辟。出入起居，罔有弗钦〔小臣皆良，仆从皆正，以旦夕承辅其君，故君出入起居无有不敬〕；发号施令，罔有弗臧。下民祗若，万邦咸休〔言文、武发号施令，无有不善。下民敬顺其命，万国皆美其化也〕。惟予一人无良，实赖左右前后有位之士，匡其弗及〔惟我一人无善，实恃左右前后有职位之士，匡正其不及。言此责群臣正己者也〕。绳愆纠谬，格其非心，俾克绍先烈〔言恃左右之臣，弹正过误，检其非妄之心，使能继先王之功业也〕。今予命汝作大仆正，正于群仆侍御之臣〔欲其教正群化无敢佞伪也〕。懋乃后德，交修弗逮〔言侍御之臣，无小大亲疏，皆当勉汝君为德，更代修进其所不逮也〕；慎简乃僚，无以巧言令色、便辟侧媚，其惟吉士〔当谨慎简选汝僚属侍臣，无得用巧言无实、令色无质、便辟足恭、侧媚谄谀之人，其惟皆吉良正士也〕。仆臣正，厥后克正；仆臣谀，厥后自圣〔言仆臣皆正，则其君乃能正。仆臣谄谀，则其君乃自谓圣〕。后德惟臣，弗德惟臣〔君之有德，惟臣成之；君之无德，惟臣误之。言君所行善恶，专在左右也〕。尔无昵于憸人，充耳目之官，迪上以非先王之典〔汝无亲近憸利小子之人，充备侍从，在视听之官，导君上以先王之法也〕。”

王曰：“乌乎！伯父、伯兄、仲叔、季弟、幼子、童孙，皆听朕言〔皆王同姓，有父兄弟子孙列者也〕：尔尚敬逆天命，以奉我一人。虽畏勿畏，虽休勿休〔汝当庶几敬逆天命，以奉我一人之戒。行事虽见畏，勿自谓可敬畏；虽见美，勿自谓有德美〕；惟敬五刑，以成三德。一人有庆，兆民赖之〔先戒以劳谦之德，次教以惟敬五刑，所以成刚柔正直之三德也。天子有善，则兆民赖之〕。”王曰：“吁！来，有邦有土，告尔祥刑〔吁，叹也。有国有土，诸侯也。告汝以善用刑之道也〕，在今尔安百姓，何择？非人？何敬？非刑〔在今汝安百官兆民之道，当何所择？非惟吉人乎？当何所敬？非惟五刑乎〕？两造具备，师听五辞〔两，谓囚证也。造，至也。两至具备，则众狱官共听其入五刑之辞也〕。五辞简孚，正于五刑〔五辞核，信有罪验，则正之于五刑也〕；五刑不简，正于五罚〔不简核，谓不应五刑，当出金赎罪也〕；五罚不服，正于五过〔不服，不应罚也。正于五过，从赦免也〕。五刑之疑有赦，五罚之疑有赦〔刑疑赦，从罚；罚疑赦，从免〕。刑罚世轻世重，惟齐非齐〔言刑罚随世轻重也。刑新国，用轻典；刑乱国，用重典；刑平国，用中典。凡刑所以齐非齐〕。非佞折狱，惟良折狱，罔非在中〔非口才可以断狱，惟平良可以断狱，无非在中正也〕。哀敬折狱，咸庶中正〔当矜下民之犯法，敬断狱之害人，皆庶几必得中正之道也〕。其刑其罚，其审克之〔其所刑，其所罚，其当审能之，无失中也〕。”

卷　三

《毛诗》治要

周南

《关雎》，后妃之德也，《风》之始也，所以风天下而正夫妇也。故用之乡人焉，用之邦国焉。《风》，讽也，教也。风以动之，教以化之。诗者，志之所之也，在心为志，发言为诗。情动于衷而形于言，言之不足，故嗟叹之；嗟叹之不足，故咏歌之；咏歌之不足，不知手之舞之、足之蹈之也。情发于声，声成文谓之音〔发，犹见也。声，谓宫商角徵羽。声成文者，宫商上下相应也〕。治世之音安以乐，其政和；乱世之音怨以怒，其政乖；亡国之音哀以思，其民困。故正得失，动天地，感鬼神，莫近于诗。先王以是经夫妇，成孝敬，厚人伦，美教化，移风俗。故《诗》有六义焉，一曰风，二曰赋，三曰比，四曰兴，五曰雅，六曰颂。上以风化下，下以风刺上，言之者无罪，闻之者足以自诫，故曰风。以一国之事，系一人之本，谓之《风》。言天下之事，形四方之风，谓之《雅》。《雅》者，正也，言王政之所由废兴也。政有小大，故有《小雅》焉，有《大雅》焉。《颂》者，美盛德之形容，以其成功告于神明者也。是谓四始，《诗》之至也〔始者，王道兴衰之所由也〕。至于王道衰，礼义废，政教失，国异政，家殊俗，而《变风》、《变雅》作矣。《周南》、《邵南》，正始之道，王化之基。是以《关雎》乐得淑女以配君子，忧在进贤，不淫其色；哀窈窕，思贤才，而无伤善之心焉，是《关雎》之义也。

关关雎鸠，在河之洲〔兴也，关关，和声也。雎鸠，王雎也。鸟挚而有别，后妃悦乐君子之德，无不和谐，又不淫其色，若雎鸠之有别焉，然后可以风化天下。夫妇有别，则父子亲；父子亲，则君臣敬；君臣敬，则朝廷正；朝廷正，则王化成也〕。窈窕淑女，君子好仇〔窈窕，幽闲也。淑，善也。仇，逑也。言后妃有关雎之德，是幽闲贞专之善女，宜为君子逑也〕。参差荇菜，左右流之〔荇，接荼也。流，求也。后妃有关雎之德，乃能供荇菜、备庶物，以事宗庙也。左右助之，言三夫人九嫔以下，皆乐后妃之事也〕。窈窕淑女，寤寐求之〔寤，觉也。寐，寝也。言后妃觉寐，则常求此贤女，欲与之共己职〕。求之不得，寤寐思服〔服，事也。求贤女而不得，觉寐则思己职事，当与谁共之也〕。悠哉悠哉，辗转反侧〔悠，思也。言己诚思之也，卧而不周曰展也〕。

《卷耳》，后妃之志也。又当辅佐君子，求贤审官。知臣下之勤劳，内有进贤之志，而无险诐私谒之心，朝夕思念，至于忧勤〔谒，请也〕。

采采卷耳，不盈倾筐〔忧者之兴也。采采，事采之也。卷耳，苓耳也。倾筐，畚属也，易盈之器也。器之易盈而不盈者，志在辅佐君子，忧思深也〕。嗟我怀人，寘彼周行〔怀，思也。寘，置也。行，列也。思君子官贤人，置周之列位也。周之列位，谓朝廷之臣也〕。

邵南

《甘棠》，美邵伯也。邵伯之教，明于南国〔邵伯，姬姓，名奭，作上公，为二伯〕。

蔽芾甘棠，勿翦勿伐，邵伯所茇〔蔽芾，小貌。甘棠，杜也。茇，草舍也。邵伯听男女之讼，不重烦劳百姓，止舍小棠之下而听断焉。国人被其德，说其化，敬其树也〕。

《何彼秾矣》，美王姬也。虽则王姬，亦下嫁于诸侯，车服不系其夫，下王后一等，犹执妇道以成肃雍之德。

何彼秾矣？唐棣之华〔兴也。秾，犹戎戎也。唐棣，移也。何乎彼戎戎者，乃移之华。兴者，喻王姬颜色之美盛也〕。曷弗肃雍，王姬之车〔肃，敬也。雍，和也。曷，何也。之，往也。何不敬和乎？王姬往乘车。言其嫁时始乘车，则已敬和矣〕。

邶风

《柏舟》，言仁而不遇也。卫顷公时，仁人不遇，小人在侧。

泛彼柏舟，亦泛其流〔兴也。泛泛，流貌也。柏木所以宜为舟也。汎其流，不以济渡也。舟，载渡物也。今不用，而与众物泛泛然，俱流水中。兴者，喻仁人之不见用，与群小人并列，亦犹是也〕。耿耿不寐，如有隐忧〔耿耿，犹儆儆也。隐，痛也。仁人既不遇，忧在见侵害也〕，忧心悄悄，愠于群小〔悄悄，忧貌也。愠，怒也〕。觏闵既多，受侮不少〔闵，病也〕。

《谷风》，刺夫妇失道也。卫人化其上，淫于新婚，而弃其旧室。夫妇离绝，国俗伤败焉。

习习谷风，以阴以雨〔兴也。习习，和舒之貌。东风谓之谷风，阴阳和而谷风至，夫妇和则室家成也〕。黾勉同心，不宜有怒〔言黾勉，思与君子同心也。所以黾勉者，以为见谴怒非夫妇之宜也〕。采葑采菲，无以下体〔葑，蕦也。菲，芴也。下体，根茎也。二菜皆上下可食，然而其根有美时，有恶时。采之者不可以根恶之时，并弃其叶。喻夫妇以礼义合，以颜色亲，亦不可以颜色衰而弃其相与之礼〕。德音莫违，及尔同死〔莫，无也。及，与也。夫妇之言，无相违者，则可长相与处至死，颜色，斯须之有也〕。

鄘风

《相鼠》，刺无礼也。卫文公能正其群臣，而刺在位承先君之化无礼仪也。

相鼠有皮，人而无仪〔相，视也。仪，威仪也。视鼠有皮，虽居高显之处，偷食苟得，不知廉耻，亦与人无威仪者同也〕。人而无仪，不死胡为〔人以有威仪为贵，今反无之，伤化败俗，不如其死无所害也〕。相鼠有体，人而无礼〔体，支体也〕。人而无礼，胡不遄死。

《干旄》，美好善也。卫文公臣子多好善，贤者乐告以善道也〔贤者，时处士也〕。

孑孑干旄，在浚之郊〔孑孑，干旄貌，注旄于干首，大夫之旗也。浚，卫邑。时有建此旄来至浚之郊，卿大夫好善者也〕。素丝纰之，良马四之〔纰，所以织组也。总纰于此，成文于彼，愿以素丝纰组之法御四马也〕。彼姝者子，何以畀之〔姝，顺貌。畀，予。时贤者既说此大夫有忠顺之德，又欲以善道与之，诚爱厚之至焉〕。

卫风

《淇澳》，美武公之德也。有文章，又能听规谏，以礼自防，故能入相于周，美而作是诗。

瞻彼淇澳，绿竹猗猗〔兴也。猗猗，美貌也。武公质美德盛，有康叔之余烈也〕。有斐君子，如切如瑳，如琢如磨〔斐，文章貌。治骨曰切，象曰瑳，玉曰琢，石曰磨，道其学而成也。听其规谏，以礼自修饰，如玉石之见琢磨〕。

《芄兰》，刺惠公也。骄而无礼，大夫刺之〔惠公以幼童即位，自谓有才能，而骄慢于大臣，但习威仪，不知为政以礼也〕。

芄兰之支〔兴也。芄兰，草柔弱，恒延蔓于地，有所依缘则起。兴者，喻幼稚之君，任用大臣，乃能成其政也〕，童子佩觿〔觿所以解结，成人之佩也。人君治成人事，虽童子犹佩觿，以早成其德也〕。虽则佩觿，能不我知〔此幼稚之君，虽佩觿焉，其才能实不如我众臣之所知为也。惠公自谓有才能而骄慢，所以见刺也〕。

王风

《葛藟》，王族刺恒王也。周室道衰，弃其九族焉。

绵绵葛藟，在河之浒〔水涯曰浒。葛也藟也，生河之涯，得其润泽，以长而不绝。兴者，喻王之同姓，得王恩施，以生长其子〕。终远兄弟，谓他人父〔兄弟，族亲也。王寡于恩施，今以远弃族亲矣，是我以他人为己父也〕。

《采葛》，惧谗也〔桓王之时，政事不明。臣无大小，使出者，则为谗人所毁，故惧之也〕。

彼采葛兮，一日不见，如三月兮〔兴也。葛，所以为絺绤也。事虽小，一日不见于君，忧惧于谗矣。兴者，以采葛喻臣，以小事使出者也〕。

郑风

《风雨》，思君子也。乱世则思君子不改其度焉。

风雨凄凄，鸡鸣喈喈〔兴也。风且雨凄凄然，鸡犹守时而鸣喈喈然。兴者，喻君子虽居乱世不改其节度也〕。既见君子，云胡不夷〔夷，悦也。思而见之，云何不悦也〕。

《子衿》，刺学校废也。乱世则学校不修焉。

青青子衿，悠悠我心〔青衿，青领。学子之所服，学子而俱在学校之中。己留彼去，故随而思之〕。纵我不往，子宁不嗣音〔嗣，续也。汝曾不传声问我，我以恩责其忘己也〕。

齐风

《鸡鸣》，思贤妃也。哀公荒淫怠慢，故陈贤妃贞女，夙夜警戒相成之道焉。

鸡既鸣矣，朝既盈矣〔鸡鸣朝盈，夫人也，君也，可以起之常礼也〕。匪鸡则鸣，苍蝇之声〔夫人以蝇声为鸡鸣，则以作早于常时，敬也〕。

《甫田》，大夫刺襄公也。无礼义而求大功，不修其德而求诸侯。志大心劳，所以求者非其道也。

无田甫田，维莠骄骄〔兴也。甫，大也。大田过度，而无人功，终不能获。兴者，喻人君欲立功致治，必勤身修德，积小以成高大也〕。无思远人，劳心忉忉〔忉忉，忧劳。此言无德而求诸侯，徒劳其心忉忉耳〕。

魏风

《伐檀》，刺贪也。在位贪鄙，无功而受禄，君子不得进仕尔。

坎坎伐檀兮，寘之河之干兮，河水清且涟漪〔伐檀以俟世用，若俟河水清且涟漪，是谓君子之人不得进仕也〕。不稼不穑，胡取禾三百廛兮？不狩不猎，胡瞻尔庭有悬貆兮〔一夫之居曰廛。貆，兽名也〕？彼君子兮，不素餐兮〔素，空。彼君子者，斥伐檀之人。仕有功，乃肯受禄〕。

《硕鼠》，刺重敛也。国人刺其君之重敛，蚕食于民，不修其政，贪而畏人，若大鼠也。

硕鼠硕鼠，无食我黍。三岁贯汝，莫我肯顾〔硕，大也。大鼠大鼠者，斥其君。汝无复食我黍，疾其君税敛之多。我事汝已三岁矣，曾无教令恩德来顾眷我，又疾其不修德政〕。逝将去汝，适彼乐土〔往矣，将去汝，与之诀别之辞。乐土，有德之国也〕。

唐风

《杕杜》，刺时也。君不能亲其宗族，骨肉离散，独居而无兄弟，将为沃所并尔。

有杕之杜，其叶湑湑〔兴也。杕，特生貌。杜，赤棠也。湑湑，枝叶不相次比之貌〕。独行踽踽，岂无他人？不如我同父〔踽踽，无所亲也。他人，谓异姓也。言昭公远其宗族，独行国中踽踽然。此岂无异姓之臣乎？顾恩不如同姓之亲亲耳〕？

秦风

《晨风》，刺康公也。忘穆公之业，始弃其贤臣焉。

鴥彼晨风，郁彼北林〔兴也。鴥，疾飞貌也。晨风，鹯也。郁，积也。先君招贤人，贤人归往之，驶疾如晨风之飞入北林也〕。未见君子，忧心钦钦〔言穆公始未见君子之时，思望而忧，钦钦然也〕。如何如何？忘我实多〔此言穆公之意，责康公，如何乎，如何乎？汝忘我之事实多大也〕。

《渭阳》，康公念母也。康公之母，晋献公之女。文公遭骊姬之难，未反而秦姬卒。穆公纳文公，康公时为太子，赠送文公于渭之阳，念母之不见也。我见舅氏，如母存焉，及其即位，思而作是诗也。

我送舅氏，曰至渭阳〔渭，水名也〕。何以赠之，路车乘黄〔赠，送也。乘黄，驷马皆黄也〕。我送舅氏，悠悠我思。何以赠之，琼瑰玉佩〔琼瑰，美石而次玉者也〕。

《权舆》，刺康公也。忘先君之旧臣，与贤者有始而无终也。

于我乎！夏屋渠渠〔夏，大也。屋，具也。渠渠，犹勤勤也。言君始于我厚，设礼食大具以食我，其意勤勤然〕。今也每食无余〔此言君今遇我薄，其食我才足也〕。于嗟乎？不承权舆〔承，继也。权舆，始也〕。

曹风

《蜉蝣》，刺奢也。昭公国小而迫，无法以自守，好奢而任小人，将无所依焉。

蜉蝣之羽，衣裳楚楚〔兴也。蜉蝣，渠略也，朝生夕死，犹有羽翼以自修饰。楚楚，鲜明貌。兴者，喻昭公之朝，其群臣皆小人也，徒整饰其衣裳，不知国将迫胁，君臣死亡之无日，如渠略然也〕。心之忧矣，于我归处〔归，依归也。君当于何依归？言有危亡之难，将无所就往也〕？

《候人》，刺近小人也。共公远君子，而好近小人焉。

彼候人兮，荷戈与祋〔候人，道路送迎宾客者也。荷，揭也。祋，殳也。言贤者之官，不过候人也〕。彼其之子，三百赤芾〔芾，韠也。大夫以上，赤芾乘轩。之子，是子也。佩赤芾者三百人〕。

小雅

《鹿鸣》，燕群臣嘉宾也。既饮食之，又实币帛筐篚，以将其厚意，然后忠臣嘉宾得尽其心矣。

呦呦鹿鸣，食野之苹〔兴也。苹，大萍也。鹿得苹草，呦呦然鸣而相呼。恳诚发于中，以兴嘉乐宾客，当有恳诚相招呼以成礼也〕。我有嘉宾，鼓瑟吹笙。吹笙鼓簧，承筐是将〔筐，篚属。所以行币帛也。承，犹奉也〕。

《皇皇者华》，君遣使臣也。送之以礼乐，言远而有光华也〔言臣出使，能扬君之美，延其誉于四方，则为不辱君命也〕。

皇皇者华，于彼原隰〔皇皇，犹煌煌也。忠臣奉使，能光君命，无远无近，如华不以高下易其色矣。无远无近，惟所之则然也〕。駪駪征夫，每怀靡及〔駪駪，众多之貌也。征夫，行人也。众行夫既受君命，当速行，每人怀其私相稽留，则于王事将无所及也〕。

《常棣》，燕兄弟也。闵管蔡之失道，故作《常棣》焉〔周公吊二叔之不咸，而使兄弟之恩疏。召公为作是诗而歌之，以亲之〕。

常棣之华，萼不炜炜〔承华者曰萼，不当作跗。跗，萼足也。萼足得华之光明，炜炜然也。兴者，喻弟以敬事兄，兄以荣覆弟，恩义之显，亦炜炜然也〕。凡今之人，莫如兄弟〔人之恩亲，无如兄弟之最厚〕。鹡鸰在原，兄弟急难〔鹡鸰，雍渠也。飞则鸣，行则摇，不能自舍尔。急难，言兄弟之相救于急难也〕。每有良朋，况也永叹〔况，兹也。永，长也。每，虽也。良，善也。当急难之时，虽有善同门来，兹对之长叹而已〕。兄弟阋于墙，外御其侮〔阋，狠也。御，禁也。兄弟虽内阋，外犹御侮也〕。

《伐木》，燕朋友故旧也。自天子以下，至于庶人，未有不须友以成者。亲亲以睦，友贤不弃，不遗故旧，则民德归厚矣。

伐木丁丁，鸟鸣嘤嘤〔丁丁，嘤嘤，相切直也。言昔日未居位，与友生于山岩伐木，为勤苦之事，犹以道德相切正也。嘤嘤，两鸟声也。其鸣之志，似于有朋友道然，故连言之〕。出自幽谷，迁于乔木〔迁，徙也。谓向时之鸟，出从深谷，今移处高木也〕。嘤其鸣矣，求其友声〔君子虽迁处于高位，不可以忘其朋友也〕。相彼鸟矣，犹求友声。矧伊人矣，不求友生〔矧，况也。相，视也。鸟尚知居高木呼其友，况是人乎？可不求乎〕。

《天保》，下报上也。君能下下以成其政，则臣亦归美以报其上焉。

天保定尔，俾尔戬穀。罄无不宜，受天百禄〔保，安也。尔，汝也。戬，福也。穀，禄也。罄，尽也。天使汝所福禄之人，谓群臣也。其举事尽得其宜，受天之多福禄〕。如月之恒，如日之升〔恒，弦也。升，出也。言俱进也。月上弦而就盈，日始出而就明也〕。如南山之寿，不骞不崩〔骞，亏也〕。如松柏之茂，无不尔或承〔或之言有也。如松柏之枝叶常茂盛，青青相承无衰落也〕。

《南山有台》，乐得贤也。得贤者则能为邦家立太平之基矣〔人君得贤者，则其德广大坚固，如山之有基趾也〕。

南山有台，北山有莱〔台，夫须也。兴者，山之有草木以自覆盖，成其高大，喻人君有贤臣以自尊显也〕。乐只君子，邦家之基〔基，本也。只之言是也。人君既得贤者，置之于位，又尊敬以礼乐乐之，则能为国家之本也〕。

《蓼萧》，泽及四海也。

蓼彼萧斯，零露湑兮〔兴也。蓼，长大貌。萧，蒿也。湑湑然，萧上露貌。兴者，萧，香物之微者，喻四海之诸侯，亦国君之贱者。露，天所以润万物，喻王者恩泽，不为远国则不及之〕。既见君子，我心写兮〔既见君子者，远国之君朝见于天子也。我心写者，舒其情意，无留恨者〕。燕笑语兮，是以有誉处兮〔天子与之燕而笑语，则远国之君各得其所。是以称扬德美，使声誉常处天子也〕。

《湛露》，天子燕诸侯也。

湛湛露斯，匪阳不晞〔晞，干也。露虽湛湛然，见阳则干。兴者，露之在物湛湛然，使物柯叶低垂。喻诸侯受燕爵，其威仪有似醉之貌。唯天子赐爵则自变，肃敬承命，有似露见日而晞也〕。厌厌夜饮，不醉无归〔厌厌，安也〕。

《六月》，宣王北伐也。《鹿鸣》废，则和乐缺矣。《四牡》废，则君臣缺矣。《皇皇者华》废，则忠信缺矣。《常棣》废，则兄弟缺矣。《伐木》废，则朋友缺矣。《天保》废，则福禄缺矣。《采薇》废，则征伐缺矣。《出车》废，则功力缺矣。《杕杜》废，则师众缺矣。《鱼丽》废，则法度缺矣。《南陔》废，则孝友缺矣。《白华》废，则廉耻缺矣。《华黍》废，则畜积缺矣。《由庚》废，则阴阳失其道理矣。《南有嘉鱼》废，则贤者不安，下不得其所矣。《崇丘》废，则万物不遂矣。《南山有台》废，则为国之基坠矣。《由仪》废，则万物失其道理矣。《蓼萧》废，则恩泽乖矣。《湛露》废，则万国离矣。《彤弓》废，则诸夏衰矣。《菁菁者莪》废，则无礼仪矣。《小雅》尽废，则四夷交侵，中国微矣。

六月栖栖，戎车既饬〔栖栖，简阅貌。饬，正也。记六月者，盛夏出兵，明其急也〕。俨狁孔炽，我是用急〔炽，盛也。孔，甚也。此序吉甫之意也。北狄来侵甚炽，故王以是急遣我也〕。

《车攻》，宣王复古也。宣王能内修政事，外攘夷狄，复文武之境土；修车马，备器械，复会诸侯于东都，因田猎而选徒焉〔东都王城〕。

我车既攻，我马既同〔攻，坚也。同，齐也〕。四牡庞庞，驾言徂东〔庞庞，充实。东，雒邑也〕。萧萧马鸣，悠悠旆旌〔言不喧哗也〕。之子于征，有闻无声〔有善闻而无喧哗〕。

《鸿雁》，美宣王也。万民离散，不安其居，而能劳来，还定安集之，至乎鳏寡，无不得其所焉〔宣王承厉王衰乱之弊，而兴复先王之道，以安集众民为始〕。

鸿雁于飞，集于中泽〔中泽，泽中。鸿雁之性，安居泽中。今飞而又集于泽之中，犹民去其居而离散，今见还定安集之也〕。之子于垣，百堵皆作〔侯伯卿士，又于坏灭之国，征民起屋舍、筑墙壁。百堵同时起，言趋事也〕。虽则劬劳，其究安宅〔此劝万民之辞，汝今虽病劳，终有所安居也〕。

《白驹》，大夫刺宣王也〔刺其不能留贤也〕。

皎皎白驹，食我场苗。絷之维之，以永今朝〔宣王之末，不能用贤。贤者有乘白驹而去者。絷，绊也。维，系也。永，久也。愿此去者乘白驹而来，使食我场中之苗，我则绊之系之，以久今朝，爱之欲留也〕。所谓伊人，于焉逍遥〔乘白驹而去之贤人，今于何游息乎？思之甚也〕。

《节南山》，家父刺幽王也〔家父，字，周大夫也〕。

节彼南山，维石岩岩〔兴也。节，高峻貌。岩岩，积石貌。兴者，喻三公之位，人所尊严也〕。赫赫师尹，民具尔瞻〔师，大师，周之三公。尹氏为大师。具，俱也。此言尹氏汝居三公之位，天下之民俱视汝之所为也〕。国既卒斩，何用不监〔卒，尽也。斩，断也。监，视也。天下之诸侯，日相侵伐，其国已尽绝灭，汝何用为职，不监察之〕。

《正月》，大夫刺幽王也。

正月繁霜，我心忧伤〔正月，夏之四月也。繁，多也。夏之四月霜多，急恒寒苦之异，伤害万物，故我心为之忧伤也〕。民之讹言，亦孔之将〔将，大也。讹，伪也。人以伪言相陷入，使王行酷暴之刑，致此灾异，故言甚大〕。谓天盖高，不敢不局。谓地盖厚，不敢不蹐〔局，曲也。蹐，累足也。此民疾苦王政，上下皆可畏之言也〕。哀今之人，胡为虺蜴〔虺蜴之性，见人则走。哀哉今之人，何为如是，伤时政也〕。燎之方扬，宁或威之〔威之以水也，燎之方盛之时，炎炽熛怒，宁有能灭息之者乎？言无有也。以无有喻有之者为甚也〕。赫赫宗周，褒姒威之〔宗周，镐京也。褒，国名也。姒，姓也。威，灭也。有褒之女，幽王惑焉而以为后，诗人知其必灭周也〕。

《十月之交》，大夫刺幽王也。

十月之交，朔日辛卯。日有蚀之，亦孔之丑〔之交，日月之交会也。丑，恶也。周十月，夏之八月也。日食，阴侵阳，臣侵君之象也。日为君，辰为臣。辛，金也。卯，木也。又以卯侵辛，故甚恶之〕。彼月而蚀，则维其常。此日而蚀，于何不臧〔臧，善也〕。百川沸腾，山冢崒崩〔沸，出也。腾，乘也。山顶曰冢。崒者崔嵬也。百川沸出，相乘凌者，由贵小人也。山顶崔嵬者崩，喻君道坏也〕。高岸为谷，深谷为陵〔言君子居下，小人处上也〕。哀今之人，胡憯莫惩〔憯，曾也。变异如此，祸乱方至。哀哉今在位之人，何曾无以道德止之〕。黾勉从事，不敢告劳〔诗人贤者见时如是，自勉以从王事。虽劳不敢自谓劳，畏刑罚也〕。无罪无辜，谗口嚣嚣〔嚣嚣，众多貌也。时人非有辜罪，其被谗口见椓谮嚣嚣然〕。

《小旻》，大夫刺幽王也。

谋臧不从，不臧覆用〔臧，善也。谋之善者不从之，其不善者反用之〕。我龟既厌，不我告犹〔犹，图也。卜筮数而渎龟，龟灵厌之，不复告其所图之吉凶〕。谋夫孔多，是用不集〔集，就也。谋事者众多，而非贤者，是非相夺，莫适可从，故所为不成也〕。发言盈庭，谁敢执其咎〔谋事者众，汹汹满庭，而无能决当是非。事若不成，谁云己当受其咎责者。言小人争智而让过〕。如彼筑室于道谋，是用不溃于成〔溃，遂也。如当路筑室，得人而与之谋所为，路人之意不同，故不得遂成也〕。不敢暴虎，不敢冯河，人知其一，莫知其他〔冯，凌也。人皆知暴虎冯河立至之害，而无知当畏慎小人能危亡己也〕。

《小宛》，大夫刺幽王也。

温温恭人〔温温，和柔貌〕，如集于木〔恐坠也〕。惴惴小心，如临于谷〔恐陨〕。战战兢兢，如履薄冰〔衰乱之世，贤人君子，虽无罪，犹恐惧也〕。

《小弁》，刺幽王也。太子之傅作焉。

踧踧周道，鞫为茂草〔踧踧，平易貌。周道，周室之通道也。鞫，穷也〕。我心忧伤，惄焉如捣。假寐永叹，维忧用老。心之忧矣，疢如疾首〔惄，思也。捣，心疾也。不脱冠衣而寐曰假寐。疢，犹病也〕。维桑与梓，必恭敬止〔父之所树，已尚不敢不恭敬也〕。靡瞻匪父，靡依匪母。不属于毛，不离于里〔此言人无不瞻仰其父取法则者，无不依恃其母长大者。今我太子独不受父之皮肤之气乎？不处母之胞胎乎？何曾无恩于我也〕？无逝我梁，无发我笱〔逝，之也。之人梁，发人笱，此必有盗鱼之罪。以言褒姒以淫色来嬖于王，盗我太子母子之宠也〕。我躬不阅，遑恤我后〔念父孝也。念父孝者，太子念王将受谗言不止，我死之后，惧复有被谗者。无如之何，故自决云。身尚不能得自容，何暇乃忧我死之后乎〕。

《巧言》，刺幽王也。大夫伤于谗而作是诗。

乱之初生，僭始既涵〔僭，不信也。涵，同也。王之初生乱萌，群臣之言，信与不信，尽同之不别〕。乱之又生，君子信谗〔君子斥在位者，信谗人言，是复乱之所生〕。君子信盗，乱是用暴〔盗，谓小人〕。盗言孔甘，乱是用餤〔餤，进也〕。

《巷伯》，刺幽王也。寺人伤于谗而作是诗〔巷伯，奄官。寺人，内小臣〕。

萋兮斐兮，成是贝锦〔兴也。萋斐，文章貌。贝锦，锦文。兴者，喻谗人集作己过，以成于罪，犹女工之集采色成锦文也〕。彼谮人者，亦已太甚〔太甚者，谓使己得重罪〕。取彼谮人，投畀豺虎。豺虎不食，投畀有北〔北方寒凉而不毛也〕。有北不受，投畀有昊〔昊，昊天也。与昊天使制其罪也〕。

《谷风》，刺幽王也。天下俗薄，朋友道绝焉。

习习谷风，维风及雨〔兴也。风雨相感，朋友相须。风而有雨，则润泽行。喻朋友同志，则恩爱成〕。将恐将惧，维予与汝〔将，且也。恐，惧。喻遭厄难也〕。将安将乐，汝转弃予〔汝今已志达而安乐，而弃恩忘旧，薄之甚也〕。忘我大德，思我小怨〔大德，切嗟以道，相成之谓也〕。

《蓼莪》，刺幽王也。民人劳苦，孝子不得终养尔。

蓼蓼者莪，匪莪伊蒿〔兴也。蓼蓼，长大貌也。莪已蓼蓼长大，我视之反谓之蒿。兴者，喻忧思心不精识其事也〕。哀哀父母，生我劬劳〔哀哀者，恨不得终养父母，报其生长己之苦也〕。无父何怙？无母何恃？出则衔恤，人则靡至〔恤，忧也。孝子之心，怙恃父母依依然，以为不可斯须无也。出门则思之忧，旋入门又不见，如入无所至也〕。父兮生我，母兮鞠我。拊我畜我，长我育我，顾我复我，出入腹我〔鞠，养也。顾，旋视也。复，反覆也。腹，怀抱〕。欲报之德，昊天罔极〔之，犹是也。我欲报父母是德，昊天乎，我心无极也〕。

《北山》，大夫刺幽王也。役使不均，己劳于从事而不得养其父母焉。

溥天之下，莫非王土。率土之滨，莫非王臣〔此言王之土地广大矣，王之臣又众矣，何求而不得，何使而不行乎〕。大夫不均，我从事独贤〔贤，劳也〕。或燕燕以居息〔燕燕，安息貌也〕，或尽瘁以事国〔尽力劳病，以从国事〕。或息偃在床，或不已于行〔不已，犹不止也〕。或栖迟偃仰，或王事鞅掌〔鞅，犹荷也。掌，谓捧持之也，负荷捧持以趋走，言促遽也〕。或耽乐饮酒，或惨惨畏咎〔咎，犹罪过〕。

《青蝇》，大夫刺幽王也。

营营青蝇，止于樊〔兴也。营营，往来貌。樊，藩也。兴者，蝇之为虫，污白使黑，污黑使白，喻谗佞之人变乱善恶也。止于藩，欲外之，令远物也〕。恺悌君子，无信谗言〔恺悌，乐易也〕。营营青蝇，止于棘。谗人罔极，交乱四国〔极，犹已也〕。

《宾之初筵》，卫武公刺时也。幽王荒废，媟近小人，饮酒无度，天下化之。君臣上下，沉湎淫液。武公既入，而作是诗也〔淫液者，饮酒时情态也。言武公入者，入为王卿士也〕。

宾之初筵，温温其恭〔温温，柔和也〕。其未醉止，威仪反反。曰既醉止，威仪幡幡。舍其坐迁，屡舞仙仙〔反反，言重慎也。幡幡，失威仪也。仙仙，舞也。此言宾初即筵之时，自敕戒以礼，至于旅酬，而小人之态出也〕。宾既醉止，载号载呶。乱我笾豆，屡舞僛僛。是曰既醉，不知其邮。侧弁之俄，屡舞傞傞〔号呶，号呼欢呶也。僛僛，僛不能自正也。傞傞，不止也。邮，过也。侧，倾也。俄，倾貌也〕。

《采菽》，刺幽王也。侮慢诸侯，诸侯来朝，不能锡命以礼，数征会之，而无信义，君子见微而思古焉。

采菽采菽，筐之筥之〔菽，所以芼大牢而待君子也〕。君子来朝，何锡与之。虽无与之，路车乘马〔君子，谓诸侯也。赐诸侯以车马，言虽无与之，尚以为薄也〕。

《角弓》，父兄刺幽王也。不亲九族而好谗佞，骨肉相怨，故作是诗也。

骍骍角弓，翩其反矣〔兴也。骍骍，调和也。不善绁檠巧用，则翩然而反。兴者，喻王与九族不以恩礼御待之，则使之多怨心〕。兄弟婚姻，无胥远矣〔胥，相也。骨肉之亲，当相亲无相疏远。相疏远则以亲亲之望，易以成怨也〕。尔之远矣，民胥然矣。尔之教矣，民胥效矣〔尔，汝。尔，幽王也。胥，皆也。言王汝不亲骨肉，则天下之人皆如斯。汝之教令，无善无恶，所尚者天下之人皆学之。言上之化下，不可不慎也〕。

《菀柳》，刺幽王也。暴虐而刑罚不中，诸侯皆不欲朝，言王者之不可朝事也。

有菀者柳，不尚息焉〔尚，庶几也。有菀然枝叶茂盛之柳，行路之人，岂有不庶几欲就之止息乎？兴者，喻王有盛德，则天下皆庶几愿往朝焉！忧今不然也〕。俾予靖之，后予极焉〔靖，谋也。俾，使也。极，诛也。假使我朝王，王留我使我谋政事；王信谗，不察功考绩，后反诛放我。是言王刑罚不中，不可朝事〕。

《隰桑》，刺幽王也。小人在位，君子在野，思见君子，尽心以事之也。

隰桑有阿，其叶有难〔隰中之桑，枝条阿然长美，其叶又茂盛，可以庇荫人。兴者，喻时贤人君子，不用而野处，有覆养之德也〕。既见君子，其乐如何〔思在野之君子，而得见其在位，我喜乐无度也〕？心乎爱矣，遐不谓矣？中心臧之，何日忘之〔遐，远也。谓，勤也。臧，善也。我心爱此君子，虽远在野，岂能不勤思之乎？我心善此君子，又诚不能忘也〕？

《白华》，周人刺幽后也。幽王娶申女以为后，又得褒姒而黜申后。故下国化之，以妾为妻，以孽代宗，而王弗能治〔申，姜姓之国。孽，支庶也。宗，嫡子也。王不能治，己不能正故也〕。

英英白云，露彼菅茅〔英英，白云貌。白云下露，养彼可以为菅之茅。使与白华之菅，可相乱易，犹天之下妖气生褒姒，使申后见黜也〕。天步艰难，之子不犹〔步，行也。犹，图也。天行此艰难之妖久矣，王不图其变之所由。昔夏之衰，有二龙之妖，卜藏其漦，周厉王发而观之，化为玄鼋。童女遇之，当宣王之时而生女，惧而弃之。后褒人有狄，而入之幽王，幽王嬖之，是谓褒姒〕。鼓钟于宫，声闻于外〔王失礼于内，而下国闻知而化之，王弗能治，如鸣钟鼓于宫中，而欲使外人不闻，亦不可得也〕。念子懆懆，视我迈迈〔迈迈，不悦也。言申后之忠于王也。念之懆懆然，欲谏正之，王反不悦于其所言〕。

《何草不黄》，下国刺幽王也。四夷交侵，中国背叛，用兵不息，视民如禽兽。君子忧之，故作是诗也。

何草不黄，何日不行〔用兵不息，军旅自岁始草生而出，至岁晚矣，何草而不黄乎？草皆黄矣，于是间将率何日不行乎？言常行劳苦甚也〕。何人不将，经营四方〔言万民无不从役者也〕。匪兕匪虎，率彼旷野〔兕、虎，野兽也。旷，空也。兕虎者，以比战士也〕。哀我征夫，朝夕不暇。

大雅

《文王》，文王受命作周也〔受命，受天命而王天下，制立周邦〕。

文王在上，于昭于天〔在上，在民上也。于，叹辞也。昭，见。文王初为西伯，有功于民，其德著见于天，故天命之以为王也〕。周虽旧邦，其命惟新〔乃新在文王也〕。济济多士，文王以宁〔济济，多威仪也〕。商之孙子，其丽不亿。上帝既命，侯于周服〔丽，数也。商之孙子，其数不徒亿，多言之也。至天已命文王之后，乃为君于周之九服之中，言众之不如德也〕。侯服于周，天命靡常〔则见天命之无常也。无常者，善则就之，恶则去之〕。殷士肤敏，祼将于京〔殷士，殷侯也。肤，美也。敏，疾也。祼，灌鬯也。将，行也。殷之臣壮美而敏，来助周祭也〕。

《大明》，文王有明德，故天复命武王也〔二圣相承，其明德广大，故曰大明也〕。

明明在下，赫赫在上〔明明，察也。文王之德，明明在于下，故赫赫然著见于天〕。天难忱斯，不易维王。天位殷嫡，使不挟四方〔忱，信也。挟，达也。天意难信矣，不可改易者天子也。今纣居王位，而又殷之正嫡，以其为恶，乃绝弃之。使教令不行于四方，四方共叛之，是天命无常，唯德是与耳〕。维此文王，小心翼翼。昭事上帝，聿怀多福。厥德不回，以受方国〔回，违也。小心翼翼，恭慎貌也。聿，述也。怀，思也。方国，四方来附者也〕。

《思齐》，文王所以圣也〔言其非但天性，德有所由成也〕。

思齐大任，文王之母。思媚周姜，京室之妇〔齐，庄也。媚，爱也。周姜，大姜。京室，王室也。常思庄敬者，太任也，乃为文王之母。又常思爱大姜之配大王之礼，以为京室之妇。言其德行纯备，以生圣子〕。大姒嗣徽音，则百斯男〔大姒，文王之妃也。大姒十子，众妾则宜百子也。徽，美也。嗣大任之美音，谓续行其善教令〕。刑于寡妻，至于兄弟，以御于家邦〔刑，法也。寡妻，寡有之妻，言贤也。御，治也。文王以礼法接待其妻，至于其宗族，以此又能为政，治于家邦〕。

《灵台》，民始附也。文王受命，而民乐其有灵德以及鸟兽昆虫焉〔文王受命，而作邑于丰，立灵台也〕。

经始灵台，经之营之。庶民攻之，不日成之〔文王应天命，度始灵台之基趾，营表其位，众民则筑作，不设期日而成之。言说文王之德，劝其事忘己劳也〕。经始勿亟，庶民子来〔亟，急也。经始灵台之基趾，非有急成之意，众民各以子成父事，而来攻之〕。

《行苇》，忠厚也。周家忠厚，仁及草木，故能内睦于九族，外尊事黄耇，养老乞言，以成其福禄焉〔乞言，从求善言可以为政者也〕。

敦彼行苇，羊牛勿践履。方苞方体，维叶泥泥〔敦，聚貌也。行，道也。叶初生泥泥然。苞，茂也。体，成形也。敦敦然道旁之苇，牧羊牛者，无使蹈履折伤之。草物方茂盛，以其终将为人用。故周之先王，为此爱之，况于其人乎〕。黄耇台背，以引以翼〔台之言鲐也。大老，则背有鲐文也。既告老人，及其来也，以礼引之，以礼翼之。在其前曰引，在其旁曰翼也〕。寿考维祺，以介景福〔祺，吉。介，助也。养老人而得吉，所以助大福也〕。

《假乐》，嘉成王也。

假乐君子，显显令德。宜民宜人，受禄于天〔假，嘉也。宜民宜人，宜安民、宜官人也。天嘉乐成王有光光之善德，安民官人，皆得其宜，以受福禄于天也〕。干禄百福，子孙千亿。穆穆皇皇，宜君宜王〔宜君王天下也。干，求也。成王行显显之令德，求禄得百福。其子孙亦勤行而求之，得禄千亿。故或为诸侯，或为天子，言皆相勖以道也〕。不愆不忘，率由旧章〔愆，过也。率，循也。成王之令德不过误，不遗失，循用旧典之文章，谓周公之礼法〕。

《民劳》，召穆公刺厉王也。

民亦劳止，汔可小康。惠此中国，以绥四方〔汔，几也。康、绥，皆安也。惠，爱也。今周民疲劳矣，王几可小安之乎？爱此京师之人，以安天下。京师者，诸夏之根本也〕。

《板》，凡伯刺厉王也。

上帝板板，下民卒瘅。出话不然，为犹不远〔板，反也。上帝，以称王者。瘅，病也。话，善言也。犹，谋也。王为政反先王与天之道，天下民尽病，其出善言而不行之也。以此为谋，不能远图，不知祸之将至也〕。犹之不远，是用大谏〔王之谋不能图远，用是故我大谏王也〕。介人维藩，太师维垣。大邦维屏，大宗为翰〔介，善也。藩，屏也。垣，墙也。翰，干也。太师，三公也。大邦，成国诸侯也。太宗，王之同姓，世嫡子也。王当用公卿、诸侯及宗室之贵者，为藩屏垣干，为辅弼，无疏远之也〕。怀德维宁，宗子维城。无俾城坏，无独斯畏〔怀，和也。斯，离也。和汝德，无行酷暴之政，以安汝国，以是为宗子之城，使免于难。宗子城坏，则乖离，而汝独居而畏矣。宗子，嫡子也〕。

《荡》，召穆公伤周室大坏也。厉王无道，天下荡荡，无纲纪文章，故作是诗也。

荡荡上帝，下民之辟〔上帝，以托君王也。辟，君也。荡荡，言法度废坏之貌也。厉王乃以此居人上，为天下之君，言其无可则像之甚也〕。疾威上帝，其命多僻〔疾，病人矣。威，罪人矣。疾病人者，重赋敛也。威罪人者，峻刑法也。其政教又多邪僻，不由旧章也〕。天生烝民，其命匪谌。靡不有初，鲜克有终〔天之生此众民，其教道之，非当以诚信使之忠厚乎？今则不然，民始皆庶几于善道，后更化于恶俗也〕。既愆尔止，靡明靡晦。式号式呼，俾昼作夜〔使昼为夜也。愆，过也。汝既过于沉湎矣，又不为明晦有止息也。醉则号呼相效，用昼日作夜，不视政事也〕。文王曰咨，咨汝殷商。匪上帝不时，殷不用旧〔此言纣之乱，非其生不得其时，乃不用先王之故法之所致也〕。虽无老成人，尚有典刑〔老成人，谓若伊尹、伊陟、臣扈之属也，虽无此臣，犹有常事故法可案用〕。曾是莫听，大命以倾〔莫，无也。朝廷君臣，皆任喜怒，曾无用典刑治事者，以至诛灭也〕。殷鉴不远，在夏后之世〔此言殷之明镜不远也。近在夏后之世，谓汤诛桀也。后武王诛纣，今之王何以不用为戒乎〕。

《抑》，卫武公刺厉王也，亦以自警也。

无竞维人，四方其训之。有觉德行，四国顺之〔无竞，竞也。训，教也。觉，直也。竞，强也。人君为政，无强于得贤人。得贤人，则天下教化于其俗。有大德行，则天下顺从其政。言在上所以倡道之〕。敬慎威仪，维民之则〔则，法也〕。慎尔出话，敬尔威仪，无不柔嘉〔话，善言也，谓教令也〕。白圭之玷，尚可磨也。斯言之玷，不可为也〔玷，缺也。斯，此也。玉之玷缺尚可磨鑢而平，人君政教一失，谁能反复之也〕。

《桑柔》，芮伯刺厉王也〔芮伯，王卿士也〕。

忧心殷殷，念我土宇。我生不辰，逢天僤怒。自西徂东，靡所定处〔宇，居也。僤，厚也。此士卒从军，久不息，劳苦自伤之言也〕。人亦有言，进退维谷〔谷，穷也。前无明君，却迫罪役，故穷也〕。维此良人，弗求弗迪。维彼忍心，是顾是复〔迪，进也。良，善也。国有善人，王不求索，不进用之。有忍为恶之心者，王反顾念而重复之。言其忽贤者爱小人也〕。大风有隧，贪人败类。听言则对，诵言如醉〔类，犹等夷也。贪恶之人，见道听之言，则应答之。见诵诗书之言，则眠卧如醉。君居上位，而行如此，人或效之也〕。

《云汉》，仍叔美宣王也。宣王承厉王之烈，内有拨乱之志，遇灾而惧，侧身修行，欲消去之，天下喜于王化复行，百姓见忧，故作是诗也〔仍叔，周大夫也〕。

倬彼云汉，昭回于天〔云汉，谓天河也。昭，光也。倬然，天河水气也。精光转运于天，时旱渴雨，故宣王夜仰视天河，望其候也〕。王曰于乎！何辜今之人？天降丧乱，饥馑荐臻〔荐，重也。臻，至也。辜，罪也。王忧旱而嗟叹云：何罪与今时天下之人？天仍下旱灾，亡乱之道，饥馑之害，复重至也〕。靡神不举，靡爱斯牲。圭璧既卒，宁莫我听〔靡、莫，皆无也。言王为旱之故，求于群神，无不祭也，无所爱于三牲也，礼神之圭璧，又已尽矣。曾无听聆我之精诚，而兴云雨者与〕。

《崧高》，尹吉甫美宣王也。天下复平，能建国，亲诸侯，褒赏申伯焉〔尹吉甫、申伯，皆周之卿士也〕。

维岳降神，生甫及申。维申及甫，维周之翰〔翰，干也。申，申伯也。甫，甫侯也。皆以贤知人，为周之桢干之臣也〕。申伯之德，柔惠且直。揉此万邦，闻于四国〔揉，顺也。四国，犹言四方也〕。

《烝民》，尹吉甫美宣王也。任贤使能，周室中兴焉。

天生烝民，好是懿德〔天之生众民，莫不好有美德之人也〕。天监有周，昭假于下。保兹天子，生仲山甫〔监，视也。假，至也。天视周室之政教，其光明乃至于下，谓及于众民也。天安爱此天子宣王，故生仲山甫使佐也〕。仲山甫之德，柔嘉维则。令仪令色，小心翼翼〔嘉，美也。令，善也。善威仪，善颜色，容貌翼翼然，恭敬也〕。肃肃王命，仲山甫将之。邦国若否，仲山甫明之〔将，行也。若，顺也。顺否犹臧否，谓善恶也〕。既明且哲，以保其身。夙夜匪懈，以事一人〔夙，早也。匪，非也。一人，斥天子也〕。人亦有言，柔则茹之，刚则吐之。维仲山甫，柔亦不茹，刚亦不吐。不侮鳏寡，不畏强御。人亦有言，德輶如毛，民鲜克举之。我仪图之〔輶，轻也。仪，疋也。人之言云，德甚轻。然而众人寡能独举之以行，言政事易耳。人不能行者，无其志也。我与伦疋图之，而未能也〕，维仲山甫举之〔仲山甫能独举是德而行之〕。衮职有阙，维仲山甫补之〔王之职有缺，辄能补之者，仲山甫也〕。

《瞻仰》，凡伯刺幽王大坏也。

瞻仰昊天，降此大厉〔昊天，斥王也。厉，恶也〕。邦靡有定，士民其瘵〔瘵，病也〕。人有土田，汝反有之。人有民人，汝覆夺之〔此言王削黜诸侯及卿大夫无罪者也。覆，犹反也〕。此宜无罪，汝反收之。彼宜有罪，汝覆说之〔收，拘收也。说，放赦也〕。哲夫成城，哲妇倾城〔哲，谓多谋虑也。城，犹国也〕。懿厥哲妇，为枭为鸱〔懿，有所痛伤之声也。枭鸱，恶声之鸟也。喻褒姒之言无善也〕。妇有长舌，维厉之阶。乱匪降自天，生自妇人。匪教匪诲，时维妇寺〔寺，近也。长舌，喻多言语也。今王之有此乱政，非从天而下，但从妇人出耳。又非有人教王为乱，语王为恶者，是维近爱妇人，用其言，是故致乱也〕。如贾三倍，君子是识。妇无公事，休其蚕织〔妇人无与外政，虽王后犹以蚕织为事。识，知也。贾而有三倍之利者，小人所宜知也。而君子反知之，非其宜也。今妇人休其蚕桑织纴之事，而与朝廷之事其为非宜，亦犹是也〕。不吊不祥，威仪不类。人之云亡，邦国殄瘁〔吊，至也。王之为政，德不能至于天矣，不能致征祥于神矣，威仪又不善于朝廷矣。贤人皆言奔亡，则天下邦国将尽困病也〕。

周颂

《清庙》，祀文王也。周公既成雒邑，朝诸侯，率以祀文王焉〔清庙者，祭有清明之德者之宫也，谓祭文王也。天德清明，文王象也，故祭之而歌此诗也〕。

于穆清庙，肃雍显相〔于，叹之辞也。穆，美也。肃，敬也。雍，和。相，助也。显，光也。于乎美哉，周公之祭清庙也，其礼敬且和，又诸侯有光明著见之德者，来助祭之也〕。济济多士，秉文之德，对越在天〔对，配也。越，于也。济济之众士，皆执行文王之德，文王精神已在天矣。犹配顺其素行，如生存焉〕。

《振鹭》，二王之后来助祭也〔二王，夏殷也。其后，杞、宋也〕。

振鹭于飞，于彼西雍。我客戾止，亦有斯容〔兴也。振，群飞之貌也。鹭，白鸟也。雍，泽也。客，二王之后也。白鸟集于西雍之泽，言所集得其处也。兴者，喻杞宋之君有洁白之德，来助祭于周之庙，得礼之宜也。其至止亦有此容，言威仪之善，如鹭鸟然也〕。

《雍》，禘大祖也〔禘，大祭。大祖，谓文王〕。

有来雍雍，至止肃肃。相维辟公，天子穆穆〔相，助也。雍雍，和也。肃肃，敬也。有是来时雍雍然，既至而肃肃然者，乃助王禘祭，百辟与诸侯也。天于是时穆穆然，言得天下之欢心也〕。

《有客》，微子来见于祖庙也〔微子代殷后，既受命来朝见之也〕。

有客有客，亦白其马〔殷尚白也〕。

《敬之》，群臣进戒嗣王也。

敬之敬之！天维显思，命不易哉！无曰高高在上，陟降厥士，日监在兹〔显，光也。监，视也。群臣见王，谋即政之事，故因此时戒之曰：敬之哉！敬之哉！天乃光明，去恶与善，其命吉凶不变易也。无谓天高又高在上，远人而不畏也。天上下其事，谓转运日月，施其所行，日视瞻近在此也〕。

鲁颂

《闷宫》，颂僖公之能复周公之宇也〔宇，居也〕。

王曰叔父，建尔元子，俾侯于鲁。大启尔宇，为周室辅〔王，成王也。元，首也。宇，居也。成王告周公叔父："我立汝首子，使为君于鲁。"谓欲封伯禽也，以为周公后也。大开汝居，以为周家辅，谓封以方七百里也〕。乃命鲁公，俾侯于东。赐之山川，土田附庸〔既告周公，乃策命伯禽，使为君于东，加赐之以山川土田及附庸，令专统之也〕。

商颂

《长发》，大禘也〔大禘，郊祭天也〕。

汤降不迟，圣敬日跻。昭假迟迟，上帝是祗，帝命式于九围〔不迟，言疾也。跻，升也。九围，九州也。降，下也。假，暇也。祗，敬也。式，用也。汤之下士尊贤甚疾，其圣敬之德日进，然而能以其聪明，宽暇天下之人迟迟然，言其急于己而缓于人也。天用是故爱敬之，天于是又命之，使用事于天下，言王之〕。不竞不絿，不刚不柔。敷政优优，百禄是遒〔絿，急也。优优，和也。遒，聚也〕。

《殷武》，祀高宗也。

天命降监，下民有严。不僭不滥，不敢怠遑。命于下国，封建厥福〔不僭不滥，赏不僭，刑不滥也。封，大也。遑，暇也。天命乃下视，下民有严显之君，能明德慎罚，不敢怠惰自暇于政事者，则命之于小国，以为天子。大立其福，谓命汤使由七十里王天下也〕。商邑翼翼，四方之极〔商邑，京师也。极，中也。商邑之礼俗，翼翼然可则效，乃四方之中正也〕。

卷　四

《春秋左氏传》治要〔上〕

〔原书佚失〕

卷　五

《春秋左氏传》治要〔中〕

宣公

二年，郑公子归生伐宋，宋华元御之。将战，华元杀羊食士，其御羊斟不与。及战，曰："畴昔之羊，子为政〔畴昔，犹前日也〕；今日之事，我为政。"与入郑师，故败。

晋灵公不君〔失君道〕，厚敛以雕墙〔雕，画也〕，从台上弹人，而观其避丸也。宰夫胹熊蹯不熟，杀之，寘诸畚，使妇人载以过朝〔畚，筥属〕。赵盾、士季患之。将谏，士季曰："谏而不入，则莫之继也。会请先，不入，则子继之。"三进，及溜，而后视之〔士季，随会也。三进，三伏，公不省而又前也。公知欲谏，故佯不视〕，曰："吾知所过矣，将改之。"稽首而对曰："人谁无过？过而能改，善莫大焉。《诗》曰：'靡不有初，鲜克有终。'夫如是，则能补过者鲜矣。君能有终，则社稷之固也，岂唯群臣赖之。"犹不改。宣子骤谏，公患之，使锄麑贼之〔锄麑，力士〕。晨往，寝门辟矣。盛服将朝，尚早，坐而假寐〔不解衣冠而睡〕。麑退，叹而言曰："不忘恭敬，民之主也。贼民之主，不忠；弃君之命，不信。有一于此，不如死。"触槐而死〔槐，赵盾庭树〕。晋侯饮赵盾酒，伏甲将攻之。其右提弥明知之〔右，车右〕，趋登曰："臣侍宴，过三爵，非礼。"遂扶以下。公嗾夫獒焉，明搏而杀之〔獒，猛犬也〕。盾曰："弃人用犬，虽猛何为〔责公不养士，而更以犬为己用也〕。"斗且出。赵穿攻灵公于桃园〔穿，赵盾之从父昆弟子〕。宣子未出山而复〔晋境之山也，盾出奔，闻公弑而还〕。大史书曰："赵盾杀其君。"以示于朝。宣子曰："不然。"对曰："子为正卿，亡不越境，反不讨贼，非子而谁？"孔子曰："董狐，古之良史也，书法不隐〔不隐盾之罪〕。赵宣子，古之良大夫也，为法受恶〔善其为法屈也〕。"

三年，楚子伐陆浑之戎，遂至于雒，观兵于周疆。定王使王孙满劳楚子〔王孙满，周大夫〕。楚子问鼎之大小轻重焉〔示欲逼周取天下也〕。对曰："在德不在鼎。昔夏之方有德也〔禹之世也〕，远方图物〔图画山川奇异之物而献之〕，贡金九牧〔使九州之牧贡金〕，铸鼎象物〔象所图物〕，使民知神奸〔图鬼神百物之形，使民逆备之〕。故民人川泽山林，魑魅魍魉〔魑，山神。魅，怪物。罔两，水神也〕，莫能逢之〔逢，遇〕。用能协于上下，以承天休〔民无灾害，则上下和而受天祐〕。桀有昏德，鼎迁于商。商纣暴虐，鼎迁于周。德之休明，虽小，重〔不可迁〕；其奸回昏乱，虽大，轻也〔言可移〕。天祚明德，有所底止〔底，致〕。周德虽衰，天命未改。鼎之轻重，未可问也。"

四年，楚子灭若敖氏。其孙箴尹克黄〔箴尹，官名。克黄，子文孙也〕使于齐，还，及宋，闻乱。其人曰："不可以入矣。"箴尹曰："弃君之命，独谁受之？君，天也，天可逃乎？"遂归复命，自拘于司败。王思子文之治楚国也，曰："子文无后，何以劝善？"使复其所。

十一年，楚子伐陈〔十年，夏征舒弑君也〕，谓陈人无动，将讨于少西氏矣〔少西，征舒之祖，子夏之名〕。遂入陈，杀夏征舒，因县陈〔灭陈以为楚县〕。申叔时使于齐，反，复命而退。王使让之曰："夏征舒为不道，弑其君，寡人以诸侯讨而戮之，诸侯县公皆庆寡人〔楚县大夫皆僭称公〕，汝独不庆寡人，何故？"对曰："夏征舒弑其君，其罪大矣，讨而戮之，君之义也。抑人亦有言曰：'牵牛以蹊人之田〔抑，辞也。蹊，径也〕，而夺之牛。'牵牛以蹊者，信有罪矣；而夺之牛，罚已重矣。诸侯之从也，曰讨有罪也。今县陈，贪其富也。以讨召诸侯，而以贪归之，无乃不可乎？"王曰："善哉！吾未之闻也。反之，可乎？"对曰："可哉！吾侪小人所谓取诸其怀而与之也〔叔时谦言，小人意浅，谓譬如取人物于其怀而还之，为愈于不还也〕。"乃复封陈。

十二年，晋师救郑，及河，闻郑既及楚平。桓子欲还〔桓子，林父〕，随武子曰："善〔武子，士会也〕。会闻用师，观衅而动〔衅，罪也〕。德、刑、政、事、典、礼，不易，不可敌也。楚君讨郑，怒其贰而哀其卑，叛而伐之，服而舍之，德刑成矣。伐叛，刑也；柔服，德也。二者立矣。昔岁入陈〔讨征舒〕，今兹入郑，民不罢劳，君无怨讟〔讟，谤也〕，政有经矣〔经，常也〕。商农工贾，不败其业，而卒乘辑睦〔步曰卒，车曰乘〕，事不奸矣〔奸，犯也〕。蒍敖为宰，择楚国之令典〔宰，令尹。蒍敖，孙叔敖〕，百官象物而动，军政不戒而备〔物，犹类也。戒，敕令也〕，能用典矣。其君之举也，内姓选于亲，外姓选于旧〔言亲疏并用也〕，举不失德，赏不失劳，君子小人，物有服章〔尊卑别也〕，贵有常尊，贱有等威〔威仪有等差也〕，礼不逆矣。德立刑行，政成事时，典从礼顺，若之何敌之？见可而进，知难而退，军之善政也。兼弱攻昧，武之善经也〔昧，昏乱也。经，法〕。子姑整军而经武乎〔姑，且〕？犹有弱而昧者，何必楚。”彘子曰：“不可〔彘子，先縠〕。成师以出，闻敌强而退，非夫也〔非丈夫〕。”师遂济。楚子北师次于管〔荥阳有管城〕。郑皇戌使如晋师，曰：“楚师骤胜而骄，其师老矣，子击之，楚师必败。”栾武子曰〔武子，栾书〕：“楚自克庸以来〔在文十六年〕，其君无日不讨国人而训之〔讨，治也〕，于民生之不易，祸至之无日，戒惧之不可怠〔于，曰也〕。在军，无日不讨军实而申儆之〔军实，军器〕，于胜之不可保，纣之百克，而卒无后。箴之曰：‘民生在勤，勤则不匮。’不可谓骄〔箴，诫也〕。先大夫子犯有言，曰：‘师直为壮，曲为老。’我不德而徼怨于楚，我曲楚直，不可谓老〔不德，谓以力争诸侯也。徼，要也〕。郑不可从。”楚人遂疾进师，乘晋军。桓子不知所为，鼓于军中曰：“先济者有赏。”中军、下军争舟，舟中之指可掬。潘党曰：“君盍筑武军〔筑军营以彰武功也〕，而收晋尸，以为京观〔积尸封土其上，谓之京观〕。臣闻克敌必示子孙，以无忘武功。”楚子曰：“非尔所知也。夫文，止戈为武〔文，字也〕。武王克商，作《颂》曰：‘载戢干戈，载櫜弓矢〔戢，藏也。櫜，韬也。诗美武王能灭暴乱而息兵也〕。’夫武，禁暴、戢兵、保大、定功、安民、和众、丰财者也〔此武七德也〕，故使子孙无忘其章〔著之篇章，使子孙不忘也〕。今我使二国曝骨，暴矣；观兵以威诸侯，兵不戢矣。暴而不戢，安能保大？犹有晋在，焉得定功？所违民欲犹多，民何安焉？无德而强争诸侯，何以和众？利人之几〔几，危也〕，而安人之乱，以为己荣，何以丰财〔兵动则年荒〕？武有七德，我无一焉，何以示子孙？其为先君宫，告成事而已〔祀先君，告战胜〕。武，非吾功也。古者，明王伐不敬，取其鲸鲵而封之，以为大戮，于是乎有京观，以惩淫慝〔鲸鲵，大鱼名也。以喻不义之人，吞食小国也〕。今罪无所〔晋罪无所犯〕，而民皆尽忠以死君命，又可以为京观乎？”晋师归，桓子请死，晋侯欲许之。士贞子谏曰：“不可〔贞子，士渥浊〕。城濮之役，晋师三日谷〔在僖二十八年〕，文公犹有忧色。左右曰：‘有喜而忧，如有忧而喜乎〔言忧喜失时也〕？’公曰：‘得臣犹在，忧未歇也〔歇，尽也〕。困兽犹斗，况国相乎！’及楚杀子玉〔子玉，得臣也〕，公喜而后可知也〔喜见于颜色也〕。曰：‘莫余毒也已。’是晋再克，而楚再败也。楚是以再世不竞〔成王至穆王也〕。今天或者大警晋也，而又杀林父以重楚胜，其无乃久不竞乎？林父之事君也，进思尽忠，退思补过，社稷之卫也，若之何杀之？夫其败也，如日月之食，何损于明？”晋侯使复其位〔言晋景所以不失霸也〕。

楚子伐萧，申公巫臣曰：“师人多寒。”王巡三军，拊而勉之〔拊，抚，慰勉之〕，三军之士皆如挟纩〔纩，绵也。言悦以忘寒〕。

十五年，楚子伐宋，宋人告急于晋，晋侯欲救之。伯宗曰：“不可〔伯宗，晋大夫〕。古人有言曰：‘虽鞭之长，不及马腹〔言非所击〕。’天方授楚，未可与争。虽晋之强，能违天乎？谚曰：‘高下在心〔度时制宜也〕，川泽纳污〔受污浊也〕；山薮藏疾〔山之有林薮，毒害者所居〕，瑾瑜匿瑕〔匿，亦藏也。虽美玉之质，亦或居藏瑕秽〕。’国君含垢，天之道也〔晋侯耻不救宋，故伯宗为说小恶不损大德之喻也〕，君其待之〔待楚衰也〕。”乃止。使解扬如宋，使无降楚，曰：“晋师悉起，将至。”郑人囚而献楚，楚子厚赂之，使反其言，不许，三乃许之。登诸楼车，使呼宋人而告之〔楼车，车上望橹〕，遂致其君命。楚子将杀之，使与之言曰：“尔既许不穀而反之，何故？非我无信，汝则弃之，速即尔刑。”对曰：“臣闻之，君能制命为义，臣能承命为信。义无二信〔欲为义者不行两信〕，信无二命〔欲行信者不受二命〕，君之赂臣，不知命也。受命以出，有死无陨〔陨，废队〕，又可赂乎？臣之许君，以成命也〔成君命〕；死之成命，臣之禄也。寡君有信臣〔己不废命也〕，下臣获考〔考，成也〕，死又何求？”楚子舍之以归。

潞子婴儿之夫人，晋景公之姊也。酆舒为政而杀之，又伤潞子之目〔酆舒，潞相〕。晋侯将伐之，诸大夫皆曰：“不可。酆舒有三俊才〔俊，绝异也〕，不如待后之人。”伯宗曰：“必伐之。狄有五罪，俊才虽多，何补焉？不祀，一也；耆酒，二也；弃仲章而夺黎氏之地，三也〔仲章，潞贤人。黎氏，黎侯国〕；虐我伯姬，四也；伤其君目，五也。怙其俊才，而不以茂德，兹益罪也。后之人或者将敬奉德义以事神人，而申固其命〔审政令〕，若之何待之？不讨有罪，曰‘将待后’，后有辞而讨焉，无乃不可乎？夫恃才与众，亡之道也。商纣由之，故灭。天反时为灾〔寒暑易节〕，地反物为妖〔群物失性〕，民反德为乱。乱则妖灾生，尽在狄矣。”晋侯从之。夏，晋荀林父败赤狄于曲梁，灭潞。晋侯赏桓子狄臣千室〔千家也〕，亦赏士伯以瓜衍之县〔士伯，士贞子〕，曰：“吾获狄土，子之功也。微子，吾丧伯氏矣〔伯，桓子字也〕。”羊舌职悦是赏也〔职，叔向父〕，曰：“《周书》所谓‘庸庸祗祗’者，谓此物也夫〔庸，用也。祗，敬也。言文王能用可用，敬可敬也〕。士伯庸中行伯〔言中行伯可用〕，君信之，亦庸士伯，此之谓明德矣。文王所以造周，不是过也。率是道也，其何不济？”

十六年，晋侯命士会将中军，且为太傅，于是晋国之盗逃奔于秦。羊舌职曰：“吾闻之，禹称善人〔称，举也〕，不善人远，此之谓也。夫善人在上，则国无幸民。谚曰：‘民之多幸，国之不幸。’是无善人之谓也。”

成公

二年，卫侯使孙良夫侵齐，与齐师遇，师败。仲叔于奚救孙桓子，桓子是以免。既，卫人赏之以邑〔赏于奚也〕，辞，请曲县〔轩县也〕，繁缨以朝，许之〔繁缨，马饰，皆诸侯之服也〕。仲尼闻之，曰：“惜也，不如多与之邑！唯器与名，不可以假人〔器，车服也。名，爵号也〕。君之所司也，政之大节也，若以假人，与人政也。政亡，则国家从之，不可止也已。”

宋文公卒，始厚葬，用蜃炭，益车马，始用殉〔烧蛤为炭，以瘗圹。多埋车马，用人从葬也〕，重器备〔重，犹多也〕。君子谓：“华元、乐举，于是乎不臣。臣，治烦去惑者也，是以伏死而争。今二子者，君生则纵其惑〔谓文十八年杀母弟须〕，死则益其侈，是弃君于恶也。何臣之为〔若言何用为臣〕？”

楚之讨陈夏氏也〔在宣十一年〕，庄王欲纳夏姬，申公巫臣谏曰：“不可！君召诸侯，以讨罪也；今纳夏姬，贪其色也。贪色为淫，淫为大罚。《周书》曰：‘明德慎罚。’若兴诸侯，以取大罚，非慎之也。君其图之！”王乃止。

六年，晋栾书救郑，与楚师遇于绕角〔绕角，郑地〕。楚师还，晋师遂侵蔡。楚公子申、公子成，以申、息之师救蔡，赵同、赵括欲战，请于武子，武子将许之。知庄子〔荀首〕、范文子〔士燮〕、韩献子〔韩厥〕谏曰：“不可！吾来救郑，楚师去我，吾遂至于此〔此，蔡地〕，是迁戮也。戮而不已，又怒楚师，战必不克〔迁戮不义，怒敌难当，故不克也〕，虽克不令。成师以出，而败楚二县，何荣之有焉〔六军悉出，故曰成师。以大胜小，不足为荣也〕？若不能败，为辱已甚，不如还也。”乃遂还。于是军帅之欲战者众。或谓栾武子曰：“圣人与众同欲，是以济事。子盍从众〔盍，何不〕？子之佐十一人〔六军之卿佐也〕，其不欲战者，三人而已〔知、范、韩也〕；欲战者，可谓众矣。《商书》曰：‘三人占，从二人。’众故也。”武子曰：“善钧〔钧等〕，从众。夫善，众之主也。三卿为主，可谓众矣〔三卿，皆晋之贤人〕。从之，不亦可乎〔传善栾书得从众之义也〕？”

八年，晋侯使韩穿来言汶阳之田归之于齐。季文子饯之〔饯，送行饮酒也〕，私焉〔私与之言〕，曰：“大国制义以为盟主，是以诸侯怀德畏讨，无有二心。谓汶阳之田，敝邑之旧也，而用师于齐，使归诸敝邑〔用师，鞍之战也〕。今有二命，曰：‘归诸齐。’信以行义，义以成命，小国所望而怀也。信不可知，义无所立，四方诸侯，其谁不解体〔言不复肃敬于晋也〕？《诗》曰：‘女也不爽，士贰其行。士也罔极，二三其德〔爽，差也。极，中也。妇人怨丈夫不一其行也。喻鲁事晋，犹女之事夫，不敢过差。而晋有罔极之心，反二三其德也〕。’七年之中，一与一夺，二三孰甚焉。士之二三，犹丧配耦，而况霸主乎？将德是以〔以，用也〕，而二三之，其何以长有诸侯乎？”

晋讨赵同、赵括，武从姬氏畜于公室〔赵武，庄姬之子。庄姬，晋成公女也。畜，养也〕，以其田与祁奚。韩厥言于晋侯曰：“成季之勋，宣孟之忠〔成季，赵衰。宣孟，赵盾〕，而无后，为善者其惧矣！三代之令王，皆数百年，保天禄，夫岂无僻王，赖前哲以免也〔言三代亦有邪僻之君，但赖其先人以免祸耳〕。《周书》曰：‘不敢辱鳏寡。’所以明德也〔言文王不辱鳏寡，而德益明，欲侯之法文王〕。”乃立武，而反其田焉。

十六年，楚子救郑，司马将中军〔子反也〕，过申，子反入见申叔时〔叔时老在申也〕，曰：“师其何如？”对曰：“德、刑、详、义、礼、信，战之器也〔器，犹用也〕。德以施惠，刑以正邪，详以事神，义以建利，礼以顺时，信以守物。上下和睦，周旋不逆〔动顺理也〕。是以神降之福，时无灾害。民生敦庞，和同以听〔敦，厚。庞，大〕，莫不尽力以从上命，此战之所由克也。今楚内弃其民〔不施惠也〕，而外绝其好〔义不建利〕；渎齐盟〔不详事神〕，而食话言〔信不守物〕；奸时以动〔不顺时，妨农业〕，而疲民以逞〔刑不正邪，而苟快意〕，民不知信，进退罪也。子其勉之！吾不复见子矣〔言其必败，不反也〕。”

晋楚遇于鄢陵。范文子不欲战，却至曰：“韩之战，惠公不振旅〔众散败也，在僖十五年〕；邲之师，荀伯不复从〔荀林父奔走，不复故道也。在宣十二年〕。皆晋之耻也。子亦见先君之事矣〔见先君成败之事〕。今我避楚，又益耻也！”文子曰：“吾先君之亟战也有故〔亟，数也〕，秦、狄、齐、楚皆强，不尽力，子孙将弱。今三强服矣〔齐、秦、狄也〕，敌楚而已。唯圣人能外内无患，自非圣人，外宁必有内忧〔骄亢则忧患生〕，盍释楚以为外惧乎？”

卷　六

《春秋左氏传》治要〔下〕

哀公

元年，吴王夫差败越于夫椒，遂入越。越子以甲楯五千保于会稽〔上会稽山〕，使大夫种因吴太宰嚭以行成。吴子将许之。伍员曰：“不可。臣闻之：‘树德莫如滋，去疾莫如尽。’勾践能亲而务施，施不失人〔所加惠赐，皆得其人〕，亲不弃劳〔推亲爱之诚，则不遗小劳〕。与我同壤，而世为仇雠，于是乎克而弗取，将又存之，违天长寇仇，后虽悔之，不可食已〔食，消也。已，止也〕。”弗听。退而告人曰：“二十年之外，吴其为沼乎〔谓吴宫室废坏，当为污池。二十二年，越入吴〕！”越及吴平。

吴之入楚〔在定四年〕，使召陈怀公。怀公朝国人而问焉，曰：“欲与楚者右，欲与吴者左。”陈人从田，无田从党〔无田者从党而立〕。逢滑当公而进〔不左不右〕，曰：“臣闻国之兴也以福，其亡也以祸。今吴未有福，楚未有祸。楚未可弃，吴未可从也。”公曰：“国胜君亡，非祸而何〔楚为吴所胜也〕？”对曰：“国之有是多矣，何必不复。小国犹复，况大国乎？臣闻国之兴也，视民如伤，是其福也〔如伤，恐惊动〕；其亡也，以民为土芥，是其祸也〔芥，草也〕。楚虽无德，亦不艾杀其民。吴日敝于兵，暴骨如莽，而未见德焉。祸之适吴，其何日之有〔言今至也〕？”陈侯从之。及夫差克越，乃修旧怨〔言吴不修德而修怨，所以亡〕。吴师在陈，楚大夫皆惧，曰：“阖庐惟能用其民，以败我于柏举。今闻其嗣又甚焉，将若之何？”子西曰：“二三子恤不相睦，无患吴矣。昔阖庐食不二味，居不重席，室不崇坛〔平地作室，不起坛〕，器不彤镂〔彤，丹也。镂，刻也〕，宫室不观〔观，台榭也〕，舟车不饰，衣服财用，择不取费〔选取坚厚，不尚细靡〕。在国，天有灾疠，亲巡孤寡，而供其乏困；在军，熟食者分，而后敢食〔分，犹遍〕。其所尝者，卒乘与焉〔所尝甘珍非常食〕；勤恤其民，而与之劳逸。是以民不疲劳，死知不旷〔知身死不见旷弃〕。吾先大夫子常易之，所以败我〔易，犹反〕。今闻夫差次有台榭陂池焉，宿有妃嫱嫔御焉

〔妃嫱，贵者。嫔御，贱者。皆内官也〕；一日之行，所欲必成，玩好必从；珍异是聚，观乐是务；视民如仇，而用之日新。夫先自败也已，安能败我？”

六年，楚有云如众赤鸟，夹日而飞三日。楚子使问诸周太史。周太史曰：“其当王身乎〔日为人君，妖气守之，故为当王身〕。若禜之，可移于令尹、司马〔禜，禳祭〕。”王曰：“除腹心之疾而寘诸股肱，何益？不穀不有大过，天其夭诸？有罪受罚，又焉移之？”遂不禜。孔子曰：“楚昭王知大道矣！其不失国也，宜哉！”

十一年，吴子将伐齐。越子率其众以朝焉，王及列士皆有馈赂。吴人皆喜，唯子胥惧，曰：“是豢吴也夫〔豢，养也。若人养牺牲，非爱之，将杀之〕！”谏曰：“越在我，心腹之疾也。壤地同而有欲于我〔欲得吴也〕。得志于齐，犹获石田也，无所用之〔石田不可耕〕。越不为沼，吴其泯矣。使医除病，而曰‘必遗类焉’者，未之有也。”弗听。使于齐，属其子于鲍氏，为王孙氏〔欲以避吴祸〕。反役，王闻之，使赐之属镂以死〔属镂，剑名〕。将死，曰：“树吾墓檟。檟可材也，吴其亡乎！三年，其始弱矣。盈必毁，天之道也〔越人朝之，伐齐胜之，盈之极〕。”

季孙欲以田赋〔丘赋之法，因其田财，通出马一匹，牛三头。今欲别其田及家财各为一赋，故言田赋〕，使冉有访诸仲尼。仲尼不对〔不公答〕，而私于冉有曰：“君子之行也〔行政事〕，度于礼，施取其厚，事举其中，敛从其薄，如是，则丘亦足矣〔丘，十六井〕。若不度于礼，而贪冒无厌，则虽以田赋，将又不足。且子季孙若欲行而法，则周公之典在；若欲苟而行之，又何访焉？”

十四年，小邾射以句绎来奔，曰：“使季路要我，吾无盟矣〔子路信诚，故欲得与相要誓而不须盟也〕。”使子路，子路辞。季康子使冉有谓之曰：“千乘之国，不信其盟，而信子之言，子何辱焉？”对曰：“鲁有事于小邾，不敢问故，死其城下可也。彼不臣而济其言，是义之也，由弗能〔济，成也〕。”

二十四年，公子荆之母嬖〔荆，哀公庶子〕，将以为夫人，使宗人衅夏献其礼〔宗人，礼官〕。对曰：“无之。”公怒曰：“汝为宗司，立夫人，国之大礼也，何故尤之？”对曰：“周公及武公娶于薛〔武公敖也〕，孝、惠娶于商〔孝公称惠公弗皇也，商，宋〕，自桓以下娶于齐〔桓公始娶文姜〕，此礼也则有。若以妾为夫人，则固无其礼也。”公卒立之，而以荆为太子。国人始恶之〔恶公也〕。

卷 七

《礼记》治要

曲礼

曲礼曰：毋不敬〔礼主于敬〕，俨若思〔言人坐思，貌必俨然〕，安定辞〔审言语也〕，安民哉〔此三句可以安民也〕！傲不可长，欲不可从，志不可满，乐不可极〔此四者慢游之道，桀纣所以自祸也〕。贤者狎而敬之〔狎，习也，近也。习其所行〕，畏而爱之〔心服曰畏〕。爱而知其恶，憎而知其善〔不可以己心之爱憎，诬人以善恶〕。夫礼者，所以定亲疏、决嫌疑、别同异、明是非也。道德仁义，非礼不成；教训正俗，非礼不备；分争辨讼，非礼不决；君臣上下，父子兄弟，非礼不定；宦学事师，非礼不亲；班朝治军，莅官行法，非礼，威严不行；祷祠祭祀，供给鬼神，非礼，不诚不庄〔班，次也。莅，临也。庄，敬也〕。富贵而知好礼，则不骄不淫；贫贱而知好礼，则志不慑〔慑，犹怯惑〕。国君春田不围泽，大夫不掩群，士不取麛卵〔生乳之时，重伤其类〕。岁凶，年谷不登〔登，成也〕，君膳不祭肺，马不食谷，驰道不除，祭事不县，大夫不食粱，士饮酒不乐〔皆自为贬损，忧民也。礼食杀牲则祭先，不祭肺则不杀。除，治也。县，乐器，钟磬之属也〕。

檀弓

知悼子卒，未葬〔悼子，晋大夫，荀盈也〕，平公饮酒，师旷、李调侍，鼓钟。杜蒉自外来，历阶而升堂，酌曰："旷饮斯！"又酌曰："调饮斯！"又酌，堂上北面坐饮之，降，趋而出〔三酌，皆罚爵〕。平公呼而进之，曰："蒉！尔饮旷何也？"曰："子卯不乐〔纣以甲子死，桀以乙卯亡，王者谓之疾日，不以举乐，所以自戒惧也〕。知悼子之丧在堂，未葬，斯其为子卯也大矣〔言大夫丧重于疾日〕。旷也大师也，不以诏，是以饮之〔诏，告也。太师，典司奏乐也〕。""尔饮调何也？"曰："调也，君之亵臣也，为一饮一食，忘君之疾，是以饮之〔言调贪酒食也。亵，嬖也。近臣亦当规君。疾，忧也〕。""尔饮何也？"曰："蒉也宰夫也，非刀匕是供，又敢与知防，是以饮也〔防，禁放溢者也〕。"平公曰："寡人亦有过焉，酌而饮寡人〔闻义则服〕！"杜蒉洗爵而扬觯〔举爵于君〕。公谓侍者曰："如我死，则必无废斯爵〔欲后世以为戒〕！"至于今，既毕献，斯扬觯，谓之杜举〔此爵遂因杜蒉为名，毕献，献宾与君也〕。

孔子过泰山侧，有妇人哭于墓者而哀，夫子式而听之〔怪其哀甚也〕。使子路问之，曰："昔吾舅死于虎，吾夫又死焉，今吾子又死焉〔夫之父曰舅〕。"夫子曰："何为不去？"曰："无苛政。"夫子曰："小子识之，苛政猛于虎也！"

阳门之介夫死〔阳门，宋国门也。介夫，甲胄卫士〕，司城子罕入而哭之哀〔子罕，乐喜也〕。晋人之觇宋者，反报于晋侯曰："阳门之介夫死，而子罕哭之哀，而民悦，殆不可伐也〔觇，窥视也〕。"孔子闻之曰："善哉，觇国乎〔善其知微〕！"

王制

凡官民材，必先论之〔论，谓考其德行道艺也〕。论辨，然后使之〔辨，谓考问得其定也〕；任事，然后爵之〔爵，谓正其秩次〕；位定，然后禄之。

爵人于朝，与士共之；刑人于市，与众弃之〔必共之者，所以审慎之〕。

獭祭鱼，然后虞人入泽梁；豺祭兽，然后田猎；鸠化为鹰，然后设罻罗；草木零落，然后入山林；昆虫未蛰，不以火田〔取物必顺时候也。昆虫者，得阳而生，得阴而藏也〕。

国无九年之蓄，曰不足；无六年之蓄，曰急；无三年之蓄，曰国非其国也。三年耕，必有一年之食；九年耕，必有三年之食。以三十年之通，虽有凶旱水溢，民无菜色。然后天子食，日举以乐〔民无食菜之饥色，天子乃日举乐以食也〕。

月令

孟春之月，立春之日，天子亲率三公、九卿、诸侯、大夫，以迎春于东郊。命相布德和令，行庆施惠，下及兆民〔相，谓三公相王之事者也。德，谓善教也。令，谓时禁也。庆，谓休其善也。惠，谓恤其不足也〕。是月也，天子乃以元日，祈谷于上帝〔谓以上辛郊祭天也，郊祀后稷以祈农事也。上帝，太微之帝也〕。乃择元辰，天子亲帅三公、九卿、诸侯、大夫，躬耕帝藉〔元辰，盖郊后吉辰也。帝藉，为天神借民力所治之田也〕。禁止伐木〔盛德所在〕；毋覆巢；毋杀孩虫、胎夭、飞鸟；毋麛毋卵〔为伤萌幼之类〕；毋聚大众；毋置城郭〔为妨农之始也〕；掩骼埋胔〔为死气逆生气也。骨枯曰骼，肉腐曰胔也〕；不可称兵，称兵必有天殃〔逆生气也〕。

仲春之月，养幼少，存诸孤〔助生气也〕。命有司省囹圄，去桎梏，毋肆掠〔顺阳气也。省，减也。肆，谓死刑暴尸〕；毋竭川泽，毋漉陂池，毋焚山林〔顺阳养物〕。

季春之月，天子布德行惠，命有司发仓廪，赐贫穷，振乏绝〔振，犹救也〕；开府库，出币帛，聘名士，礼贤者〔聘，问也。名士，不仕者〕。命司空曰："时雨将降，下水上腾；修利堤防，导达沟渎；开通道路，毋有鄣塞〔所以除水潦便民事也〕。田猎罝罘，罗罔毕翳，喂兽之药，无出九门〔为逆天时也，天子九门也〕。"命野虞毋伐桑柘〔爱蚕食也。野虞，谓主田及山林之官〕。后妃斋戒，亲帅东向躬桑。禁妇女无观，省妇使以劝蚕事〔后妃亲采桑，示帅先天下也。东向者，向时气。无观，去容饰也。妇使，缝线组紃之事〕。命工师，百工咸理，监工日号。无悖于时，毋或作为淫巧以荡上心〔咸，皆也。于百工皆治理其事之时，工师则监之。日号令戒之，以此二事。百工作器物各有时，逆之则功不善也。淫巧，谓伪饰不如法也。荡，谓动之使生奢泰〕！

孟夏之月，无起土功，毋发大众〔为妨蚕农之事〕。命野虞劳农，命农勉作，毋休于都〔急趣农事〕。

仲夏之月，命有司为民祈祀山川百源，大雩帝；乃命百县，雩祀百辟卿士，有益于民者，以祈谷实〔阳气盛而恒旱，山川百原，能兴云雨者也。雩帝，谓雩五精之帝也。百辟卿士，古者上公以下，若句龙、后稷之类〕。

季夏之月，树木方盛，无有斩伐〔为其未坚韧也〕。毋发令而待，以妨神农之事〔发令而待，谓出徭役之令以豫惊民。民惊则心动，是害土神之气也。土神称曰神农者，以其主于稼穑也〕。水潦盛昌，举大事则有天殃。

孟秋之月，乃命将帅选士厉兵；命大理审断刑；命百官完堤防，谨壅塞，以备水潦。

仲秋之月，养衰老，授几杖。乃命有司趣民收敛，务蓄菜，多积聚〔为御冬之备也〕。乃劝民种麦，毋或失时〔麦者，接绝续乏之谷，尤重之也〕。

季秋之月，命冢宰举五谷之要〔定其租税簿〕，藏帝藉之收于神仓。霜始降，百工咸休〔寒而胶漆作不坚好〕。

孟冬之月，赏死事，恤孤寡〔死事，谓以国事死也〕。命百官谨盖藏〔谓府库囷仓也〕，固封疆，备边境，完要塞，谨关梁，大饮烝〔十月农功毕，天子、诸侯与其群臣饮酒于大学，以正齿位，谓之大饮〕。天子乃祈来年于天宗，祀于公社及门闾，腊先祖五祀〔此周礼所谓蜡祭也。天宗，谓日月星辰也。五祀，门户中溜灶、行〕，劳农以休息之〔党正属民饮酒。正齿位是也〕。天子乃命将帅讲武，习射御。

仲冬之月，天子乃命有司，祈祀四海、大川、山、薮泽。有能取蔬食、田猎禽兽者，野虞教导之〔务收敛野物也。大泽曰薮，草木之实为蔬食〕。

季冬之月，命取冰，冰已入。令告民出五种〔命田官告民出五种，明大寒气过，农事将起〕。命农计耦耕事，修耒耜，具田器。天子乃与公卿大夫共饬国典，论时令，以待来岁之宜〔饬国典者，和六典之法也。周礼，以正月为之也〕。

礼器

礼，释回，增美质，措则正，施则行〔释，犹去也。回，邪僻也。质，犹性也。措，犹置也〕。其在人也，如竹箭之有筠，如松柏之有心。二者居天下之大端，故贯四时，而不改柯易叶〔箭，篆也。端，本也。四物于天下，最得气之本也。或柔韧于外，或和泽于内，以此不变伤，人之得礼亦犹然〕。君子有礼，则外谐而内无怨。故物无不怀仁，鬼神飨德〔怀，归也〕。先王之立礼也，有本有文。忠信，礼之本；义理，礼之文。无本不立，无文不行〔言必外内具也〕。礼也者，合于天时，设于地财，顺于鬼神，合于人心，理万物者。故天不生，地不养，君子不以为礼，鬼神弗飨〔天不生，谓非其时物也。地不养，谓非其地所生也〕。是故昔者先王之制礼也，因其财物，而致其义焉。故作大事必顺天时〔大事，祭祀也〕，为朝夕必放于日月〔日出东方，月生西方也〕，为高必因丘陵〔谓冬至祭天于圜丘之上〕，为下必因川泽〔谓夏至祭地于方泽之中〕。是故因天事天〔天高，因高者以事之〕，因地事地〔地下，因下者以事之〕，因名山，升中于天〔名，犹大也。升，犹上也。中，犹成也。谓巡狩至于方岳，燔柴祭天，告以诸侯之成功也〕，因吉土，以飨帝于郊〔吉土，王者所卜而居之土也。飨帝于郊，以四时所兆祭于四郊者也〕。升中于天，而凤凰降，龟龙格〔功成而太平，阴阳气和而致象物也〕；飨帝于郊，而风雨节，寒暑时〔五帝，主五行。五行之气和，而庶征得其序。五行：木为雨，金为旸，火为燠，水为寒，土为风〕。是故圣人南面而立，而天下大治。是故先王制礼也，以节事〔动反本也〕，修乐以导志〔劝之善也〕。故观其礼乐，而治乱可知〔乱国礼慢而乐淫也〕。

内则

子事父母，鸡初鸣，咸盥漱，冠、緌、缨、端、毕、绅、措笏〔咸，皆也。緌，缨之饰也。端，玄端，士服也，庶人深衣也。绅，大带也〕，左右佩用〔必佩者，备尊者使令也〕，以适父母、舅姑之所。及所，下气怡声，问所欲而敬进之，柔色以温之〔温，藉也。承尊者必和颜色也〕。父母有过，下气怡色，柔声以谏；谏若不入，起敬起孝，悦则复谏。父母怒，不悦，而挞之流血，不敢疾怨，起敬起孝〔挞，击也〕；父母虽没，将为善，思贻父母令名，必果。曾子曰："孝子之养老，乐其耳目，安其寝处，以其饮食忠养之。父母之所爱亦爱之，父母之所敬亦敬之，至于犬马尽然，而况于人乎？"

玉藻

年不顺成，则天子素服，乘素车，食无乐〔自贬损也〕。君无故不杀牛，大夫无故不杀羊，士无故不杀犬豕〔故，谓祭祀之时〕。君子远庖厨，凡有血气之类，弗身践也〔践当为剪，声之误。剪，犹杀也〕。

大传

圣人南面而听天下，所且先者有五，民不与焉〔且先，言未遑余事〕。一曰治亲，二曰报功，三曰举贤，四曰使能，五曰存爱〔功，功臣也。存，察也。察有仁爱者〕。五者一得于天下，民无不足、无不赡。五者一物纰缪，民不得其死〔物，犹事。纰，犹错也。五事得则民足，一事失则民不得其死，明政之难也〕。圣人南面而治天下，必自人道始矣〔人道，谓此五事也〕。是故人道亲亲〔言先有恩〕，亲亲故尊祖，尊祖故敬宗，敬宗故收族，收族故宗庙严，宗庙严故重社稷，重社稷故爱百姓，爱百姓故刑罚中，刑罚中故庶民安，庶民安故财用足，财用足故百志成，百志成故礼俗刑，礼俗刑然后乐〔收族，序以昭穆也。严，犹尊也。百志，人之志意所欲也。刑，犹成也〕。

《诗》云："不显不承，无斁于人斯。"此之谓也〔斁，厌也。言文王之德不显乎？不承先人之业乎？言其显且承之，乐之无厌〕。

祭法

夫圣王之制祭祀也，法施于民则祀之，以死勤事则祀之，以劳定国则祀之，能御大灾则祀之，能扞大患则祀之。是故厉山氏之有天下也，其子曰农，能殖百谷；夏后氏之衰，周弃继之，故祀以为稷；共工氏之霸九州也，其子曰后土，能平九州，故祀以为社。帝喾能序星辰，尧能赏均刑法，舜能勤众事，鲧鄣洪水，禹能修鲧之功，黄帝正名百物，颛顼能修之，契为司徒而民成，冥勤其官而水死，汤以宽治民而除其虐，文王以文治，武王以武功去民之灾，此皆有功烈于民者也。及夫日月星辰，民所瞻仰也；山林、川谷、丘陵，民所取材用也。非此族也，不在祀典〔祀典，谓祭礼也〕。

祭统

凡治人之道，莫急于礼；礼有五经，莫重于祭〔礼有五经，谓吉、凶、宾、军、嘉也。莫重于祭，谓以吉礼为首也〕。夫祭者，非物自外至也，自中出生于心也，心怵而奉之以礼。是故唯贤者能尽祭之义；是故君子之教也，外则教之以尊其君长，内则教之以孝于其亲；是故君子之事君也，必身行之。所不安于上则不以使下，所恶于下则不以事上。非诸人，行诸己，非教之道也〔必身行之，言恕己乃行之〕。是故君子之教也，必由其本，顺之至也，祭其是与！故曰："祭者，教之本也已〔教由孝顺生〕。祭而不敬，何以为也？"

仲尼燕居

子曰："礼者何也？即事之治也。治国而无礼，譬犹瞽之无相与，伥伥乎其何之？譬如终夜有求幽室之中，非烛何以见之？若无礼，则手足无所措，耳目无所加，进退揖让无所制。是故以之居处，长幼失其别，闺门三族失其和，朝廷官爵失其序，军旅武功失其制，宫室失其度量，丧纪失其哀，政事失其施，凡众之动失其宜。"

中庸

天命之谓性，率性之谓道，修道之谓教〔性者，生之质也。命者，人所禀受。率，循性行之，是曰道。修，治也，治而广之，人仿效之，是曰教〕。道也者，不可须臾离也，可离非道也〔道，犹道路也。出入动作由之，须臾离之，恶乎从〕。是故君子戒慎乎其所不睹，恐惧乎其所不闻。莫见乎隐，莫显乎微，故君子慎其独也〔慎其独者，慎其闲居之所为也。小人于隐者，动作言语自以为不见睹、不见闻，则必肆尽其情。若有占听之者，是为显见，甚于众人之中为之也〕。子曰："中庸其至矣乎！民鲜能久矣

〔鲜，罕也。言中庸为道至美，故人罕能久行之者〕！”子曰：“无忧者其唯文王乎！以王季为父，以武王为子，父作之，子述之〔圣人以立法度为大事，子能述成之，则何忧乎？尧舜之父子则有凶顽，禹汤之父子则寡令闻。父子相成，唯有文王也〕。武王缵大王、王季、文王之绪，一戎衣而有天下，身不失天下之显名。尊为天子，富有四海之内，宗庙飨之，子孙保之〔缵，继也。绪，业也〕。”子曰：“武王、周公，其达孝矣乎！夫孝者，善继人之志，善述人之事者也。”

表记

子曰：“仁有三，与仁同功而异情〔利仁强仁，功虽与安仁者同，本情则异也〕。与仁同功，其仁未可知也；与仁同过，然后其仁可知也。仁者安仁，智者利仁，畏罪者强仁〔功者，人所贪；过者，人所避〕。”

子曰：“君子不以辞尽人〔不见人之言语则以为善，言其余行，或时恶也〕。故天下有道，则行有枝叶；天下无道，则辞有枝叶〔行有枝叶，所以益德也；言有枝叶，是众虚华也。枝叶依干而生，言行亦由礼出也〕。是故君子于有丧者之侧，不能赙焉，则不问其所费；于有病者之侧，不能馈焉，则不问其所欲；有客不能馆焉，则不问其所舍〔皆避有其言而无其实也〕。故君子之接如水，小人之接如醴；君子淡以成，小人甘以坏〔水相得合而已，酒醴相得则败。淡，无酸酢，少味也〕。不以口誉人，则民作忠。故君子问人之寒，则衣之；问人之饥，则食之；称人之美则，爵之〔皆为有言，不可以无实也〕。”

昏义

昏礼者，将合二姓之好，上以事宗庙，而下以继后世也，故君子重之。男女有别，而后夫妇有义；夫妇有义，而后父子有亲；父子有亲，而后君臣有正。故曰：“婚礼者，礼之本也。”夫礼，始于冠，本于婚，重于丧祭，尊于朝聘，和于乡射，此礼之大体也。古者，天子后立六宫、三夫人、九嫔、二十七世妇、八十一御女，以听天下之内治，以明章妇顺，故天下内和而家理也。天子立六官、三公、九卿、二十七大夫、八十一元士，以听天下之外治，以明章天下之男教，故外和而国治也。故曰：“天子听男教，后听女顺；天子理阳道，后治阴德；天子听外治，后听内治。”教顺成俗，外内和顺，国家理治，此之谓盛德也。

是故男教不修，阳事不得，谪见于天，日为之食；妇顺不修，阴事不得，谪见于天，月为之食。是故日食，则天子素服而修六官之职，荡天下之阳事；月食，则后素服而修六宫之职，荡天下之阴事。故天子之与后，犹日之与月，阴之与阳，相须而后成者也〔谪之言责也。荡，荡涤，去秽恶也〕。

射义

古者诸侯之射也，必先行燕礼；卿、大夫、士之射也，必先行乡饮酒之礼。故燕礼者，所以明君臣之义也；乡饮酒之礼者，所以明长幼之序也〔言别尊卑老稚，乃后射以观德行也〕。故射者，进退周还必中礼。内志正，外体直，然后持弓矢审固；持弓矢审固，然后可以言中。此可以观德行也〔内正外直，习于丰乐，有德行者〕。其节，天子以《驺虞》，诸侯以《狸首》，大夫以《采苹》，士以《采蘩》。故明乎其节之志，以不失其事，则功成而德行立；德行立，则无暴乱之祸；功成则国安。故曰："射者，所以观盛德也。"〔《驺虞》、《采苹》、《采蘩》，今诗篇名也，《狸首》亡也〕。是故古者，天子以射选诸侯、卿、大夫、士。射者，男子之事，因而饰之以礼乐也。故事之尽礼乐，而可数为以立德行者，莫若射，故圣王务焉〔选士者，先考德行，乃后决之射也。男子生而有射事，长学礼乐以饰之〕。是故古者天子之制，诸侯岁献贡士于天子，天子试之于射宫，观其容体比于礼，其节比于乐，而中多者，得与于祭；其容体不比于礼，节不比于乐，而中少者，不得与于祭。数与于祭，而君有庆；数不与于祭，而君有让。数有庆而益地，数有让而削地。故曰："天子之大射，谓之'射侯'。"射侯者，射为诸侯也。射中则得为诸侯，射不中则不得为诸侯〔大射，谓将祭择士之射也。得为诸侯，谓有庆也；不得为诸侯，谓有让也〕。故射者，仁之道也。射求正诸己，己正而后发；发而不中，则不怨胜己者，反求诸己而已矣。孔子曰："君子无所争，必也射乎？"

卷 八

《周礼》治要

天官

惟王建国，辩方正位〔别四方，正君臣之位，君南面，臣北面之属〕，体国经野〔体，犹分，邦畿之度。经野，疆理其井庐也〕，设官分职〔置冢宰、司徒、宗伯、司马、司寇、司空，各有所职，而百官事举〕，以为民极〔极，中也。今天下之人，各得其中，不失其所也〕。乃立天官冢宰，使帅其属而掌邦治，以佐王均邦国〔掌，主也。邦治，王所以治邦国者。佐，犹助也〕。建邦之六典，以佐王治邦国：一曰治典，以经邦国，以治官府，以纪万民；二曰教典，以安邦国，以教官府，以扰万民；三曰礼典，以和邦国，以统百官，以谐万民；四曰政典，以平邦国，以正百官，以均万民；五曰

刑典，以诘邦国，以刑百官，以纠万民；六曰事典，以富邦国，以任百官，以生万民〔典，常也，法也。王谓之礼经，常所秉以理天下者也。邦国官府，谓之礼法，常所守，以为法式也。扰，犹驯也。统，犹合也。诘，犹禁也。任，犹俸也。生，犹养也〕。以八柄诏王驭群臣：一曰爵，以驭其贵；二曰禄，以驭其富；三曰予，以驭其幸；四曰置，以驭其行；五曰生，以驭其福；六曰夺，以驭其贫；七曰废，以驭其罪；八曰诛，以驭其过〔柄，所秉执以起事者也。诏，告也，助也。爵，谓公侯伯子男卿大夫士也。禄，所以富臣下也。幸，谓言行偶合于善，则有以赐与之劝后也。生，犹养也，贤臣之老者，王有以养之也。夺，谓臣有大罪，没人家财者也。诛，责让也〕。以八统诏王驭万民：一曰亲亲，二曰敬故，三曰进贤，四曰使能，五曰保庸，六曰尊贵，七曰达吏，八曰礼宾〔统，所以总物者也。亲亲，若尧亲九族也。敬故，不慢旧也。贤，有善行也。能，多才艺也。保庸，安有功也。尊贵，尊天下之贵者也。达吏，察举勤劳之小吏也。礼宾，宾客诸侯，所以示民亲仁善邻也〕。岁终，则令百官府各正其治，受其会〔正，正处也。会，大计也〕。三岁，则大计群吏之治而诛赏〔三载考绩也〕。

膳夫，掌王之食饮膳羞，大丧则不举，大荒则不举，大札则不举，天地有灾则不举，邦有大故则不举〔大荒，凶年也。大札，疫疠也。天灾，日月晦食也。地灾，崩动也。大故，刑杀也。《春秋传》曰："司寇行戮，君为之不举。"〕。

地官

大司徒之职：掌建邦之土地之图与其人民之数，以佐王安扰邦国〔教所以亲百姓，训五品也。扰，亦安也，言饶衍也〕。而施十有二教焉：一曰以祀礼教敬，则民不苟；二曰以阳礼教让，则民不争；三曰以阴礼教亲，则民不怨；四曰以乐礼教和，则民不乖；五曰以仪辩等，则民不越；六曰以俗教安，则民不愉；七曰以刑教中，则民不虣；八曰以誓教恤，则民不怠；九曰以度教节，则民知足；十曰以世事教能，则民不失职；十有一曰以贤制爵，则民慎德；十有二曰以庸制禄，则民兴功〔阳礼，谓乡射饮酒也。阴礼，谓男女之礼也。婚姻以时，则男不旷，女不怨也。仪，谓君南面，臣北面，父坐子伏之属也。俗，谓土地所生习也。愉，谓朝不谋夕也。恤，谓灾厄相忧也。民有凶患忧之，则民不懈怠也。度，谓宫室车服之制也。世事，谓士农工商之事。少而习焉，其心安焉，因教以能，不易其业也。慎德，谓矜其善德，劝为善也。庸，功也。爵以显贵，禄以赏功也〕。以保息六畜万民：一曰慈幼，二曰养老，三曰振穷，四曰恤贫，五曰宽疾，六曰安富〔保息，谓安之使蕃足也。慈幼，爱少。养老，七十养于乡，五十异粮之属也。振穷，救天民之穷者也。恤贫，贫无财业，禀食贷之也。宽疾，若今癃不可事，不算卒也。安富，平徭役，不专取之也〕。以乡三物教万民而宾兴之：一曰六德：智、仁、圣、义、忠、和；二曰六行：孝、友、睦、姻、任、恤；三曰六艺：礼、乐、射、驭、书、数〔物，犹事也。兴，犹举也。民三事之教成，乡大夫举其贤者、能者，以饮酒之礼宾客之，既则献其书于王矣。智，明于事也。仁，爱人以及物也。圣，通而先识也。义，能断时宜也。忠，言以中心也。和，不刚不柔也。善于父母为孝善于兄弟为友。睦，亲于九族也。

姻，亲于外亲也。任，信于友道也。恤，振忧贫者。礼，五礼之仪也。乐，六乐之歌舞也。射，五射之法也。御，五御之节也。书，六书之品也数，九数之计也〕。以五礼防万民之伪而教之中〔礼，所以节生民之侈伪，使其行得中也。五礼，谓吉、凶、宾、军、嘉〕，以六乐防万民之情而教之和〔乐，所以荡正民之情思，使其心应和也。六乐，谓云门、咸池、大韶、大夏、大濩、大武也〕。

乡师以岁时巡国及野，而赒万民之艰阨，以王命施惠〔岁时者，随其事之时，不必四时也。艰阨，饥乏者也〕。

师氏掌以美诏王〔告王以善道也，文王世子曰："师者，教之以事，而谕诸德者也。"〕，以三德教国子：一曰至德，以为道本；二曰敏德，以为行本；三曰孝德，以知逆恶也。教三行：一曰孝行，以亲父母；二曰友行，以尊贤良；三曰顺行，以事师长〔德行，外内之称也，在心为德，施之为行也。至德，中和之德，覆焘持载含容者也。敏德，仁义顺时者也。孝德，尊祖爱亲，守其所以生者也。孔于曰："武王周公其达孝矣乎？"夫孝，善继人之志，善述人之事也〕。

保氏养国子以道，乃教之六艺：一曰五礼，二曰六乐，三曰五射，四曰五驭，五曰六书，六曰九数；乃教之六仪，一曰祭祀之容，二曰宾客之容，三曰朝廷之容，四曰丧纪之容，五曰军旅之容，六曰车马之容〔养国子以道者，以师氏之德行审谕之，而后教之以艺仪也。五射，白矢、参连、剡注、襄尺、井仪也。五驭，鸣和鸾、逐水曲、过君表、舞交衢、逐禽左也。六书，象形、会意、转注、指事、假借、谐声也。九数，方田、粟米、差分、少广、商功、均输、嬴不足、旁要、方程。今有重差，夕桀句股也。祭祀之容，穆穆皇皇；宾客之容，严恪矜庄；朝廷之容，济济跄跄；丧纪之容，累累颠颠；军旅之容，暨暨詻詻；车马之容，匪匪翼翼〕。

司救：掌凡岁时有天患民病，则以节巡国中及郊野，以王命施惠〔天患，谓灾害也。节，旌节也。施惠，赒恤〕。

春官

大司乐：以乐德教国子，中、和、祗、庸、孝、友〔中，犹忠也。和，刚柔适也。祗，敬也。庸，有常也〕。凡日月食、四镇五岳崩、大傀异灾、诸侯薨，令去乐〔四镇，山之重大者也，谓会稽、沂山、医无闾、霍山也。五岳，岱、衡、华、嵩、恒也。傀，犹怪也。大怪异灾，谓天地奇变，若星辰奔雷及震裂为害者也。去乐，藏之也〕。大札、大凶、大灾、大荒、大臣死，凡国之大忧，令弛县〔札，疫疠。凶，凶年也。灾，水火也。弛，释下之也〕。凡建国，禁其淫声、过声、凶声、慢声〔淫声，若郑卫也。过声，失哀乐节也。凶声，亡国之声，若桑间濮上也。慢声，惰慢不恭之声〕。

夏官

大司马之职：掌建邦国之九法，以佐王平邦国〔平，成也，正也〕。制畿封国，以正邦国〔封，谓立封于疆为界〕；设仪辩位，以等邦国〔仪，谓诸侯诸臣之仪〕；

进贤兴功，以作邦国〔作，起也。起其进善乐业之心〕；建牧立监，以维邦国〔维，犹连结〕；制军诘禁，以纠邦国〔诘，穷治也。纠，正也〕；施贡分职，以任邦国〔职，谓赋税也。任，犹事也〕；简稽乡民，以用邦国〔稽，计也〕；均守平则，以安邦国〔均，谓尊者守大，卑者守小也〕；比小事大，以和邦国〔比，犹亲，使大国亲小国，小国事大国〕。以九伐之法正邦国〔诸侯有违王命，则出兵征伐而正也〕，冯弱犯寡，则眚之〔眚，犹人眚瘦也，四面削其地〕；贼贤害民，则伐之〔有钟鼓曰伐，以声其罪〕；暴内陵外，则坛之〔置之空坛之中，别立君也〕；野荒民散，则削之〔田不治，民不附，则削其地也〕；负固不服，则侵之〔侵，用兵浅侵之而已〕；贼杀其亲，则正之〔正，杀也〕；放弑其君，则残之〔残灭其为恶者〕；犯令陵政，则杜之〔犯令，逆命也。陵政，轻法也。杜，塞，使不得与诸侯通〕；外内乱，鸟兽行，则灭之。仲春教振旅〔师出曰治兵，人曰振旅，皆习战也。四时猎，各教民，以其一焉〕，遂以搜田〔搜，择也。择取禽兽不孕者〕；仲夏教拔舍〔拔舍，犹草舍，军有草止之法〕，遂以苗田〔夏田为苗，简取禽兽不孕任，若治苗去不秀实者也〕；仲秋教治兵，遂以弥田〔弥，犹杀也，中杀者多〕；仲冬教大阅〔大阅，简军实，备礼不如出军时〕，遂以狩田〔冬田为狩，言守取之，无所择也〕。

司勋：掌等其功〔等，犹差也。以功大小为差等〕。凡有功者，铭书于王之大常，祭于大烝〔铭之言名也。生则书于王旌，以识其人与其功也；死则于烝，先王祭之。冬祭曰烝，王旌画日月为大常也〕。凡赏无常，轻重视功〔无常者，功之大小不可豫〕。

秋官

大司寇之职：掌建邦之三典，以佐王刑邦国、诘四方。一曰刑新国用轻典〔新国，谓新辟地立君之国也〕，二曰刑平国用中典，三曰刑乱国用重典〔乱国，谓篡杀叛逆之国也〕。以圆土聚教疲民〔圆土，狱城也，聚疲民其中，困苦以教之为善也。民不愍作劳，有似于疲也〕，凡害人者，寘之圆土而施职事焉，以明刑耻之〔明刑，谓明书其罪于大方板，以著背也。职事，谓役使之也〕。其能改者，反于中国，不齿三年；其不能改而出圆土者，杀。以嘉石平疲民〔疲民，谓为邪恶者也〕，凡万民之有罪过，而未丽于法，而害于州里者，桎梏而坐诸嘉石，役诸司空州里任之，则宥而舍之〔有罪过，谓邪恶之人所罪过者也。丽，附也。未附于法，未著于法也。役诸司空，坐日讫，使给百工之役；役月讫，使其州里之人任之，乃赦之也〕。以肺石达穷民〔肺石，赤石也。穷民，天民之穷而无告者〕，凡远近茕独老幼之欲有复于上而其长弗达者，立于肺石三日，士听其辞，以告于上而罪其长〔复，白也。长，谓诸侯及所属吏〕。

小司寇：凡命夫命妇，不躬坐狱讼〔命夫，谓大夫也。命妇，谓大夫妻也。若有罪，不自身坐，使其属及子弟也〕。凡王同族有罪，不即市〔刑于甸师氏也〕。以五声听狱讼，求民情：一曰辞听〔辞不直则烦也〕，二曰色听〔色不直则赧也〕，三曰气听

〔气不直则喘也〕，四曰耳听〔耳不直则惑也〕，五曰目听〔目不直则眊然〕。以八辟丽邦法，附于刑罚〔辟，法也。丽，附也〕：一曰议亲之辟〔若今时宗室有罪先请是也〕，二曰议故之辟〔故，谓旧知也〕，三曰议贤之辟〔若今时廉吏有罪先请是也〕，四曰议能之辟〔能谓有道艺者〕，五曰议功之辟〔谓有大勋力、立功者也〕，六曰议贵之辟〔若今时吏墨绶有罪先请是也〕，七曰议勤之辟〔谓憔悴事国者〕，八曰议宾之辟〔谓所不臣者，三恪二代之后与〕。

司刺：掌三刺、三宥、三赦之法，以赞司寇，听狱讼〔刺，杀也。致三问之，然后杀〕。一刺曰讯群臣，再刺曰讯群吏，三刺曰讯万民〔讯，言问也〕。一宥曰不识，再宥曰过失，三宥曰遗忘〔不识，谓愚民无所识也。宥，宽也〕。一赦曰幼弱，再赦曰老耄，三赦曰蠢愚〔蠢愚，生而痴呆也。赦，谓免其罪也〕。以此三法者求民情，然后刑杀。

小行人：若国札丧，则令赙补之〔赙丧家，补其不足〕；若国凶荒，则令赒委之〔委，输也〕；若国师役，则令犒禬之〔犒，劳也。合助相振为会〕；若国有福事，则令庆贺之；若国有祸灾，则令哀吊之。

掌客：凡礼宾客，国新杀礼，凶荒杀礼，札丧杀礼，祸灾杀礼，在野在外杀礼〔杀，减也。国新，新建国也。凶荒，无年也。札丧，疫疠也。祸灾，新有兵寇及水火也。在野，行军在外也〕。

《周书》治要

文传解

天有四殃，水、旱、饥、荒，其至无时，非务积聚，何以备之。《夏箴》曰：“小人无兼年之食，遇天饥，妻子非其有也；大夫无兼年之食，遇天饥，臣妾舆马非其有也；国无兼年之食，遇天饥，百姓非其百姓也。戒之哉，不思祸咎无日矣〔言不远也〕。明开塞禁舍者，其取天下如化〔变化之顿，谓其疾〕；不明开塞禁舍者，其失天下如化〔不明，谓失其机〕。兵强胜人，人强胜天〔胜天，胜有天命〕。能制其有者，能制人；不能制其有者，人制之。令行禁止，王之始也。”

官人

富贵者，观其有礼施；贫穷者，观其有德守；嬖宠者，观其不骄奢；隐约者，观其不慑惧；其少者，观其恭敬好学而能弟；其壮者，观其洁廉务行而胜其私；其老者，观其思慎，强其所不足而不逾。父子之间，观其慈孝；兄弟之间，观其和友；君臣之间，观其忠惠；乡党之间，观其信诚。设之以谋，以观其智；示之以难，以观其勇；烦之以事，以观其治；临之以利，以观其不贪；滥之以乐，以观其不荒。喜之，以观其轻；怒之，以观其重；醉之，以观其失；纵之，以观其常；远之，以观其不贰；昵之，以观其不狎。复征其言，以观其精；曲省其行，以观其备。此之谓观诚。

芮良夫解

厉王失道，芮伯陈诰，作《芮良夫解》。芮伯若曰："余小臣良夫，稽首谨诰：天子惟民父母，致厥道，无远不服；无道，左右臣妾乃违〔道，谓德政。违，叛之〕。民归于德，德则民戴；否德民仇，兹允效于前，斯不远〔信验于前世，不远也〕。商纣弗改夏桀之虐，肆我有周有家〔举桀行恶灭亡，以为戒也〕。呜呼！惟尔天子，嗣文武之业；惟尔执政小子，同先王之臣。昏行内顾，道王不若〔同，谓位同也。昏，暗也，言教王为不顾〕，专利作威，佐乱进祸，民将弗龛〔专利侵乱，进不善也〕。治乱信于其行，惟王暨尔执政小子攸闻〔行善则治，行恶则乱，皆所闻知也〕。古人求多闻以鉴戒，弗闻是惟弗知〔言古人患不闻，故有所不知也〕。尔闻尔知，弗改厥度，亦惟艰哉〔知而不改，无可如何，故曰难也〕？夫后除民害，不惟民害，害民乃非后，惟其仇〔是与民为怨仇〕。民至亿兆，后一而已，寡弗敌众，后其殆哉〔言上下无义，对共相怨，则寡者危已〕！乌乎！野禽驯服于人，家畜见人而奔，非禽畜之性，实惟人民亦如之〔人养之故扰服，虽家畜，不养则畏人，治民亦然也〕。今尔执政小子，惟以贪谀事王〔专利为贪，面从为谀〕，不对德以备难，下民胥怨，财单力竭，手足靡措，弗龛戴上，不其乱而〔言民相与怨上，上加之罪，民不堪命，必作乱也〕？惟祸发于人之攸忽，咎起于人攸轻。心不存焉，变之攸伏〔言人所轻忽，则祸之所起〕。尔执政小子，弗图大艰，偷生苟安，爵以贿成〔苟安，无远虑。贿成，不任德〕。贤智拑口，小人鼓舌，逃害要利，并得其求，惟曰哀哉〔贤者隐黜以逃害，小人佞谄以要利，各得其求，故君子为之哀也〕！我闻曰：'以言取人，人饰其言；以行取人，人竭其行。饰言无庸，竭行有成。'惟尔小子，饰言事王，实蕃有徒。尔自谓有余，余谓尔不足。敬思以明德，备乃祸难〔言其不足于道义也。以，用。乃，汝〕。难至而悔，悔将安及？"

卷　九

《孝经》治要

仲尼居〔仲尼，孔子字〕，曾子侍〔曾子，孔子弟子也〕。子曰："先王有至德要道〔子者，孔子〕，以顺天下，民用和睦，上下无怨〔以，用也。睦，亲也。至德以教之，要道以化之，是以民用和睦，上下无怨也〕。汝知之乎？"

曾子避席曰："参不敏，何足以知之〔参，名也。参不达〕?"子曰："夫孝，德之本也〔人之行，莫大于孝，故曰德之本也〕，教之所由生也〔教人亲爱，莫善于孝，故言教之所由生〕。复坐，吾语汝。身体发肤，受之父母，不敢毁伤，孝之始也；立身行道，扬名于后世，以显父母，孝之终也。夫孝，始于事亲，本于事君，终于立身。《大雅》云：'无念尔祖，聿修厥德。'〔《大雅》者，诗之篇名。无念，无忘也。聿，述也。修，治也。为孝之道，无敢忘尔先祖，当修治其德矣。〕。"

子曰："爱亲者，不敢恶于人〔爱其亲者，不敢恶于他人之亲〕；敬亲者，不敢慢于人〔己慢人之亲，人亦慢己之亲。故君子不为也〕。爱敬尽于事亲〔尽爱于母，尽敬于父〕，而德教加于百姓〔敬以直内，义以方外，故德教加于百姓也〕，形于四海〔形，见也。德教流行，见四海也〕，盖天子之孝也。《吕刑》云：'一人有庆，兆民赖之。'〔《吕刑》，《尚书》篇名。一人，谓天子。天子为善，天下皆赖之。〕。"

"在上不骄，高而不危〔诸侯在民上，故言在上。敬上爱下，谓之不骄，故居高位，而不危殆也〕；制节谨度，满而不溢〔费用约俭，谓之制节。奉行天子法度，谓之谨度，故能守法，而不骄逸也〕。高而不危，所以长守贵也〔居高位能不骄，所以长守贵也〕；满而不溢，所以长守富也〔虽有一国之财，而不奢泰，故能长守富〕。富贵不离其身〔富能不奢，贵能不骄，故云不离其身〕，然后能保其社稷〔上能长守富贵，然后乃能安其社稷〕，而和其民人〔薄赋敛，省徭役，是以民人和也〕，盖诸侯之孝也。《诗》云'战战兢兢，如临深渊，如履薄冰。'〔战战，恐惧。兢兢，戒慎。如临深渊，恐坠。如履薄冰，恐陷。〕。"

"非先王之法服，不敢服；非先王之法言，不敢道〔不合诗书，不敢道〕；非先王之德行，不敢行〔非礼乐，则不行〕。是故非法不言〔非诗书，则不言〕，非道不行〔非礼乐，则不行〕。口无择言，身无择行。言满天下无口过，行满天下无怨恶。三者备矣，然后能守其宗庙〔法先王服，言先王道，行先王德，则为备矣〕，盖卿大夫之孝也。《诗》云'夙夜匪懈，以事一人'〔夙，早也。夜，暮也。一人，天子也。卿大夫当早起夜卧，以事天子，勿懈惰〕。"

"资于事父以事母，而爱同〔事父与母爱同，敬不同也〕；资于事父以事君，而敬同〔事父与君敬同，爱不同〕。故母取其爱，而君取其敬，兼之者父也〔兼，并也。爱与母同，敬与君同，并此二者，事父之道也〕，故以孝事君，则忠〔移事父孝，以事于君，则为忠也〕；以敬事长，则顺〔移事兄敬，以事于长，则为顺矣〕。忠顺不失，以事其上〔事君能忠，事长能顺，二者不失，可以事上也〕，然后能保其禄位，而守其祭祀，盖士之孝也。《诗》云：'夙兴夜寐，无忝尔所生。'〔忝，辱也。所生，谓父母。士为孝，当早起夜卧，无辱其父母也。〕"

"因天之道〔春生、夏长、秋收、冬藏，顺四时以奉事天道〕，分地之利〔分别五土，视其高下，此分地之利〕，谨身节用，以养父母〔行不为非为谨身，富不奢泰为节用，度财为费，父母不乏也〕，此庶人之孝也。故自天子至于庶人，孝无终始，而患不及己者，未之有也〔总说五孝，上从天子，下至庶人，皆当孝无终始，能行孝道，故患难不及其身。未之有者，言未之有也〕。”

曾子曰：“甚哉，孝之大也〔上从天子，下至庶人，皆言为孝无终始，曾子乃知孝之为大〕！”子曰：“夫孝，天之经也〔春秋冬夏，物有死生，天之经也〕，地之义也〔山川高下，水泉流通，地之义也〕，民之行也〔孝悌恭敬，民之行也〕。天地之经，而民是则之〔天有四时，地有高下，民居其间，当是而则之〕。则天之明〔则，视也。视天四时，无失其早晚也〕，因地之利〔因地高下，所宜何等〕，以顺天下，是以其教不肃而成〔以，用也。用天四时地利，顺治天下，下民皆乐之，是以其教不肃而成也〕，其政不严而治〔政不烦苛，故不严而治也〕。先王见教之可以化民也〔见因天地教化民之易也〕，是故先之以博爱，而民莫遗其亲〔先修人事，流化于民也〕；陈之以德义，而民兴行〔上好义，则民莫敢不服也〕；先之以敬让，而民不争〔若文王敬让于朝，虞芮推畔于野，上行之，则下效法之〕；道之以礼乐，而民和睦〔上好礼，则民莫敢不敬〕；示之以好恶，而民知禁〔善者赏之，恶者罚之，民知禁，不敢为非也〕。”

子曰：“昔者明王之以孝治天下，不敢遗小国之臣〔古者诸侯，岁遣大夫，聘问天子，天子待之以礼，此不遗小国之臣者也〕，而况于公、侯、伯、子、男乎〔古者诸侯，五年一朝天子，天子使世子郊迎，刍禾百车，以客礼待之〕？故得万国之欢心，以事其先王〔诸侯五年一朝天子，各以其职来助祭宗庙，是得万国之欢心，事其先王也〕。治国者，不敢侮于鳏寡，而况于士民乎〔治国者，诸侯也〕？故得百姓之欢心，以事其先君。治家者，不敢失于臣妾之心，而况于妻子乎？故得人之欢心，以事其亲。夫然，故生则亲安之〔养则致其乐，故亲安之也〕，祭则鬼飨之〔祭则致其严，故鬼飨之〕。是以天下和平〔上下无怨，故和平〕，灾害不生〔风雨顺时，百谷成熟〕，祸乱不作〔君惠臣忠，父慈子孝，是以祸乱无缘得起也〕。故明王之以孝治天下也如此〔故上明王所以灾害不生、祸乱不作，以其孝治天下，故致于此〕。《诗》云：‘有觉德行，四国顺之。’〔觉，大也。有大德行，四方之国，顺而行之也〕”

曾子曰：“敢问圣人之德，无以加于孝乎？”子曰：“天地之性，人为贵〔贵其异于万物也〕；人之行，莫大于孝〔孝者，德之本，又何加焉〕。孝莫大于严父〔莫大于尊严其父〕，严父莫大于配天〔尊严其父，莫大于配天，生事爱敬，死为神主也〕，则周公其人也〔尊严其父，配食天者，周公为之〕。昔者周公郊祀后稷以配天〔郊者，祭天名。后稷者，周公始祖〕，宗祀文王于明堂以配上帝〔文王，周公之父。明堂，天子布政之宫。上帝者，天之别名〕。是以四海之内，各以其职来祭〔周公行孝朝，越裳重译来贡，是得万国之欢心也〕。夫圣人之德，又何以加于孝乎〔孝悌之至，通于神明，岂圣人所能加〕？圣人因严以教敬，因亲以教爱〔因人尊严其父，教之为敬，因亲近于其父，教之为爱，顺人情也〕。圣人之教不肃而成〔圣人因人情而教民，民皆乐之，故不肃而成也〕，其政不严而治〔其身正，不令而行，故不严而治〕，其所因者本也〔本，谓孝也〕。父子之道，天性也〔性，常也〕，君臣之义也〔君臣非有天性，但义合耳〕。父母生之，续莫大焉〔父母生子，骨肉连属，复何加焉〕；君亲临之，厚莫重焉〔君亲择贤，显之以爵，宠之以禄，厚之至也〕。故不爱其亲，而爱他人者，谓之悖德〔人不能爱其亲，而爱他人亲者，谓之悖德〕；不敬其亲，而敬他人者，谓之悖礼〔不能敬其亲，而敬他人之亲者，谓之悖礼也〕。以顺则逆〔以悖为顺，则逆乱之道也〕，民无则焉〔则，法〕。不在于善，而皆在于凶德〔恶人不能以礼为善，乃化为恶，若桀纣是也〕，虽得之，君子所不贵〔不以其道，故君子不贵〕。君子则不然，言思可道〔君子不为逆乱之道，言中诗书，故可传道也〕，行思可乐〔动中规矩，故可乐也〕，德义可尊〔可尊，法也〕，作事可法〔可法，则也〕，容止可观〔威仪中礼，故可观〕，进退可度〔难进而尽忠，易退而补过〕，以临其民。是以其民畏而爱之〔畏其刑罚，爱其德义〕，则而象之，故能成其德教，而行其政令。《诗》云：'淑人君子，其仪不忒。'〔淑，善也。忒，差也。善人君子威仪不差，可法则也。〕。"

子曰："孝子之事亲，居则致其敬，养则致其乐〔乐，竭欢心以事其亲〕，病则致其忧，丧则致其哀，祭则致其严。五者备矣，然后能事亲。事亲者，居上不骄〔虽尊为君，而不骄也〕，为下不乱〔为人臣下，不敢为乱也〕，在丑不争〔丑，类也，以为善不忿争〕。居上而骄则亡，〔富贵不以其道，是以取亡也〕，为下而乱则刑〔为人臣下好作乱，则刑罚及其身〕，在丑而争则兵〔朋友中好为忿争者，惟兵刃之道〕。三者不除，虽日用三牲之养，犹为不孝〔夫爱亲者，不敢恶于人之亲，今反骄乱分争，虽日致三牲之养，岂得为孝子〕！"

子曰："五刑之属三千〔五刑者，谓墨、劓、膑、宫、大辟也〕，而罪莫大于不孝。要君者无上〔事君，先事而后食禄，今反要君，此无尊上之道〕，非圣人者无法〔非侮圣人者，不可法〕，非孝者无亲〔己不自孝，又非他人为孝，不可亲〕，此大乱之道也〔事君不忠，侮圣人言，非孝者，大乱之道也〕。"

子曰："教民亲爱，莫善于孝；教民礼顺，莫善于悌；移风易俗，莫善于乐〔夫乐者，感人情，乐正则心正，乐淫则心淫也〕；安上治民，莫善于礼〔上好礼，则民易使〕。礼者，敬而已矣〔敬，礼之本，有何加焉〕。故敬其父则子悦，敬其兄则弟悦，敬其君则臣悦，敬一人而千万人悦。所敬者寡，悦者众〔所敬一人，是其少。千万人悦，是其众〕。此之谓要道也〔孝悌以敬之，礼乐以化之，此谓要道也〕。"

子曰："君子之教以孝，非家至而日见之也〔但行孝于内，流化于外也〕。教以孝，所以敬天下之为人父者也〔天子父事三老，所以敬天下老也〕；教以悌，所以敬天下之为人兄者也〔天子兄事五更，所以教天下悌也〕；教以臣，所以敬天下之为人君者也〔天子郊则君事天，庙则君事尸，所以教天下臣〕。《诗》云：'恺悌君子，民之父母。'〔以上三者，教于天下，真民之父母〕非至德，其孰能顺民如此其大者乎〔至德之君，能行此三者，教于天下也〕？"

子曰："君子之事亲孝，故忠可移于君〔欲求忠臣，出孝子之门，故可移于君〕；事兄悌，故顺可移于长〔以敬事兄则顺，故可移于长也〕；居家理，故治可移于官〔君子所居则化，所在则治，故可移于官也〕。是以行成于内，而名立于后世矣。"

曾子曰："若夫慈爱、恭敬，安亲、扬名，则闻命矣。敢问子从父之命，可谓孝乎？"子曰："是何言与！是何言与！昔者天子有争臣七人，虽无道，不失其天下

〔七人者，为大师、大保、大傅、左辅、右弼、前疑、后丞，维持王者，使不危殆〕；诸侯有争臣五人，虽无道，不失其国；大夫有争臣三人，虽无道，不失其家〔尊卑辅善，未闻其官〕。士有争友，则身不离于令名〔令，善也。士卑无臣，故以贤友助己〕；父有争子，则身不陷于不义。故当不义则争之，从父之命，又焉得为孝乎〔委曲从父命，善亦不善，恶亦从恶，而心有隐，岂得为孝乎〕？”

子曰：“昔者明王，事父孝，故事天明〔尽孝于父，则事天明〕；事母孝，故事地察〔尽孝于母，能事地，察其高下，视其分察也〕。长幼顺，故上下治〔卑事于尊，幼顺于长，故上下治〕。天地明察，神明彰矣〔事天能明，事地能察，德合天地，可谓彰也〕。故虽天子，必有尊也，言有父也〔虽贵为天子，必有所尊，事之若父，三老是也〕；必有先也，言有兄也〔必有所先，事之若兄，五更是也〕。宗庙致敬，不忘亲也〔设宗庙，四时斋戒以祭之，不忘其亲〕；修身慎行，恐辱先也〔修身者，不敢毁伤；慎行者，不历危殆，常恐其辱其先也〕。宗庙致敬，鬼神著矣〔事生者易，事死者难，圣人慎之，故重其文〕。孝悌之至，通于神明，光于四海，无所不通〔孝至于天，则风雨时；孝至于地，则万物成；孝至于人，则重译来贡。故无所不通也〕。《诗》云：‘自西自东，自南自北，无思不服。’〔孝道流行，莫敢不服〕”

子曰：“君子之事上也，进思尽忠，退思补过，将顺其美，匡救其恶，故上下能相亲也〔君臣同心，故能相亲〕。”

《论语》治要

学而

有子曰〔孔子弟子有若也〕：“君子务本，本立而道生。孝悌也者，其仁之本与〔先能事父兄，然后仁可成〕！”

子曰：“巧言令色，鲜矣仁〔子，孔子。巧言，好其言语。令色，善其颜色。皆欲令人悦之，少能有仁也〕！”

曾子曰〔孔子弟子曾参也〕：“吾日三省吾身：为人谋而不忠乎？与朋友交而不信乎？传不习乎〔言凡所传之事，得无素不讲习而传之者也〕？”

子曰：“导千乘之国〔导，谓为之政教也〕，敬事而信〔为国者，举事必敬慎，与民必诚信也〕，节用而爱人〔节用，不奢侈也。国以民为本，故爱养之〕，使民以时〔不妨夺农务也〕。”

子曰：“弟子入则孝，出则悌，谨而信，泛爱众，而亲仁，行者余力，则以学文〔文者，古之遗文〕。”

子夏曰〔孔子弟子卜商也〕：“事父母，能竭其力；事君，能致其身〔尽忠节，不爱其身也〕；与朋友交，言而有信。虽曰未学，吾必谓之学矣。”

子曰："君子不重则不威，学则不固。主忠信，无友不如己者。过则勿惮改〔主，亲也。惮，难也〕。"

曾子曰："慎终追远，民德归厚〔慎终者，丧尽其哀；追远者，祭尽其敬。人君行此二者，民化其德，皆归于厚也〕。"

为政

有子曰："礼之用，和为贵。先王之道，斯为美，小大由之。有所不行，知和而和，不以礼节之，亦不可行也〔人知礼贵和，而每事从和，不以礼为节，亦不可行也〕。"子曰："为政以德，譬如北辰，居其所而众星共之〔德者，无为，犹北辰之不移，而众星共之〕。"

子曰："《诗》三百〔篇之大数〕，一言以蔽之，曰：'思无邪'〔归于正也〕。"

子曰："导之以政〔政，谓法教〕，齐之以刑，民免而无耻〔苟免〕；导之以德〔德，谓道德〕，齐之以礼，有耻且格〔格，正也〕。"

子曰："君子周而不比〔忠信为周，阿党为比〕，小人比而不周。"

哀公问曰："何为则民服〔哀公，鲁君谥也〕？"孔子对曰："举直错诸枉，则民服〔错，置也。举正直之人用之，废置邪枉之人，则民服其上〕；举枉错诸直，则民不服。"

季康子问："使民敬、忠以劝，如之何〔康子，鲁卿季孙肥也〕？"子曰："临之以庄，则敬〔庄，严也。君临民以严，则民敬上也〕；孝慈，则忠〔君能上孝于亲，下慈于民，则民忠矣〕；举善而教不能，则劝〔举用善人，而教不能者，则民劝〕。"

子曰："人而无信，不知其可也〔无信，其余终无可也〕。大车无輗，小车无軏，其何以行之哉〔大车，牛车。輗，辕端横木以缚轭者。小车，驷马车。軏，辕端上曲钩衡者也〕？"

八佾

林放问礼之本〔林放，鲁人〕，子曰："礼，与其奢也，宁俭；丧，与其易也，宁戚〔易，和易。言礼之本意，失于奢，不如俭也；丧失于和易，不如哀戚〕。"

"祭如在〔言事死如事生〕，祭神如神在〔谓祭百神〕。"

定公问："君使臣，臣事君，如之何〔定公，鲁君谥〕？"孔子对曰："君使臣以礼，臣事君以忠。"

子曰："居上不宽，为礼不敬，临丧不哀，吾何以观之哉？"

里仁

子曰："君子无终食之间违仁，造次必于是，颠沛必于是〔造次，急遽也。颠沛，僵仆也。虽急遽僵仆，不违仁也〕。"

子曰："民之过也，各于其党。观过，斯知仁矣〔此党，谓族亲也。过厚则仁，过薄则不仁也〕。"

子曰："朝闻道，夕死可矣。"

子曰："能以礼让为国乎？何有〔何有者，言不难也〕？不能以礼让为国乎？如礼何〔如礼何者，言不能用礼也〕？"

子曰："见贤思齐焉，见不贤而内自省也。"

子曰："以约失之者鲜矣〔俱不得中，奢则骄溢招祸，俭约则无忧患也〕。"

子曰："君子欲讷于言，而敏于行〔讷，迟钝也。言欲迟，行欲疾〕。"

公冶长

子贡问曰："孔文子何以谓之'文'也〔孔文子，卫大夫孔圉〕？"子曰："敏而好学，不耻下问，是以谓之'文'〔敏者，识之疾也〕。"

子谓子产："有君子之道四焉〔子产，公孙侨也〕：其行己也恭，其事上也敬，其养民也惠，其使民也义。"

子曰："巧言、令色、足恭〔足恭，便僻貌也〕，左丘明耻之，丘亦耻之〔丘明，鲁大史也〕。"

子曰："已矣乎！吾未见能见其过，而内自讼者也〔讼，犹责也。言人有过，莫能自责也〕。"

雍也

哀公问："弟子孰为好学？"孔子对曰："有颜回者好学，不迁怒，不贰过。不幸短命死矣〔颜回，孔子弟子也。迁者，移也。不贰过，有不善，未尝复行也〕。"

述而

子曰："德之不修，学之不讲，闻义不能徙也，不善不能改也，是吾忧也〔夫子常以此四者为忧也〕。"

子之所慎：齐，战，疾〔慎齐，尊祖考；慎战，重民命；慎疾，爱性命也〕。

子曰："三人行，必得我师焉。择其善者而从之，其不善者而改之〔言我三人行，本无贤愚，择善从之，不善改之，故无常师〕。"

子曰："仁远乎哉？我欲仁，斯仁至矣〔仁道不远，行之则是〕。"

泰伯

子曰："恭而无礼则劳，慎而无礼则葸〔葸，畏惧之貌也。言慎而不以礼节之，则常畏惧〕，勇而无礼则乱，直而无礼则绞〔绞，刺〕。君子笃于亲，则民兴于仁；故旧不遗，则民不偷〔兴，起也。能厚于亲属，不遗忘其故旧，行之美者也，则皆化之，起为仁厚之行，不偷薄〕。"

曾子曰："士不可以不弘毅，任重而道远〔弘，大也。毅，强而能断也。士弘毅，然后能负重任，致远路也〕。仁以为己任，不亦重乎？死而后已，不亦远乎〔仁以为己

任，重莫重焉。死而后已，远莫远焉]？”

子曰：“如有周公之才之美，使骄且吝，其余不足观也已。”

子曰：“不在其位，不谋其政〔欲各专一于其职也〕。”

子曰：“学如不及，犹恐失之〔言此者，勉人学也〕。”

子曰：“巍巍乎，舜、禹有天下，而不与焉〔美其有成功，能择任贤臣〕！”

子曰：“大哉！尧之为君也！巍巍乎！唯天为大，唯尧则之〔则，法也。美尧能法天而行化也〕。荡荡乎，民无能名焉〔荡荡，广远之称也。言其布德广远，民无能识名焉〕。焕乎！其有文章也〔焕，明也。其立文垂制，又著明〕！”

舜有臣五人，而天下治〔禹、稷、契、皋陶、伯益也〕。武王曰：“予有乱臣十人〔乱，治也。治官者十人：谓周公、召公、太公、毕公、荣公、大颠、闳夭、散宜生、南宫适，其一人，谓文母也〕。”孔子曰：“才难，不其然乎？唐、虞之际，于斯为盛，有妇人焉，九人而已。〔斯，此也。言尧、舜交会之间，比于此周，周最盛多贤，然尚有一妇人，其余九人而已。人才难得，岂不然乎？〕”

子曰：“禹，吾无间然矣。菲饮食而致孝乎鬼神，恶衣服而致美于黻冕，卑宫室而尽力乎沟洫。禹，吾无间然矣〔间，非也。菲，薄也。致孝于鬼神，谓祭祀丰洁也。黻，祭服之衣。冕，冠名也〕。”

子罕

子曰：“譬如为山，未成一篑，止，吾止也〔篑，土笼也。此劝人于道德也。为山者，其功虽已多，未成一笼而中道止者，我不以其前功多而善之，见其志不遂，故不与也〕。譬如平地，虽覆一篑，进，吾往也〔平地者，将进加功，虽始覆一篑，我不以其功少而薄之，据其欲进而与之〕。”

颜渊

颜渊问仁。子曰：“克己复礼为仁〔克己，约身〕。一日克己复礼，天下归仁焉〔一日犹见归，况终身乎〕。为仁由己，而由人乎哉〔行善在己，不在人〕？”曰：“请问其目〔知其必有条目，故请问之〕。”子曰：“非礼勿视，非礼勿听，非礼勿言，非礼勿动〔此四者，克己复礼之目〕。”曰：“回虽不敏，请事斯语矣〔敬事此语，必行之〕。”

仲弓问仁。子曰：“出门如见大宾，使民如承大祭〔仁之道，莫尚乎敬〕。己所不欲，勿施于人。在邦无怨，在家无怨〔在邦为诸侯，在家为卿大夫〕。”

子张问明。子曰：“浸润之谮，肤受之诉，不行焉，可谓明也已〔子张，孔子弟子颛孙师也。谮人之言，如水之浸润，以渐成之。肤受，皮肤外语，非其内实也〕。浸润之谮，肤受之诉，不行焉，可谓远也已〔无此二者，非但为明，其德行高远，人莫之及也〕。”

子贡问政。子曰：“足食，足兵，民信之矣。”子贡曰：“必不得已而去，于斯三者何先？”曰：“去兵。”曰：“必不得已而去，于斯二者何先？”曰：“去食。自古皆有死，民无信不立〔死者，古今常道，人皆有之，治邦不可失信〕。”

哀公问于有若曰：“年饥，用不足，如之何？”对曰：“盍彻乎〔盍，何不也。周法什一而税，谓之彻也〕？”曰：“二，吾犹不足，如之何其彻也〔二，谓什二而税〕？”对曰：“百姓足，君孰与不足？百姓不足，君孰与足？”

子张问崇德辨惑〔辨，别〕。子曰：“主忠信，徙义，崇德也〔徙义，见义则徙意从之〕。爱之欲其生，恶之欲其死。既欲其生，又欲其死，是惑也〔爱恶当有常。一欲生之，一欲死之，是心惑也〕。”

子曰：“听讼，吾犹人〔与人等〕。必也使无讼乎〔化之在前〕！”

子曰：“君子成人之美，不成人之恶。小人反是。”

季康子问政孔子。孔子对曰：“政者，正也。子帅而正，孰敢不正〔康子，鲁上卿，诸臣之帅〕？”

季康子患盗，问孔子。孔子对曰：“苟子之不欲，虽赏之不窃〔言民化于上，不从其令，从其所好〕。”

季康子问于孔子曰：“如杀无道，以就有道，何如〔就，成也。欲多杀以止奸也〕？”对曰：“子为政，焉用杀？子欲善而民善矣。君子之德风也，小人之德草也。草上之风，必偃〔亦欲康子先自正也。偃，仆也。加草以风，无不仆者，犹民之化于上也〕。”

樊迟曰：“敢问崇德、修慝、辨惑〔孔子弟子樊须也。慝，恶也。修，治也。治恶为善〕。”子曰：“先事后得，非崇德与〔先劳于事，然后得报〕？攻其恶，毋攻人之恶，非修慝与？一朝之忿，忘其身以及其亲，非惑与？”

樊迟问智。曰：“知人。”樊迟未达。子曰：“举直错诸枉，能使枉者直〔举正直之人用之，废邪枉之人，则皆化为直也〕。”樊迟退，见子夏曰：“何谓也？”子夏曰：“舜有天下，选于众，举皋陶，不仁者远矣；汤有天下，选于众，举伊尹，不仁者远矣〔言舜、汤有天下，选择于众，举皋陶、伊尹，则不仁者远，仁者至矣〕。”

子路

子路问政。子曰：“先之，劳之〔孔子弟子仲由也。先导之以德，使人信之，然后劳之。《易》曰：悦以使民，民忘其劳〕。”请益。曰：“毋倦〔子路嫌其少，故请益。曰无倦者，行此上事无倦则可矣〕。”

仲弓为季氏宰，问政。子曰：“先有司〔孔子弟子冉雍也。言为政当先任有司，而后责其事也〕，赦小过，举贤才。”曰：“焉知贤才而举之？”曰：“举尔所知。尔所不知，人其舍诸〔汝所不知者，人将自举之。各举其所知，则贤才无遗矣〕？”

子路曰：“卫君待子而为政，子将奚先〔问往将何所先行之也〕？”子曰：“必也正名乎〔正百事之名也〕！名不正，则言不顺；言不顺，则事不成；事不成，则礼乐不兴；礼乐不兴，则刑罚不中〔礼以安上，乐以移风，二者不行，则有淫刑滥罚矣〕；刑罚不中，则民无所措手足。故君子名之必可言，言之必可行也〔所名之事，必可得而明言也；所言之事，必可得而遵行〕。”

子曰：“上好礼，则民莫敢不敬；上好义，则民莫敢不服；上好信，则民莫敢不用情〔情，情实也。言民化上，各以实应也〕。夫如是，则四方之民，襁负其子而至矣。”

子曰：“其身正，不令而行；其身不正，虽令不从〔令，教令也〕。”

子适卫，冉子仆〔冉有御也〕。子曰：“庶矣哉〔庶，众也。言卫民多也〕！”冉有曰：“既庶矣，又何加焉？”曰：“富之。”曰：“既富矣，又何加焉？”曰：“教之。”

子曰：“‘善人为邦百年，亦可以胜残去杀矣〔胜残，胜残暴之人，使不为恶也。去杀，不用刑杀也〕。’诚哉是言也〔古有此言，孔子信之〕！”

子曰：“如有王者，必世而后仁〔三十年曰世。如有受命王者，必三十年仁政乃成〕。”

子曰：“苟正其身，于从政乎何有？不能正其身，如正人何？”

定公问：“一言而可以兴国，有诸？”孔子对曰：“言不可以若是，其几也〔以其大要，一言不能兴国也。几，近也。有近一言兴国也〕。人之言曰：‘为君难，为臣不易。’如知为君之难也，不几乎一言而兴邦乎〔事不可一言而成，知如此则可近之〕？”曰：“一言而丧邦，有诸？”孔子对曰：“言不可以若是，其几也。人之言曰：‘予无乐乎为君，唯其言而莫予违也〔言无乐于为君，所乐者，唯乐其言而不见违也〕。’如善而莫之违也，不亦善乎？如不善而莫之违也，不几乎一言而丧邦乎〔人君所言善，无违之者则善也；所言不善，而无敢违之者，则近一言而丧国矣〕？”

叶公问政〔叶公名诸梁〕。子曰：“近者悦，远者来。”

子夏为莒父宰，问政〔莒父，鲁下邑也〕。子曰：“毋欲速，毋见小利。欲速则不达，见小利则大事不成〔事不可以速成，而欲其速则不达矣；小利妨大，则大事不成矣〕。”

樊迟问仁。子曰：“居处恭，执事敬，与人忠。虽之夷狄，不可弃也〔虽之夷狄无礼义之处，犹不可弃去而不行之〕。”

子曰：“南人有言曰：‘人而无恒，不可以作巫医〔南国之人也，言巫医不能治无常之人〕。’善夫〔善南人之言也〕！”

子曰：“君子和而不同，小人同而不和〔君子心和，然其所见各异，故曰不同；小人所嗜好者同，然各争利，故曰不和也〕。”

子贡问曰：“乡人皆好之，何如？”子曰：“未可也。”“乡人皆恶之，何如？”子曰：“未可也。不如乡人之善者好之，其不善者恶之〔善人善己，恶人恶己，是善善明，恶恶著也〕。”

子曰：“君子易事而难悦也〔不责备于一人，故易事也〕。悦之不以道，不悦也；及其使人也，器之〔度才而官之〕。小人难事而易悦也，悦之虽不以道，悦也；及其使人也，求备焉。”

子曰：“君子泰而不骄，小人骄而不泰〔君子自纵泰，似骄而不骄；小人拘忌，而实自骄矜也〕。”

子曰：“以不教民战，是谓弃之〔言用不习之民，使之战，必破败，是为弃之〕。”

宪问

子曰：“有德者必有言，有言者不必有德；仁者必有勇，有勇者不必有仁。”

子曰：“君子而不仁者有矣夫，未有小人而仁者也〔虽曰君子，犹未能备也〕。”

子问公叔文子于公明贾，曰：“信乎，夫子不言不笑不取〔公叔文子，卫大夫〕？”对曰：“以告者过也。夫子时然后言，人不厌其言也；乐然后笑，人不厌其笑；义然后取，人不厌其取也。”

子谓卫灵公之无道也，季康子曰：“夫如是，奚而不丧？”孔子曰：“仲叔圉治宾客，祝鮀治宗庙，王孙贾治军旅。夫如是，奚其丧〔言虽无道，所任者各当其才，何为当亡也〕？”

子路问事君。子曰：“勿欺，而犯之〔事君之道，义不可欺，当犯颜谏争〕。”

子曰：“不逆诈，不亿不信，抑亦先觉者，是贤乎〔有人来，不逆之以为诈；不亿疑之以为有不信。然而人有诈不信，有以先发知之，是人贤逆诈亿不信，所以恨耻之也〕！”

子路问君子。子曰：“修己以敬〔敬其身也〕。”曰：“如斯而已乎？”曰：“修己以安百姓。修己以安百姓，尧、舜其犹病诸〔病，犹难也〕！”

卫灵公

子曰：“无为而治者，其舜也与？夫何为哉？恭己正南面而已矣〔言任官得其人，故无为也〕。”

子张问行。子曰：“言忠信，行笃敬，虽蛮貊之邦，行矣。言不忠信，行不笃敬，虽州里，行乎哉〔行乎哉，言不可行也〕？”子张书诸绅〔绅，大带也〕。

子曰：“志士仁人，无求生以害仁，有杀身以成仁〔无求生而害仁，死而后成仁，则志士仁人不爱其身也〕。”

颜渊问为邦。子曰：“行夏之时〔据见万物之生，以为四时之始；取其易知也〕，乘殷之辂〔大辂越席，昭其俭也〕，服周之冕〔取其黈纩塞耳，不任视听〕，乐则《韶》《舞》〔《韶》，舜乐也。尽善尽美，故取之〕。放郑声，远佞人〔郑声淫，佞人危，俱能惑人心，使淫乱危殆，故当放远之也〕。”

子曰：“人无远虑，必有近忧。”

子曰：“臧文仲，其窃位者与？知柳下惠之贤，而不与立也〔文仲，鲁大夫也。柳下惠，展禽也。知贤不举，为窃位也〕。”

子曰：“躬自厚而薄责于人，则远怨矣〔责己厚，责人薄，所以远怨咎也〕。”

子曰：“君子求诸己，小人求诸人〔君子责己，小人责人〕。”

子曰：“君子不以言举人〔有言者，不必有德，故不可以言责人也〕，不以人废言。”

子贡问曰：“有一言而可终身行者乎？”子曰：“其‘恕’乎！己所不欲，勿施于人。”

子曰：“巧言乱德；小不忍，乱大谋〔巧言利口，则乱德义；小不忍，则乱大谋〕。”

子曰：“众恶之，必察焉；众好之，必察焉〔或众阿党比周；或其人特立不群，故好恶不可不察也〕。”

子曰：“人能弘道，非道弘人〔材大者，道随大；材小者，道随小，故不能弘人也〕。”

子曰：“过而不改，是谓过矣。”

子曰：“吾尝终日不食，终夜不寝，以思，无益，不如学也。”

卷　十

《孔子家语》治要

始诛

孔子为鲁大司寇，朝政七日，而诛乱法大夫少正卯，戮之于两观之下〔两观，阙也〕，尸于朝三日。子贡进曰：“夫少正卯，鲁之闻人也。今夫子为政而始诛之，或者为失之乎？”孔子曰：“天下有大恶者五，而盗窃不与焉。一曰心逆而险；二曰行僻而坚；三曰言伪而辨；四曰记丑而博〔丑，谓非义〕；五曰顺非而泽。此五者，有一于人，则不免于君子之诛，而少正卯皆兼有之。其居处足以撮徒成党〔撮，聚也〕，其谈说足以饰邪荧众，其强御足以反是独立。此乃人之奸雄也，不可以不除。”

孔子为鲁大司寇，有父子讼者，夫子同狴执之〔狴，狱牢也〕，三月不别。其父请止，夫子赦焉。季孙闻之，不悦，曰：“司寇欺余。曩告余曰‘为国家者，必先以孝’，今戮一不孝，以教民孝，不亦可乎？而又赦之，何哉？”孔子喟然叹曰：“呜呼！上失其道，而杀其下，非理也；不教以孝，而听其狱，是杀不辜也。三军大败，不可斩也；狱犴不治，不可刑也。何者？上教之不行，罪不在民故也。夫慢令谨诛，贼也；征敛无时，暴也；不诫责成，虐也。政无此三者，然后刑可即也。既陈道德以先服之，而犹不可，则尚贤以劝之，又不可，则废不能以惮之。若是，百姓正矣。其有邪民不从化者，然后待之以刑，则民咸知罪矣。是以威厉而不试，刑措而不用也。今世不然，乱其教，烦其刑，使民迷惑而陷罪焉，又从而制之，故刑弥繁而盗不胜也。世俗之陵迟久矣，虽有刑法，民能勿逾乎？”

王言

孔子闲居，谓曾子曰：“参，汝可语明王之道与？居，吾语汝。夫道者，所以明德也；德者，所以尊道也。是故非德，道不尊也；非道，德不明也。虽有国之良马，不教服乘，不可以取道里；虽有博地众民，不以其道治之，不可以致霸王。是故昔者，明王内修七教，外行三至。七教修，而可以守；三至行，而可以征。明王之道，其守也，则必折冲千里之外；其征也，还师衽席之上。故曰：内修七教而上不劳，外行三至而财不费。此之谓明王之道也。”曾子曰：“不劳不费之为明王，可得而闻乎？”孔子曰：“昔者帝舜左禹，右皋陶，不下席而天下治。夫如此，何上之劳乎？若乃十一而税，用民之力，岁不过三日，入山泽以其时而无征，此则生财之路也，而明王节之，何财之费乎？”

曾子曰：“敢问何谓七教？”孔子曰：“上敬老，则下益孝；上尊齿，则下益悌；上乐施，则下益宽；上亲贤，则下择友；上好德，则下无隐；上恶贪，则下耻争；上廉让，则下知节。此之谓七教也。七教者，治民之本也。政教定，则本正矣。凡上者，民之表也，表正则何物不正！”曾子曰：“道则至矣！弟子不足以明之。”孔子曰：“参，汝以为姑止此乎？昔者明王之治民也有法，必裂地而封之，分属而理之，然后贤民无所隐，暴民无所伏。使有司日省而时考之，进用贤良，退贬不肖，则贤者悦，而不肖者惧；哀鳏寡、养孤独、恤贫穷、诱孝悌、选才能，此七者修，则四海之内无刑民矣。上之亲下也，如手足之于腹心；下之亲上也，如幼子之于慈母矣。上下相亲如此，故令则从，施则行。民怀其德，近者悦服，远者来附，政之致也。田猎罩弋〔罩，掩网也。弋，缴射也〕，非以盈宫室也；征敛百姓，非以充府库也。惨怛以补不足，礼节以损有余，多信而寡貌，其礼可守，其言可覆，其迹可履。其于信也，如四时；其博有万民也，如饥而食，如渴而饮；民之信之，如寒暑之必验也。故视远若迩，非道迩也，见明德也。是故兵革不动而威，用利不施而亲。此之谓明王之守，折冲乎千里之外者也。”

曾子曰：“敢问何谓三至？”孔子曰：“至礼不让而天下治，至赏不费而天下之士悦，至乐无声而天下之民和。明王笃行三至，故天下之君可得而知也，天下之士可得而臣也，天下之民可得而用也。”曾子曰：“敢问此义何谓也？”孔子曰：“古者明王必尽知天下良士之名。既知其名，又知其实。既知其实，然后因天下之爵以尊之，此之谓至礼不让而天下治；因天下之禄，以富天下之士，此之谓至赏不费而天下之士悦；如此则天下之明誉兴焉，此之谓至乐无声而天下之民和。故曰：所谓天下之至仁者，能合天下之至亲者也；所谓天下之至智者，能用天下之至和；所谓天下之至明者，能举天下之至贤。此三者咸通，然后可以征。是故仁者莫大于爱人，智者莫大于知贤，政者莫大于官能。有士之君，能修此三者，则四海之内供命而已矣。夫明王之所征，必道之所废者也。是故诛其君而改其政，吊其民而不夺其财。故曰：明王之征也，犹时雨之降也，至则民悦矣。是故行施弥博，得亲弥众，此之谓还师衽席之上〔言安而无忧也〕。”

大婚

孔子侍座于哀公，公问曰：“敢问人道谁为大？”孔子对曰：“夫人道，政为大。夫政者，正也。君为正，则百姓从而正矣。君之所为，百姓之所从也；君之不为，百姓何从？”公曰：“敢问为政如之何？”孔子对曰：“夫妇别、父子亲、君臣信，三者正，则庶物从之矣。内以治宗庙之礼，足以配天地之神也；出以治直言之礼，足以立上下之敬也〔夫妇正，则出可以治政言礼矣；身正，乃可以正人矣〕。物耻，则足以振之〔耻事不如，礼则足以振教之也〕；国耻，则足以兴之〔耻国不如，礼则足以兴起之〕。故为政先乎礼，礼其政之本与。”孔子遂言曰：“昔三代明王之必敬妻子也，盖有道焉。妻也者，亲之主也；子也者，亲之后也，敢不敬与？是故君子无不敬也。敬也者，敬身为大；身也者，亲之支也，敢不敬与？不敬其身，是伤其亲；伤其亲，是伤其本也；伤其本，则支从而亡。三者，百姓之象也〔言百姓之所法而行〕。身以及身，子以及子，妃以及妃。君修此三者，则大化忾于天下〔忾，满也〕。”公曰：“敢问何谓敬身？”孔子对曰：“君子过言则民作辞，过动则民作则。言不过辞，动不过则，百姓恭敬以从命。若是，则可谓能敬其身；能敬其身，则能成其亲矣。”公曰：“何谓成亲？”孔子对曰：“君子者，乃人之成名也。百姓与名，谓之君子，则是成其亲为君而为其子也。”孔子遂言曰：“为政而不能爱人，则不能成其身；不能成其身，则不能安其土；不能安其土，则不能乐天〔不能乐天道也〕；不能乐天，则不能成身。”公曰：“敢问何谓成身？”孔子对曰：“夫其行己不过于物，谓之成身。不过于物，合天道也。”

问礼

哀公问于孔子曰：“大礼何如？子之言礼，何其尊也？”孔子曰：“丘闻之，民之所以生者，礼为大。非礼则无以节事天地之神焉，非礼则无以辨君臣、上下、长幼之位焉，非礼则无以别男女、父子、兄弟、婚姻、亲族疏数之交焉。是故君子此为之尊敬，然后以其所能教示百姓。卑其宫室，节其服御，车不雕玑，器不雕镂，食不二味，心不淫志，以与万民同利。古之明王之行礼也如此。”公曰：“今之君子，胡莫之行也？”孔子对曰：“今之君子，好利无厌，淫行不倦，荒怠慢游，固民是尽，以遂其心，以怨其政，以忤其众，以伐有道，求得当欲，不以其所〔言苟求得当其情欲而已〕，虐杀刑诛，不以其理，夫昔之用民也由前〔用上所言〕，今之用民也由后〔用下所言〕，是即今之君子莫能为礼也。”

致思

季羔为卫士师〔士师，狱官〕，刖人之足。俄而卫有乱，季羔逃之。刖者守门焉，谓季羔曰：“彼有缺。”季羔曰：“君子不逾。”又曰：“彼有窦。”季羔曰：“君子不隧〔隧，从窦出〕。”又曰：“于此有室。”季羔入焉。既而追者罢，季羔将去，谓刖者曰：“吾不能亏主之法，而亲刖子之足。今吾在难，此正子报怨之时，而子逃我，何故？”刖者曰：“断足故我之罪也，无可奈何。曩者君治臣以法令，先人后臣，欲臣之免也，臣知之；狱决罪定，临当论刑，君愀然不乐，见于颜色，臣又知之。君岂私臣哉？天生君子，其道故然，此臣之所以悦君也。”孔子闻之，曰：“善哉为吏，其用法一也。思仁恕则树德，加严暴则树怨。公以行，其子羔乎？”

子路为蒲宰，为水备，修沟渎，以民之烦苦也，人与一箪食、一壶浆，孔子止之。子路曰：“由也以民多匮饿者〔匮，乏也〕，是以与之箪食壶浆，而夫子使止之，是夫子止由之行仁也。”孔子曰：“尔以民为饿，何不白于君，发仓廪以给之，而私以尔食馈之，是汝明君之无惠也。速已则可，不已，则尔之见罪必矣。”

子贡问治民于孔子。孔子曰：“懔懔焉，如以腐索御扞马〔懔懔焉，诫惧之貌。扞马，突马也〕。”子贡曰：“何其畏也？”孔子曰：“夫通达之属，皆人也。以道导之，则吾畜也；不以道导之，则吾仇也。若之何其无畏也？”

三恕

孔子曰：“君子有三恕。有君弗能事，有臣而求其使，非恕也；有亲弗能孝，有子而求其报，非恕也；有兄弗能敬，有弟而求其顺，非恕也。士能明于三恕之本，则可谓端身矣〔端，正也〕。”

孔子观于鲁桓公之庙，有欹器焉。孔子问于守庙者曰：“此为何器？”对曰：“此盖为宥坐之器。”孔子曰：“吾闻宥坐之器，虚则欹，中则正，满则覆。明君以为诫，故置于坐侧也。”顾谓弟子曰：“试注水焉。”水实之，中则正，满则覆。夫子喟然叹曰：“呜呼！夫物恶有满而不覆者哉？”子路进曰：“敢问持满有道乎？”子曰：“聪明睿智，守之以愚；功被天下，守之以让；勇力振世，守之以怯；富有四海，守之以谦。此所谓损之又损之之道也。”

好生

哀公问于孔子曰：“昔者舜冠何冠乎？”孔子不对。公曰：“寡人问于子，而子无言，何也？”孔子曰：“以君之问，不先其大者，故方思所以为对焉。”公曰：“其大何乎？”孔子曰：“舜之为君也，其政好生而恶杀，其任授贤而替不肖；德若天地之虚静，化若四时之变物。是以四海承风，畅于异类〔异类，四方之夷狄也〕；风翔麟至，鸟兽驯德〔驯，顺也〕。无他，好生故也。君舍此道而冠冕是问，是以缓对。”

辨政

子贡为信阳宰，将行，孔子曰：“勤之慎之，奉天之时，无夺无伐，无暴无盗。”子贡曰：“赐也，少而事君子，岂以盗为累哉？”孔子曰：“而未之详也。夫以贤代贤，是之谓夺；以不肖代贤，是之谓伐；缓令急诛，是之谓暴；取善自与，是之谓盗。盗，非窃财之谓也。吾闻之：‘知为吏者，善法以利民；不知为吏者，枉法以侵民。’此怨所由生也。匿人之善，斯谓蔽贤；扬人之恶，斯谓小人。内不相训而相谤，非亲睦也。言人之善，若己有之；言人之恶，若己受之。故君子无所不慎焉。”

哀公问政

哀公问政于孔子。孔子对曰：“文武之政，布在方策。其人存，则其政举；其人亡，则其政息。故为政在于得人。取人以身，修身以道，修道以仁。仁者，人也，亲亲为大；义者，宜也，尊贤为大。亲亲之杀，尊贤之等，礼所生也。是以君子不可以不修身；思修身，不可以不事亲；思事亲，不可以不知人；思知人，不可以不知天。天下之达道有五，其所以行之者三，曰君臣也、父子也、夫妇也、昆弟也、朋友之交也。五者，天下之达道也。智、仁、勇三者，天下之达德也。所以行之者一也。或生而知之，或学而知之，或因而知之，及其知之，一也。或安而行之，或利而行之，或勉强而行之，及其成功，一也。好学近于智，力行近于仁，知耻近于勇。知斯三者，则知所以修身；知所以修身，则知所以治人；知所以治人，则能成天下国家矣。”

公曰：“政其尽此而已乎？”孔子曰：“凡为天下国家者，有九经焉，曰修身也、尊贤也、亲亲也、敬大臣也、体群臣也、子庶人也、来百工也、柔远人也、怀诸侯也。修身则道立，尊贤则不惑，亲亲则诸父昆弟不怨，敬大臣则不眩，体群臣则士之报礼重，子庶民则百姓劝，来百工则财用足，柔远人则四方归之，怀诸侯则天下畏之。”

公曰：“为之奈何？”孔子曰：“齐庄盛服，非礼不动，所以修身也；去谗远色，贱货而贵德，所以尊贤也；爵其能，重其禄，同其好恶，所以笃亲亲也；官盛任使，所以敬大臣也〔盛其官，任而使之也〕；忠信重禄，所以劝士也〔忠信者，与之重禄也〕；时使薄敛，所以子百姓也；日省月考，既禀称事，所以来百工也〔既禀食之，各当其职事也〕；送往迎来，嘉善而矜不能，所以绥远人也〔绥，安也〕；继绝世，举废邦，朝聘以时，厚往而薄来，所以怀诸侯也。治天下国家有九经焉，其所以行之者一也。凡事豫则立，不豫则废。言前定则不跲〔跲，踬〕，事前定则不困，行前定则不疚〔疚，病〕，道前定则不穷。”

公曰：“子之教寡人备矣，敢问行之所始？”孔子曰：“立爱自亲始，教民睦也；

立敬自长始，教民顺也。教以慈睦，而民贵有亲；教以敬长，而民贵用命。民既孝于亲，又顺以听命，措诸天下，无所不行。”

颜回

鲁定公问于颜回曰：“子亦闻东冶毕之善御乎？”对曰：“善则善矣！虽然，其马将必逸。”公不悦。其后三日，东冶毕之马逸。公闻之，促驾召颜回。颜回至，公曰：“前日寡人问吾子以东冶毕之善御，而子曰‘其马将逸’，不识吾子奚以知之？”颜回对曰：“以政知之而已矣。昔者，帝舜巧于使民，而造父巧于使马。舜不穷其民力，造父不穷其马力。是以舜无逸民，造父无逸马。今东冶毕之御也，历险致远，马力尽矣，然而其心犹求马不已。臣以此知之。”公曰：“善哉！吾子之言，其义大矣，愿少进乎？”颜回曰：“臣闻之：‘鸟穷则啄，兽穷则攫，人穷则诈，马穷则逸。’自古及今，未有穷其下而能无危者也。”公悦。

五刑

冉有问于孔子曰：“先王制法，使刑不上于大夫，礼不下于庶人。然则大夫之犯罪，不可以加刑；庶人之行事，不可以治礼乎？”孔子曰：“不然。凡治君子，以礼义御其心，所以厉之以廉耻之节也。故古之大夫，其有坐不廉污秽而退放之者，则曰簠簋不饰〔饰，整齐〕；有坐淫乱男女无别者，则曰帷薄不修；有坐罔上不忠者，则曰臣节未著；有坐疲软不胜任者，则曰下官不职〔言其下官不务其职，不斥其身也〕；有坐干国之纪者，则曰行事不请〔言不请而擅行也〕。此五者，大夫既自定有罪名矣，而犹不忍斥然正以呼之也，既而为之讳，所以愧耻之。是故大夫之罪，其在五刑之域者，谴发，则白冠牦缨盘水，加剑，造于阙而自请罪，君不使有司执缚牵掣而加之也。其有大罪者，闻命则北面再拜，跪而自裁，君不使人捽引而刑杀之也，曰：‘子大夫自取之耳，吾遇子有礼矣。’是以刑不上大夫，而大夫亦不失其罪者，教使然也。凡所谓礼不下庶人者，以庶人遽其事而不能充礼，故不责之以备礼也。”

刑政

仲弓问于孔子曰：“雍闻至刑无所用政，至政无所用刑。至刑无所用政，桀纣之世是也；至政无所用刑，成康之世是也。信乎？”孔子曰：“圣人之治化也，必刑政相参焉。太上以德教民而以礼齐之，其次以政导民，以刑禁之。化之弗变，导之弗从，伤义败俗，于是乎用刑矣。”仲弓曰：“古之听讼，可得闻乎？”孔子曰：“凡听五刑之讼，必原父子之亲，立君臣之义以权之；意论轻重之序，慎测浅深之量以别之；悉其聪明，致其忠爱以尽之。大司寇正刑明辟以察狱，狱必三讯焉〔一曰讯群臣，二曰讯群吏，三曰讯万民也〕。有指无简，则不听〔简，诚也。有其意无其诚者，不论以为罪〕。附从轻，赦从重〔附人之罪，以轻为比；赦人之罪，以重为比〕。疑狱则泛，与众共之，众疑赦之。故爵人必于朝，与众共之也；刑人必于市，与众弃之也。古者公家不畜刑人，大夫不养也；士遇之涂，弗与之言也；屏诸四方，唯其所之，弗及以政，弗欲生之故也。”仲弓曰：“听狱，狱之成，成何官？”孔子曰：“狱成于吏，吏以狱之成告于正〔吏，狱官吏也。正，狱官长〕；正既听之，乃告于大司寇；大司寇听之，乃奏于王；王命三公卿士参听棘木之下〔外朝之法。左九棘，孤卿大夫位焉；右九棘，公侯伯子男位焉；面三槐，三公位焉〕，然后乃以狱之成报于王；王以三宥之法听之〔君王尚宽，罪虽已定，犹三宥之，不可得轻，然后刑之也〕，而后制刑焉。所以重之也。”仲弓曰：“古之禁何禁？”孔子曰：“析言破律〔巧卖法令者也〕、乱名改作〔变易官与物名〕，执左道以乱政者，杀〔左道，邪道〕；作淫声〔淫逸惑乱之声〕、造异服〔非人所常见〕，设奇伎奇器，以荡上心者，杀〔怪异之伎，可以眩曜人心之器。荡，动也〕；行伪而坚〔行诈伪而坚守〕，言伪而辨，学非而博，顺非而泽〔顺其非而滑泽之〕，以惑众者，杀；假于鬼神时日，卜筮以疑民者，杀。此四诛者，不待时，不以听〔不听于棘木之下也〕。”

问玉

子张问圣人之所以教。孔子曰：“师乎，吾语汝。圣人明于礼乐，举而措之而已。”子张又问，孔子曰：“师，尔以为必布几筵，揖让升降，酌献酬酢，然后谓之礼乎？尔以为必行缀兆，执羽籥，作钟鼓，然后谓之乐乎？言而可履，礼也；行而可乐，乐也。圣人力此二者，以恭己南面，是故天下太平，万国顺服，百官承事，上下有礼也。夫礼之所兴，众之所以治也；礼之所废，众之所以乱也。昔者明王圣主之辨贵贱长幼，正男女外内，序亲疏远迩，而莫敢相逾越者，皆由此涂出也。”

正论

哀公问于孔子：“大夫皆劝寡人，使

隆敬于高年，可乎？”孔子对曰：“君之及此言也，将天下实赖之，岂唯鲁而已哉？”公曰：“何也？”孔子曰：“昔者有虞氏贵德而上齿，夏后氏贵爵而上齿，殷人贵富而上齿〔富，谓世禄之家〕，周人贵亲而上齿。虞、夏、殷、周，天下之盛王也，未有遗年者焉。年之贵于天下久矣，次于事亲，是故朝廷同爵则上齿。七十杖于朝，君问则席〔君欲问之，则为之设席〕；八十不仕朝，君问则就之，而悌达于朝廷矣。其行也，肩而不并〔不敢与长者并肩也〕，不错则随〔错，雁行也，父党随行，兄党雁行〕；见老者，则车从避〔见老者在道，车与步皆避之也〕；斑白者不以其任行于路〔任，担也，少者代之也〕，而悌达于道路矣。居乡以齿，而老穷不匮，强不犯弱，众不暴寡，而悌达于州巷矣。古之道，五十不为甸役〔五十始老，不从力役之事，不及山猎之徒也〕，颁禽隆诸长者，而悌达于搜狩矣。军旅什伍，同爵则上齿，而悌达于军旅矣。夫圣王之教孝悌，发诸朝廷，行于道路，至于州巷，放于搜狩，修于军旅，则众同以义，死之而弗敢犯也。”公曰：“善！”

哀公问于孔子曰：“寡人闻之，东益不祥〔东益，东益宅也〕，信有之乎？”孔子曰：“不祥有五，而东益不与焉。夫损人而自益，身之不祥也；弃老而取幼，家之不祥也；释贤而任不肖，国之不祥也；老者不教，幼者不学，俗之不祥也；圣人伏匿，愚者擅权，天下不祥也。故不祥有五，而东益不与焉。”

史部

卷十一

《史记》治要〔上〕

本纪

黄帝者，少典之子，姓公孙〔有熊国君，少典之子也〕，名曰轩辕。生而神灵，弱而能言，幼而徇私、齐〔徇，疾也。齐，速也。言圣德幼而疾速也〕，长而敦敏，成而聪明。神农氏世衰，诸侯相侵伐，而神农氏弗能征。于是轩辕乃习用干戈，修德振兵，以与炎帝战于阪泉之野〔阪泉，地名〕。三战，然后得其志。蚩尤作乱，乃杀蚩尤而代神农氏，是为黄帝。东至于海，西至于空桐〔山名也，在陇右〕，南至于江，北逐荤粥〔猃狁也〕，邑于涿鹿之阿。迁徙往来无常处，以师兵为营卫；置左右大监，监于万国；举风后、力牧、常先、大鸿以治民；顺天地之纪，时播百谷；劳勤心力耳目，节用水火材物。有土德之瑞，故号黄帝。

〔《帝王世纪》曰："神农氏衰，蚩尤氏叛，不用帝命。黄帝于是修德抚民。始垂衣裳，以班上下。刳木为舟，剡木为楫，舟楫之利，以济不通。服牛乘马，以引重致远。重门击柝，以待暴客。断木为杵，掘地为臼，杵臼之用，以利万人。弦木为弧，剡木为矢，弧矢之利，以威天下。诸侯咸叛神农而归之。讨蚩尤氏，禽之于涿鹿之野。诸侯有不服者，从而征之，凡五十二战，而天下大服。俯仰天地，置众官。故以风后配上台，天老配中台，五圣配下台，谓之三公。其余地典、力牧、常先、大鸿等，或以为师，或以为将，分掌四方，各如己视，故号曰黄帝四目。又使岐伯尝味草木，典医疾，今经方本草之书咸出焉。其史仓颉，又象鸟迹，始作文字。自黄帝以上，穴居而野处，死则厚衣以薪，葬之中野，结绳以治。及至黄帝，为筑宫室，上栋下宇，以待风雨。而易以棺椁，制以书契，百官以序，万民以察，神而化之，使民不倦。后作《云门》、《咸池》之乐，《周礼》所谓《大咸》者也，于是人事毕具。黄帝在位百年而崩，年百一十岁矣。或传以为仙，或言寿三百年，故宰我疑以问孔子。孔子曰："民赖其利，百年而崩；民畏其神，百年而亡；民用其教，百年而移。故曰三百年。"〕

帝颛顼高阳者，黄帝之孙，昌意之子也。养材以任地，载时以象天，依鬼神以制义，治气以教化，絜诚以祭祀。北至于幽陵，南至于交趾，西至于流沙，东至于蟠木〔东海中有山焉，名度索。上有大桃树，屈蟠三千里也〕。动静之物，大小之神，日月所照，莫不砥属〔砥，平也，四远皆平而来服属也。《帝王世纪》曰："帝颛顼平九黎之乱，使南正重司天以属神，火正黎司地以属民。于是民神木杂，万物有序。"〕。

帝喾高辛者〔高阳、高辛，皆所兴地名也。颛顼与喾，以字为号，上古质故也〕，黄帝之曾孙也。生而神灵，聪以知远，明以察微。仁而威，惠而信，修身而天下服。取地之财而节用之，抚教万民而利诲之，历日月而迎送之，明鬼神而敬事之。其色郁郁，其德嶷嶷，其动也时，其服也士。日月所照，风雨所至，莫弗从服〔《帝王世纪》曰："帝喾以人事纪官，故以句芒为木正，祝融为火正，蓐收为金正，玄冥为水正，后土为土正，是五行之官分职而治。"〕。

帝尧放勋，其仁如天，其智如神；就之如曰，望之如云；富而不骄，贵而不舒〔《俯王世纪》曰："帝尧置欲谏之鼓，命羲和四子羲仲、羲叔、和仲、和叔，分掌四时方岳之职，故名征，天下大和，百姓无事。有五老人，击壤于道，观者叹曰：'大哉尧之德也！'老人曰：'日出而作，日入而息，凿井而饮，耕田而食，帝力何有于我哉！'墨子以为尧堂高三尺，土阶三等；茅茨不剪，采椽不斫；夏服葛衣，冬服鹿裘。"〕。

虞舜，名曰重华。父瞽叟顽，母嚚，弟象傲，皆欲杀舜。舜顺适不失子道，以孝闻。于是尧乃以二女妻舜，以观其内；使九男与处，以观其外。二女不敢以贵骄，九男皆益笃。舜耕历山，历山之人皆让畔；渔雷泽，雷泽上人皆让居；陶河滨，河滨器皆不苦窳〔窳，病也〕。一年而所居成聚，二年成邑，三年成都。于是尧乃试舜五典、百官，皆治；以揆百事，莫不时序，流四凶族，以御魑魅。尧乃使舜摄行天子政。尧崩，天下归舜〔《帝王世纪》曰："舜立诽谤之木。《论》曰：孔子称古者三皇五帝，设防而不犯，故无陷刑之民。是以或结绳而治，或象画而化，自庖牺至于尧舜，神道设教，可谓至政，无所用刑矣。夫三载考绩，黜陟幽明，善无微不著，恶无隐不章，任自然以诛赏，委群心以就制，故能造御乎无为，运道于至和，百姓日用而不知，含德若自有者也。《诗》云：'上天之载，无声无臭。'其斯之谓乎？"〕。

夏禹，名曰文命。当尧之时，洪水滔天。舜登用，乃命禹平水土。劳身焦思，居外十三年，过家门不敢入。薄衣食，致孝于鬼神；卑宫室，致费于沟洫。以开九州，通九道，陂九泽，度九山，行相地宜所有以贡。东渐于海，西被于流沙，朔南暨〔朔，北方也〕，声教讫于四海。于是帝锡禹玄圭，以告成功于天下。于是大平治，帝舜荐禹于天。舜崩，遂即天子位，国号曰夏后。十七世，帝履癸立，是为桀，不务德而武伤百姓，百姓弗堪。汤修德，诸侯皆归汤。汤遂伐桀，桀走鸣条〔南夷地名〕，遂放而死。

汤始居亳，征诸侯〔为夏方伯，得专征伐〕。葛伯不祀，汤始伐之。汤曰："予有言：人视水视形，视民知治不。"伊尹曰："明哉言！能听，道乃进。君国子民，为善者在王官。勉哉，勉哉！"汤出见野张网四面，祝曰："自天下四方，皆入吾网。"汤曰："嘻，尽之矣！"乃去其三面，祝曰："欲左，左；欲右，右；不用命，乃入吾网。"诸侯闻之，曰："汤德至矣，及禽兽。"当是时，夏桀为虐政淫荒，汤乃伐桀，践天子位。

帝太戊立，伊陟为相〔伊陟，伊尹子也〕。亳有祥，桑谷共生于朝，一暮大拱〔祥，妖怪也。二木合生，不恭之罚〕。太戊惧，问伊陟，曰："臣闻妖不胜德。帝之政，其有阙与？帝其修德。"太戊从之，而祥桑枯死。殷复兴，故称中宗。

帝辛立，天下谓之纣。帝纣资辨捷疾，闻见甚敏；材力过人，手格猛兽；智足以拒谏，饰是非之端；矜人臣以声，以为皆出己之下。好酒淫乐，嬖于妇人。爱妲己〔有苏氏美女也〕，妲己之言是从。于是使师涓作新淫声，北里之舞，靡靡之乐；厚赋税，以实鹿台之钱〔鹿台，在朝歌城中也〕，而盈巨桥之粟〔巨桥，鹿水之大桥也，有漕粟〕；益收狗马奇物，充仞宫室；益广沙丘苑台〔沙丘，在巨鹿东北〕，多取野兽飞鸟置其中；慢于鬼神。以酒为池，悬肉为林，使男女裸，相逐其间，为长夜之饮。百姓怨望，而诸侯有叛者，于是纣乃重辟刑，有炮烙之法〔膏铜柱，加之炭上，令有罪者行焉，辄坠炭中，妲己笑，名曰炮烙之刑也〕。以西伯昌、九侯〔邺县有九侯城〕、鄂侯为三公。九侯有好女，入之纣。九侯女不憙淫，纣怒，杀之，而醢九侯。鄂侯争之强，并脯鄂侯。西伯昌闻之，窃叹。纣囚西伯羑里〔河内汤阴有羑里城〕。西伯之臣闳夭之徒，求美女、奇物、善马以献纣。纣乃赦西伯，用费中为政。费中善谀、好利，殷人弗亲。又用恶来，善毁谗。诸侯以此益疏，多叛纣。微子数谏不听，乃遂去。比干强谏，纣怒，剖比干，观其心。箕子惧，乃佯狂为奴，纣又囚之。周武王于是遂率诸侯伐纣，纣走，衣其宝玉衣，赴火而死。武王遂斩纣头，悬之白旗，杀妲己，殷民大悦。

周后稷，名弃，好耕农，天下得其利，有功，封于邰。曾孙公刘修后稷之业，民赖其庆。古公复修后稷、公刘之业，积德行义，国人皆戴之。古公卒，季历立。季历卒，子昌立，是为西伯。西伯遵后稷、公刘之业，则古公之法，敬老慈少，礼下贤者，中不暇食以待士，士以此多归之，诸侯皆来决平。于是，虞、芮之人有狱，不能决，乃如周。入界，耕者皆让畔，民俗皆让长。虞、芮皆惭，俱让而去。诸侯闻之，曰："西伯盖受命之君也。"

武王即位，太公望为师，周公旦为辅，召公、毕公之徒左右王师，修文王绪业。闻纣昏乱暴虐滋甚，于是伐纣。纣师皆倒兵以战，武王遂入斩纣。散鹿台之钱，发巨桥之粟，以振贫弱；封诸侯，班赐殷之器物；纵马于华山之阳，放牛于桃林之墟；偃干戈，振兵释旅〔入曰振旅也〕，示天下不复用。

成、康之际，天下安宁，刑措四十余年不用〔措者，置也。民不犯法，无所置刑也〕。穆王即位，将征犬戎，祭公谋父谏〔祭，畿内之国，为王卿士。谋父，字也〕曰："不可。先王耀德不观兵。戢而时动，动则威，观则玩，玩则无震〔震，惧也〕。先王之于民也，茂正其德，而厚其性；阜其财求，而利其器用。明利害之乡〔乡，方也〕，以文修之，使务利而避害，怀德而畏威，故能保世以滋大。昔我先王世后稷，以服事虞、夏，奕世载德，不忝前人。至于文王、武王，昭前之光明，而加之以慈和，事神保民，无不欣喜。商王帝辛，大恶于民，庶民不忍，欣戴武王，以致戎于商牧。非务武也，勤恤民隐，而除其害也。夫先王之制，邦内甸服，邦外侯服，侯卫宾服〔此总言之也。侯，侯圻。卫，卫圻〕，夷蛮要服，戎狄荒服。甸服者祭〔供日祭也〕，侯服者祀〔供月祀也〕，宾服者享〔供时享也〕，要服者贡〔供岁贡也〕，荒服者王〔《诗》云："莫敢不来王也。"〕。日祭，月祀，时享，岁贡，终王。先王之顺祀〔《外传》云："先王之训也。"〕，有不祭则修意〔先修志意，以自责也〕，有不祀则修言〔言，号令也〕。有不享则修文〔文，典法也〕，有不贡则修名〔名，谓尊卑职贡之名号也〕，有不王则修德〔远人不服，则修文德以来之也〕，序成而有不至则修刑〔序成，谓上五者次序已成。不至，则有刑罚也〕。于是有刑不祭，伐不祀，征不享，让不贡，告不王；于是有刑罚之辟，有攻伐之兵，有征讨之备，有威让之命，有文告之辞。布令陈辞，而有不至，则增修于德，无勤民于远。是以近无不听，远无不服。今犬戎氏以其职来王。天子曰：'予必以不享征之，且观之兵。'无乃废先王之训而几顿乎！"王遂征之，得四白狼、四白鹿以归。自是荒服者不至，诸侯有不睦者。

厉王即位，好利，近荣夷公。芮良夫谏曰："王室其将卑乎？夫荣公好专利，而不知大难。夫利，百物之所生也，天地之所载也，而有专之，其害多矣。天地百物皆将取焉，何可专也？所怒甚多，而不备大难。以是教王，王其能久乎？夫王人者，将导利而布之上下者也。使神人百物无不得极〔极，中也〕，犹曰怵惕，惧怨之来。今王学专利，其可乎？匹夫专利，犹谓之盗，王而行之，其归鲜矣。荣公若用，周必败。"王不听，卒以荣公为卿士，用事。王行暴虐侈傲，国人谤王。召公谏〔召穆公也〕曰："民不堪命矣！"王怒，得卫巫〔卫国之巫〕，使监谤者，以告则杀之。其谤鲜矣，诸侯不朝。王益严，国人莫敢言，道路以目〔以目相眄而已〕。王喜，告召公曰："吾能弭谤矣，乃不敢言。"召公曰："是障之也。防民之口，甚于防水；水壅而溃，伤人必多。民亦如之，是故为水者，决之使导；为民者，宣之使言。故民之有口，犹土之有山川也，财用于是乎出；犹其有原隰衍沃也，衣食于是乎生。口之宣言也，善败于是乎兴。夫民虑之心，而宣之口，成而行之。若壅其口，其与能几何？"王不听，于是国莫敢出言。三年，乃相与叛，袭王。王出奔于彘。

宣王即位，修政，法文、武、成、康遗风，诸侯复宗周。

幽王嬖爱褒姒，欲废后，并去太子，用褒姒为后，以其子伯服为太子。褒姒不好笑，幽王欲其笑，万方，故不笑。幽王为举烽火，诸侯悉至，至而无寇，褒姒乃大笑。幽王欲悦之，为数举烽火。其后不信，益不至。王之废后去太子也，申侯怒，乃与缯、西夷犬戎共攻王。王举烽火征兵，兵莫至。遂杀幽王骊山下。

秦缪公与晋惠公合战，为晋军所围。于是岐下食善马者三百人，驰冒晋军解围，遂脱缪公，而反生得晋君。初，缪公亡善马，岐下野人共得而食之者三百余人。吏逐得，欲法之，缪公曰："君子不以畜产害人。吾闻食善马肉不饮酒伤人。"乃皆赐酒而赦之。三百人者，闻秦击晋，皆求从。从而见缪公窘，亦皆推锋争死，以报食马之德。于是缪公虏晋君以归。

戎王使由余于秦，缪公示以宫室、积聚。由余曰："使鬼为之，则劳神矣；使人为之，亦苦民矣。"缪公怪之，问曰："中国以诗书礼乐法度为政，然尚时乱，今戎夷无此，何以为治，不亦难乎！”由余笑曰：“此乃中国所以乱也。夫自上圣黄帝，作为礼乐法度，身以先之，仅以小治。及其后世，日以骄淫，阻法度之威，以责督于下。下疲极，则以仁义怨望于上。上下交争怨，而相篡弑，至于灭宗，皆以此类也。夫戎夷不然。上含淳德以遇其下，下怀忠信以事其上。一国之政，犹一身之治。不知所以治，此真圣人之治也。”于是缪公退而问内史廖曰：“孤闻‘邻国有圣人，敌国之忧也’。今由余贤，寡人之害，将奈何？”廖曰：“戎王处僻匿，未闻中国之声。君试遗其女乐，以夺其志；为由余请，以疏其问。君臣有间，乃可虏也。”缪公曰：“善。”因以女乐二八遗戎王。戎王受而悦之。于是秦乃归由余。由余数谏，不听，遂去降秦。缪公以客礼礼之。用由余谋伐戎王，益国十二，开地千里，遂霸西戎。

秦始皇帝，庄襄王子也，名政。二十六年，初并天下，自号曰“皇帝”。事皆决于法，刻削无仁恩。收天下兵，聚之咸阳，销以为钟镰，金人十二，置廷宫中。每破诸侯，写放其宫室。作之咸阳北坂上〔在长安西北，别名渭城〕，南临渭，自雍门〔在高陵县〕以东至泾、渭，殿屋、复道、周阁相属。所得诸侯美人、钟鼓，以充入之。三十二年，燕人卢生奏录图书，曰：“亡秦者胡也。”〔胡，胡亥，秦二世名也。秦见图书，不知此为人名，反备北胡。〕始皇乃使将军蒙恬发兵三十万人，北击胡。三十四年，始皇置酒咸阳宫，仆射周青臣曰：“他时秦地不过千里，赖陛下神灵明圣，平定海内，日月所照，莫不宾服。以诸侯为郡县，人人自安乐，无战争之患，传之万世。自上古不及陛下威德。”始皇悦。博士齐人淳于越进曰：“臣闻殷周王千余岁，封子弟功臣，自为枝辅。今陛下有海内，而子弟为匹夫，卒有田常、六卿之臣，无辅弼，何以相救哉？事不师古，而能长久者，非所闻也。今青臣又面谀，以重陛下之过，非忠臣也。”始皇下其议。丞相斯曰：“五帝不相复，三代不相袭，各以治，非其相反，时变异也。今陛下创大业，建万世之功，固非愚儒所知也。且越言，乃三代之事，何足法也？今诸生不师今而学古，以非当世，惑乱黔首。闻令下，则各以其学议之，入则心非，出则巷议，率群下以造谤。如此弗禁，则主势降于上，党与成乎下。禁之便。臣请史官非秦记皆烧之。天下敢有藏《诗》、《书》、百家语者，悉诣守、尉杂烧之；有敢偶语《诗》、《书》，弃市〔禁民聚语，畏其谤也〕；以古非今者，族；吏见知不举，与同罪；令下三十日不烧，黥为城旦。若欲有学法令，以吏为师。”

三十五年，作前殿阿房，东西五百步，南北五十丈，上可以坐万人，下可以建五丈旗。周驰为阁道，自殿下直抵南山。表南山之颠以为阙。为复道，自阿房渡渭，属之咸阳，以象天极阁道，绝汉抵营室也。隐宫徒刑者七十余万人，分作阿房宫，或作骊山。发北山石椁，乃写蜀、荆地材，皆至关中。计宫三百，关外四百余。于是立石东海上，以为秦东门。因徙三万家骊邑，五万家云阳，皆复不事十岁。卢生说始皇曰：“臣等求芝、奇药、仙者，常弗遇，类物有害之者。人主所居，而人臣知之，则害于神。愿上所居宫，无令人知，然后不死之药，殆可得也。”于是始皇乃令咸阳之旁二百里内宫观二百七十，复道、甬道相连，帷帐钟鼓美人充之，案署不移徙。行所幸，有言其处者罪死。自是后，莫知行所在。侯生、卢生相与谋曰：“始皇为人，天性刚戾，以为自古莫及已。专任狱吏，狱吏得亲幸。博士虽七十人，特备员弗用。乐以刑杀为威，天下畏罪持禄，莫敢尽忠。上不闻过而日骄，下慑伏谩欺以取容。天下之事，无小大，皆决于上，贪于权势至如此，未可为求仙药。”于是乃亡去。始皇闻亡，乃大怒曰：“卢生等，吾尊赐之甚厚，今乃诽谤我也。诸生在咸阳者，或为訞言，以乱黔首。”于是使御史悉案问诸生，诸生传相告引，犯禁者四百六十余人，皆坑之咸阳，使天下知之，以惩后。长子扶苏谏，始皇怒，使扶苏北监蒙恬于上郡。三十六年，荧惑守心。有坠星下东郡，至地为石，黔首或刻其石曰：“始皇帝死而地分。”始皇闻之，遣御史逐问，莫服，尽取石旁居人诛之。三十七年，始皇出游，丞相斯、少子胡亥从，至平原津而病。病益甚，乃为玺书，赐公子扶苏，曰：“与丧会咸阳而葬。”始皇崩，赵高乃与胡亥、李斯阴谋，更诈为始皇遗诏，立胡亥为太子，赐扶苏、蒙恬死。

二世皇帝元年，赵高为郎中令〔掌宫殿门户〕，任用事。二世与高谋曰：“先帝巡行郡县以示强，威服海内。今晏然不巡行，即见弱，无以臣畜天下。”二世东行郡县，遵用赵高，乃阴与高谋曰：“大臣不服，官吏尚强，及诸公子必与我争，为之奈何？”高曰：“臣固愿言，而未敢也。先帝之大臣，皆天下累世名贵人也，积功劳，世以相传久矣。今高素小贱，陛下幸称举，令在上位，管中事。大臣鞅鞅，特以貌从臣，其心实不服也。今上出，不因此时案郡县守尉有罪者诛之，上以振威天下，下以除上生平所不可者。今时不师文，而决于武力，愿陛下遂从时无疑，即群臣不及谋矣。明主收举余民，贱者贵之，贫者富之，远者近之，则上下集而国安矣。”二世曰：“善。”乃行诛大臣，及诸公子。以罪过连逮，无得立者，而六公子戮死于杜。群臣谏者，以为诽谤。大吏持禄取容，黔首振恐。

戍卒陈胜等反，山东郡县，皆杀其守尉令丞，反以应陈涉，不可胜数也。谒者使东方来，以反者闻。二世怒，下吏。后使者至，上问，对曰：“群盗，郡守尉方逐捕，今尽得，不足忧。”上悦。

三年，章邯等围钜鹿，邯等数却。二世使人让邯，邯使长史欣请事。赵高弗见，又弗信。欣恐，亡去。欣见邯曰：“赵高用事于中，将军有功亦诛，无功亦诛。”邯等遂以兵降诸侯。

赵高欲为乱，恐群臣不听，乃先设验，持鹿献于二世曰：“马也。”二世笑曰：“丞相误耶？谓鹿为马。”问左右，左右或言马，以阿顺赵高；或言鹿，高因阴中以法。后群臣畏高。

高前数言“关东盗无能为”。及项羽虏将王离等，自关以东，大氐尽叛。高恐二世怒，诛及其身，乃谢病不朝见。二世梦白虎啮其骖马杀之，心不乐，怪问占梦，卜泾水为祟。二世乃斋望夷宫，欲祠泾，沉四白马，使使责让高以盗贼事。高惧，乃阴与其婿咸阳令阎乐、其弟赵成谋。使郎中令为内应，诈为有大贼，令乐召发吏卒追。乐将吏卒千余人至望夷宫，前即二世，数曰：“足下骄恣，诛杀无道，天下叛足下，足下其自为计。”二世曰：“丞相可得见否？”乐曰：“不可”。二世曰：“吾愿得一郡为王。”弗许。又曰：“愿为万户侯。”弗许。曰：“愿与妻子为黔首，比诸公子。”阎乐曰：“臣受命于丞相，为天下诛足下，足下虽多言，臣不敢报。”二世自杀。

赵高乃立二世之兄子公子婴为秦王。令子婴斋，当庙见，受玉玺。斋五日，子婴称病不行，高自往曰：“宗庙重事，王奈何不行？”子婴遂刺杀高于斋宫，三族高家，以徇咸阳。

子婴为秦王四十六日，沛公破秦军至霸上。子婴奉天子玺符，降轵道旁。诸侯兵至，项籍杀子婴及秦诸公子宗族，遂屠咸阳，烧其宫室，虏其子女，收其珍宝货财，诸侯共分之。

太史公曰：秦自穆公以来，稍蚕食诸侯，竟成始皇。始皇自以为功过五帝，地广三王，而羞与之侔。足已不问，遂过而不变。二世受之，因而不改，暴虐以重祸。子婴孤立无亲，危弱无辅。三主惑，而终身不悟，亡不亦宜乎？当此时也，世非无深虑知化之士也，然所以不敢尽忠拂过者，秦俗多忌讳之禁，忠言未卒于口，而身为戮没矣。故使天下之士，倾耳而听，重足而立，钳口而不言。是以三主失道，忠臣不敢谏，智士不敢谋，天下已乱，奸不上闻，岂不哀哉！先王知雍蔽之伤国也，故置公、卿、大夫、士，以饬法设刑，而天下治。其强也，禁暴诛乱，而天下服。其弱也，五伯征而诸侯从。其削也，内守外附，而社稷存。故秦之盛也，繁法严刑而天下振；及其衰也，百姓怨而海内叛矣。故周得其道，千余岁不绝。秦本末并失，故不长久。由此观之，安危之统，相去远矣。野谚曰：“前事之不忘，后事之师。”是以君子为国，观之上古，验之当世，参以人事，察盛衰之理，审权势之宜，去就有序，变化应时，故旷日长久，而社稷安矣。

秦孝公据殽、函之固，拥雍州之地，君臣固守，而窥周室，有席卷天下、包举宇内、囊括四海之意，并吞八荒之心。当是时，商君佐之，内立法度，务耕织，修守战之备；外连衡而斗诸侯，于是秦人拱手而取西河之外。惠王、武王蒙故业，因遗册，南兼汉中，西举巴、蜀，东割膏腴之地，收要害之郡。诸侯恐惧，会盟而谋弱秦，不爱珍器重宝肥美之地，以致天下之士，合从缔交〔缔，结也〕，相与为一。当是时，齐有孟尝，赵有平原，楚有春申，魏有信陵。此四君者，皆明智而忠信，宽厚而爱人，尊贤而重士，约从离衡，并韩、魏、燕、赵、宋、卫、中山之众。于是六国之士，有宁越、徐尚、苏秦、杜赫之属为之谋，陈轸、楼缓、苏厉、乐毅之徒通其意，吴起、孙膑、田忌、廉颇之朋制其兵。常以十倍之地，百万之众，叩关而攻秦。秦人开关延敌，九国之师逡巡而不敢进。秦无亡矢遗镞之费，而天下诸侯已困矣。于是从散约解，争割地而奉秦。秦有余力，而制其弊，因利乘便，宰割天下，分裂河山，强国请服，弱国入朝。

及至秦王，续六世之余烈〔孝公、惠文王、武王、昭王、孝文王、庄襄王〕，振长策而御宇内，吞二周而亡诸侯，履至尊而制六合，执棰拊〔拊，拍也。一作槁朴〕以鞭笞天下，威振四海。南取百越之地，北筑长城，胡人不敢南下而牧马，士不敢弯弓而报怨。于是废先王之道，焚百家之言，以愚百姓。隳名城，杀豪俊，收天下之兵，聚之咸阳，销锋镝，铸以为金人十二，以弱黔首之民。然后斩华为城〔断华山为城也〕，因河为津，据亿丈之城，临不测之谿，以为固。良将劲弩守要害之处，信臣精卒陈利兵而谁何〔何，犹问也〕。秦王之心，自以为关中之固，金城千里，子孙帝王万世之业也。秦王既没，余威振殊俗。

陈涉，瓮牖绳枢之子〔以绳系户枢，瓦瓮为窗也〕，甿隶之人〔甿，民〕。才能不及中人，非有仲尼、墨翟之贤，陶朱、猗顿之富，蹑足行伍之间，而倔起什佰之中〔首出十长、佰长中也〕。率疲散之卒，将数百之众，斩木为兵，揭竿为旗，天下云集响应，赢粮而景从。山东豪俊遂并起，而亡秦族矣。

且夫天下非小弱也，雍州之地、殽函之固自若。陈涉之位，非尊于齐、楚、韩、魏之君；锄耰棘矜〔以锄柄及棘作矛矜也。耰，椎块椎也〕，非铦于长铩矛戟〔长刃矛也〕；适戍之众，非抗于九国之师；深谋远虑，行军用兵之道，非及向时之士也。然而成败异变，功业相反。试使山东之国与陈涉度长絜大〔絜束之絜〕、比权量力，则不可同年而语矣。然秦以区区之地，千乘之权，招八州而朝同列，百有余年矣。然后以六合为家，殽函为宫，一夫作难，而七庙堕，身死人手，为天下笑者，仁义不施，而攻守之势异也。

秦兼诸侯，南面称帝，天下之士，斐然向风。元元之民，冀得安其性命，莫不虚心而仰上。当此之时，守威定功，安危之本，在于此矣。秦王怀贪鄙之心，行自奋之智，不信功臣，不亲士民，废王道，立私权，禁文书而酷刑法，先诈力而后仁义，以暴虐为天下始。孤独而有之，故其亡可立而待。借使秦王计上世之事，并殷周之迹，以制御其政，后虽有淫骄之主，而未有倾危之患也。故三王之建天下，名号显美，功业长久。

今秦二世立，天下莫不引领而观其政。夫寒者利短褐〔小襦也〕，而饥者甘糟糠。天下之嗷嗷，斯新主之资也。此言劳民之易为仁也。向使二世有庸主之行，而任忠贤，臣主一心，而忧海内之患，缟素而正先帝之过，裂地分民以封功臣之后，建国立君以礼天下；虚囹圄而免刑戮，除去收帑污秽之罪，使各反其乡里，发仓廪，散财币，以振孤独穷困之士；轻赋少事，以佐百姓之急；约法省刑，以持其后。使天下之人，皆得自新。更节修行，各慎其身，塞万民之望，而以威德与天下，天下集矣。即四海之内，皆欢然各自安乐其处，唯恐有变。虽有狡猾之民，无离上之心，则不轨之臣，无以饰其智，而暴乱之奸止矣。二世不行此术，而重之以无道，更始作阿房之宫，繁刑严诛，赋敛无度，天下多事，百姓困穷。然后奸伪并起，而上下相遁，蒙罪者众，而天下苦之。自君卿以下，至于众庶，人怀自危之心，咸不安其位，故易动也。是以陈涉不用汤武之贤，不藉公侯之尊，奋臂于大泽，而天下响应者，其民危也。故先王见始终之变，知存亡之机，是以牧民之道，务在安之而已。天下虽有逆行之臣，必无响应之助矣。故曰："安民可与行义，而危民易与为非。"此之谓也。贵为天子，富有天下，身不免于戮杀者，正倾非也。是二世之过也。

世家

齐釐公同母弟夷仲年死。其子曰公孙无知，釐公爱之，令其秩服奉养比太子。襄公立，绌无知秩服，无知怨。数欺大臣群弟。子纠奔鲁，管仲、召忽傅之；小白奔莒，鲍叔傅之。及雍林人杀无知，高、国先阴召小白于莒。鲁亦发兵送子纠，而使管仲将兵遮莒道，射中小白带钩。小白已立，欲杀管仲。鲍叔曰："君将治齐，则高傒与叔牙足矣。君且欲霸王，非管夷吾不可。"于是桓公厚礼以为大夫，任政，齐人皆悦。于是始霸焉。

管仲病，桓公问曰："群臣谁可相者？"管仲曰："知臣莫如君。"公曰："易牙何如？"对曰："杀其子以适君，非人情也，不可。"公曰："开方何如？"对曰："背亲以适君，非人情也，难近〔卫公子开方也〕。"公曰："竖刁何如？"对曰："自宫以适君，非人情也，难亲。"管仲死，而桓公不用管仲言，卒近用三子，三子专权。桓公卒，易牙与竖刁，因内宠杀群吏〔群吏，诸大夫也。内宠，内官之有权宠者〕，而立公子无诡为君。太子昭奔宋。桓公病，五公子各树党争立。及桓公卒，宫中空，莫敢棺。桓公尸在床上六十七日，尸虫出于户。

周公旦者，周武王弟也，封于鲁。成王使其子伯禽代就封于鲁。周公戒伯禽曰："我文王之子、武王之弟、成王之叔父，我于天下，亦不贱也。然我一沐三捉发，一饭三吐哺，起以待士，犹恐失天下之贤人。子之鲁，慎无以国骄人。"

武公与长子括、少子戏朝宣王。宣王爱戏，欲立为鲁太子。仲山父谏曰："废长立少，不顺；不顺，必犯王命；犯王命，必诛之。故出令不可不顺也。令之不行，政之不立〔令不行，则政不立也〕。今天子建诸侯，立其少，是教民逆也。若鲁从之，诸侯效之，王命将有所壅〔言先王立长之命，将壅塞不行也〕；若弗从而诛之，是自诛王命也〔先王之命立长，今鲁亦立长，若诛之，是自诛王命也〕。诛之亦失，不诛亦失〔诛之诛王命，不诛则王命废也〕，王其图之。"弗听，卒立戏为太子，是为懿公。括之子伯御，攻弑懿公。宣王伐鲁，杀伯御。自是后，诸侯多叛王命。

燕昭王于破燕之后即位，卑身厚币，以招贤者。谓郭隗曰："齐因孤之国乱，而袭破燕。孤极知燕小力少，不足报。然得贤士与共国，以雪先王之耻，孤之愿也。先生视可者，得身事之。"郭隗曰："王必欲致士，先从隗始。况贤于隗者，岂远千里哉！"于是昭王为隗改筑宫而师事之。乐毅自魏往，邹衍自齐往，剧辛自赵往，士争趋燕。燕王遂以乐毅为上将军，与秦、楚、三晋合谋以伐齐。齐兵败，湣王出亡于外。燕兵独追北，入至临淄，尽取齐宝，烧其宫室宗庙。齐城之不下者，唯独聊、莒、即墨，其余皆属燕。昭王卒。惠王为太子时，与乐毅有隙，及即位，疑毅，使骑劫代将。乐毅亡走赵。齐田单以即墨击败燕军，骑劫死，燕兵引归，齐悉复得其故城。

微子开者，纣之庶兄也。纣既立，不明，淫乱于政，微子数谏。箕子者，纣亲戚也。纣为象箸，箕子叹曰："彼为象箸，必为玉杯；为玉杯，则必思远方珍怪之物而御之矣。舆马宫室之渐自此始，不可振也。"纣为淫泆，箕子谏，不听，乃被发佯狂。

王子比干见箕子谏不听，乃直言谏纣。纣怒曰："吾闻圣人之心有七窍，信有诸乎？"乃遂杀王子比干，刳视其心。微子曰："人臣三谏不听，则其义可以去矣。"于是遂行。周公诛武庚，乃命微子代殷后，奉其先祀曰宋。

唐叔虞者，周成王弟也。成王与叔虞戏，削桐叶为珪以与叔虞，曰："以此封若。"史佚因请择日立叔虞。成王曰："吾与之戏耳。"史佚曰："天子无戏言，言则史书之，礼成之，乐歌之。"于是遂封叔虞于唐。

赵烈侯好音，谓相国公仲连曰："寡人有爱，可以贵之乎？"公仲曰："富之可，贵之则否。"烈侯曰："然。夫郑歌者枪、石二人，吾赐之田，人万亩。"公仲曰："诺。"不与。居一月，烈侯从代来，问歌者田。公仲曰："求，未有可者。"有顷，烈侯复问，公仲终不与，乃称疾不朝。番吾君〔常山有番吾县〕自代来，谓公仲曰："君实好善，未知所持。今公仲相赵，于今四年，亦有进士乎？"公仲曰："未也。"番吾君曰："牛畜、荀欣、徐越皆可。"公仲乃进三人。及朝，烈侯复问："歌者田何如？"公仲曰："方使择其善者。"牛畜侍烈侯以仁义，约以王道。明日，荀欣侍，以选练举贤、任官使能。明日，徐越侍，以节财俭用、察度功德。所与无不充，君悦。烈侯使使谓相国曰："歌者之田且止。"官牛畜为师，荀欣为中尉，徐越为内史，赐相国衣二袭〔单复具为一袭也〕。

魏文侯受子夏经艺，客段干木，过其闾，未尝不轼也。秦尝欲伐魏，或曰："魏君贤人是礼，国人称仁，上下和合，未可图也。"文侯由此得誉于诸侯。文侯谓李克曰："先王尝教寡人曰：'家贫则思良妻，国乱则思良相。'今所置非成则璜〔文侯弟名成也〕，二子何如？"对曰："君不察故也。居视其所亲，富视其所与，达视其所举，穷视其所不为，贫视其所不取，五者足以定之矣，何待克哉？"文侯曰："寡人相定矣。"李克曰："魏成子为相矣。"翟璜忿然作色曰："以耳目之所睹记，臣何负于魏成子？西河之守，臣之所进也。君内以邺为忧，臣进西门豹。君谋欲伐中山，臣进乐羊。中山已拔，无使守之，臣进先生。君之子无傅，臣进屈侯鲋。臣何以负于魏成子！"李克曰："且子之言克于子之君者，岂将比周以求大官哉？且子安得与魏成子比乎？魏成子以食禄千钟，什九在外，什一在内。是以东得卜子夏、田子方、段干木。此三人者，君皆师之。子所进五人者，君皆臣之。子恶得与魏成子比也？"翟璜逡巡再拜曰："璜，鄙人也，失对，愿卒为弟子矣。"

齐威王初即位，九年之间，诸侯并伐，国人不治。于是威王召即墨大夫，语之曰："自子之居即墨也，毁言日至。然吾使人视即墨，田野开，民人给，官无留事，东方以宁。是子不事吾左右以求誉也。"封之万家。召阿大夫，语之曰："自子之守阿，誉言日闻。然使使视阿，田野不开，民贫苦。昔日赵攻甄，子弗能救；卫取薛陵，而子弗知。是子以币厚吾左右以求誉也。"是日，烹阿大夫，及左右尝誉者，皆并烹之。遂起兵西击赵、卫，败魏于浊泽。于是齐国震惧，人人不敢饰非，务尽其诚，齐国大治。诸侯闻之，莫敢致兵于齐。

二十四年，与魏王会田于郊。魏王问曰："王亦有宝乎？"威王曰："无有。"梁

王曰："若寡人国小也，尚有径寸之珠照车前后各十二乘者十枚，奈何以万乘之国而无宝乎？"威王曰："寡人之所以为宝与王异。吾臣有檀子者，使守南城，则楚人不敢为寇东取，泗上十二诸侯皆来朝。吾臣有盼子者，使守高唐，则赵人不敢东渔于河。吾吏有黔夫者，使守徐州，则燕人祭北门，赵人祭西门〔齐之北门，西门也，言燕、赵之人，畏见侵伐，故祭以求福也〕，徙而从者七千余家。吾臣有种首者，使备盗贼，则道不拾遗。将以照千里，岂特十二乘哉！"梁惠王惭，不怿而去。

卷十二

《史记》治要〔下〕

列传

管仲夷吾者，颍上人也。少时常与鲍叔牙游，鲍叔知其贤。管仲贫困，常欺鲍叔，鲍叔终善遇之。已而鲍叔事齐公子小白，管仲事公子纠。及小白立，公子纠死，管仲囚焉，鲍叔遂进管仲。管仲既用，任政于齐，桓公以霸，九合诸侯，一匡天下，管仲之谋也。鲍叔既进管仲，以身下之，子孙世禄于齐，常为名大夫。世不多管仲之贤，而多鲍叔能知人也。

晏平仲婴者，莱人也〔莱者，今东莱地也〕，事齐灵公、庄公、景公，以节俭力行重于齐。其在朝，君语及之则危言，语不及则危行；国有道则顺命，无道则衡命。以此三世显名于诸侯。太史公曰："吾读《晏子春秋》，详哉其言之也。至其谏说，犯君之颜，此所谓'进思尽忠，退思补过'者哉！"

韩非者，韩之诸公子也。作《孤愤》、《五蠹》、《内外储》、《说林》、《说难》十余万言。人或传其书至秦。秦王见之曰："嗟乎！寡人得见此人与之游，死不恨矣！"秦因急攻韩，韩王乃遣非使秦。秦王悦之，未信用。李斯、姚贾害之，毁之曰："韩非，韩之诸公子也。今王欲并诸侯，非终为韩不为秦，此人情也。今王不用，久留而归之，此自遗患也，不如以过法诛之。"秦王以为然，下吏治非。李斯使人遗非药，使早自杀。韩非欲自陈，不得见。王后悔，使人赦之，非已死矣。

司马穰苴者，田完之苗裔也。齐景公时，晋伐阿、甄，而燕侵河上，齐师败绩，景公患之。晏婴乃荐田穰苴。景公以为将军，将兵扞燕晋之师。穰苴曰："臣素卑贱，君擢之闾伍之中，加之大夫之上，士卒未附，百姓不信，愿得君之宠臣、国之所尊以监军，乃可。"于是景公使庄贾往。穰苴既辞，与庄贾约曰："旦日日中会于军门。"穰苴先驰至军，立表下漏待贾。贾素骄贵，亲戚左右送之，留饮，夕时乃至。穰苴曰："何后期为？"

贾谢曰："大夫亲戚送之，故留。"穰苴曰："将受命之日，则忘其家；临军约束，则忘其亲；援枹鼓之急，则忘其身。今敌深侵，邦内骚动，士卒暴露于境，君寝不安席、食不甘味，百姓之命皆悬于君，何谓相送乎？"于是遂斩庄贾以徇。三军之士皆振栗，然后行。士卒次舍、井灶、饮食、问疾、医药，身自拊循之。悉取将军之资粮享士卒，平分粮食，最比其羸弱者。三日而后勒兵，病者求行，争奋赴战。晋师闻之，为罢去；燕师闻之，渡易水而解。于是追击之，遂取所亡故境而归，尊为大司马。

孙武者，齐人也，以兵法见于吴王阖庐。阖庐曰："子之十三篇，吾尽观之矣，可小试勒兵乎？"对曰："可。"阖庐曰："可试以妇人乎？"曰："可。"于是许之，出宫中美人，得百八十人。孙子分为二队，以王之宠姬二人，各为队长。令之曰："汝知而心与左右手背乎？"妇人曰："知之。"孙子曰："前，则视心；左，则视左手；右，则视右手；后，则视背。"妇人曰："诺。"乃设斧钺，三令而五申之。于是鼓之右，妇人大笑。孙子曰："约束不明，申令不熟，将之罪也。"复三令而五申之。鼓之左，妇人复大笑。孙子曰："约束不明，申令不熟，将之罪也。既已明而不如法者，吏士之罪也。"乃欲斩左、右队长。吴王从台上观，见且斩爱姬，大骇，趣使下令曰："寡人已知将军能用兵矣。寡人非此二姬，食不甘味，愿勿斩也！"孙子曰："臣已受命将，将在军，君命有所不受。"遂斩队长二人以徇。用其次为队长，于是复鼓之。妇人左右、前后、跪起，皆中规矩绳墨，无敢出声者。于是孙子使使报曰："兵已整，唯王所欲用之，虽赴水火犹可也。"吴王曰："将军罢休就舍，寡人不愿下观。"孙子曰："王徒好其言，不能用其实。"于是阖庐知孙子能用兵也，卒以为将。西破楚入郢，北威齐、晋，显名诸侯。

吴起者，卫人也。魏文侯以为将，与士卒最下者同衣食。卧不设席，行不骑乘，亲裹粮，与士卒分劳。卒有病疽者，吴起为吮之。卒母哭之，人曰："子卒也，而将军自吮其疽，何哭为？”母曰：“不然也。往年吴公吮其父，其父战不旋踵，而遂死于敌。今又吮此子，妾不知其死处矣，是以哭之。”

文侯既卒，事武侯。武侯浮西河而下，中流顾而谓起曰：“美哉山河之固，此魏国之宝也！”起对曰：“在德不在险。昔三苗氏，左洞庭而右彭蠡，德义不修，而禹灭之。夏桀之居，左河济，右太华，伊阙在其南，羊肠在其北〔羊肠坂，在大原〕，修政不仁，而汤放之。殷纣之国，左孟门，右太行，常山在其北，大河经其南，修政不德，武王杀之。由此观之，在德不在险。若君不修德，船中之人，尽敌国也。”武侯曰：“善。”

甘茂者，下蔡人也。秦武王以为左丞相，谓茂曰：“寡人欲容车通三川以窥周室，而寡人死不朽矣。”茂曰：“请之魏，约以伐韩，而令向寿辅行。”茂谓向寿：“子归言之于王曰：‘魏听臣矣，然愿王勿伐也。’”寿归以告王，王迎茂于息壤。茂至，王问其故。对曰：“宜阳，大县也。虽名曰县，其实郡也。今王倍数险、行千里，攻之难。昔曾参之处费，鲁人有与曾参同姓名，杀人，人告其母曰：‘曾参杀人。’其母织自若也。顷之，一人又告，其母尚织自若也。顷之，一人又告之，其母投杼下机，逾墙而走。夫以曾参之贤，与其母信之也，三人疑之，其母惧焉。今臣之贤，不若曾参。王之信臣，又不如曾参之母信曾参也，疑臣者非特三人，臣恐大王之投杼也。始张仪西并巴蜀之地，北开西河之外，南取上庸，天下不以多张子，而贤先王。魏文侯令乐羊将而攻中山，三年而拔之。乐羊返而论功，文侯示之谤书一箧。乐羊再拜稽首曰：‘此非臣功，主君之力也。’今臣羁旅之臣，樗里子、公孙奭二人者，挟韩而议，王必听之。王欺魏，而臣受公仲侈之怨也。”王曰：“寡人不听也，请与子盟。”卒使茂将兵伐宜阳。五月而不拔，樗里子、公孙奭果争之。武王召茂，欲罢兵。茂曰：“息壤在彼。”王曰：“有之。”因大悉起兵，使茂击之，遂拔宜阳。韩襄王使公仲侈入谢。

白起者，郿人也，善用兵，事秦昭王。昭王使白起为上将军，前后斩首虏四十五万人。赵人大震，使苏代厚币说秦相应侯曰：“武安君所为秦战胜攻取者七十余城，南定鄢、郢、汉中，北禽赵括之军，虽周、召、吕望之功，不益于此矣。今赵亡，秦王王，则武安君必为三公，君能为之下乎？虽无欲为之下，固不得已矣。秦尝攻韩，围邢丘，困上党，上党之人皆反为赵，天下不乐为秦民之日久矣。今亡赵，北地入燕，东地入齐，南地入韩、魏，则君之所得民，亡几何人。故不如因而割之，无以为武安君功也。”于是应侯言秦王曰：“秦兵劳，请许韩、赵之割地以和，且休士卒。”王听之，皆罢兵。武安君由是与应侯有隙。秦复发兵，使王陵攻赵。陵战少利。秦王欲使武安君代陵将，武安君言曰：“秦虽破长平军，而秦卒死者亦过半，国内空。遂远绝河山，而争人国都，赵应其内，诸侯攻其外，破秦军必矣。不可。”秦王强起武安君，武安君遂称病笃。应侯请之，不起。于是免为士伍，迁之阴密〔属安定〕。武安君病，未能行。秦王乃使人遣白起，不得留咸阳中。武安君既行，出咸阳西门十里，至杜邮。秦昭王与应侯群臣议，曰：“白起之迁，其意尚怏怏不服，有余言。”秦王乃使使者赐之剑自裁，武安君遂自杀。秦人怜之，乡邑皆祭祀焉。

乐毅闻燕昭王屈身下士，先礼郭隗，以招贤者。毅为魏使燕，遂委质为臣，昭王以为亚卿。时齐湣王强自矜，百姓弗堪。于是昭王使毅约赵、楚、魏以伐齐。昭王悉起兵，使毅为上将军，并护赵、楚、韩、魏、燕之兵以伐齐，破之济西。诸侯兵罢归，而毅独追入临淄，尽取齐宝财物输之燕。昭王大悦，封乐毅于昌国。齐七十余城皆为郡县以属燕，唯独莒、即墨未服。会燕昭王卒。惠王自为太子时，尝不快于毅。及即位，齐之田单闻之，乃纵反间于燕曰："齐城不下者两城耳。然所以不早下者，闻乐毅与燕新王有隙，欲连兵且留齐，南面而王齐。齐之所患，唯恐他将之来。"惠王固已疑毅，得齐间，乃使骑劫代将而召毅。毅知惠王之弗善代之，遂西降赵。齐田单遂破骑劫，尽复得齐城。

廉颇者，赵之良将也。蔺相如者，赵人也。赵王与秦王会渑池。秦王饮酒酣，曰："寡人窃闻赵王好音，请奏瑟。"赵王鼓瑟。秦御史前书曰："某年某月，秦王与赵王会饮，令赵王鼓瑟。"相如前曰："赵王窃闻秦王善为秦声，请奉盆缻以相乐。"秦王怒，不许。于是相如前进缻，因跪请。秦王不肯击缻。相如曰："五步之内，相如请得以颈血溅大王矣！"左右欲刃相如，相如张目叱之，左右皆靡。于是秦王不怿，为一击缻。相如顾召赵御史书曰："某月，秦王为赵王击缻。"秦之群臣曰："请以赵之十五城为秦王寿。"相如亦曰："请以秦之咸阳为赵王寿。"秦王竟酒，终不能加胜于赵。既罢归国，以相如功大，拜为上卿，位在廉颇之右。颇曰："我为赵将，有攻城野战之功，而蔺相如徒以口舌为劳，而位居我上，且相如素贱人，吾羞，不忍为之下。"宣言曰："我见相如，必辱之。"相如闻，每朝常称病。已而相如出，望见廉颇，引车避匿。于是舍人相与谏曰："臣所以去亲戚而事君者，徒慕君之高义也。今君与廉君同列，廉君宣恶言，而君畏匿之，恐惧殊甚，且庸人尚羞之，况于将相乎！臣等不肖，请辞去。"相如固止之曰："公之视廉将军，孰与秦王？"曰："不若也。"相如曰："夫以秦王之威，而相如廷叱之，辱其群臣。相如虽驽，独何畏廉将军哉？顾吾念之，强秦之所以不敢加兵于赵者，徒以吾两人在也。今两虎斗，其势不俱生。吾所以为此，先公家之急，而后私仇也。"颇闻之，肉袒负荆，因宾客至相如门，谢罪曰："鄙贱之人，不知将军宽之至此也。"卒相与欢，为刎颈之交。

赵奢者，赵之田部吏也。收税，而平原君家不肯出，奢以法治之，杀平原君用事者九人。平原君怒，将杀奢，因说曰："君于赵为贵公子，今纵君家而不奉公，则法削，法削则国弱，国弱则诸侯加兵，诸侯加兵，是无赵也，君安得有此富乎？以君之贵，奉公如法，则上下平，上下平则国强，国强则赵固。而君为贵戚，岂轻于天下邪？"平原君以为贤，言之王。王用之治国赋，国赋大治，民富而府库实。

秦伐韩，军阏与。王乃令奢将，救之。大破秦军。惠文王赐奢爵号为马服君。

孝成王立。秦与赵兵相距长平，使廉颇将，固壁不战。秦之间言曰："秦之所恶，独畏赵奢之子赵括为将耳。"赵王因以括为将，代廉颇。括自少时学兵法，言兵事，以天下莫能当。尝与其父奢言兵事，奢不能难，然不谓之善。括母问其故，奢曰："兵，死地也，而括易言之。使赵不将括则已，若必将之，破赵军者必括也。"及括将行，其母上书曰："括不可使将。"王曰："何以？"对曰："始妾事其父，时为将，身所奉饭而进食者以十数，所友者以百数；大王及宗室所赏赐者，尽以与军吏士大夫；受命之日，不问家事。今括一旦为将，东向而朝，军吏无仰视之者；王所赐金帛，归藏家，而日视便利田宅可买者。王以为何如其父？父子异心，愿王勿遣。"王曰："母置之，吾已决矣。"终遣之。括既代廉颇，悉更约束，易置军吏。秦将白起闻之，纵奇兵，射杀括。数十万之众遂降秦，秦悉坑之。

李牧者，赵之北边良将也。常居代、雁门，备匈奴。日飨士，习骑射，谨烽火，多间谍，厚遇战士。为约曰："匈奴即入盗，急入收保，有敢捕虏者斩。"如是数岁，亦不亡失。然匈奴以李牧为怯，虽赵边兵，亦以为吾将怯。赵王让牧，牧如故。赵王怒，召之，使他人代将。岁余，匈奴每来，出战，战数不利，失亡多，边不得田畜。复请牧，牧固称疾。赵王乃复强起，使将兵，牧曰："王必用臣，如前乃敢奉令。"王许之。牧至如故约，匈奴数岁无所得，终以为怯。边士日得赐而不用，皆愿得一战。于是悉勒习战，大纵畜牧，人民满野。匈奴小入，佯北不胜，以数千人委之。单于闻之，大率众来入。牧多为奇陈，张左右翼击之，大破杀匈奴十余万骑。破东胡，单于奔走。匈奴不敢近赵边。

屈原者，名平，楚之同姓也，为楚怀王左徒。博闻强志，明于治乱，娴于辞令。入则与王图议国事，以出号令；出则接遇宾客，应对诸侯。王甚任之。上官大夫与之同列，而心害其能。怀王使平造为宪令，平属草藁未定，上官大夫见而欲夺之，平不与，因谗之曰："王使屈平为令，众莫弗知，每一令出，屈平伐其功，以为'非我莫能为'也。"王怒而疏平。平疾王听之不聪也，谗谄之蔽明也，邪曲之害公也，方正之不容也，故忧愁幽思，而作《离骚》。平既绌，其后秦大破楚师，怀王入秦而不反。平虽放流，眷顾楚国，冀幸君之一悟，俗之一改也。令尹子兰卒使上官大夫短原于顷襄王，顷襄王怒而迁之〔迁于江南〕，遂自投汨罗以死〔汨水在罗，故曰汨罗〕。原既死之后，楚日以削，竟为秦所灭。

豫让者，晋人也，故尝事范氏及中行氏，而无所知名。去而事智伯，智伯甚尊宠之。及智伯伐赵，赵襄子与韩、魏合谋灭智伯，三分其地。襄子漆智伯头以为饮器。豫让遁逃山中，变名易姓，为刑人，入宫涂厕，欲以刺襄子。襄子如厕，心动，执问涂厕之刑人。豫让内持兵，曰："欲为智伯报仇！"左右欲诛之。襄子曰："彼义人也，吾谨避之耳。"释去之。居顷之，豫让又漆身为厉，吞炭为哑，行乞于市，其妻不识。行见其友，其友识之，曰："以子之材，委质而臣事襄子，襄子必近幸子。近幸子乃为所欲，顾不易邪？何乃残身苦形，欲以求报襄子，不亦难乎！"豫让曰："既已委质臣事人而杀之，是怀二心以事君也。且吾所为者，极难耳！然所以为此者，将以愧天下后世之为人臣怀二心以事其君也。"顷之，襄之当出，豫让伏于所当过之桥下。襄子至桥马惊，曰："此必是豫让也。"使人问之，果豫让也。于是赵襄子数豫让曰："子不尝事范、中行氏乎？智伯尽灭之，而子不为报仇，反委质臣于智伯。智伯亦已死矣，而子独何以为之报仇之深也？"豫让曰："臣事范、中行氏，范、中行氏皆众人遇我，我故众人报之。至于智伯，国士遇我，我故国士报之。”

李斯者，楚上蔡人也。为丞相。始皇出游会稽，斯及中车府令赵高皆从。始皇有二十余子，长子扶苏以数直谏，使监兵上郡，蒙恬为将。少子胡亥从。始皇帝至沙丘，疾甚，令赵高为书赐公子扶苏曰：“以兵属蒙恬，与丧会咸阳而葬。”书已封，未授使者，始皇崩。于是斯、高相与谋，诈为受始皇诏，立子胡亥为太子，更为书赐扶苏剑以自裁，将军蒙恬赐死。至咸阳发丧，太子立为二世皇帝，以赵高为郎中令，常侍中用事。

二世燕居，乃召高与谋，谓高曰：“夫人生世间也，譬犹骋六骥过决隙也。吾既已临天下矣，欲悉耳目之所好，穷心志之所乐，以安宗庙而乐万姓，长有天下，终吾年寿，其道可乎？”高曰：“此贤主之所能行，而昏乱主之所禁也。臣请言之，愿陛下少留意焉。夫沙丘谋，诸公子至大臣皆疑焉。而诸公子尽帝兄，大臣又先帝之所置也。今陛下初立，此其属意怏怏，皆不服，恐为变。且蒙恬已死，蒙毅将兵居外，臣战战栗栗，唯恐不终。且陛下安得为此乐乎？”二世曰：“为之奈何？”赵高曰：“严法而刻刑，令有罪者相坐，诛至收族；灭大臣而远骨肉，贫者富之，贱者贵之；尽除去先帝之故臣，更置陛下之所亲信者近之。此则阴德归陛下，害除而奸谋塞，群臣莫不被润泽、蒙厚德，陛下则高枕肆志宠乐矣。计莫出于此。”二世然高之言，乃更为法律。群臣、诸公子有罪，辄下高，令治之，诛杀大臣蒙毅等。公子十二人，戮死咸阳市，十公主矺死于杜，连坐者不可胜数。

公子高欲奔，恐收族，乃上书曰：“先帝无恙时，臣入则赐食，出则乘舆；御府之衣，臣得赐之；中厩之宝马，臣得赐之。臣请从死，愿葬骊山之足。”书上，胡亥大悦，召赵高而示之，曰：“此可谓急乎？”高曰：“人臣当忧死不暇，何变之得谋？”胡亥可其书，赐钱十万以葬。法令诛罚，日益刻深，群臣人人自危，欲叛者众。又作阿房之宫，治直道、驰道，赋敛愈重，戍徭无已。于是楚戍卒陈胜、吴广等乃作乱。斯数欲请间谏，二世不许。而二世责问斯曰：“吾有私议，而有所闻于韩子也，曰：‘尧之有天下，堂高三尺，茅茨不剪，虽逆旅之宿，不勤于此矣。粢粝之食，藜藿之羹，饭土匦，啜土铏，虽监门之养，不觳于此矣。禹凿龙门，疏九河，手足胼胝，面目黎黑，臣虏之劳，不烈于此矣。’然则夫所贵于有天下者，岂欲苦形劳神，身处逆旅之宿，口食监门之养，手持臣虏之作哉？此不肖人之所勉也，非贤者之所务也。夫所谓贤人者，必将能安下而治万民也。今身且弗能利，将恶能治天下哉！故吾愿肆志广欲，长享天下而无害，为之奈何？”斯子由为三川守，群盗吴广等西略地，过去弗能禁。

李斯恐惧，不知所出，乃阿二世意，欲求容。以书对曰：“夫贤主者，必且能全道，而行督责之术者。督责之，则臣不敢不竭能以徇其主矣。臣主之分定，上下之义明，则天下贤不肖，莫敢不尽力竭任，以徇其君矣。是故主独制于天下，而无所制也，能穷乐之极矣。贤明之主也，可不察耶！故申子曰‘有天下而不恣睢，命之曰以天下为桎梏’者，无他焉，不能督责，而顾以其身劳于天下之民，若尧、禹然，故谓

之‘桎梏’也。夫不能修申、韩之明术，行督责之道，专以天下自适也，而徒务苦形劳神，以身徇百姓，则是黔首之役，非畜天下者也，何足贵哉！夫以人徇己，则己贵而人贱；以己徇人，则己贱而人贵。故徇人者贱，而所徇者贵，自古及今，未有不然者也。凡古之所谓尊贤者，为其贵也；而所为恶不肖者，为其贱也。夫尧、禹以身徇天下者也，可谓大缪也。谓之为‘桎梏’，不亦宜乎？不知督责之过也。故韩子曰‘慈母有败子，而严家无格虏’者，何也？则能罚之加焉必也。故商君之法，刑弃灰于道者。夫弃灰，薄罪也，而被刑，重罚也。彼唯明主为能深督轻罪。夫轻罪且督深，而况有重罪乎？故民弗敢犯也。明主圣王之所以能久处尊位，长执重势，而独擅天下之利者，非有异道也，能独断而审督责，必深罚，故天下弗敢犯也。今不务所以不犯，而事慈母之所以败子也，则亦不察于圣人之论矣。凡贤主者，必将能拂世摩俗，而废其所恶，立其所欲。故生则有尊重之势，死则有贤明之谥也。是以明君独断，故权不在臣也。然后能灭仁义之涂，掩驰说之口，困烈士之行，塞聪掩明，内独视听。故外不可倾以仁义烈士之行，而内不可夺以谏说忿争之辨。故能荦然独行恣睢之心，而莫敢逆。若此，然后可谓能明申、韩之术，而修商君之法。法修术明，而天下乱者，未之有也。故督责之术设，则所欲无不得矣。群臣百姓，救过不给，何变之敢图？若此则帝道备，而可谓能明君臣之术矣。虽申、韩复生，弗能加也。”书奏，二世悦。

于是行督责益严，税民深者为明吏。二世曰：“若此则可谓能责矣。”刑者相半于道，而死人日成积于市，杀人众者为忠臣。二世曰：“若此则可谓能督矣。”初，赵高为郎中令，所杀及报私怨众多，恐大臣入朝奏事毁恶之，乃说二世曰：“天子所以贵者，但以闻声，群臣莫得见其面，故号曰‘朕’。且陛下富于春秋，未必尽通诸事，今坐朝廷，谴举有不当者，则见短于大臣，非所以示神明于天下。且陛下深拱禁中，与臣及侍中习法者待事，事来有以揆之。如此则大臣不敢奏疑事，天下称圣主矣。”二世用其计，乃不坐廷见大臣，居禁中。赵高常侍中用事，事皆决于高。高闻斯以为言，乃见丞相曰：“关东群盗多，今上急益发繇治阿房，聚狗马无用之物。臣欲谏，为位贱。此真君侯之事，君何不谏？”斯曰：“固也，吾欲言之久矣。今时上不坐朝廷，上居深宫，吾所欲言者，不可传也，欲见无间。”高谓曰：“君诚能谏，请为君侯上间语君。”于是赵高待二世方宴乐，妇女居前，使人告丞相：“上方间，可奏事。”丞相至宫门上谒，如此者三。二世怒曰：“吾常多间日，丞相不来，吾方宴私，丞相辄来请事。丞相岂少我，且固我哉？”赵高因曰：“此殆矣！夫沙丘之谋，丞相与焉。今陛下已立为帝，而丞相贵不益，此其意亦望裂地而王矣。且陛下不问臣，臣不敢言。丞相长男由为三川守，楚盗陈胜等，皆丞相傍县之子，以故楚盗公行，过三川，城守不肯击。高闻其文书相往来，未得其审，故未敢以闻。且丞相居外，权重于陛下。”二世以为然。欲案丞相，恐其不审，乃舒人案验三川守与盗通状。

斯闻之，因上书言高短曰：“臣闻之，臣疑其君，无不危国；妾疑其夫，无不危家。今高有邪佚之志、危反之行，陛下不图，臣恐其为变也。”二世曰：“何哉？只夫高故宦人也，然不为安肆志，不以危易心，洁行循善，自使至此。以忠得进，以信守位，朕实贤之，而君疑之，何也？且朕少失先人，无识不习治，而君又老，恐与天下绝矣。朕非属赵君，当谁任哉？且赵君为人，精廉强力，下知民情，上能适朕，君其勿疑。”李斯曰：“不然，夫高故贱人也，无识于理，贪欲无厌，求利不止，烈势次主，求欲无穷，臣故曰殆。”二世乃私告赵高。高曰：“丞相所患者独高，高已死，丞相欲为田常所为。”于是二世责斯与子由谋反状，皆收捕宗族宾客。高治斯，榜掠千余，不胜痛，自诬服。斯所以不死者，自负有功，实无反心，上书自陈，幸二世之寤。高使吏弃去弗奏，曰：“囚安得上书！”使其客十余辈，诈为御史、谒者、侍中，更往覆讯斯。斯更以其实对，辄使人复榜之。后二世使人验斯，斯以为如前，终不敢更言。辞服，奏当上，二世喜曰：“微赵君，几为丞相所卖。”具斯五刑，论腰斩咸阳市，遂夷三族。李斯已死，二世拜高为中丞相，事无大小，辄决于高。高自知权重，乃献鹿谓之马。二世问左右：“此乃鹿也？”左右曰：“马也。”二世惊，自以为惑，乃召太卜令卦之。太卜曰：“陛下春秋郊祀，奉宗庙鬼神，斋戒不明，故至于此。可依盛德而明斋戒。”于是乃入上林斋戒。日游弋猎。有行人，二世自射杀之。”高乃谏二世：“天子无故贼杀不辜人，此上帝之禁，天且降殃，当远避宫以禳之。”二世乃出居望夷之宫。留三日，高劫令自杀也。

田叔者，赵人也。赵王张敖以为郎中。高祖过赵，贯高等谋弑上，发觉。诏捕赵王，赵有敢随王者罪三族。唯孟舒，田叔等，自髡钳，随王至长安，赦得出。叔为汉中守。文帝召叔问曰：“公知天下长者乎？”叔曰：“故云中守孟舒长者。”上曰：“先帝置舒云中十余年矣，虏曾一入，舒不能坚守，无故士卒战死者数百人。长者固杀人乎？”叔曰：“是乃孟舒所以为长者也。汉与楚相距，士卒疲弊。匈奴冒顿新服北夷，来为边害。孟舒知士卒疲弊，不忍出言，士争临城死敌，如子为父、弟为兄，以故死者数百人。孟舒岂故驱战之哉！是乃孟舒所以为长者也。”于是上曰：“贤哉孟舒！”复以为云中守。景帝以田叔为鲁相。鲁王好猎，相常从入苑中，王辄休相就馆舍，相出常暴坐，待王苑外。王数使人请相曰：“休。”终不休，曰：“我王暴露苑中，我独何为就舍！”鲁王以故不大出游。

循吏传

太史公曰：“法令所以导民也，刑罚所以禁奸也。文武不备，良民惧，然身修者，官未尝乱也。奉职循理，亦可以为治。何必威严哉！”

公仪休为鲁相，奉法循理，无所变更，百官自正。使食禄者不得与下民争利，受大者不得取小。客有遗相鱼者，不受也。客曰：“闻君嗜鱼，遗君鱼，何故不受也？”相曰：“以嗜鱼，故不受也。今为相，能自给鱼；今受鱼而免，谁复给我鱼者？吾故不受也。”食茹而美，拔其园葵而弃之；见其家织布好，而疾出其家妇，燔其机。云：“欲令农士、工女安所仇其货乎？”

酷吏传

孔子曰：“导之以政，齐之以刑，民免而无耻；导之以德，齐之以礼，有耻且格

〔格，正〕。”老氏称：“法令滋章，盗贼多有。”太史公曰：“信哉是言也！法令者，治之具，而非制治清浊之源也。昔天下之网尝密矣，然奸伪萌起，其极也，上下相遁，至于不振。当是之时，吏治若救火扬沸，非武健严酷，恶能胜其任而愉快乎！言道德者，溺于职矣。故曰：‘听讼，吾犹人也，必也使无讼乎。’‘下士闻道大笑之’，非虚言也。汉兴，破觚而为圆〔觚，方〕，斫雕而为朴，网漏于吞舟之鱼。而吏治烝烝，不至于奸，黎民艾安。由是观之，在彼不在此〔在道德，不在严酷也〕。”

《吴越春秋》治要

【东汉】 赵晔撰

吴王夫差闻孔子与子贡游于吴，出求观其形，变服而行，为或人所戏而伤其指。夫差还，发兵索于国中，欲诛或人。子胥谏曰：“臣闻昔上帝之少子，下游青泠之渊，化为鲤鱼，随流而戏，渔者豫沮射而中之。上诉天帝。天帝曰：‘汝方游之时，何衣而行？’少子曰：‘我为鲤鱼。’上帝曰：‘汝乃白龙也，而变为鱼，渔者射汝，是其宜也，又何怨焉！’今夫大王弃万乘之服，而从匹夫之礼，而为或人所刑，亦其宜也。”于是，吴王默然不言。

吴王夫差兴兵伐齐，掘为渔沟，通于商、鲁之间，北属之沂，西属之济，欲以会晋。恐群臣之谏也，乃令于邦中曰：“寡人伐齐，敢有谏者死。”太子友乃风谏，以发激吴王之心。以清朝时，怀丸挟弹，从后园而来，衣洽履濡。吴王怪而问之曰：“何为如此也？”友曰：“游于后园，闻秋蝉之鸣，往而观之。夫秋蝉，登高树，饮清露，其鸣悲吟，自以为安，不知螳螂超枝缘条，申要举刃，搏其形也。夫螳螂，愈心而进，志在利蝉，不知黄雀徘徊枝叶，欲啄之也。夫黄雀但知伺螳螂，不知臣飞丸之集其背也。但臣知虚心，念在黄雀，不知阱埳在于前，掩忽陷坠于深井也。”王曰：“天下之愚莫过于斯！知贪前之利，不睹其后之患也。”对曰：“天下之愚非但直于是也，复有甚者。”王曰：“岂复有甚于是者乎？”友曰：“夫鲁守文抱德，无欲于邻国，而齐伐之。齐徒知举兵伐鲁，不知吴悉境内之士、尽府库之财，暴师千里而攻之也。吴徒知逾境贪敌往伐齐，不知越王将选其死士，出三江之口，入五湖之中，屠灭吴国也。臣窃观祸之端，天下之危，莫过于斯也。”王喟然而叹，默无所言。遂往伐齐，不用太子之谏。越王勾践闻吴王北伐，乃帅军溯江以袭吴，遂入吴国，焚其姑苏之台。

卷十三

《汉书》治要〔一〕

【原书佚失】

卷十四

《汉书》治要〔二〕

志

六经之道同归，而礼乐之用为急。治身者斯须忘礼，则暴嫚入之矣；为国者一朝失礼，则荒乱及之矣。人函天地阴阳之气，有喜怒哀乐之情。天禀其性，而不能节也。圣人能为之节而不能绝也。故象天地而制礼乐，所以通神明、立人伦、正情性、节万事者也。哀有哭踊之节，乐有歌舞之容，正人足以副其诚，邪人足以防其失。故婚姻之礼废，则夫妇之道乖，而淫僻之罪多；乡饮之礼废，则长幼之序乱，而争斗之狱繁；丧祭之礼废，则骨肉之恩薄，而背死忘先者众；朝聘之礼废，则君臣之位失，而侵陵之渐起。故孔子曰："安上治民，莫善于礼；移风易俗，莫善于乐。"礼节民心，乐和民声。政以行之，刑以防之。礼乐政刑，四达而不悖，则王道备矣。

乐以治内而为同〔同于和乐也〕，礼以修外而为异〔尊卑为异〕；同则和亲，异则畏敬；和亲则无怨，畏敬则不争。揖让而天下治者，礼乐之谓也。王者必因前王之礼，顺时宜，有所损益，即民心稍稍制作，至太平而大备。周监二代，礼文尤具。事为之制，曲为之防，故称礼经三百，威仪三千。于是教化浃洽，民用和睦，灾害不生，祸乱不作，囹圄空虚，四十余年。及其衰也，诸侯逾越法度，恶礼制之害己，去其篇籍。遭秦灭学，遂以乱亡。汉兴，拨乱反正，日不暇给，犹命叔孙通制礼仪，以正君臣之位。高祖悦而叹曰："吾乃今日知为天子之贵也。"遂定仪法，未尽备而通终。至文帝时，贾谊以为："汉承秦之败俗，弃礼义，捐廉耻，而大臣特以簿书不报，期会为故，至于风俗流溢，恬而不怪。夫移风易俗，使天下回心而向道，类非俗吏之所能为也。立君臣，等上下，使纲纪有序，六亲和睦，此非天之所为，人之所设也。人之所设，不为不立，不修则坏。”乃草具其仪，天子悦焉。而大臣绛、灌之属害之，故其议遂寝。至武帝即位，议立明堂，制礼服。会窦太后不悦儒术，其事又废。后董仲舒言：“王者承天意以从事，故务德教而省刑罚。今废先王之德教，独用执法之吏治民，而欲德化被四海，故难成也。是故古之王者，莫不以教化为大务，立大学以教于国，设庠序以化于邑。教化已明，习俗已成，天下尝无一人之狱矣。至周末世，大为无道。秦继其后，又益甚之。今汉继秦之后，虽欲治之，无可奈何。法出而奸生，令下而诈起，如以汤止沸，沸愈甚而无益。譬之琴瑟不调，甚者必解而更张之，乃可鼓也。为政而不行，甚者必变而更化之，乃可理也。故汉得天下以来，常欲以善治，而至今不能胜残去杀者，失之当更化而不能更化也。”是时上方征讨四夷，锐志武功，不暇留意礼文之事。

至宣帝时，琅琊王吉为谏大夫，又上疏言：“欲治之主不世出，公卿幸得遭遇其时，未有建万世之长策，举明主于三代之隆者也。其务在于簿书断狱听讼而已，此非太平之基也。”上不纳其言。至成帝时，刘向说上：“宜兴辟雍，设庠序，陈礼乐，隆雅颂之声，盛揖让之容，以风化天下。如此而不治，未之有也。或曰，不能具礼。礼以养人为本，如有过差，是过而养人也。刑罚之过，或至死伤。今之刑，非皋陶之法也，而有司请定法，削则削，笔则笔，救时务也。至于礼乐，则曰不敢，是敢于杀人，不敢于养人也。夫教化之比于刑法，刑法轻，是舍所重而急所轻也。且教化所恃以为治，刑法所以助治也。今废所恃而独立其所助，非所以致太平也。”成帝以向言下公卿议，丞相大司空奏请立辟雍。营表未作，遭成帝崩。世祖受命中兴，即位三十年，四夷宾服，政教清明，乃营立明堂、辟雍。明帝即位，躬行其礼，威仪既盛美矣。然德化未流洽者，以其礼乐未具，群下无所诵说，而庠序尚未设之故也。

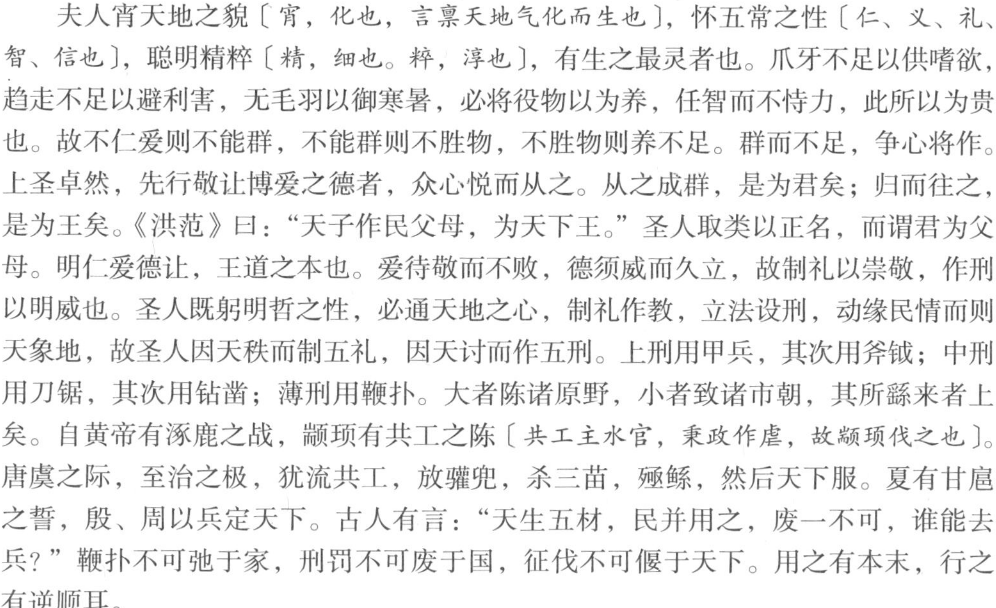

夫人宵天地之貌〔宵，化也，言禀天地气化而生也〕，怀五常之性〔仁、义、礼、智、信也〕，聪明精粹〔精，细也。粹，淳也〕，有生之最灵者也。爪牙不足以供嗜欲，趋走不足以避利害，无毛羽以御寒暑，必将役物以为养，任智而不恃力，此所以为贵也。故不仁爱则不能群，不能群则不胜物，不胜物则养不足。群而不足，争心将作。上圣卓然，先行敬让博爱之德者，众心悦而从之。从之成群，是为君矣；归而往之，是为王矣。《洪范》曰："天子作民父母，为天下王。"圣人取类以正名，而谓君为父母。明仁爱德让，王道之本也。爱待敬而不败，德须威而久立，故制礼以崇敬，作刑以明威也。圣人既躬明哲之性，必通天地之心，制礼作教，立法设刑，动缘民情而则天象地，故圣人因天秩而制五礼，因天讨而作五刑。上刑用甲兵，其次用斧钺；中刑用刀锯，其次用钻凿；薄刑用鞭扑。大者陈诸原野，小者致诸市朝，其所繇来者上矣。自黄帝有涿鹿之战，颛顼有共工之陈〔共工主水官，秉政作虐，故颛顼伐之也〕。唐虞之际，至治之极，犹流共工，放驩兜，杀三苗，殛鲧，然后天下服。夏有甘扈之誓，殷、周以兵定天下。古人有言："天生五材，民并用之，废一不可，谁能去兵？"鞭扑不可弛于家，刑罚不可废于国，征伐不可偃于天下。用之有本末，行之有逆顺耳。

孔子曰："工欲善其事，必先利其器。"文德者，帝王之利器；威武者，文德之辅助也。夫文之所加者深，则武之所服者大；德之所施者博，则威之所制者广。三代之盛，至于刑措兵寝者，以其本末有序，帝王之极功也。春秋之时，王道寝坏，礼乐不兴，刑罚不中，陵夷至于战国。韩任申子，秦用商鞅，连相坐之法，造参夷之诛；增加肉刑，大辟有凿颠、抽胁、镬亨之刑。至于始皇，兼吞战国，遂毁先王之法，灭礼义之官，专任刑罚，躬操文墨，而奸邪并生，赭衣塞路，囹圄成市，天下愁怨，溃而叛之。高祖初入关，约法三章，蠲削烦苛，兆民大悦。其后四夷未附，兵革未息，三章之法，不足以御奸。于是相国萧何，捃摭秦法，取其宜于时者，作律九章。当孝惠、高后时，萧、曹为相，填以无为，是以衣食滋殖，刑罚用希。及孝文即位，躬修玄默，劝趣农桑，减省租赋。将相皆旧功臣，少文多质，惩恶亡秦之政。论议务在宽厚，耻言人之过失。化行天下，告讦之俗易。吏安其官，民乐其业，蓄积岁增，户口浸息，风流笃厚，禁罔疏阔。选张释之为廷尉，罪疑者予民。是以刑罚大省，至于断狱四百，有刑措之风。即位十三年，齐太仓令淳于公，有罪当刑。其少女缇萦上书曰："妾父为吏，齐中皆称其廉平，今坐法当刑。妾伤夫死者不可复生，刑者不可复属，虽后欲改过自新，其道无由也。妾愿没入为官婢，以赎父刑罪，使得自新。"书奏天子，天子怜悲其意，遂下令曰："盖闻有虞氏之时，画衣冠异章服以为戮，民不犯，何治之至？今法有肉刑三〔黥、劓二，刖左右趾合一，凡三也〕，而奸不止。其咎安在？非乃朕德之薄，而教不明与？吾甚自愧！故夫训道不纯，而愚民陷焉。《诗》曰：'凯悌君子，民之父母。'今人有过，教未施而刑已加焉，或欲改行为善，而道无由至，朕甚怜之。夫刑至断支体，刻肌肤，终身不息，何其刑之痛而不德也！岂称为民父母之意哉？其除肉刑，有以易之。”

善乎！孙卿之论刑也，曰：“世俗之为说者，以为治古无肉刑，有象刑，是不然矣。以为治古则人莫触罪邪，岂独无肉刑哉？亦不待象刑矣。以为人或触罪矣，而直轻其刑，是杀人者不死，而伤人者不刑也。罪至重而刑至轻，民无所畏，乱莫大焉。凡制刑之本，将以禁暴恶，且惩其末也。杀人者不死，伤人者不刑，是惠暴而宽恶也。故象刑非生于治古，方起于乱今也〔所以有象刑之言者，近起今人恶刑之重，故遂推言古之圣君，但以象刑天下自治也〕。凡爵列官职，赏庆刑罚，皆以类相从者也。一物失称，乱之端也。德不称位，能不称官，赏不当功，刑不当罪，不祥莫大焉。夫征暴诛悖，治之威也。杀人者死，伤人者刑，是百王之所同，未有知其所由来者也。故治则刑重，乱则刑轻，犯治之罪固重，犯乱之罪固轻也。《书》云‘刑罚世重世轻’，此之谓也。”《书》所谓“象刑惟明”者，言象天道而作刑，安有菲屦赭衣者哉？

孙卿之言既然，又因俗说而论之曰：禹承尧、舜之后，自以德衰，而制肉刑。汤武顺而行之者，以俗薄于唐、虞故也。今汉承衰周暴秦极弊之流俗，已薄于三代，而行尧、舜之刑，是犹以鞿羁而御駻突〔以绳系马领曰鞿。駻突，恶马也〕，违救时之宜矣。且除肉刑者，本欲以全民也，今去髡钳一等，转而入于大辟。以死罔民，失本惠矣。故死者岁以万数，刑重之所致也。至乎穿窬之盗，忿怒伤人，男女淫佚，吏为奸臧，若此之恶，髡钳之罚，又不足以惩也。故刑者岁十万数，民既不畏，又曾不耻，刑轻之所生也。故俗之能吏，公以杀盗为威，专杀者胜任，奉法者不治，乱名伤制，不可胜条。是以网密而奸不塞，刑繁而民愈嫚。必世而未仁，百年而不胜残，诚以礼乐阙而刑不正也。岂宜惟思所以清原正本之论，删定律令，撰二百章，以应大辟。其余罪次，于古当生，今触死者，皆可募行肉刑。及伤人与盗，吏受赇枉法，男女淫乱，皆复古刑，为三千章。诋欺文致，微细之法，悉蠲除。如此，则刑可畏，而禁易避，吏不专杀，法无二门，轻重当罪，民命得全，合刑罚之中，殷天人之和，顺稽古之制，成时雍之化。成康刑措，虽未可致，孝文断狱，庶几可及也。

《洪范》八政，一曰食，二曰货。二者，生民之本，兴自神农之世。“斫木为耜，煣木为耒，耒耨之利，以教天下”，“日中为市，致天下之民”，“聚天下之货，交易而退，各得其所”，而货通食足，然后国实民富，而教化成。黄帝以下“通其变，使民不倦”。殷周之盛，《诗》、《书》所述，要在安民，富而教之也。故《易》称：“天地之大德曰生，圣人之大宝曰位。何以守位，曰仁；何以聚人，曰财。”财者，帝王所以聚人守位、养成群生、治国安人之本也。是以圣王域民，筑城郭以居之，制井庐以均之，开市肆以通之，设庠序以教之。士、农、工、商，四民有业。圣王量能授事，四民陈力受职，故朝无废官，邑无傲民，地无旷土。孔子曰：“导千乘之国，敬事而信，节用而爱人，使民以时。”故民皆劝功乐业，先公而后私。民三年耕，则余一年之畜，衣食足而知荣辱，廉让生而争讼息。余三年食，进业曰登，再登曰平，三登曰泰平，然后王德流洽，礼乐成焉。又曰：“籴甚贵伤民，甚贱伤农；民伤则离散，农伤则国贫。故甚贵与甚贱，其伤一也。”善为国者，使民毋伤，而农益劝。

文帝即位，躬修俭节，思安百姓。时民近战国，背本趋末，贾谊说上曰：“管子曰：‘仓廪实知礼节。’民不足而可治者，自古及今，未之尝闻。古之人曰：‘一夫不耕，或受之饥；一女不织，或受之寒。’生之有时，而用之无度，则物力必屈。古之治天下，至纤至悉也，故其蓄积足恃。今背本而趋末，食者甚众，是天下之大残也；淫侈之俗，日日以长，是天下之大贼也。残贼公行，莫之或止，生之者甚少，而靡之者甚多，天下财产，何得不蹶哉！世之有饥穰，天之行也〔天之行气，不能常孰〕，禹、汤被之矣。即不幸有方二三千里之旱，国胡以相恤？卒然边境有急，数十万之众，国胡以馈之？兵旱相乘，天下屈，有勇者聚徒而横击，并举而争起矣，乃骇而图之，岂将有及乎？夫积贮者，天下之大命也。苟粟多而财有余，何为而不成？以攻则取，以守则固，以战则胜。怀敌附远，何招而不至？今殴民而归之农，皆著于本，使天下各食其力，末技游食之民，转而缘南畮，则畜积足，而人乐其所矣。可以为富安天下，而直为此廪廪也〔廪廪，危也〕，窃为陛下惜之！”于是上感谊言，始开藉田，躬耕以劝百姓。

晁错复说上曰：“圣王在上而民不冻饥者，非能耕而食之、织而衣之也，为开其资财之道也。故尧、禹有九年之水，汤有七年之旱，而国无捐瘠者〔捐，谓民饥也。或谓贫乞者为捐也〕，以畜积多而备先具也。今海内为一，土地民人之众，不避汤、禹，加以无天灾，而畜积之未及者，何也？地有遗利，民有余力，生谷之土未尽垦，山泽之利未尽出，游食之人未尽归农也。民贫，则奸邪生。贫生于不足，不足生于不农，不农则不地著，不地著则离乡轻家。民如鸟兽，虽有高城深池，严法重刑，犹不能禁也。夫寒之于衣，不待轻暖；饥之于食，不待甘旨；饥寒至身，不顾廉耻。人情一日不再食则饥，终岁不制衣则寒。夫腹饥不得食，肤寒不得衣，虽慈母不能保其子，君安能以有民哉！明主知其然也，故务民于农桑，薄赋敛，广蓄积，以实仓廪，备水旱，故民可得而有也。

“民者，在上所以牧之，趋利如水走下，四方无择也。夫珠玉金银，饥不可食，寒不可衣，然而众贵之者，以上用之故也。其为物轻微易臧，在于把握，可以周海内而无饥寒之患。此令民易去其乡，盗贼有所劝，亡逃者得轻资也。粟米布帛生于地，长于时，聚于力，非可一日成也；数石之重，中人不胜，不为奸邪所利，一日弗得而饥寒至。是故明君贵五谷而贱金玉。今农夫，春耕夏耘，秋获冬藏，伐薪樵，给徭役。春不得避风尘，夏不得避暑热，秋不得避阴雨，冬不得避寒冻，四时之间无日休息。又私自送往迎来，吊死问疾，养孤长幼在其中。勤苦如此，尚复被水旱之灾，急政暴虐，赋敛不时，朝令而暮改。当其有者，半贾而卖，无者取倍称之息〔取一偿二为倍称〕，于是有卖田宅、鬻子孙以偿责者矣。而商贾大者，积贮倍息；小者坐列贩卖，操其奇赢，日游都市，乘上之急，所卖必倍。故其男不耕耘，女不蚕织，衣必文采，食必粱肉，无农夫之苦，而有阡陌之得。因其富厚，交通王侯，力过吏势，以利相倾，千里游遨，冠盖相望，此商人所以兼并农人，农人所以流亡者也。今法律贱商人，商人已富贵矣；尊农夫，农夫已贫贱矣。故俗之所贵，主之所贱也；吏之所卑，法之所尊也。上下相反，好恶乖迕，而欲国富法立，不可得也。方今之务，莫若使民务农而已矣。欲民务农，在于贵粟；贵粟之道，在于使民以粟为赏罚。今募天下，入粟县官，得以拜爵，得以除罪。如此，富人有爵，农民有钱，粟有所渫矣。夫能入粟以受爵，皆有余者也，取于有余，以供上用，则贫民之赋可损，所谓损有余补不足，令出而民利者也。

“顺于民心，所补者三：一曰主用足，二曰民赋少，三曰劝农功。爵者，上之所擅，出于口而无穷；粟者，民之所种，生于地而不乏。夫得高爵与免罪，人之所甚欲也。使天下人入粟于边，以受爵免罪，不过三岁，塞下粟必多矣。”于是文帝从错之言，令民入粟边，各以多少级数为差。至武帝之初，七十年间，国家无事，都鄙廪庾尽满，而府库余财。京师之钱累百巨万，贯朽而不可校〔校，数也〕。太仓之粟，陈陈相因，充溢露积于外，腐败不可食。众庶街巷有马，阡陌之间成群，守闾阎者食粱肉，为吏者长子孙，居官者以为姓号〔仓氏庾氏是也〕，人人自爱而重犯法，先行谊而黜愧辱焉。于是罔疏而民富。是后，外事四夷，内兴功利，役费并兴，而民去本。天下虚耗，人民相食。武帝末年，悔征伐之事，乃封丞相为富民侯，以赵过为搜粟都尉，教民代田，用力少而得谷多。至昭帝时，流民稍还，田野益辟，颇有蓄积。

宣帝即位，用吏多选贤良，百姓安土，岁数丰穰，谷至石五钱，农人少利。时大司农中丞耿寿昌奏言：“籴三辅、弘农、河东、上党、太原、郡谷，足供京师，可以省关东漕卒过半。”天子从其计。寿昌遂白，令边郡皆以谷贱时增价而籴，谷贵时减价而粜，名曰常平仓。民便之。上乃赐寿昌爵关内侯。至元帝时，乃罢常平仓。哀帝即位，百姓訾富，虽不及文景，然天下户口最盛。平帝崩，莽遂篡位。因汉承平之业，匈奴称藩，百蛮宾服；舟车所通，尽为臣妾；府库百官之富，天下晏然。莽一朝有之，而其意未满，狭小汉家制度，以为疏阔。宣帝始赐单于印玺，与天子同。而西南夷钩町称王，莽乃遣使易单于印绶，贬钩町为侯。二方始怨，侵犯边境。莽遂兴师，发三十万众，欲同时十道并出，一举灭匈奴，海内扰矣。又动欲慕古，不度时宜，分裂州郡，改职作官。下令更名，天下田曰王田，奴婢曰私属，皆不得卖买；其男口不满八，而田过一井者，分余田与九族乡党。犯令，法至死。制度又不定，吏缘为奸，天下謷謷然，陷刑者众。

凡货，金钱布帛之用，夏、殷以前，其详靡记云。太公为周立九府圆法〔圆即钱也〕，退又行之于齐。至管仲相桓公，通轻重之权，曰：“岁有凶穰，故谷有贵贱；令有缓急，故物有轻重〔所缓则贱，所急则贵〕。人君不理，则蓄贾游于市，乘民之不给，百倍其本矣。计本量委则足矣，然而民有饥饿者，谷有所藏也。民有余则轻之，故人君敛之以轻；民不足则重之，故人君散之以重〔民轻之之时，为敛籴之；重之之时，官为散之〕。凡轻重敛散之以时，即准平。故大贾蓄家，不得豪夺吾民矣。”

秦兼天下，币为二等：黄金以镒为名〔二十两为镒，秦以镒为一金。汉以一斤为一金也〕，钱质如周钱，文曰半两。汉兴，以为秦钱重难用，更令民铸荚钱〔如榆荚也〕。

孝文为钱益多而轻，更铸四铢，文为半两，除盗铸钱令。贾谊谏曰："夫事有召祸，而法有起奸。今令细民人操造币之势，各隐屏而铸作，因欲禁其厚利微奸，虽黥罪日报，其势不止〔报，论〕。为法若此，上何赖焉？又民用钱，郡县不同。法钱不立，吏急而一之乎，则大为烦苛，而力不能胜；纵而弗呵乎，则市肆异用，钱文大乱。苟非其术，何乡而可哉！今农事弃捐，而采铜者繁，奸钱日多，五谷不为多〔民采铜铸钱，废其农业，故五谷不为多〕。善人怵而为奸邪〔怵诱动心于奸邪也〕，愿民陷而之刑戮，刑戮甚不祥，奈何而忽！"上不听。是时，吴以诸侯即山铸钱，富埒天子，后卒叛逆。邓通，大夫也，以铸钱财过王者。故吴王、邓钱布天下。

武帝因文景之蓄，忿胡、越之害，即位数年，严助、朱买臣等，招来东瓯，事两粤，江淮之间萧然烦费矣。唐蒙、司马相如始开西南夷，凿山通道千余里，以广巴蜀，巴蜀之民罢焉。彭吴穿秽貊、朝鲜，置沧海郡，则燕、齐之间，靡然发动。及王恢设谋马邑，匈奴绝和亲，侵扰北边，兵连而不解，天下共其劳。干戈日滋，行者赍，居者送，中外骚扰相奉，财赂衰耗而不澹。入物者补官，出货者除罪，选举陵夷，廉耻相冒，武力进用，法严令具，兴利之臣，自此而始。其后，卫青岁以数万骑，出击匈奴，遂取河南，筑朔方郡。时又通西南夷道，作者数万人，千里负担馈饷，率十余钟致一石〔钟，六石四斗〕。置沧海郡，筑卫朔方，转漕甚远，自山东咸被其劳，费数十百巨万，府库并虚。乃募民，能入奴婢，以终身复，为郎增秩，及入羊为郎，始于此。此后，卫青比岁将十余万众击胡，斩捕首虏之士，受赐黄金二十余万斤，而汉军士马死者十余万，兵甲转漕之费不与焉。于是经用赋税既竭，不足以奉战士。有司请令民得买爵及赎禁锢，免赃罪，大者封侯、卿大夫，小者郎。吏道杂而多端，官职耗废。票骑仍再出击胡，大克获。浑邪王率数万众来降，皆得厚赏。衣食仰给县官，县官不给。天子乃损膳，解乘舆驷，出御府禁藏以澹之。费以亿计，县官大空，富商贾财，或累万金，而不佐公家之急。于是天子与公卿议，更造钱币以澹用，而摧浮淫并兼之徒。于是以东郭咸阳、孔仅为大司农丞，领盐铁事。而桑弘羊贵幸侍中，故三人言利，事析秋毫矣。法既益严，吏多废免，皆谪令伐棘上林，作昆明池。其明年，大将军、票骑大出击胡，赏赐五十万金，军马死者十余万匹，转漕车甲之费不与焉。是时财匮，战士颇不得禄矣。诸贾人末作贳贷，及商以取利者，虽无市籍，各以其物自占，率缗钱二千而算一。轺车一算，商贾人轺车二算〔商贾人有轺车，使出二算，重其赋也〕。船五丈以上一算。匿不自占，占不悉，戍边一岁，没入缗钱。有能告者，以其半畀之。是时，豪富皆争匿财，唯卜式数求入财以助县官。天子乃超拜式为中郎，赐爵左庶长、田十顷，布告天下，以风百姓。

自造白金五铢钱，后五岁而赦吏民之坐盗铸金钱死者数十万人。其不发觉相杀者，不可胜计。赦自出者百余万人，然不能半自出矣。犯法者众，吏不能尽诛。于是遣博士褚大、徐偃等，分行郡国，举并兼之徒。而御史大夫张汤方贵用事，减宣、杜周等为中丞，义纵、尹齐、王温舒等用惨急苛刻为九卿，直指夏兰之属始出，而大农颜异诛矣。自是后有腹非之法比，而公卿大夫多谄谀取容。

天子既下缗钱令，而尊卜式，百姓终莫分财佐县官，于是告缗钱纵矣。杨可告缗遍天下，中家以上大氐皆遇告。得民财物以亿计，奴婢以千万数，田大县数百顷，小县百余顷，宅亦如之。于是商贾中家以上大氐破，民偷甘食好衣，不事蓄藏之业。而县官以盐铁缗钱之故，用少饶矣。是时越欲与汉用船战逐〔水战相逐〕，乃大修昆明池，列馆环之；治楼船，高十余丈；作柏梁台，高数十丈。宫室之修，由此日丽。

明年，天子始巡郡国。公卿白议封禅事，而郡国皆预治道，修缮故宫，储设共具而望幸。明年，南越反，西羌侵边。天子因南方楼船士二十余万人击越，发三河以西骑击羌，又度河筑令居。初置张掖、酒泉郡，而上郡、朔方、西河、河西开田官，斥塞卒〔塞上候斥卒也〕六十万人戍田之。中国缮道馈粮，远者三千余里。边兵不足，乃发武库工官兵器以澹之。齐相卜式上书，愿父子死南越。天子下诏褒扬，赐爵关内侯，黄金四十斤，田十顷。布告天下，天下莫应。列侯以百数，皆莫求从军。至饮酎，少府省金〔省视诸侯金有轻重〕而列侯坐酎金失侯者百余人，乃拜卜式为御史大夫。式既在位，见郡国多不便县官作盐铁器，或强令民买之，而船有算，因孔仅言船算事。上不说。然兵所过县，县以为訾给，毋乏而已，不敢言轻赋法矣。

元封元年，卜式贬为太子太傅。而桑弘羊为治粟都尉，领大农。乃请置大农部丞数十人，分部主郡国，各往往置均输盐铁官，尽笼天下之货，名曰“平准”，不复告缗。民不益赋，天下用饶。于是弘羊赐爵左庶长，黄金者再百焉。是岁小旱，上令百官求雨。卜式言曰：“县官当食租衣税而已，今弘羊令吏坐市列，贩物求利，烹弘羊，天乃雨。”久之，拜弘羊为御史大夫。

昭帝即位，诏郡国，举贤良文学士，问以民所疾苦、教化之要，皆对愿罢盐铁、酒榷、均输官，毋与天下争利，示以节俭，然后教化可兴。乃罢酒酤。宣、元、成、哀、平五世，亡所变改。王莽居摄，变汉制，更作金、银、龟、贝、钱、布之品，名曰“宝货”。凡宝货五物、六名、二十八品。百姓愦乱，其货不行，民私以五铢钱市买。莽患之，下诏：“敢非井田、挟五铢钱者为惑众，投诸四裔，以御魑魅。”于是商农失业，食货俱废，民涕泣于市道。坐卖买田宅奴婢铸钱抵罪者，自公卿大夫至庶人，不可胜数。莽知民愁，乃但行小钱直一，与大钱五十二品并行，龟贝布属且寝。莽性躁扰，不能毋为，每有所兴造，必欲依古得经文。羲和置命士，督五均六斡，郡有数人，皆用富贾。乘传求利交错天下，因与郡县通奸，多张空簿，府藏不实，百姓愈病。莽每一斡，为设科条防禁，犯者罪至死。奸吏猾民并侵，众庶各不安生。每一易钱，民用破业，而大陷刑。莽以私铸钱死，及非沮宝货投四裔。犯法者多，不可胜计。乃更轻其法，私铸作泉布者，与妻子没入为官奴婢；吏及比伍，知而不举告与同罪；非沮宝货民，罚作一岁，吏免官。犯者俞众，及五人相坐皆没入郡国，槛车铁锁，传送长安钟官，愁苦死者十六七。匈奴侵寇甚，莽大募天下囚徒人奴，名曰猪突豨勇〔猪性触突人，故取以喻〕。一切税吏民，訾三十而取一。又令公卿已下，至郡县黄绶吏，皆保养军马，吏尽，复以与民。民摇手触禁，不得耕桑，徭役烦剧，而枯旱蝗虫相因。又用制作未定，上自公侯，下至小吏，皆不得奉禄。而私赋敛，货赂上流，狱讼不决。吏用苛暴立威，旁缘莽禁，侵刻小民。富者不得自保，贫者无以自存，起为盗贼，依阻山泽。吏不能禽，而覆蔽之，浸淫日广。于是青、徐、荆楚之地往往万数。战斗死亡，缘边四夷，所系虏陷罪，饥疫人相食，及莽未诛，而天下户口减半矣。自发猪突豨勇，后四年，而汉兵诛莽。

昔仲尼没而微言绝〔隐微不显之言〕，七十子丧而大义乖。战国从横，真伪分争；诸子之言，纷然殽乱。至秦患之，乃焚灭文章，以愚黔首。汉兴，改秦之败，大收篇籍，广开献书之路。建藏书之策，置写书之官。书必同文，不知则阙，问诸故老。至于衰世，是非亡正，人用其私。古之学者，耕且养，三年而通一艺，存其大体，玩经文而已。是故用日约少，而蓄德多，三十而五经立也。后世经传，既已乖离，博学者，又不思多闻阙疑之义，而务碎义逃难，便辞巧说，破坏形体，说五字之文，至于二三万言。后进弥以驰逐，故幼童而守一艺，白首而后能言，以安其所习，毁所不见，终以自蔽。此学者之大患也。

儒家者流，盖出于司徒之官，助人君、顺阴阳、明教化者也。游文于六经之中，留意于仁义之际；祖述尧舜，宪章文武，宗师仲尼，以重其言，于道最为高。然惑者既失精微，而辟者又随时抑扬，违离道本，苟以哗众取宠，后进循之。是以五经乖析，儒学寖衰，此辟儒之患也。

道家者流，盖出于史官，历纪成败存亡祸福古今之道，秉要执本，清虚以自守，卑弱以自持。此君人南面者之术也。合于尧之克让，《易》之嗛嗛，一谦而四益，此其所长也。及放者为之，则欲绝去礼学，兼弃仁义，曰独任清虚，可以为治。

阴阳家者流，盖出于羲和之官，敬顺昊天，历象日月星辰，敬授民时，此其所长也。及拘者为之，则牵于禁忌，泥于小数，舍人事而任鬼神。

法家者流，盖出于理官。信赏必罚，以辅礼制，此其所长也。及刻者为之，则无教化，去仁爱，专任刑法，而欲以致治，至于残害至亲，伤恩薄厚。

名家者流，盖出于礼官。古者名位不同，礼亦异数。孔子曰："必也正名乎！"此其所长也。及警者为之，则苟钩鈲析乱而已。

墨家者流，盖出于清庙之守。茅屋采椽，是以贵俭；养三老五更，是以兼爱；选士大射，是以上贤；宗祀严父，是以右鬼〔右鬼，谓信鬼神，亲鬼而右之〕；顺四日而行，是以非命〔言无吉凶之命，但有贤不肖善恶也〕；以孝视天下，是以上同〔言皆同可以治〕。此其所长也。及蔽者为之，见俭之利，因以非礼乐，推兼爱之意，而不知别亲疏。

纵横家者流，盖出于行人之官。孔子曰："使乎，使乎！"言当权事制宜，受命而不受辞，此其所长也。及邪人为之，则上诈谖而弃其信。

杂家者流，盖出于议官。兼儒墨，合名法，知国体之有此，见王治之无不贯，此其所长也。及荡者为之，则漫羡而无所归心。

农家者流，盖出于农稷之官。播百谷，劝耕桑，以足衣食。故孔子曰："所重民食。"此其所长也。及鄙者为之，以为无所事圣王，欲使君臣并耕，悖上下之序。

卷十五

《汉书》治要〔三〕

传

韩信，淮阴人也。家贫无行，不得推择为吏，常从人寄食。从项羽为郎中，数以策干项羽，弗用。亡楚归汉，上未奇之也。数与萧何语，何奇之。至南郑，诸将亡者十数人。信度何已数言，上不我用，即亡。何闻信亡，不及以闻，自追之。人有言上，曰："丞相何亡。"上怒，如失左右手。居一二日，何来谒。上且怒且喜，骂何曰："若亡，何也？"曰："臣非敢亡，追亡者耳。"上曰："所追谁？"曰："韩信。"上复骂曰："诸将亡者以十数，公无所追，追信，诈也。"何曰："诸将易得，至如信，国士无双。王必欲长王汉中，无所事信；必欲争天下，非信无可与计事者。"王曰："吾亦欲东耳。"何曰："王必东，能用信，信即留；不能用信，信终亡耳。"王曰："吾以为将。"何曰："虽为将，信不留。"王曰："以为大将。"何曰："幸甚。必欲拜之，择日斋戒，设坛场，具礼乃可。"王许之，诸将皆喜，人人各以为得大将。至拜，乃韩信也，一军皆惊。

信已拜，上坐。王曰："丞相数言将军，将军何以教寡人计策？"信因问王曰："今东向争天下，岂非项王耶？"曰："然。""大王自料勇悍仁强，孰与项王？"汉王曰："弗如也。"信曰："唯。信亦以为大王弗如也。然臣尝事项王，请言项王为人也。项王意乌猝嗟，千人皆废〔言羽一嗟，千人皆废不收也〕，然不能任属贤将，此特匹夫之勇也。项王见人恭谨，言语姁姁，人有疾病，涕泣分食饮；至使人有功当封爵，刻印刓，忍不能与，此所谓妇人之仁也。又背义帝约，而以亲爱王，诸侯不平。所过无不残灭，多怨百姓，百姓不附，特劫于威强服耳。名虽为霸，实失天下心，故曰其强易弱。今大王诚能反其道，任天下武勇，何不诛？以天下城邑封功臣，何不服？以义兵从思东归之士，何不散？且大王之入武关，秋豪无所害，除秦苛法，秦民无不欲得大王。今失职之蜀，民无不恨者。今王举而东，三秦可传檄而定也。"于是汉王大喜，自以为得信晚。

汉王以信为左丞相，击魏。信问郦生："魏得无用周叔为大将乎？"曰："柏直也。"信曰："竖子耳。"遂进击魏，虏豹，定河东。使人请汉王："愿益兵三万人，臣请以北举燕、赵，东击齐，南绝楚之粮道，西与大王会于荥阳。"汉王与兵三万人，进破代，禽夏说。以兵数万，欲东下井陉击赵。赵王、成安君陈余聚兵井陉口，广武君李左车说成安君曰："闻汉将韩信，涉西河，虏魏王，禽夏说，议欲以下赵，此乘胜而去国远斗，其锋不可当。臣闻千里馈粮，士有饥色；樵苏后爨〔樵，取薪也。苏，取草也〕，师不宿饱。今井陉之道，车不得方轨，骑不得成列，行数百里，其势粮食必在后。愿足下假臣奇兵三万人，从间路绝其辎重，足下深沟高垒勿与战。彼前不得斗，退不得还，不至十日，两将之头，可致麾下。"成安君不听。信知其不用，大喜，乃引兵遂下井陉口，斩成安君泜水，禽赵王歇。乃令军毋斩广武君。顷之，有缚而至麾下者。于是问广武君："仆欲北攻燕，东伐齐，何若有功？"广武君辞曰："臣闻之'亡国之大夫，不可以图存；败军之将，不可以语勇'。若臣者，何足以权大事乎！"信曰："仆闻之，百里奚居虞而虞亡，之秦而秦伯，非愚于虞而智于秦也，用与不用、听与不听耳。使成安君听子计，仆亦禽矣！仆委心归计，愿子勿辞。"广武君曰："臣闻'智者千虑，必有一失；愚者千虑，亦有一得'。故曰'狂夫之言，圣人择焉'。顾恐臣计未足用，愿效愚忠。故成安君有百战百胜之计，一日而失之，军败鄗下〔今高邑是也〕，身死泜水上。今足下虏魏王、禽夏说，不旬朝，破赵二十万众，诛成安君，名闻海内，威震诸侯，众庶莫不倾耳以待命者。然而众劳卒疲，其实难用也。今足下举倦弊之兵，顿之燕坚城之下，情见力屈，欲战不拔，旷日持久，粮食单竭。若燕不破，齐必拒境而自强。二国相持，则刘项之权，未有所分也。当今之计，不如按甲休兵，飨士大夫，北首燕路，然后发一乘之使，奉咫尺之书以使燕，燕必不敢不听。从燕而东临齐，虽有智者，亦不知为齐计矣。如是，则天下事可图也。兵固有先声后实者，此之谓也。"信曰："善。"于是发使燕，燕从风而靡。遂度河，袭历下军，破龙且。楚已亡龙且，项王恐，使武涉往信。信谢曰："臣得事项王数年，官不过郎中，位不过执戟，言不听，画策说不用，故背楚归汉。汉王授我上将军印、数万之众，解衣衣我，推食食我，言听计用，吾得至于此。人深亲信我，背之不祥。"武涉已去，蒯通知天下权在于信，深说以三分天下之计。信不忍背汉，又自以功大，汉不夺我齐，遂不听。

项羽死，徙信为楚王。信初之国，陈兵出入。有变告信欲反。上伪游于云梦，信谒于陈。高祖令武士缚信，载后车。信曰："果若人言'狡兔死，良狗烹'。"上曰："人告公反。"遂械信。至雒阳，赦以为淮阴侯。信知汉王畏恶其能，称疾不朝。

黥布，六人也。汉封为淮南王。十一年，高后诛韩信，布心恐忧。复诛彭越，盛其醢，以遍赐诸侯王。布见醢大恐，遂聚兵反。书闻，上召诸将问："布反，为之奈何？"皆曰："发兵坑竖子耳，何能为！"汝阴侯滕公以问其客薛公，薛公曰："是固当反。"滕公曰："上裂地而封之，疏爵而贵之〔疏，分也〕，南面而立，万乘之主，其反何也？"薛公曰："前年杀彭越，往年杀韩信，三人皆同功一体之人也。自疑祸及身，故反耳。"

楚元王交，高祖少弟也。玄孙向，字子政，本名更生。为谏大夫。向见光禄勋周堪、光禄大夫张猛二人给事中，大见信。弘恭、石显惮之，数谮毁焉。向上封事曰：

"臣前幸得以骨肉备九卿，奉法不谨，乃复蒙恩。窃见灾异并起，天地失常，征表为国。欲终不言，念忠臣虽在畎亩，犹不忘君，况重以骨肉之亲，又加以旧恩乎！臣闻舜命九官〔禹作司空、弃后稷、契司徒、咎繇作士、垂共工、益朕虞、伯夷秩宗、夔典乐、龙纳言，凡九官也〕，济济相让，和之至也。众贤和于朝，则万物和于野。故四海之内，靡不和宁。及至周文开基西郊，杂遝众贤，罔不肃和，崇推让之风，以销分争之讼。武王、周公继政，朝臣和于内，万国欢于外，故尽得其欢心，以事其先祖。下至幽、厉之际，朝廷不和，转相非怨。君子独守正勉强，以从王事，则反见憎毒谗诉，故其诗曰：'密勿从事，不敢告劳。无罪无辜，谗口嗸嗸。'当是之时，天变见于上，地变动于下，水泉沸腾，山谷易处。由此观之，和气致祥，乖气致异。祥多者其国安，异众者其国危，天地之常经、古今之通义也。今陛下开三代之业，招文学之士，优游宽容，使得并进。今贤不肖浑淆，白黑不分，邪正杂糅，忠谗并进，朝臣更相谗诉，转相是非。文书纷纠，毁誉浑乱。所以荧惑耳目、感移心意者，不可胜载。分曹为党，将同心以陷正臣进者，治之表也；正臣陷者，乱之机也。乘治乱之机，未知孰任，而灾异数见，此臣所以寒心者也。夫乘权席势之人，子弟鳞集于朝，羽翼阴附者众，毁誉将必用，以终乖离之咎。是以日月无光，雪霜夏陨，陵谷易处，列星失行，皆怨气之所致也。夫遵衰周之轨迹，循诗人之所刺，而欲以成太平，致雅颂，犹却行而求及前人也。初元以来六年矣，按《春秋》六年之中，灾异未有稠如今。用贤人而行善政，如或谮之，则贤人退而善政还。夫执狐疑之心者，来谗贼之口；持不断之意者，开群枉之门。谗邪进者，众贤退；群枉盛者，正士销。

"故《易》有'否、泰'。小人道长，则君子道消；君子道消，则政日乱，故为否。否者，闭而乱也。君子道长，则小人道消；小人道消，则政日治，故为泰。泰者，通而治也。昔者鲧、共工、驩兜与舜、禹杂处尧朝，周公与管、蔡并居周位，当是时，迭进相毁，流言相谤，岂可胜道哉！帝尧、成王，能贤舜、禹、周公而销共工、管、蔡，故以大治。孔子与季、孟偕仕于鲁，李斯与叔孙俱宦于秦，定公、始皇贤季、孟、李斯而销孔子、叔孙，故以大乱。故治乱荣辱之端，在所信任。所信任既贤，在于坚固而不移。《诗》云：'我心匪石，不可转也。'言守善笃也。《易》曰：'涣汗其大号。'言号令如汗，汗出而不反者也。今出号令，未能逾时而反，是反汗也；用贤未能三旬而退，是转石也。《论语》曰：'见不善如探汤。'今二府奏，佞谄不当在位，历年而不去也。出令则如反汗，用贤则如转石，去佞则如拔山，而望阴阳之调，不亦难乎！是以群小窥见间隙，巧言丑诋，流言飞文，哗于民间。故《诗》云：'忧心悄悄，愠于群小。'小人成群，诚足愠也。昔孔子与颜渊、子贡，更相称誉，不为朋党；禹、稷与皋陶，传相汲引，不为比周。何则？忠于为国，无邪心也。故贤人在上位，则引其类而聚之朝；在下位，则思与其类俱进。故汤用伊尹，不仁者远，而众贤至，类相致也。今佞邪与贤臣，并在交戟之内，合党共谋，违善依恶，数设危险之言，欲以倾移主上。如忽然用之，此天地之所以先戒，灾异之所以重至者也。自古明圣，未有无诛而治者也。故舜有四放之罚，而孔子有两观之诛，然后圣化可得而行也。今以陛下明智，诚深思天地之心迹，察两观之诛，览否泰之卦；历周、唐之所进以为法，原秦、鲁之所销以为戒；考祥应之福，省灾异之祸，以揆当世之变；放远佞邪之党，坏散险诐之聚，杜闭群枉之门，广开众正之路；决断狐疑，分别犹豫，使是非炳然可知，则百异销灭而众，祥并至，太平之基，万世之利也。”

向又见成帝营起昌陵，数年不成，制度泰奢，上疏谏曰：“臣闻《易》曰：‘安不忘危，存不忘亡，是以身安而国家可保也。’故贤圣之君，博观终始，必通三统〔一曰天统，二曰地统，三曰人统〕，天命所授者博，非独一姓也。孔子论《诗》，至于‘殷士肤敏，灌将于京’，喟然叹曰：‘大哉天命！善不可不传于子孙，是以富贵无常。不如是，则王公其何以戒慎，民萌其何以劝勉？’盖伤微子之事周，而痛殷之亡也。虽有尧、舜之圣，不能化丹朱之子；虽有禹、汤之德，不能训末孙之桀纣。自古及今，未有不亡之国也。故常战栗，不敢讳亡。孔子所谓‘富贵无常’，盖谓此也。孝文皇帝居霸陵，顾曰：‘以北山石为椁，岂可动哉！’张释之进曰：‘使其中有可欲，虽锢南山，犹有隙；使其中无可欲，虽无石椁，又何戚乎？’孝文寤焉，遂为薄葬。

“《易》曰：‘古之葬者，厚衣之以薪，藏之中野，不封不树。后世圣人，易之以棺椁。’黄帝葬于桥山，尧葬济阴，丘垅皆小，葬具甚微。舜葬苍梧，二妃不从。禹葬会稽，不改其列〔不改官里树木百物之行列也〕。殷汤无葬处。文武、周公葬于毕，秦穆公葬于雍，樗里子葬于武库，皆无丘垅之处。此圣帝明王、贤君智士，远览独虑，无穷之计也。其贤臣孝子，亦承命顺意而薄葬之，此诚奉安君父，忠孝之至也。故仲尼孝子，而延陵慈父；舜禹忠臣，周公悌弟，其葬君亲骨肉，皆微薄矣！非苟为俭，诚便于体也。宋桓司马为石椁，仲尼曰：‘不如速朽。’逮至吴王阖闾，违礼厚葬，十有余年，越人发之。及秦惠、文、武、昭、严襄五王，皆大作丘垅，多其瘗藏，咸尽发掘暴露，甚足悲也。秦始皇帝葬于骊山之阿，下锢三泉，上崇山坟，棺椁之丽，官馆之盛，不可胜原。又多杀宫人，生埋工匠，计以万数，天下苦其役而叛之。骊山之作未成，而周章百万之师至其下矣。数年之间，外被项籍之灾，内离牧竖之祸，岂不哀哉！是故德弥厚者葬弥薄，智愈深者葬愈微。无德寡智者葬愈厚，丘垅弥高，宫庙甚丽，发掘必速。由是观之，明暗之效，葬之吉凶，昭然可见矣。陛下即位，躬亲节俭，始营初陵，其制约小，天下莫不称明。及徙昌陵，增埤为高，积土为山，发民坟墓，积以万数；营起邑居，期日迫卒，功费大万百余〔大万，一亿也〕。死者恨于下，生者愁于上，怨气感动阴阳，因之以饥馑，物故流离，以十万数，臣甚惛焉。以死者为有知，发人之墓，其害多矣！若其无知，又安用大？谋之贤智则不悦，以示众庶则苦之。若苟以悦愚夫淫侈之人，又何为哉！陛下慈仁笃美甚厚，聪明疏达盖世，而顾与暴秦乱君，竞为奢侈，比方丘垅，悦愚夫之目，隆一时之观，违贤智之心，忘万世之安，臣窃为陛下羞之。唯陛下上览明圣黄帝、尧、舜、禹、汤、文、武、周公、仲尼之制，下观贤智穆公、延陵、樗里、张释之之意。孝文皇帝去坟薄葬，以俭安神，可以为则；秦昭、始皇增山厚葬，以侈生害，足以为戒。初陵之摹，宜从公卿大臣之议，以息众庶。”书奏，上甚感向言，而不能从其计。

向见上无继嗣，政由王氏，遂上封事极谏曰："臣闻人君莫不欲安，然而危；莫不欲存，然而亡。失御臣之术也。夫大臣操权柄，持国政，未有不为害者也。昔晋有六卿〔智伯、范、中行、韩、赵、魏也〕，齐有田、崔，卫有孙、宁，鲁有季、孟，常掌国事，世执朝柄。后田氏取齐，六卿分晋，崔杼杀其君光，孙林父、宁殖出其君衎、弑其君剽，季氏卒逐昭公。皆阴盛而阳微，下失臣道之所致也。

"故《书》曰：'臣之有作威作福，害于而家，凶于而国。'孔子曰：'禄去公室，政逮大夫，危亡之兆也。'秦昭王舅穰侯及泾阳、叶阳君〔皆昭王母之弟〕，专国擅势，假太后之威，三人者，权重于昭王，家富于秦国，国甚危殆，赖寤范雎之言，而秦复存。二世委任赵高，赵高专权自恣，壅蔽大臣，终有阎乐望夷之祸，秦遂以亡。近事不远，即汉所代也。汉兴，诸吕无道，擅相尊王。吕产、吕禄席太后之宠，据将相之位，欲危刘氏。赖忠正大臣绛侯、朱虚等，竭诚尽节，以诛灭之，然后刘氏复安。今王氏一姓，乘朱轮华毂者二十三人，青紫貂蝉，充盈幄内，鱼鳞左右。大将军秉事用权，五侯骄奢僭盛，并作威福，击断自恣，行汙而寄治，身私而托公。依东宫之尊，假甥舅之亲，以为威重。尚书九卿，州牧郡守，皆出其门。管执枢机，朋党比周；称誉者登进，忤恨者诛伤。游谈者助之说，执政者为之言。排摈宗室，孤弱公族，其有智能者，尤非毁而不进；远绝宗室之任，不令得给事朝省，恐其与己分权。数称燕王盖主以疑上心，避讳吕、霍而弗肯称；内有管、蔡之萌，外假周公之论，兄弟据重，宗族磐牙。历上古至秦汉，外戚贵未有如王氏者也。虽周皇甫、秦穰侯、汉武安、吕、霍、上官之属，皆不及也。物盛必有非常之变先见，为其人征象。孝昭帝时，冠石立于泰山〔有石自立，三石为足，一石在上，故曰冠石也〕，仆柳起于上林，而孝宣帝即位。今王氏先祖坟墓在济南者，其梓柱生枝叶，扶疏上出屋，根垂地中。虽立石起柳，无以过此明也。事势不两大，王氏与刘氏，亦且不并立，如下有泰山之安，则上有累卵之危。陛下为人子孙，守持宗庙，而令国祚移于外亲，降为皂隶，纵不为身，奈宗庙何！妇人内夫家而外父母家，此亦非皇太后之福也。孝宣皇帝不与舅平昌、乐昌侯权，所以全安之也。夫明者，起福于无形，销患于未然。宜发明诏，吐德音，援近宗室，亲而纳信；黜远外戚，无授以政。以则效先帝之所行，厚安外戚，全其宗族，诚东宫之意，外家之福也。王氏永存，保其爵禄，刘氏长安，不失社稷，所以褒睦外内之姓，子子孙孙，无疆之计也。如不行此策，田氏复见于今，六卿必起于汉，为后嗣忧，昭昭甚明，不可不深图，不可不早虑也。唯陛下深留圣思，览往事之戒，居万安之实，用保宗庙，久承皇太后，天下幸甚。"书奏，天子召见向，叹息，悲伤其意，谓曰："君且休矣，吾将思之。"

向每召见，数言公族者，国之枝叶，枝叶落，则本根无所庇荫；方今同姓疏远，母党专政，禄去公室，权在外家，非所以强汉宗、卑私门、保守社稷、安固后嗣也。向自见得信于上，故常显讼宗室，讥刺王氏及在位大臣，其言多痛切，发于至诚。终不能用。向卒后十三岁而王氏代汉。

季布，楚人也。项籍使将兵，数窘汉王。项籍灭，高祖购求布千金，敢舍匿，罪三族。布匿濮阳周氏，周氏乃髡钳布，衣褐，置广柳车中〔载以丧车，欲人不知也〕，之鲁朱家卖之。朱家心知其季布也，买置田舍。乃之雒阳，见汝阴侯滕公，说曰："季布何罪？臣各为其主用，职耳。项氏臣岂可尽诛耶？今上始得天下，而以私怨求一人，何示不广也！且以季布之贤，汉求之急如此，此不北走胡即南走越耳。夫忌壮士以资敌国，此伍子胥所以鞭荆平王之墓也。君何不从容为上言之？"滕公心知朱家大侠，意布匿其所，乃许诺。侍间，果言如朱家旨。上乃赦布。布为河东守。孝文时，人有言其贤，召欲以为御史大夫；人又言其勇，使酒难近。至留邸一月，见罢。布进曰："臣待罪河东，陛下无故召臣，此人必有以臣欺陛下者。今臣至，无所受事罢去，此人必有毁臣者。夫以一人誉召臣，一人毁去臣，恐天下有识闻之，有以窥陛下〔窥见陛下深浅也〕。"上默然惭曰："河东吾股肱郡，故特召君耳。"

栾布，梁人也。为梁大夫。使于齐未还，汉召彭越，责以谋反，夷三族，枭首雒阳下，诏有收视者辄捕之。布还，奏事彭越头下，祠而哭之。吏捕以闻。上召骂曰："若与彭越反耶？吾禁人勿收，若独祠哭之，与反明矣，趣烹之。"方提趋汤，顾曰："愿一言而死。"上曰："何言？"布曰："方上之困彭城，败荥阳、成皋，项王所以不能遂西，徒以彭王居梁地，与汉合从苦楚也。当是之时，彭王一顾与楚，则汉破，且垓下之会，微彭王，项氏不亡。天下已定，彭王剖符受封，亦欲传之万世。今汉一征兵于梁，彭王病不行，而疑以为反。反形未见，以苛细诛之，臣恐功臣人人自危也。今彭王已死，臣生不如死，请就烹。"上乃释布，拜为都尉。

萧何，沛人也。汉杀项羽，即皇帝位，论功行封，群臣争功，岁余不决。上以何功最盛，先封为酂侯，食邑八千户。功臣皆曰："臣等身被坚执兵，多者百余战，少者数十合，攻城略地，大小各有差。今萧何未有汗马之劳，徒持文墨议论不战，居臣等上，何也？"上曰："诸君知猎乎？"曰："知之。""知猎狗乎？"曰："知之。"上曰："夫猎，追杀兽者，狗也，而发纵指示兽处者，人也。诸君徒能走得兽耳，功狗也。至如萧何，发纵指示，功人也。且诸君独以身从我，多者两三人；萧何举宗数十人皆随我，功不可忘也！"群臣后皆莫敢言。列侯毕已受封，奏位次，皆曰："平阳侯曹参，身被七十创，攻城略地，功最多，宜第一。"关内侯鄂千秋，时为谒者，进曰："群臣议皆误。夫曹参虽有野战略地之功，此特一时之事。夫上与楚相拒五岁，失军亡众，跳身遁者数矣，然萧何常从关中遣军补其处。非上所诏令召，而数万众会上乏绝者数矣。夫汉与楚相守荥阳数年，军无见粮，萧何转漕关中，给食不乏。陛下虽数亡山东，萧何常全关中待陛下，此万世功也。今虽无曹参等百数，何缺于汉？汉得之，不必待以全。奈何欲以一旦之功，而加万世之功哉！萧何当第一，曹参次之。"上曰："善。"于是乃令何第一，赐剑履上殿，入朝不趋。是日悉封何父母兄弟十余人，皆食邑。

何为民请曰："长安地陕，上林中多空地，弃，愿令民得入田，毋收稿为兽食。"上大怒曰："相国多受贾人财物，为请吾苑！"乃下何廷尉，械系之。数日，王卫尉侍，前问曰："相国胡大罪，陛下系之暴也？"上曰："吾闻李斯相秦，有善归主，有恶自予。今相国多受贾竖金，为请吾苑，以自媚于民，故击治之。”王卫尉曰：“夫职事苟有便于民而请之，真宰相事也。陛下奈何乃疑相国受贾人钱乎？且陛下距楚数岁，陈豨、黥布反时，陛下自将往，当是时，相国守关中，摇足即关西非陛下有。相国不以此时为利，乃利贾人之金乎？且秦以不闻其过亡天下，夫李斯之分过，又何足法哉！陛下何疑宰相之浅也！”是日，使使持节赦出何。何年老，素恭谨，徒跣入谢。上曰：“相国休矣！相国为民请吾苑不许，我不过为桀纣主，而相国为贤相。吾故系相国，欲令百姓闻吾过也。”

曹参，沛人也。为齐丞相。参闻胶西有盖公，善治黄老言，使人厚币请之。既见，盖公为言治道，贵清静而民自定，推此类具言。参于是避正堂，舍盖公焉。其治要用黄老术，齐国安集，大称贤相。萧何薨，使者召参。参去，属其后相曰：“以齐狱市为寄，慎勿扰也。”后相曰：“治无大于此者乎？”参曰：“不然。夫狱市者，所以并容也，今君扰之，奸人安所容乎？吾是以先之〔夫狱市，兼受善恶，若穷极奸人。奸人无所容窜，久且为乱。秦人极刑而天下叛，孝武峻法而狱繁，此其效也。老子曰：“我无为，民自化；我好静，民自正。”参欲以道化为本，不欲扰其末也〕。”

始参微时，与萧何善，及为宰相，有隙。至何且死，所推贤唯参。参代何为相国，举事无所变更，一遵何之约束。择郡国吏长大〔取年长大者〕、讷于文辞、谨厚长者，即召除为丞相史。吏言文刻深，欲务声名，辄斥去之。日夜饮酒。卿大夫以下吏及宾客，见参不事事〔不事丞相之事〕，来者皆欲有言。至者参辄饮以醇酒，度之欲有言，复饮酒，醉而后去，终莫得开说〔开，谓有所启白〕。相舍后园近吏舍，日饮歌呼。从吏患之，无如何，乃请参游后园。闻吏醉歌呼，从吏幸相国召按之。乃反取酒张坐饮，大歌呼与相和。

参见人之有细过，专掩匿覆盖之，府中无事。参子窋，为中大夫。惠帝怪相国不治事，以为“岂少朕与”，乃谓窋曰：“汝归，试私从容问乃父曰：‘高帝新弃群臣，帝富于春秋，君为相国，日饮无所请事，何以忧天下？然无言吾告汝也。’”窋既洗沐，归谏参。参怒而笞之二百，曰："趣入侍，天下事，非乃所当言也。"至朝时，帝让参，参免冠谢曰："陛下自察圣武，孰与高皇帝？"上曰："朕乃安敢望先帝！"参曰："陛下观参，孰与萧何贤？"上曰："君似不及也。"参曰："陛下之言是也。且高皇帝与萧何定天下，法令既明具，陛下垂拱，参等守职，遵而勿失，不亦可乎？"惠帝曰："善，君休矣！"百姓歌之曰："萧何为法，讲若画一〔讲或作较〕；曹参代之，守而勿失。载其清静，民以宁一。"

张良，字子房，韩人也。沛公欲以二万人击秦峣关下军，良曰："秦兵尚强，未可轻。臣闻，其将屠者子贾竖，易动以利。愿沛公令郦食其持重宝啖秦将。"秦将果欲连和俱西，良曰："此独其将欲叛，士卒恐不从，不如因其解击之。"沛公乃引兵击秦军，大破之。遂至咸阳，秦王子婴降沛公。沛公入，秦宫室帷帐狗马重宝妇女以千数，意欲留居之。樊哙谏，沛公不听。良曰："夫秦为无道，故沛公得至此。为天下除残去贼，宜缟素为资。今始入秦，即安其乐，此所谓助桀为虐〔资，质也。欲令沛公反秦奢，俭素以为质也〕。且忠言逆于耳利于行，毒药苦于口利于病，愿沛公听樊哙言。"沛公乃还军霸上。

陈平，户牖人也。背楚，因魏无知见汉王，汉王拜为都尉，典护军。绛灌等或谗平曰："闻平居家时，盗其嫂；事魏王不容，亡而归楚；不中，又亡归汉。今大王尊官之，令护军。臣闻，平使诸将金多者得善处，金少者得恶处。平反覆乱臣也，愿王察之。"汉王疑之，以让无知，问曰："有之乎？"无知曰："有。"汉王曰："公言其贤人，何也？"对曰："臣之所言者能也，陛下所问者行也。今有尾生、孝己之行〔孝己，高宗之子，有孝行也〕，而无益于胜败之数，陛下何暇用之乎？今楚汉相拒，臣进奇谋之士。"王召平而问曰："吾闻先生事魏不遂，事楚而去，今又从吾游，信者固多心乎？"平曰："臣事魏王，魏王不能用臣说，故去事项王；项王不信人，其所任爱，非诸项，即妻之昆弟，虽有奇士，不能用。臣居楚，闻汉王之能用人，故归大王。臣裸身来，不受金，无以为资。诚臣计画有可采者，愿大王用之；使无可用者，大王所赐金具在，请封输官，得请骸骨。"汉王乃谢，厚赐，拜以为护军中尉，尽护诸将。诸将乃不敢复言。

周勃，沛人也。为人木强敦厚，高帝以为可属大事。惠帝以勃为太尉。高后崩，吕禄以赵王为汉上将军，吕产以吕王为相国，秉权，欲危刘氏。勃与丞相平、朱虚侯章，共诛诸吕。遂共迎立代王，是为孝文皇帝。初即位，以勃为右丞相。后乃免丞相就国。人有上书告勃欲反，下廷尉，廷尉逮捕勃，治之。勃恐，不知置辞。吏稍侵辱之。勃以千金与狱吏，乃书牍背，示之"以公主为证"。公主者，文帝女也，勃太子胜之尚之，故狱吏教引为证。薄太后亦以为无反事。文帝朝，太后曰："绛侯绾皇帝玺，将兵于北军，不以此时反，今居一小县，顾欲反耶？"文帝乃谢曰："吏方验而出之。"于是使使持节赦勃，复爵邑。勃既出，曰："吾尝将百万军，然安知狱吏之贵也？"

勃子亚夫，文帝封为条侯。后六年，匈奴大入边。以宗正刘礼为将军，军霸上；

祝兹侯徐厉为将军，军棘门；以亚夫为将军，军细柳，以备胡。上自劳军，至霸上及棘门军，直驰入，将以下骑送迎。已而之细柳军，军士吏被甲，锐兵刃，彀弓弩，持满。天子先驱至，不得入。先驱曰："天子且至军门！"都尉曰："将军令曰：'军中闻将军之令，不闻天子之诏。'"有顷上至，又不得入。于是上使使持节诏将军曰："吾欲劳军。"亚夫乃传言开壁门，壁门士请车骑曰："将军约军中不得驱驰。"于是乃按辔徐行至中营。将军亚夫持兵揖曰："介胄之士不拜，请以军礼见〔礼，介者不拜〕。"天子为动，改容式车。使人称谢，成礼而去。既出军门，群臣皆惊。文帝曰："嗟乎，此真将军矣！向者霸上棘门军，如儿戏耳，其将固可袭而虏也。亚夫可得而犯耶？"称善者久之。

樊哙，沛人也。与高祖俱起。高帝尝病，恶见人，卧禁中，诏户者，毋得入群臣。绛、灌等莫敢入。十余日，哙乃排闼直入，大臣随之。上独枕一宦者卧。哙等见上流涕曰："始陛下与臣等起丰沛，定天下，何其壮也！今天下已定，又何惫也！且陛下病甚，大臣震恐，不见臣等计事，顾独与一宦者绝乎？且陛下独不见赵高之事乎？"高帝笑而起。

周昌，沛人也。为御史大夫。为人强力，敢直言，自萧、曹等，皆卑下之。昌尝燕入奏事〔以上宴时入奏事也〕，高帝方拥戚姬，昌还走。高帝逐得，骑昌项，问曰："我何如主？"昌仰曰："陛下即桀、纣之主也。"于是上笑之，然尤惮昌。及高帝欲废太子，大臣固争，莫能得，而昌庭争之强。上问其说，昌为人吃，又盛怒，曰："臣口不能言，然臣心知其不可。陛下欲废太子，臣期期不奉诏。"上欣然而笑，太子遂定。

申屠嘉，梁人也。为丞相。是时太中大夫邓通方爱幸，赏赐累巨万。文帝常燕饮通家，其宠如是。是时嘉入朝，而通居上旁，有怠慢之礼。嘉奏事毕，因言曰："陛下幸爱群臣，则富贵之。至于朝廷之礼，不可以不肃！"上曰："君勿言，吾私之。"罢朝坐府中，为檄召通。通恐，入言上。上曰："汝第往，吾今使人召若。"通至丞相府，免冠、徒跣，顿首谢。嘉责曰："夫朝廷者，高皇帝之朝廷也。通小臣，戏殿上，不大敬，当斩。"通顿首，首尽出血，不解。上使使持节召通，而谢丞相曰："此吾弄臣，君释之。"通既至，为上泣曰："丞相几杀臣。"

卷十六

《汉书》治要〔四〕

传

郦食其，陈留人也。好读书，身长八尺，人皆谓之狂生，自谓“我非狂”。沛公至高阳传舍，使人召食其。至，入谒，沛公方踞床，令两女子洗，而见食其。食其入，即长揖不拜，曰：“足下欲助秦攻诸侯乎？欲率诸侯破秦乎？”沛公骂曰：“竖儒！夫天下同苦秦久矣，故诸侯相率攻秦，何谓助秦？”食其曰：“必欲聚徒合义兵，诛无道秦，不宜踞见长者。”于是沛公辍洗，起衣，延食其上坐，谢之。

汉王据守敖仓，而使食其说齐王曰：“王知天下之所归乎？”曰：“不知也。天下何归？”曰：“归汉。”齐王曰：“先生何以言之？”曰：“汉王与项王约，先入咸阳者王之。项王背约不与，而迁杀义帝。汉王起蜀汉之兵，击三秦出关，而责义帝之负处。收天下之兵，立诸侯之后。降城即以侯其将，得赂则以分其士，与天下同其利，豪英贤才皆乐为之用。诸侯之兵，四面而至，蜀汉之粟，方船而下。项王有背约之名，杀义帝之负；于人之功无所记，于人之罪无所忘；战胜而不得其赏，拔城而不得其封；非项氏莫得用事；为人刻印，刓而不能授〔刓断，无复廉锷也〕；攻城得赂，积财而不能赏。天下叛之，贤材怨之，而莫为之用。故天下之士，归于汉王，可坐而策也。夫汉王发蜀汉，定三秦；涉西河之水，援上党之兵；下井陉，破北魏，此黄帝之兵，非人之力，天之福也。今已据敖仓之粟，塞成皋之险，守白马之津，杜太行之厄，拒飞狐之口，天下后服者先亡矣。王疾下汉王，齐国社稷，可得而保也；不下汉王，危亡可立而待也。”田广乃听食其，罢历下兵守战备。

陆贾，楚人也。有口辩，常居左右，时时前说称诗书。高帝骂之曰：“乃公居马上得之，安事诗书！”贾曰：“马上得之，宁可以马上治乎？且文武并用，长久之术也。昔者吴王夫差、智伯，极武而亡；秦任刑法不变，卒灭赵氏〔秦之先造父，封于赵城，其后曰赵氏〕。向使秦已并天下，行仁义，法先圣，陛下安得而有之？”高帝不怿，有惭色，谓贾曰：“试为我著秦所以失天下、吾所以得之者，及古成败之国事。”贾凡著十二篇，每奏一篇，高帝未尝不称善，称其书曰《新语》。

吕太后时，王诸吕，诸吕擅权，欲劫少主，危刘氏。右丞相陈平患之，贾曰：“天下安，注意相；天下危，注意将。将相和，则士豫附；士豫附，天下虽有变，则权不分；权不分，为社稷计，在两君掌握耳。”平因结谋于大尉勃。卒诛诸吕，安刘氏，立文帝，贾之谋也。

娄敬，齐人也。汉五年，戍陇西，过雒阳，高帝在焉。敬脱挽辂〔辂，以木当胸，挽重辇车也〕，见齐人虞将军曰：“臣愿见上言便宜。”虞将军入言上，上召见问，敬说曰：“陛下都雒阳，岂欲与周室比隆哉？”上曰：“然。”敬曰：“陛下取天下与周异。周之先自后稷，积德累善十余世；及武王伐纣，不期会孟津上八百诸侯，遂灭殷。成王即位，周公之属傅相焉，乃营成周都雒，以为此天下中，诸侯四方纳贡职，道里钧矣。有德则易以王，无德则易以亡。凡居此者，欲令务以德致人，不欲阻险，令后世骄奢以虐民也。及周之衰，分而为二，天下莫朝，周不能制。非德薄，形势弱也。今陛下起丰沛，收卒三千人，卷蜀汉，定三秦，与项籍大战七十，小战四十，使天下之民，肝脑涂地，父子暴骸中野，不可胜数。哭泣之声不绝，伤痍者未起，而欲比隆成康之时，臣窃以为不侔矣。且夫秦地被山带河，四塞以为固，卒然有急，百万之众可具。因秦之故资甚美膏腴之地，此所谓天府。陛下入关而都之，山东虽乱，秦故地可全而有也。夫与人斗，不搤其亢〔亢，喉咙也〕、拊其背，未能全胜。今陛下入关而都，按秦之故，此亦搤天下之亢，而拊其背也。”高帝即日驾，西都关中。于是赐姓刘氏，拜为郎中，号曰奉春君。

汉七年，韩王信反，高帝自往击。至晋阳，闻信与匈奴欲击汉，上使人使匈奴。匈奴匿其壮士肥牛马，徒见其老弱及羸畜。使者十辈来，皆言匈奴易击。上使敬复往，还报曰：“两国相击，此宜夸矜见所长。今臣往，徒见羸胔老弱，此必欲见短，伏奇兵以争利。愚以为匈奴不可击也。”是时汉兵三十余万，众兵已业行。上怒骂敬曰：“齐虏！以舌得官，乃今妄言沮吾军。”械系敬广武。遂往，至平城，匈奴果出奇兵，围高帝白登七日，然后得解。高帝至广武，赦敬，曰：“吾不用公言，以困平城。”乃封敬二千户，号建信侯。

叔孙通，薛人也。为太子太傅。高帝欲以赵王如意易太子，通谏曰：“昔者晋献公，以骊姬故废太子，立奚齐，晋国乱者数十年，为天下笑。秦以不早定扶苏，胡亥诈立，自使灭祀，此陛下所亲见。今太子仁孝，天下皆闻之；吕后与陛下攻苦食啖〔食无菜茹为啖〕，其可背哉！陛下必欲废嫡而立少，臣愿先伏诛，以颈血污地。”高帝曰：“公罢矣，吾特戏耳。”通曰：“太子天下本，本一摇，天下震动，奈何以天下戏！”高帝曰：“吾听公。”

蒯通，范阳人也。韩信定齐地，自立为齐假王。通知天下权在于信，说信曰：“今刘、项分争，使人肝脑涂地，流离中野，不可胜数。非天下贤圣，其势固不能息天下之祸。当今之时，两主悬命于足下。足下为汉则汉胜，与楚则楚胜。方今为足下计，莫若两利而俱存之，参分天下，鼎足而立，其势莫敢先动。盖闻，天与弗取，反受其咎；时至弗行，反受其殃。愿足下孰图之。”信曰：“汉王遇我厚，吾岂可见利而背恩乎！”遂谢通。通说不听，惶恐，乃阳狂为巫。

天下既定，后信以罪废为淮阴侯，谋反诛，临死叹曰：“悔不用蒯通之言。”高帝闻之召通。通至，上欲烹之，曰："若教韩信反，何也？"通曰："狗各吠非其主。当彼时，臣独知齐王韩信，非知陛下也。且秦失其鹿〔以鹿喻帝位也〕，天下共逐之，高材者先得。天下匈匈，争欲为陛下所为，顾力不能，可殚诛邪！"上乃赦之。至齐悼惠王时，曹参为相，礼下贤人，请通为客。

初，齐处士东郭先生梁石君，入深山隐居。通乃见相国曰："妇人有夫死三日而嫁者，有幽居守寡不出门者，足下即欲求妇何取？"曰："取不嫁者。"通曰："然则求臣亦犹是也，彼东郭先生梁石君，齐之俊士也，隐居不嫁，未尝卑节下意以求仕也。愿足下使人礼之。"曹相国曰："敬受命。"皆以为上宾。

贾谊，洛阳人也。孝文时，为梁怀王太傅。是时，匈奴强，侵边。天下初定，制度疏阔。诸侯王僭拟，地过古制，淮南、济北王皆为逆诛。谊数上疏陈政事，多所欲匡建，其大略曰："臣窃惟事势，可为痛哭者一，可为流涕者二，可为长太息者六，若其他背理而伤道者，难遍以疏举。进言者皆曰'天下已安已治矣'，臣独以为未也。曰安且治者，非愚则谀，皆非事实知治乱之体者也。夫抱火厝之积薪之下，而寝其上，火未及燃，因谓之安。方今之势，何以异此！陛下何不一令臣得孰数之于前，因陈治安之策，试详择焉！夫使为治，劳智虑，苦身体，乏钟鼓之乐，勿为可也。乐与今同，而加之以诸侯轨道，兵革不动，民保首领，匈奴宾服，四荒向风，百姓素朴，狱讼衰息，天下顺治，生为明帝，没为明神，名誉之美，垂于无穷。建久安之势，成长治之业，以承祖庙，以奉六亲，至孝也；以幸天下，以育群生，至仁也；立经陈纪，轻重同得，后可以为万世法程，虽有愚幼不肖之嗣，犹得蒙业而安，至明也。以陛下之明达，因使少知治体者得佐下风，致此非难也。臣谨稽之天地，验之往古，案之当今之务，日夜念之至孰也，虽使禹舜复生，为陛下计，无以易此。夫树国固，必相疑之势也〔树国于险固，诸侯强大，则必与天子有相疑之势也〕。下数被其殃，上数爽其忧，甚非所以安上而全下。今或亲弟谋为东帝〔淮南厉王长也〕，亲兄之子，西向而击〔谓齐悼惠王子兴居为济北王反，欲击取荥阳〕。天子春秋鼎盛〔鼎，方〕，行义未过，德泽有加焉，犹尚如是，况莫大诸侯权力且十此者乎！然而天下少安，何也？大国之王，幼弱未壮；汉之所置傅相，方握其事。数年之后，诸侯之王，大抵皆冠，血气方刚，汉之傅相，称病而赐罢，彼自丞尉以上，遍置私人，如此有异淮南、济北之为邪！此时而欲为治安，虽尧、舜不治也。今令此道顺而全安甚易，不肯早为，已乃堕骨肉之属而抗刭之〔抗其头而刭之也〕，岂有异秦之季世乎！夫以天子之位，乘今之时，因天下之助，尚惮以危为安，以乱为治。假设天下如曩时，淮阴侯尚王楚，黥布王淮南，彭越王梁，韩信王韩，张敖王赵，卢绾王燕，陈豨在代，令此六七公者皆无恙，当是时，而陛下即天子位，能自安乎？臣有以知陛下之不能也。

"天下殽乱，高皇帝与诸公并起，诸公幸者乃为中涓，其次仅得舍人，材之不逮至远也。高皇帝以明圣威武，即天子位，割膏腴之地，以王诸公，多者百余城，少者三四十县，德至渥也。然其后十年之间，反者九起。陛下之与诸公，非亲角材而臣之也，又非身封王之也，自高皇帝不能以是一岁为安，故臣知陛下之不能也。臣请试言其亲者。假令悼惠王王齐，元王王楚，中子王赵，幽王王淮阳，恭王王梁，灵王王燕，厉王王淮南，六七贵人皆无恙，当是时，陛下即位，能为治乎？臣又知陛下之不能也。若此诸王，虽名为臣，实皆有布衣昆弟之心，虑无不帝制而天子自为者。擅爵人，赦死罪，甚者或戴黄屋。令之不肯听，召之安可致乎！幸而来至，法安可得加！动一亲戚，天下圜视而起。陛下之臣，虽有悍如冯敬者〔为御史大夫，奏淮南厉王诛也〕，适启其口，匕首已陷其匈矣。陛下虽贤，谁与领此？故疏者必危，亲者必乱，已然之效也。其异姓负强而动者，汉已幸而胜之矣，又不易其所以然。同姓袭是迹而动，既有征矣，殃祸之变，未知所移，明帝处之，尚不能以安，后世将如之何？屠牛坦一朝解十二牛，而芒刃不顿者，所排击剥割，皆众理解也。至于髋髀之所，非斤则斧。夫仁义恩厚，人主之芒刃也；权势法制，人主之斤斧也。今诸侯王，皆众髋髀也，释斤斧之用，而欲婴以芒刃，臣以为不缺则折。胡不用之淮南、济北？势不可也〔二国皆反诛。何不施之仁恩？势不可故也〕。

“臣窃迹前事，大抵强者先反。淮阴王楚最强，则最先反；韩王信倚胡，则又反；贯高因赵资，则又反；陈豨兵精，则又反；彭越用梁，则又反；黥布用淮南，则又反；卢绾最弱，最后反。长沙乃在二万五千户耳，功少而最完，势疏而最忠，非独性异人，亦形势然也。曩令樊、郦、绛、灌，据数十城而王，今虽已残亡可也；令信、越之伦，列为彻侯而居，虽至今存可也。然则天下之大计可知也。欲诸王之皆忠附，则莫若令如长沙王；欲臣子之勿菹醢，则莫若令如樊、郦等；欲天下之治安，莫若众建诸侯而少其力。力少则易使以义，国小则无邪心。令海内之势，如身之使臂，臂之使指，莫不制从。诸侯之君，不敢有异心，虽在细民，且知其安，故天下咸知陛下之明。割地定制，令齐、赵、楚各为若干国，使其子孙各受祖之分地，地尽而止，及燕、梁他国皆然。其分地众而子孙少者，建以为国，空而置之，须其子孙生者，举使君之。天子无所利焉，诚以定治而已，故天下咸知陛下之廉。地制一定，宗室子孙，莫虑不王，下无背叛之心，上无诛伐之志，天下咸知陛下之仁。法立而不犯，令行而不逆，细民向善，大臣致顺，故天下咸知陛下之义。当时大治，后世诵圣。陛下谁惮而久不为此？

“天下之势，方病大瘇〔肿足曰瘇〕。一胫之大几如要，一指之大几如股。平居不可屈伸，失今不治，必为锢疾，后虽有扁鹊，不能为已。可痛哭者，此病是也。天下之势方倒悬。凡天子者，天下之首也；蛮夷者，天下之足也。今匈奴嫚姆侵掠，至不敬也，为天下患，至无已也，而汉岁致金絮采缯以奉之。足反居上，首顾居下，倒悬如此，莫之能解，犹为国有人乎？可为流涕者此也。今民卖僮者〔僮，谓隶妾〕，为之绣衣丝履偏诸缘，内之闲中〔闲，卖奴婢闲也〕，是古天子后服，所以庙而不宴者也，而庶人得以衣婢妾。白縠之表，薄纨之里，缉以偏诸，是古天子之服也，今富人大贾，嘉会召客者以被墙。古者以奉一帝一后而节适，今庶人屋壁，得为帝服，倡优下贱，得为后饰，然而天下不屈者，殆未有也。夫俗至大不敬也，至无等也，至冒上也，进计者犹曰‘无为’，可为长太息者此也。商君遗礼义，弃仁恩，并心于进取，秦俗日败。故秦人家富子壮，则出分；家贫子壮，则出赘〔出作赘婿〕。借父耰锄，虑有德色〔假其父锄而德之〕；母取箕帚，立而谇语〔谇，犹责也〕。抱哺其子，与公并倨；其慈子嗜利，不同禽兽者，无几耳。然并心而赴时者，犹曰‘蹷六国，兼天下’。

“功成求得矣，终不知反廉愧之节，仁义之厚。众掩寡，知欺愚，勇威怯，壮凌衰，其乱至矣。是以大贤起之，威震海内，德从天下。曩之为秦者，今转而为汉矣。然其遗风余俗，犹尚未改。今世以侈靡相竞，而上无制度，弃礼谊、捐廉耻日甚。杀父兄，盗者剟寝户之帘〔剟，取也〕，搴两庙之器〔搴，取也。两庙，高祖、惠帝庙也〕，白昼大都之中，剽吏而夺之金。矫伪者出几十万石粟〔吏矫伪征发，盈出十万石粟〕，赋六百余万钱，乘传而行郡国，此其无行义之尤至者也。而大臣特以簿书不报期会之间以为大故。至于俗流失，世坏败，因恬而不知怪。夫移风易俗，使天下回心而向道，类非俗吏之所能为也。俗吏之所务，在于刀笔筐箧，而不知大体。陛下又不自忧，窃为陛下惜之。夫立君臣，等上下，使父子有礼，六亲有纪〔父、母、兄、弟、妻、子〕，此非天之所为，人之所设也；人之所设，不为不立，不植则僵，不修则坏。

“管子曰：‘礼义廉耻，是谓四维，四维不张，国乃灭亡。’使管子愚人也则可。管子而少知治体，则是岂可不为寒心哉！秦灭四维而不张，故君臣乖乱，六亲殃戮，奸人并起，万民离叛，凡十三岁，而社稷为墟。今四维犹未备也，故奸人几幸，而众心疑惑。岂如今定经制，令君臣上下有差，父子六亲各得其宜，奸人无所几幸。此业一定，世世常安。若夫经制不定，是犹渡江河无维楫，中流而遇风波，船必覆矣。可为长大息者此也。

“夏为天子，十有余世。殷为天子，二十余世。周为天子，三十余世。秦为天子，二世而亡。人性不甚相远也，何三代之君，有道之长，而秦无道之暴也？其故可知也。古之王者，太子乃生，固举以礼：使士负之，有司齐肃端冕，见于天也；过阙则下，过庙则趋，孝子之道也。故自为赤子，而教固已行矣。昔者成王，幼在襁褓之中，召公为太保，周公为太傅，太公为太师。保，保其身体；傅，傅之德义；师，导之教训。此三公职也。于是为置三少，少保、少傅、少师，是与太子宴者也。故乃孩提有识，三公、三少明孝仁礼义，以导习之，逐去邪人，不使见恶行。于是皆选天下之端士，孝悌博闻有道术者，以卫翼之，使与太子居处出入。故太子乃生而见正事、闻正言、行正道，左右前后皆正人。夫习与正人居之，不能无正，犹生长楚之乡，不能不楚言也。孔子曰：‘少成若天性，习惯如自然。’太子既冠成人，免于保傅之严，则有记过之史，彻膳之宰，进善之旌，诽谤之木，敢谏之鼓。瞽史诵诗，工诵箴谏，大夫进谋，士传民语。习与智长，故切而不愧；化与心成，故中道若性。春秋入学，坐国老，执酱而亲馈之，所以明有孝也；行以鸾和〔鸾在衡，和在轼〕，步中采齐，趋中肆夏〔乐诗也，步则歌之以中节〕，所以明有度也；其于禽兽，见其生不食其死，闻其声不食其肉，故远庖厨。所以长恩，且明有仁也。

“夫三代之所以长久者，以其辅翼太子有此具也。至秦而不然。其俗固非贵辞让也，所上者告讦也；固非贵礼义也，所上者刑罚也。使赵高傅胡亥，而教之狱，所习者，非斩劓人，则夷人之三族也。故胡亥今日即位，而明日射人，忠谏者谓之诽谤，深计者谓之妖言。其视杀人，若刈草菅然。岂唯胡亥之性恶哉？彼其所以导之者，非其理故也。鄙谚曰：‘不习为吏，视已成事。’又曰：‘前车覆，后车诫。’夫三代之所以长久者，其已事可知也。夫存亡之变、治乱之机，其要在是矣。夫天下之命，悬于太子。太子之善，在于早谕教与选左右。夫心未滥而先谕教，则化易成也；开于道术智谊之指，则教之力也。若其服习积贯〔贯，习也〕，则左右而已。臣故曰选左右、早谕教最急。夫教得而左右正，则太子正矣；太子正，而天下定矣。若夫庆赏以劝善，刑罚以惩恶，先王执此之政，坚如金石；行此之令，信如四时；据此之公，无私如天地，岂顾不用哉？孔子曰：‘听讼，吾犹人也，必也使无讼乎！’为人主计者，莫如先审取舍。取舍之极，定于内，而安危之萌应于外矣。安者非一日而安也，危者非一日而危也，皆以积渐然，不可不察也。人主之所积，在其取舍。以礼义治之者，积礼义；以刑罚治之者，积刑罚。刑罚积而民怨背，礼义积而民和亲。故世主欲民之善同，而所以使民善者或异。或导之以德教，或驱之以法令。导之以德教，德教洽而民气乐；驱之以法令者，法令极而民风哀。哀乐之感，祸福之应也。秦王之欲尊宗庙而安子孙，与汤武同。然而汤武广大其德行，六七百岁而弗失，秦王持天下十余岁则大败。此无他故矣，汤武之定取舍审，而秦王之定取舍不审也。夫天下大器，今人之置器，置诸安处则安，置诸危处则危。天下之情与器无以异，在天子之所置之。汤武置天下于仁义礼乐，而德泽洽，禽兽草木广裕，德被子孙数十世，此天下所共闻也。秦王置天下于法令刑罚，德泽无一有，而怨毒盈于世，人憎恶之如仇雠，祸几及身，子孙诛绝，此天下之所共见也。是非其明效大验邪！

“人之言曰：‘听言之道，必以其事观之，则言者莫敢妄言。’今或言‘礼谊之不如法令，教化之不如刑罚’，人主胡不引殷、周、秦事以观之也？人主之尊，譬如堂，群臣如陛，众庶如地。古者圣王制为等列，内有公卿大夫士，外有公、侯、伯、子、男，等级分明，而天子加焉，故其尊不可及也。鄙谚曰：‘欲投鼠忌器。’尚惮不投，恐伤其器，况贵臣之近主乎！廉耻礼节，以治君子，故有赐死，而无戮辱。是以黥劓之罪，不及大夫，顾其离主上不远也。君之宠臣，虽或有过，刑戮之罪，不加其身者，尊君故也。所以体貌大臣，而厉其节也。

“今自王侯三公之贵，皆天子之所改容而礼之，古天子之所谓伯父、伯舅也，而今与众庶同黥、劓、髡、刖、笞、傌、弃市之法，然则堂不无陛乎？被戮辱者，不泰迫乎？廉耻不行，大臣无乃握重权、大官，而有徒隶无耻之心乎？今而有过，帝令废之可也，退之可也，赐之死可也，灭之可也。若夫束缚之，系绁之，输之司寇，编之徒官，司寇小吏詈骂而榜笞之，殆非所以令众庶见也。夫天子之所尝敬，众庶之所尝宠，死而死耳，贱人安得如此而顿辱之哉！故主上遇其大臣，如遇犬马，彼将犬马自为也；如遇官徒，彼将官徒自为也。故古者礼不及庶人，刑不至大夫，所以厉宠臣之节也。其有大罪者，闻命则北面再拜，跪而自裁，上不使人捽抑而刑之也，曰：'子大夫自有过耳！吾遇子有礼矣。'遇之有礼，故群臣自喜；婴以廉耻，故人矜以节行。上设廉耻礼义，以遇其臣，而臣不以节行报其上者，则非人类也。故为人臣者，利不苟就，害不苟去，唯义所在。上之化也，故父兄之臣，诚死宗庙；法度之臣，诚死社稷；辅翼之臣，诚死君上；守圄捍敌之臣，诚死城郭封疆。故曰'圣人有金城'者，比物此志也〔比，谓比方。使忠臣以死社稷之志，比于金城〕。彼且为我死，故吾得与之俱生；彼且为我亡，故吾得与之俱存；为我危，故吾得与之皆安。顾行而忘利，守节而仗义，故可以托不御之权，可以寄六尺之孤。此厉廉耻、行礼谊之所致也，主上何丧焉！此之不为，而顾彼之久行〔彼，亡国也〕，故曰：可为长太息者此也！"

爰盎，字丝，楚人也。孝文时，为中郎将。从霸陵，上欲西驰下峻阪，盎揽辔。上曰："将军怯邪？"盎曰："臣闻千金子不垂堂，百金子不骑衡〔骑，倚也〕，圣主不乘危、不侥幸。今陛下骋六飞〔六马之疾若飞也〕，驰不测山，有如马惊车败，陛下纵自轻，奈高庙太后何？"上乃止。

上幸上林，皇后、慎夫人从。其在禁中，常同坐。及坐郎署，盎却慎夫人坐。慎夫人怒，不肯坐。上亦怒，起。盎因前说曰："臣闻尊卑有序，则上下和。今陛下既已立后，慎夫人乃妾，妾主岂可以同坐哉！且陛下幸之，则厚赐之。陛下所以为慎夫人，适所以祸之。独不见'人豕'乎〔戚夫人也〕？"于是上乃悦，入语慎夫人。夫人赐盎金五十斤。然盎亦以数直谏，不得久居中。调为陇西都尉〔调，选也〕，仁爱士卒，皆争为死。

晁错，颍川人也。以文学为太子家令。是时匈奴强，数寇边，上发兵以御之。错上言兵事，曰："臣闻兵法有必胜之将，由此观之，安边境，立功名，在于良将，不可不择也。臣又闻用兵，临战合刃之急者三：一曰得地形；二曰卒服习；三曰器用利。兵法曰：丈五之沟，渐车之水，山林积石，经川丘阜，草木所在，此步兵之地也，车骑二不当一。土山丘陵，曼衍相属，平原广野，此车骑之地也，步兵十不当一。平陵相远，川谷居间，仰高临下，此弓弩之地也，短兵百不当一。两阵相近，平地浅草，可前可后，此长戟之地也，剑盾三不当一。萑苇竹萧，草木蒙茏，支叶茂接，此矛铤之地也，长戟二不当一。曲道相伏，险厄相薄，此剑盾之地也，弓弩三不当一。士不选练，卒不服习，起居不精，动静不集，趋利弗及，避难不毕，前击后解，与金鼓之音相失，此不习勒卒之过也，百不当十。兵不完利，与空手同；甲不坚密，与袒裼同〔袒裼，肉袒〕；弩不可以及远，与短兵同；射不能中，与无矢同；中不能入，与无镞同；此将不省兵之祸也，五不当一。故兵法曰：器械不利，以其卒予敌也；卒不可用，以其将予敌也；君不择将，以其国与敌也。四者，兵之至要也。

"臣又闻'小大异形，强弱异势，险易异备'。夫卑身以事强，小国之形也；合小以攻大，敌国之形也；以蛮夷攻蛮夷，中国之形也。今匈奴地形伎艺，与中国异。上下山阪，出入溪涧，中国之马弗与也；险道倾侧，且驰且射，中国之骑弗与也；风雨罢劳，饥渴不困，中国之人弗与也；此匈奴之长技也。若夫平原易地，轻车突骑，则匈奴之众，易挠乱也；劲弩长戟，射疏及远，则匈奴之弓弗能格也；坚甲利刃，长短相杂，游弩往来，什伍俱前，则匈奴之兵弗能当也；材官驺发，矢道同的〔材官，骑射之官也。射者驺发，其用矢者，同中一的，言其工妙〕，则匈奴之革笥木荐〔革笥，以皮作，如铠也。木荐，以木板作，如盾〕弗能支也；下马地斗，剑戟相接，去就相薄，则匈奴之足弗能给也，此中国之长技也。以此观之，匈奴之长技三，中国之长技五，陛下又兴数十万之众，以诛数万之匈奴，众寡之计，以一击十之术也。虽然，兵，凶器；战，危事也。以大为小，以强为弱，在俛仰之间耳。夫以人死争胜，跌而不振〔蹉跌不可复起〕，则悔之无及也。帝王之道，出于万全。今降胡义渠蛮夷之属，来归谊者，其众数千，饮食长技，与匈奴同，可赐之坚甲絮衣，劲弓利矢，益以边郡之良骑。令明将能知其习俗、和辑其心者，将之。即有险阻，以此当之；平地通道，则以轻车材官制之。两军相表里，各用其长技，衡加之以众，此万全之术也。"

文帝嘉之，乃赐错玺书，宠答焉。错复言守边备塞，劝农力本，当世急务二事，曰："臣窃闻秦时，北攻胡貉，筑塞河上；南攻扬粤〔扬州之南越也〕，置戍卒焉。其起兵而攻胡粤者，非以卫边地而救民死也，贪戾而欲广大也，故功未立而天下乱。且夫起兵而不知其势，战则为人禽，屯则卒积死。夫胡貉之地，积阴之处也，其性能寒。扬粤之地，少阴多阳，其性能暑。秦之戍卒，不能其水土，戍者死于边，输者偾于道〔偾，仆也〕，秦民见行，如往弃市，因以谪发之，名曰'谪戍'。发之不顺，行者深怨，有背叛之心。凡民守战至死，而不降北者，以计为之也。故战胜守固，则有拜爵之赏；攻城屠邑，则得其财卤，以富家室。故能使其众，蒙矢石，赴汤火，视死如生。今秦之发卒也，有万死之害，而无铢两之报；死事之后，不得一算之复，天下明知其祸烈及已也。陈胜行戍，至于大泽，为天下先唱，天下从之如流水者，秦以威劫而行之敝也。胡人衣食之业，不著于地，其势易扰乱边境，如飞鸟走兽放于广野，美草甘水则止，草尽水竭则移。以是观之，往来转徙，时至时去，此胡人生业，而中国之所以离南亩也。今使胡人数处转牧，行猎于塞下，或当燕代，或当上郡、北地、陇西，以候备塞之卒，卒少则入。陛下不救，则边民绝望，而有降敌之心。少发则不足，多发远县才至，胡又已去。聚不罢，为费甚大；罢之，则胡复入。如此连年，则中国贫苦，而民不安矣。陛下幸忧边境，遣将吏发卒以治塞，甚大惠也。然令远方之卒守塞，一岁而更，不知胡人之能。不如选常居者，家室田作，且以备之。以便为之，高城深堑，先为室屋，具田器，乃募罪人令居之；不足，募以丁奴婢赎罪，及输奴婢欲以拜爵者；不足，乃募民之欲往者，皆赐高爵，复其家。与冬夏衣、禀食，能自给而止。其无夫若妻者，县官买与之。人情非有匹敌，不能久安其处。塞下之民，禄利不厚，不可使久居危难之地。胡人入驱，而能止其所驱者，以其半与之〔谓胡人驱收中国，能夺得之者，以半与之也〕，县官为赎〔得汉人，官为赎也〕其民。如是，则邑里相救助，赴胡不避死，非以德上也，欲全亲戚而利其财也。此与东方之戍卒〔东方诸郡，次当戍边〕，不习地势而心畏胡者，功相万也。以陛下之时，徙民实边，使远方无屯戍之事；塞下之民，父子相保，无系虏之患。利施后世，名称圣明，其与秦之行怨民，相去远矣。”

上从其言，募民徙塞下。错复言：“陛下幸募民相徙，以实塞下，使屯戍之事益省，甚大惠也。使先至者安乐而不思故乡，则贫民相募而劝往矣。臣闻古之徙远方，以实广虚也。相其阴阳之和，尝其水泉之味，审其上地之宜，观其草木之饶，然后营邑立城，制里割宅。通田作之道，正阡陌之界，先为筑室家，置器物焉。民至有所居，作有所用，此民所以轻去故乡，而劝之新邑也。为置医巫，以救疾病；生死相恤，坟墓相从。此所以使民乐其处，而有长居之心也。择其邑之贤材，习地形，知民心者，居则习民于射法，出则教民于应敌。故卒伍成于内，则军正定于外。服习以成，勿令迁徙；幼则同游，长则共事。夜战声相知，则足以相救；昼战目相见，则足以相识；欢爱之心，足以相死。如此而劝以厚赏，威以重罚，则前死不还踵矣。”

文帝诏举贤良文学之士，错在选中。上亲策诏之，曰：“昔者，大禹勤求贤士，施及方外，近者献其明，远者通厥聪，比善戮力，以翼天子，是以大禹能无失德。故诏有司，选贤良明于国家之大体，通于人事之终始，及能直言极谏者，将以匡朕之不逮。永惟朕之不德，吏之不平，政之不宣，民之不宁，四者之阙，悉陈其志，无有所隐。”错对诏策曰：“‘通于人事终始’，愚臣窃以古之三王，臣主俱贤，故合谋相辅，计安天下，莫不本于人情。人情莫不欲寿，三王生而不伤也；人情莫不欲富，三王厚而不困也；人情莫不欲安，三王扶而不危也；人情莫不欲逸，三王节其力不尽也。其为法令也，合于人情而后行之；其动众使民也，本于人事然后为之。取人以己，内恕及人。情之所恶，不以强人；情之所欲，不以禁民。是以天下乐其政而归其德。望之若父母，从之若流水。百姓和亲，国家安宁，名位不失，施及后世。此明于人情终始之功也。诏策曰：‘吏之不平，政之不宣，民之不宁。’愚臣窃以秦事明之。臣闻秦始并天下之时，其主不及三王，而臣不及其佐，然功力不迟者，何也？地形便，财用足，民利战。其所与并者六国。六国者，臣主皆不肖，谋不辑，民不用，故当此之时，秦最富强。夫国富强而邻国乱者，帝王之资也，故秦能兼六国，立为天子。当此之时，三王之功，不能进焉。及其末涂之衰也，任不肖而信谗贼；宫室过度，耆欲无极，民力疲尽，赋敛不节；矜奋自贤，群臣恐谀〔恐机发陷祸，而谀以求自全〕；骄溢纵恣，不顾患祸；妄赏以随喜意，妄诛以快怒心；法令烦僭，刑罚暴酷，轻绝人命，天下寒心，莫安其处。奸邪之吏，乘其乱法，以成其威；狱官主断，生杀自恣。上下瓦解，各自为制。秦始乱之时，吏之所先侵者，贫人贱民也；至其中节，所侵者，富人吏家也；及其末涂所侵者，宗室大臣也。是故亲疏皆危，外内咸怨，离散逋逃，人有走心。陈胜先倡，天下大溃，绝祀亡世，为异姓福。此吏不平、政不宣、民不宁之祸也。”对奏，天子善之，迁大中大夫。

错以诸侯强大，请削之。后吴楚反，会窦婴言爰盎，诏召入见，上问曰：“计安出？”盎对曰：“吴楚相遗书言，高皇帝王子弟，各有分地，今贼臣晁错，擅谪诸侯，削夺之地，以故反，名为西共诛错，复故地而罢。方今计，独有斩错，发使赦吴楚七国，复其故地，则兵可无血刃而俱罢。”于是上默然良久，曰：“顾诚何如，吾不爱一人谢天下也。"后十余日，乃使中尉召错，给载行市。错衣朝衣斩东市。错已死，谒者仆射邓公为校尉，击吴楚，还，上书言军事。上问曰："闻晁错死，吴楚罢不也？"邓公曰："吴为反数十岁矣，发怒削地，以诛错为名，其意不在错也。且臣恐天下之士拑口，不敢复言矣。"上曰："何哉？"邓公曰："夫晁错患诸侯强大不可制，故请削之以尊京师，万世之利也。计画始行，卒被大戮，内杜忠臣之口，外为诸侯报仇，臣窃为陛下不取也。"于是景帝喟然长息，曰："公言善，吾亦恨之。"

卷十七

《汉书》治要〔五〕

传

张释之，字季，南阳人也。以赀为郎，事文帝，十年不得调，欲免归。中郎将爰盎知其贤，惜其去，乃请徙释之补谒者。释之既朝毕，因前言便宜事。文帝称善，拜释之为谒者仆射。从行，上登虎圈，问上林尉禽兽簿，十余问，尉左右视，尽不能对。虎圈啬夫从旁代尉，对上所问禽兽簿甚悉，欲以观其能，口对响应无穷者。文帝曰："吏不当如此耶？"诏拜啬夫为上林令。释之前曰："陛下以绛侯周勃何人也？"上曰："长者。"又复问："东阳侯张相如何人也？"上复曰："长者。"释之曰："夫绛侯、东阳侯，称为长者，此两人言事，曾不能出口，岂效啬夫喋喋利口捷给哉！且秦以任刀笔之吏，争以亟疾奇察相高，其弊徒文具，无恻隐之实。以故不闻其过，陵夷至于二世，天下土崩。今陛下以啬夫口辩而超迁之，臣恐天下随风靡，争口辩无其实。且下之化上，疾于景响，举措不可不察也。"文帝曰："善。"乃止。从行至霸陵。上顾谓群臣曰："嗟乎！以北山石为椁，用纻絮斫陈漆其间，岂可动哉！"左右皆曰："善。"释之前曰："使其中有可欲，虽锢南山犹有隙；使其中无可欲，虽无石椁，又何戚焉？"文帝称善。其后拜释之为廷尉。

顷之，上行出中渭桥〔桥在两岸之中也〕，有一人从桥下走，乘舆马惊。于是使骑捕属廷尉。释之奏："当此人犯跸〔跸，止行人〕，当罚金。"上怒曰："此人亲惊吾马，马赖和柔，令他马，固不败伤我乎？而廷尉乃当之罚金！"释之曰："法者，天子所与天下公共也。今法如是，更重之，是法不信于民也。且方其时，上使使诛之则已。今已下廷尉，廷尉，天下之平也。一倾，天下用法，皆为之轻重，民安所措其手足？唯陛下察之。"良久曰："廷尉当是也。"其后人有盗高庙坐前玉环，得，文帝怒，下廷尉治。奏当弃市。上大怒曰："人无道，乃盗先帝器！吾属廷尉者，欲致之族，而君以法奏之，非吾所以共承宗庙意也。”释之曰：“法如是足矣。且罪等〔俱死罪也，盗玉环，不若盗长陵土之逆也〕，然以逆顺为基。今盗宗庙器而族之，假令愚民取长陵一抔土〔不欲指言，故以取土喻也〕，陛下且何以加其法乎？”乃许廷尉当。

冯唐，赵人也。以孝著，为郎中署长，事文帝。帝辇过，问唐曰：“父老何自为郎？家安在？”具以实言。曰：“吾居代时，吾尚食监高祛，数为我言赵将李齐之贤，战于巨鹿下。吾每饮食，意未尝不在巨鹿也〔每食念监所说李齐在巨鹿时也〕。父老知之乎？”唐对曰：“齐尚不如廉颇、李牧。”上曰：“嗟乎！吾独不得廉颇、李牧为将，岂忧匈奴哉！”唐曰：“陛下虽有颇、牧，不能用也。”上怒，起入禁中。良久，召唐复问曰：“公何以言吾不能用颇、牧也？”对曰：“臣闻上古王者遣将也，跪而推毂，曰：‘阃以内寡人制之，阃以外将军制之〔门中橛为阃也〕。军功爵赏，皆决于外，归而奏之。’此非空言也。李牧之为赵将居边，军市之租，皆自用飨士，赏赐决于外，不从中覆也。委任而责成功，故李牧乃得尽其知能，是以北逐单于，破东胡，灭澹林〔胡名也〕，西抑强秦，南支韩魏。今臣窃闻，魏尚为云中守，军市租尽以给士卒，出私养钱，五日一杀牛，以飨宾客军吏舍人，是以匈奴远避，不近云中之塞。虏尝一入，尚帅车骑击之，所杀甚众。上功莫府，一言不相应，文吏以法绳之，其赏不行。愚以为陛下法太明，赏太轻，罚太重。且魏尚坐上功首虏差六级，陛下下之吏，削其爵，罚作之。由此言之，陛下虽得颇、牧，不能用也。臣诚愚，触忌讳，死罪！”文帝悦。是日，令唐持节赦魏尚，复以为云中守，而拜唐为车骑都尉〔荀悦《纪》论曰：“以孝文之明，本朝之治，百寮之贤，而贾谊见排逐，张释之十年不见省，冯唐皓首屈于郎署，岂不惜哉！”夫绛侯之忠，功存社稷而由见疑，不亦痛乎！夫知贤之难，用人之不易，忠臣自固之难，在明世且由若兹，而况乱君暗主者乎！然则屈原赴于汨罗，子胥鸱夷于江，安足恨哉！周勃质朴忠诚，高祖知之，以为安刘氏者勃也。既定汉室，建立明主，眷眷之心，岂有已哉！狼狈失据，块然囚执，俛首拊襟，屈于狱吏，可不悯哉！夫忠臣之于其主，由孝子之于其亲也。尽心焉，尽力焉。进而喜，非贪位也；退而忧，非怀宠也。忠结于心，恋慕不止，进得及时，乐行其道也。故仲尼去鲁，迟迟吾行也；孟轲去齐，三宿而后出。盖彼诚仁圣之心也。夫贾谊过湘吊屈原，恻怆恸怀，岂徒忿怨而已哉！与夫苟患失之者，异类殊意矣。及其傅梁王，哭泣而从之死，岂可谓非至忠乎！然而人主不察，岂不哀哉！及释之屈而思归，冯唐困而后达，又可悼也。此忠臣所以泣血、贤哲所以伤心也〕。

汲黯，字长孺，濮阳人也。为人正直，以严见惮。武帝召为中大夫。以数切谏，不得久留内，迁为东海太守。黯学黄老言，治民好清静，责大指而不细苛。黯多病，卧阁内不出。岁余，东海大治。召为主爵都尉，治务在无为而已，引大体不拘文法。上曰：“汲黯何如人也？”严助曰：“使黯任职居官，亡以愈人，然至其辅少主，虽自谓贲育弗能夺也。”上曰：“然。古有社稷之臣，至如汲黯，近之矣。”大将军青侍中，上踞厕视之〔厕，谓床边，踞床视之〕。丞相弘宴见，上或时不冠。至如见黯，不冠不见也。尝坐武帐，黯前奏事，上不冠，望见黯，避帐中，使人可其奏。其见敬礼如此。张汤以更定律令为廷尉，黯质责汤于上前，曰："公为正卿，上不能褒先帝之功业，下不能化天下之邪心，安国富民，使囹圄空虚，何空取高皇帝约束纷更之为〔纷，乱也〕？而公以此无种矣！"黯时与汤论议，汤辩常在文深小苛，黯愤发骂曰："天下谓刀笔吏不可以为公卿，果然！必汤也，令天下重足而立，侧目而视矣！"

贾山，颍川人也。孝文时，言治乱之道，借秦为谕，名曰至言，其辞曰："夫布衣韦带之士，修身于内，成名于外，而使后世不绝息。至秦则不然。贵为天子，富有天下，赋敛重数，赭衣半道，群盗满山，使天下之人，戴目而视，倾耳而听。一夫大呼，天下响应。秦非徒如此也，又起咸阳而西至雍，离宫三百，钟鼓帷帐，不移而具。又为阿房之殿，殿高数十仞，东西五里，南北千步，从车罗骑，四马骛驰，旌旗不挠。为宫室之丽至于此，使其后世曾不得聚庐而托处焉。为驰道于天下，东穷燕齐，南极吴楚，道广五十步，厚筑其外，隐以金椎〔作壁如甬道。隐，筑也，以铁椎筑之也〕，树以青松。为驰道之丽至于此，使其后世曾不得邪径而托足焉。死葬乎骊山，吏徒数十万人，旷日十年。下彻三泉，冶铜锢其内，漆涂其外，被以珠玉，饰以翡翠，中成观游，上成山林。为葬埋之侈至于此，使其后世曾不得蓬颗蔽冢而托葬焉〔蓬颗，犹裸颗小冢〕。秦以熊罴之力，虎狼之心，蚕食诸侯，并吞海内，而不笃礼义，故天殃已加矣。臣昧死以闻，愿陛下少留意，而详择其中。臣闻忠臣之事君也，言切直则不用，其身危；不切直则不可以明道。故切直之言，明主所欲急闻，忠臣之所以蒙死而竭智也。地之硗者，虽有善种，不能生焉；江皋河濒，虽有恶种，无不猥大。故地之美者善养禾，君之仁者善养士。

"雷霆之所击，无不摧折者；万钧之所压，无不糜灭者。今人主之威非特雷霆，势重非特万钧也。开道而求谏，和颜色而受之，用其言而显其身，士犹恐惧，而不敢自尽，又乃况于纵欲恣行暴虐，恶闻其过乎！震之以威，压之以重，则虽有尧、舜之智，孟、贲之勇，岂有不摧折者哉？如此，则人主不得闻其过失矣，弗闻则社稷危矣。古者圣王之制，史在前书过失，工诵箴谏，庶人谤于道，商旅议于市，然后君得闻其过失也。闻其过失而改之，见义而从之，所以永有天下也。天子之尊，四海之内，其义莫不为臣。然而养三老于大学，举贤以自辅弼，求修正之士，使直谏。故尊养三老，示孝也；立辅弼之臣者，恐骄也；置直谏之士者，恐不得闻其过也；学问至于刍荛者，求善无厌也；商人庶人诽谤己而改之，从善无不听也。昔者，秦力并万国，富有天下，破六国以为郡县，筑长城以为关塞。秦地之固，大小之势，轻重之权，其与一家之富、一夫之强，胡可胜计也！然而兵破于陈涉，地夺于刘氏者，何也？秦王贪狼暴虐，残贼天下，穷困万民，以适其欲也。昔者，周盖千八百国，以九州之民，养千八百之君，用民之力，不过岁三日，什一而藉，君有余财，民有余力，而颂声作。秦皇帝以千八百国之民自养，力疲不胜其役，财尽不胜其求。一君之身，所以自养者，驰骋弋猎之娱，天下弗能供也。劳疲者不得休息，饥寒者不得衣食，无辜死刑者无所告诉，人与之为怨，家与之为仇，故天下坏也。身死才数月，天下四面而攻之，宗庙灭绝矣。秦皇帝居灭绝之中，而不自知者，何也？天下莫敢告也。其所以莫告者，何也？无养老之义，无辅弼之臣，无进谏之士，纵恣行诛，退诽谤之人，杀直谏之士。是以偷合苟容，比其德则贤于尧、舜，课其功则贤于汤、武，天下已溃，而莫之告也。

“诗曰：‘非言不能，胡此畏忌。’此之谓也。又曰：‘济济多士，文王以宁。’天下未尝无士也，然而文王独言以‘宁’者，何也？文王好仁，故仁兴；得士而敬之，则士用，用之有礼义。故不致其爱敬，则不能尽其心，则不能尽其力，则不能成其功。故古之贤君于其臣也，尊其爵禄而亲之，疾则临视之无数，死则吊哭之，为之服锡衰，而三临其丧，未敛不饮酒食肉，未葬不举乐。当宗庙之祭而死，为之废乐。故古之君人者于其臣也，可谓尽礼矣。故臣下莫敢不竭力尽死，以报其上。功德立于后世，而令问不忘也。”

邹阳，齐人也。事吴王濞，濞以太子事怨望，称疾不朝，阴有邪谋。阳奏书谏，吴王不纳其言。去之梁，从孝王游。阳为人有智略，慷慨不苟合，介于羊胜、公孙诡之间。胜等疾阳，恶之于孝王。孝王怒，下阳吏，将杀之。阳乃从狱中上书曰：“臣闻‘忠无不报，信不见疑’，臣常以为然，徒虚语耳。昔者荆轲慕燕丹之义，白虹贯日，太子畏之〔燕太子丹厚养荆轲，令西刺秦王。其精诚感天，白虹为之贯日也。白虹，兵象也。日，君象也〕。卫先生为秦画长平之事，太白食昴，昭王疑之〔白起为秦伐赵，破长平军，欲遂灭赵，遣卫先生说昭王益兵粮，为应侯所害，事不成。其精诚上达于天，故太白为之食昴。昴，赵分也〕。夫精变天地，而信不谕两主，岂不哀哉！今臣尽忠竭诚，毕议愿知〔尽其计议，愿王知之也〕，左右不明，卒从吏讯，为世所疑。是使荆轲、卫先生复起，而燕、秦不寤也。愿大王孰察之。昔玉人献宝，楚王诛之；李斯竭忠，胡亥极刑。是以箕子阳狂，接舆避世，恐遭此患也。愿大王察玉人、李斯之意，而后楚王、胡亥之听，无使臣为箕子、接舆所笑。臣闻比干剖心、子胥鸱夷，臣始不信，乃今知之。愿大王孰察，少加怜焉！语曰：‘有白头如新，倾盖如故。’何则？知与不知也。故樊于期逃秦之燕，借荆轲首，以奉丹事〔于期为秦将，被谗走之燕。始皇灭其家，又重购之。燕遣轲刺始皇，于期自刎首，令轲赍往也〕；王奢去齐之魏，临城自刭，以却齐而存魏〔王奢，齐臣也，亡至魏。其后齐伐魏，奢登城谓齐将曰：“今君之来，不过以奢故也，义不苟生，以为魏累也。”遂自刭〕。夫王奢、樊于期，非新于齐秦，而故于燕魏也，所以去二国死两君者，行合于志，慕义无穷也。苏秦相燕，人恶于燕王，燕王按剑而怒，食以駃騠〔駃騠，骏马也。敬重苏秦，虽有谗谤，而更食以珍奇之味也〕；白圭显于中山，人恶之魏文侯，文侯赐以夜光之璧。何则两主二臣，剖心析肝相信，岂移于浮辞哉？女无美恶，入宫见妒；士无贤不肖，入朝见疾。昔司马喜膑脚于宋，卒相中山；范雎拉胁折齿于魏，卒为应侯。此二人者，皆信必然之画，捐朋党之私，故不能自免于疾妒之人也。百里奚乞食于道路，缪公委之以政；宁戚饭牛车下，桓公任之以国。此二人者，岂素宦于朝，借誉左右，然后二主用之哉？感于心，合于行，坚如胶漆，昆弟不能离，岂惑于众口哉？故偏听生奸，独任成乱。昔鲁听季孙之说逐孔子，宋任子冉之计囚墨翟。夫以孔墨之辩，不能自免于谗谀，而二国以危。何则？众口铄金、积毁销骨也。秦用戎人由余，而伯中国；齐用越人子臧，而强威、宣。此二国岂系于俗、牵于世，系奇偏之辞哉？公听并观，垂明当世。故意合则胡越为兄弟，由余、子臧是矣；不合则骨肉为仇敌，朱、象、管、蔡是矣。今人主诚能用齐、秦之明，后宋、鲁之听，则五伯不足侔，而三王易为也。夫晋文亲其仇，强伯诸侯；齐桓用其仇，而匡天下。何则？慈仁殷勤，诚加于心，不可以虚辞借也。至夫秦用商鞅之法，东弱韩、魏，立强天下，卒车裂之；越用大夫种之谋，禽劲吴而伯中国，遂诛其身。是以孙叔敖三去相而不悔，于陵子仲辞三公为人灌园也。今人主诚能去骄傲之心，怀可报之意，披心腹，见情素，堕肝胆，施德厚，无爱于士，则桀之狗可使吠尧，跖之客可使刺由，何况因万乘之权，假圣王之资乎！然则荆轲沉七族，要离燔妻子，岂足为大王道哉！臣闻明月之珠、夜光之璧，以暗投人于道，众莫不按剑相眄者。何则？无因而至前也。蟠木根柢，轮囷离奇〔根柢，下本也。轮囷离奇，委曲盘戾也〕，而为万乘器者，以左右先为之容也。故无因至前，虽出随珠和璧，祇结怨而不见德；有人先游，则枯木朽株，树功而不忘。今夫天下布衣穷居之士身在贫羸，虽蒙尧、舜之术，挟伊、管之辩，怀龙逄、比干之意，而素无根柢之容，虽竭精神，欲开忠于当世之君，则人主必袭案剑相眄之迹矣。是使布衣之士不得为枯木朽株之资也。今人主沉谄谀之辞，牵帷墙之制，使不羁之士与牛骥同皂，此鲍焦所以愤于世也。臣闻盛饰入朝者，不以私污义；砥砺名号者，不以利伤行。故里名胜母，曾子不入；邑号朝歌，墨子回车。今欲使天下寥廓之士，笼于威重之权，胁于位势之贵，回面污行，以事谄谀之人，而求亲近于左右，则士有伏死堀穴岩薮之中耳，安有尽忠信而趋阙下者哉！”书奏，孝王立出之，卒为上客。

枚乘，字叔，淮阴人也，为吴王濞郎中。吴王之初怨望谋为逆也，乘奏书谏曰：“臣闻得全者全昌，失全者全亡。忠臣不避重诛以直谏，则事无遗策，功流万世。臣乘愿披心腹，而效愚忠，唯大王少加意念于臣乘言。夫以一缕之任，系千钧之重，上悬之无极之高，下垂之不测之深，虽甚愚之人，犹知哀其将绝也。马方骇，鼓而惊之；系方绝，又重镇之。系绝于天，不可复结；坠入深泉，难以复出。其出不出，间不容发〔言其激切甚急也〕。能听忠臣之言，百举必脱。必若所欲为，危于累卵，难于上天；变所欲为，易于反掌，安于泰山。今欲极天命之寿，敝无穷之乐，究万乘之势，不出反掌之易。以居泰山之安，而欲乘累卵之危，走上天之难，此愚臣之所大惑也。人性有畏其影而恶其迹者，却背而走，迹逾多，影逾疾，不知就阴而止，影灭迹绝。欲人勿闻，莫若勿言；欲人勿知，莫若勿为。欲汤之沧〔沧，寒也〕，一人炊之，百人扬之，无益也，不如绝薪止火而已。不绝之于彼，而救之于此，譬由抱薪而救火也。夫铢铢而称之，至石必差；寸寸而度之，至丈必量。石称丈量，径而寡失。夫十围之木，始生而如蘖，足可搔而绝，手可擢而拔，据其未生，先其未形也。磨砻砥砺，不见其损，有时而尽；种树畜养，不见其益，有时而大；积德累行，不知其善，有时而用；弃义背理，不知其恶，有时而亡。臣愿大王孰计而行之，此百世不易之道也。”吴王不纳，乘去而之梁。

路温舒，字长君，巨鹿人也。宣帝初即位，温舒上书言宜尚德缓刑。其辞曰：“臣闻齐有无知之祸，而桓公以兴；晋有骊姬之难，而文公用伯。近世诸吕作乱，而孝文为大宗。由是观之，祸乱之作，将以开圣人也。帝永思至德，以承天心。崇仁义，省刑罚，通关梁，一远近，敬贤如大宾，爱民如赤子，内恕情之所安，而施之海内，是以囹圄空虚，天下太平。夫继变化之后，必有异旧之德，此贤圣所以昭天命也。陛下初登至尊，宜改前世之失，涤烦文，除民疾，存亡继绝，以应天意。臣闻秦有十失，其一尚存，治狱之吏是也。秦之时，羞文学，好武勇，贱仁义之士，贵治狱之吏；正言者谓之诽谤，遏过者谓之妖言。故盛服先生不用于世，忠良切言皆郁于胸，誉谀之声日满于耳，虚美熏心，实祸蔽塞，此乃秦之所以亡天下也。方今天下，赖陛下厚恩，无金革之危、饥寒之患；然太平未洽者，狱乱之也。夫狱者，天下之大命，死者不可生，断者不可属。《书》曰：‘与杀不辜，宁失不经。’今治狱吏则不然，上下相驱，以刻为明。深者获公名，平者多后患。故治狱之吏，皆欲人死，非憎人也，自安之道在人之死。是以死人之血，流离于市；被刑之徒，比肩而立；大辟之计，岁以万数。此仁圣之所伤也。太平之未洽，凡以此也。夫人情安则乐生，痛则思死。捶楚之下，何求而不得？故囚人不胜痛，则饰辞以示之；吏治者利其然，则指道以明之；上奏畏却，则锻炼而周内之〔精孰周悉，致之法中也〕。盖奏当之成，虽咎繇听之，犹以为死有余罪。何则？成练者众，文致之罪明也。是以狱吏专为深刻残贼，不顾国患，此世之大贼也。故俗语曰：‘画地为狱，议不入；刻木为吏，期不对。’此皆疾吏之风，悲痛之辞也。故天下之患，莫深于狱；败法乱正，离亲塞道，莫甚乎治狱之吏。此所谓一尚存者也。臣闻乌鸢之卵不毁，而后凤皇集；诽谤之罪不诛，而后良言进。故古人有言曰：‘山薮藏疾，川泽纳污，瑾瑜匿恶，国君含诟。’唯陛下除诽谤以招切言，开天下之口，广箴谏之路，扫亡秦之失，尊文、武之德，省法制，宽刑罚，则太平之风，可兴于世，永履和乐，与天无极，天下幸甚。”上善其言。

苏建，杜陵人也。子武，字子卿。武帝遣武以中郎将，持节送匈奴，使与副中郎将张胜及假吏常惠等俱。会虞常等谋反匈奴中。虞常在汉时，素与副张胜相知，私候胜曰：“闻汉天子甚怨卫律，常能为汉杀之。吾母与弟在汉，幸蒙其赏。”人夜亡告之。单于怒，召诸贵人议，欲杀汉使者。左伊秩訾曰〔胡官号也〕：“即谋单于，何以复加？宜皆降之。”单于使卫律召武受辞，武曰：“屈节辱命，虽生，何面目以归汉！”引佩刀自刺。卫律惊，自抱持武，气绝，半日复息。单于壮其节，使使晓武。会论虞常，欲因此时降武。剑斩虞常已，律曰：“单于募降者赦罪。”举剑欲击之，胜请降。律谓武曰：“副有罪，当相坐。”复举剑拟之，武不动。律曰：“苏君，律前负汉归匈奴，幸蒙大恩，赐号称王，拥众数万，马畜弥山，富贵如此。苏君今日降，明日复然。空以身膏草野，谁复知之！”武不应。律曰：“君因我降，与君为兄弟，今不听吾计，后虽欲复见我，尚可得乎？”武骂律曰：“汝为人臣子，不顾恩义，畔主背亲，为降虏于蛮夷，何以汝为见？且单于信汝，使决人死生，不平心持正，反欲小两主，观祸败。南越杀汉使者，屠为九郡；宛王杀汉使者，头悬北阙；朝鲜杀汉使者，即时诛灭。独匈奴未耳。若知我不降，明欲令两国相攻，匈奴之祸，从我始矣。”律知武终不可胁，白单于。单于愈益欲降之，乃幽武置大窖中，绝不饮食。天雨雪，武卧啮雪与旃毛，并咽之，数日不死。匈奴以为神，乃徙武北海上无人处，使牧羝羊，曰：“羊乳乃得归。”

武至海上，禀食不至，掘野鼠去草实而食之。杖汉节而牧羊，卧起操持，节旄尽落。单于使李陵至海上，为武置酒设乐，因谓武曰：“单于闻陵与子卿素厚，故使陵来说足下，虚心欲相待。终不得归，空自苦无人之地，信义安攸见乎？来时太夫人已不幸，子卿妇年少，闻已更嫁矣。独有女弟二人，两女一男，今复十余年，存亡不可知。人生如朝露，何久自苦如此！陵始降时，忽忽如狂，自痛负汉，加以老母系保宫，子卿不欲降，何以过陵？且陛下春秋高，法令无常，大臣无罪，夷灭者数十家，安危不可知，尚复谁为乎？愿听陵计。”武曰：“武父子无功德，皆陛下所成就，位列将，爵通侯，兄弟亲近，常愿肝脑涂地。今得杀身自效，虽蒙斧钺汤镬，诚甘乐之。臣事君，犹子事父，子为父死无所恨。愿勿复再言。”陵与武饮数日，复曰：“子卿一听陵言。”武曰：“自分已死久矣！王必欲降武，请毕今日之欢，效死于前！”陵见其至诚，喟然叹曰：“嗟乎！义士！陵与卫律之罪，上通天。”因泣下沾襟，与武决去。武留匈奴十九年，始以强壮出，及还，须发尽白。在匈奴闻上崩，南向号哭呕血，旦夕临。数月，卒得全归。宣帝甘露三年，单于始入朝。上思股肱之美，乃图画其人于麟麟阁，法其形貌，署其官爵姓名。唯霍光不名，曰大司马大将军博陆侯姓霍氏。次曰卫将军富平侯张安世，次曰车骑将军龙额侯韩增，次曰后将军营平侯赵充国，次曰丞相高平侯魏相，次曰丞相博阳侯丙吉，次曰御史大夫建平侯杜延年，次曰宗正阳成侯刘德，次曰少府梁丘贺，次曰太子太傅萧望之，次曰典属国苏武。皆有功德，知名著当世，是以表而扬之，明著中兴辅佐，列于方叔、召虎、仲山甫焉。凡十一人。

韩安国，字长孺，梁人也，为御史大夫。是时匈奴请和亲，上下其议。大行王恢议曰：“汉与匈奴和亲，率不过数岁即背约。不如勿许，举兵击之。”安国曰：“千里而战，即兵不获利。今匈奴负戎马足，怀鸟兽心，迁徙鸟集，难得而制，得其地不足为广，有其众不足为强，自古弗属汉。数千里争利，则人马疲；虏以全制其弊，势必危殆。臣故以为不如和亲。”群臣议多附安国，于是上许和亲。明年，雁门马邑豪聂一因大行王恢言：“匈奴初和亲亲信，边可诱以利致之，伏兵袭击，必破之道也。”上乃召问公卿曰：“朕饰子女以配单于，币帛文锦赂之甚厚。单于待命加嫚，侵盗无已，边境数惊，朕甚闵之。今欲举兵攻之，何如？”大行王恢对曰：“陛下虽未言，臣固愿效之。臣闻全代之时，北有强胡之敌，内连中国之兵，然尚得养老长幼，仓廪常实，匈奴不轻侵也。今以陛下威，海内为一，又遣子弟乘边守塞，转粟挽输，以为之备，然匈奴侵盗不已者，无他，以不恐之故耳。臣窃以为击之便。”安国曰：“不然，臣闻高皇帝尝围于平城，七日不食，天下歌之，解围反位，而无忿怒之心。夫圣人以天下为度者也，不以己私怒伤天下之功，故乃遣刘敬奉金千斤，以结和亲，至今为五世利。孝文皇帝又尝一拥天下之精兵，聚之广武常溪，然无尺寸之功，而天下黔首，无不忧者。孝文寤于兵之不可宿，故复合和亲之约。此二圣之迹，足以为效矣。臣窃以为勿击便。”恢曰：“不然，臣闻五帝不相袭礼，三王不相复乐，非故相反也，各因世宜。且高帝所以不报平城之怨者，非力不能，所以休天下之心也。今边境数惊，士卒伤死，中国槥车相望，此仁人之所隐也〔隐，痛也〕。臣故曰击之便。”安国曰：“不然。臣闻利不十者不易业，功不百者不变常。且自三代之盛，夷狄不与正朔服，非威不能制、强弗能服也，以为远方绝地不牧之臣，不足烦中国也。且匈奴轻疾悍亟之兵也，至如飙风，去如收电，逐兽随草，居处无常，难得而制。今使边郡久废耕织，以支胡之常事，其势不相权也。臣故曰勿击便。”恢曰：“不然。臣闻凤鸟乘于风，圣人因于时。昔秦穆公都雍，地方三百里，知时宜之变，攻取西戎，辟地千里。及后蒙恬为秦侵胡，辟数千里，以河为境，匈奴不敢饮马于河。夫匈奴独可以威服，不可以仁畜也。今以中国之威，万倍之资，遣百分之一以攻匈奴，譬犹以强弩射且溃之痈也，必不留行矣。若是则北发月氏，可得而臣也。故曰击之便。”安国曰：“不然。臣闻用兵者，以饱待饥，正治以待其乱，定舍以待其劳。故接兵覆众，伐国堕城，常坐而役敌国，此圣人之兵也。且臣闻之，冲风之衰，不能起毛羽；强弩之末，力不能入鲁缟。夫盛之有衰，犹朝之有暮也。今卷甲轻举，深入长驱，难以为功；从行则迫胁，横行则中绝；疾则粮乏，徐则后利。不至千里，人马乏食。兵法曰：‘遗人获也。’意者有他缪巧以禽之，则臣不知也。不然，则未见深入之利也。臣故曰勿击便。”恢曰：“不然。夫草木遭霜者，不可以风过；清水明镜，不可以形逃；通方之士，不可以文乱。今臣言击之者，固非发而深入也，将顺因单于之欲，诱而致之边。吾选骁骑壮士，审遮险阻，吾势已定，或营其左，或营其右，或当其前，或绝其后，单于可禽，百全必取。”上曰：“善。”乃从恢议。阴使聂一为间，亡入匈奴，谓单于曰：“吾能斩马邑令丞以城降，财物可尽得。”单于信以为然而许之。聂一乃诈斩死罪囚，悬其头马邑城下，示单于使者。于是单于穿塞，将十万骑，入武州塞。是时汉兵三十余万，匿马邑旁谷中，约单于入马邑，纵兵击之。单于入塞，未至马邑百余里，觉之还去，诸将竟无功，恢坐自杀。

董仲舒，广川人也。下帷读书，三年不窥园。举贤良，武帝制问焉，曰：“盖闻五帝三王之道，改制作乐，而天下洽和，百王同之。圣王已没，钟鼓管弦之声未衰，而大道微缺陵夷，至乎桀、纣之行作，王道大坏矣。夫五百年之间，守文之君，当涂之士，欲则先王之法，以戴翼其世者甚众，然犹不能反，日以仆灭，至后王而后止，岂其所持操或悖缪而失统与？固天降命不可复反与？夙兴夜寐，法上古者，又将无补与？三代受命，其符安在？灾异之变，何缘而起？性命之情，或夭或寿，或仁或鄙，习闻其号，未烛厥理。伊欲风流而令行，刑轻而奸改，百姓和乐，政事宣昭。何修何饰，而膏露降、百谷登、德润四海、泽臻草木、三光全、寒暑平、受天之祐、享鬼神之灵、德泽洋溢、施乎方外、延及群生？士大夫其明以谕朕，靡有所隐。”

仲舒对曰：“陛下发德音，下明诏，求天命与情性，皆非愚臣之所能及也。臣谨按《春秋》之中，视前世已行之事，以观天人相与之际，甚可畏也。国家将有失道之败，而天乃先出灾害，以谴告之；不知自省，又出怪异，以警惧之；尚不知变，而伤败乃至。以此见天心之仁爱人君，而欲止其乱也。自非大无道之世者，天尽欲扶持而全安之。事在强勉而已矣。强勉学问，则闻见博而智益明；强勉行道，则德日起而大有功。此皆可使还至而立有效者也。夫人君莫不欲安存而恶危亡，然而政乱国危者甚众，所任者非其人而所由者非其道也。夫周道衰于幽厉，非道亡也，幽厉不由也。至于宣王，思昔先王之德，周道粲然复兴，此夙夜不懈，行善之所致也。孔子曰：'人能弘道，非道弘人也。'故治乱废兴在于己，非天降命不可得反也。及至后世，淫泆衰微，诸侯背叛，废德教而任刑罚。刑罚不中，则生邪气；邪气积于下，怨恶蓄于上；上下不和，明阳缪戾，而妖孽生矣。此灾异所缘而起也。故尧、舜行德，则民仁寿；桀、纣行暴，则民鄙夭。夫上之化下，下之从上，犹泥之在钧，唯甄者之所为〔陶人作瓦器谓之甄〕；犹金之在镕，唯冶者之所铸。'绥之斯倈，动之斯和'，此之谓也。天道之大者在阴阳。阳为德，阴为刑。刑主杀，而德主生。是故阳常居大夏，而以生育养长为事；阴常居大冬，而积于空虚不用之处。以此见天之任德不任刑也。天使阳出布施于上而主岁功，使阴入伏于下而时出佐阳。阳不得阴之助，亦不能独成岁也。王者承天意以从事，故任德教而不任刑。刑者不可任以治世，犹阴之不可任以成岁也。为政而任刑，不顺于天，故先王莫之肯为也。今废先王任德教之官，而独用执法之吏治民，无乃任刑之意与！孔子曰：'不教而诛，谓之虐。'虐政用于下，而欲德教之被四海，故难成也。故为人君者，正心以正朝廷，正朝廷以正百官，正百官以正万民，正万民以正四方。四方正，远近莫敢不一于正，而无有邪气奸其间者。是以阴阳调而风雨时，群生和而万民殖。天地之间被润泽而大丰美，四海之内，闻盛德而皆倈臣，诸福之物，可致之祥，莫不毕至，而王道终矣。

"孔子称：'凤鸟不至，河不出图，吾已矣夫！'自悲能致此物，而身卑贱不得致也。今陛下居得致之位，操可致之势，又有能致之资，然而天地未应，而美祥莫至者，何也？凡民之从利，如水之走下，不以教化堤防之，不能止也。是故教化立，而奸邪皆止者，其堤防完也；教化废，而奸邪皆出，刑罚不能胜者，其堤防坏也。古之王者，莫不以教化为大务。立大学以教于国，设庠序以化于邑。渐民以仁，摩民以义，节民以礼。故其刑罚甚轻，而禁不犯者，教化行而习俗美也。圣王之继乱世也，扫除其迹而悉去之，复修教化而崇起之。教化已明，习俗已成，子孙循之，行五六百岁，尚未败也。至周之末世，大为无道，以失天下。秦继其后，犹不能改，又益甚之，重禁文学，弃捐礼谊，其心欲尽灭先圣之道，而专为自恣苟简之治，故立为天子，十四岁而国破亡矣。自古以来，未尝有以乱济乱，大败天下之民，如秦者也。其遗毒余烈，至今未灭。今汉继秦之后，如朽木粪墙矣，虽欲善治之，无可奈何。法出而奸生，令下而诈起，如以汤止沸，以薪救火，愈甚无益也。窃譬之琴瑟，琴瑟不调，甚者，必解而更张之，乃可鼓也；为政而不行，甚者，必变而更化之，乃可理也。当更张而不更张，虽有良工，不能善调也；当更化而不更化，虽有大贤，不能善治也。故汉得天下以来，常欲善治，而至今不可善治者，失之于当更化而不更化也。

古人有言：‘临川而羡鱼，不如退而结网。’今临政而愿治，七十余岁矣，不如退而更化。更化则可善治，善治则灾害日去、福禄日来。夫仁谊礼智信，五常之道，王者所当修饰也。五者修饰，故受天之祐而享鬼之灵，德施乎方外，延及群生也。”

天子览其对而异焉，制曰：“盖闻虞舜之时，垂拱无为而天下太平；周文王至于日昃不暇食，而宇内亦治。夫帝王之道，岂不同条共贯与？何逸劳之殊也？殷人执五刑以督奸，伤肌肤以惩恶。成康不式，四十余年，天下不犯，囹圄空虚。秦国用之，死者甚众，刑者相望。朕夙寤晨兴，惟前帝王之宪，功烈休德，未始云获。今阴阳错谬，群生寡遂，廉耻贸乱，贤不肖浑殽，未得其真。明其指略，称朕意焉。”仲舒对曰：“臣闻，尧受命以天下为忧，而未闻以位为乐也，故诛逐乱臣，务求贤圣，是以教化大行，天下和洽。虞舜因尧之辅佐，继其统业，是以垂拱无为而天下治。孔子曰：‘韶尽善矣。’此之谓也。至殷纣，逆天暴物，杀戮贤智，天下耗乱，万民不安。文工顺理天物，悼痛而欲安之，是以日昃不暇食也。由此观之，帝王之条贯同，然而劳逸异，所遇之时异也。陛下悯世俗之靡薄，悼王道之不昭，故举贤良方正之士，论议考问，将欲兴仁谊之休德，明帝王之法制，建太平之道也。此大臣辅佐之职，三公九卿之任，非臣仲舒所及也。然而臣窃有所怪。夫古之天下，亦今之天下。共是天下，古以大治，上下和睦，不令而行，不禁而止；吏无奸邪，囹圄空虚；德润草木，泽被四海。以古准今，一何不相逮之远也！安所缪戾，而陵夷若是？意者有所失于古之道与？有所诡于天之理与？夫天亦有所分与，与上齿者去其角，傅其翼者两其足，是所受大者，不得取小也。古之所与禄者，不食于力，不动于末，是亦受大者，不得取小也。夫已受大，又取小，天不能足，而况人乎！此民之所以嚣嚣苦不足也。身宠而载高位，家温而食厚禄，因乘富贵之资力，以与民争利于下，民安能如之哉！是故博其产业，蓄其积委，务此而无已，以迫蹴民，民浸以大穷。富者奢侈羡溢，贫者穷急愁苦而上不救，则民不乐生。民不乐生，尚不避死，安能避罪？此刑罚之所以繁而奸邪不可胜者也。故受禄之家，食禄而已，不与民争业，然后利可均布，而民可家足也。此上天之理而太古之道，天子之所宜法以为制，大夫之所当循以为行也。故公仪子怒而出其妇，愠而拔其葵，曰：‘吾已食禄矣，又夺园夫工女利乎！’古之贤人君子在列位者皆如是，故下高其行而从其教，民化其廉而不贪鄙。故《诗》曰：‘赫赫师尹，民具尔瞻。’由是观之，天子大夫者，下民之所视效，岂可以居贤人之位，而为庶人行哉！皇皇求财利，常恐匮乏者，庶人之意也；皇皇求仁义，常恐不能化民者，大夫之意也。《易》曰：‘负且乘，致寇至。’乘车者，君子之位也；负担者，小人之事也。此言居君子之位，而为庶人之行者，其患祸必至也。”

卷十八

《汉书》治要〔六〕

传

司马相如，字长卿，蜀郡人也。为郎，尝从上至长杨猎。是时天子方好自击熊豕，驰逐野兽，相如因上疏谏。其辞曰："臣闻物有同类而殊能者，故力称乌获，捷言庆忌，勇期贲育。臣之愚，窃以为人诚有之，兽亦宜然。今陛下好陵阻险，射猛兽，猝然遇逸材之兽，骇不存之地，犯属车之清尘，舆不及还辕，人不暇施巧，虽有乌获、逢蒙之伎，力不得施用，枯木朽株，尽为难矣。是胡越起于毂下，而羌夷接轸也，岂不殆哉！虽万全而无患，然本非天子之所宜近也。且夫清道而后行，中路而驰，犹时有御撅之变。况乎涉丰草，骋丘墟，前有利兽之乐，而内无存变之意，其为害也不难矣！夫轻万乘之重，不以为安乐，出万有一危之涂以为娱，臣窃为陛下不取。盖明者远见于未萌，知者避危于无形，祸固多臧于隐微，而发于人之所忽者也。故鄙谚曰：'家累千金，坐不垂堂。'此言虽小，可以喻大。臣愿陛下留意幸察。"上善之。

公孙弘，菑川人也。家贫，牧豕海上。年四十，乃学《春秋》。武帝初即位，弘年六十，以贤良对策焉。武帝制曰："盖闻上古至治，画衣冠，异章服，而民不犯；阴阳和，五谷登，六畜蕃，甘露降，风雨时，嘉禾兴，朱草生，山不童〔童，无草木也〕，泽不涸；麟凤在郊薮，龟龙游于沼，河洛出图书；父不丧子，兄不哭弟；舟车所至，人迹所及，跂行喙息，咸得其宜。朕甚嘉之，今何道而臻乎？此天人之道，何所本始？吉凶之效，安所期焉？仁义礼智，四者之宜，当安设施？属统垂业、天文、地理、人事之纪，子大夫习焉，其悉意正议。"弘对曰："臣闻上古尧舜之时，不贵爵赏而民劝善，不重刑罚而民不犯，躬率以正，遇民信也；末世贵爵厚赏而民不信也，夫厚重赏刑，未足以劝善而禁非，必信而已矣。是故因能任官，则分职治；去无用之言，则事情得；不作无用之器，即赋敛省；不夺民时，即百姓富；有德者进，无德者退，则朝廷尊；有功者上，无功者下，则群臣逡；罚当罪，则奸邪止；赏当贤，则臣下劝。凡此八者，治之本也。故民者，业之即不争，理得则不怨，有礼则不暴，爱之则亲上，此有天下之急者也。故法不远义，则民服而不离；和不远礼，是民亲而不暴。故法之所罚，义之所去也；和之所赏，礼之所取也。礼义者，民之所服也，而赏罚顺之，则民不犯禁矣。故画衣冠，异章服，而民不犯者，此道素行也。臣闻之，气同则从，声比则应。今人主和德于上，百姓和合于下，故心和则气和，气和则形和，形和则声和，声和则地之和应矣。故阴阳和，风雨时，甘露降，五谷登，山不童，泽不涸，此和之至也。故形和则无疾，无疾则不夭，故父不丧子，兄不哭弟。德配天地，明并日月，则麟凤至，龟龙在郊，河出图，洛出书，远方之君，莫不悦义奉币而来朝，此和之至也。臣闻之，仁者爱也，义者宜也，礼者所履也，智者术之原也。致利除害，兼爱无私，谓之仁；明是非，立可否，谓之义；进退有度，尊卑有分，谓之礼；擅杀生之柄，通壅塞之途，权轻重之数，论得失之道，使远近情伪必见于上，谓之术。凡此四者，治之本、道之用也，皆当设施，不可废也。得其要术，则天下安乐，法设而不用；不得其术，则主蔽于上，官乱于下。此事之情，属统垂业之本也。桀纣行恶，受天之罚；禹汤积德，以王天下。因此观之，天德无私亲，顺之和起，逆之害生，此天文、地理、人事之纪也。”太常奏弘第居下，策奏，天子擢为第一，拜为博士，待诏金马门，后为丞相。

卜式，河南人也，以田畜为事。时汉方事匈奴，式上书，愿输家财半助边。上使使问式：“欲为官乎？”式曰：“自少牧羊，不习仕宦，不愿也。”使者以闻。上乃召拜式为中郎，赐爵左庶长，田十顷，布告天下，尊显以风百姓。初式不愿为郎，上曰：“吾有羊在上林中，欲令子牧之。”式既为郎，布衣草蹻而牧羊。岁余，羊肥息。上过其羊所，善之。式曰：“非独羊也，治民亦犹是矣。以时起居，恶者辄去，无令败群。”上奇其言，欲试使治民。拜式缑氏令，缑氏便之；迁齐王大傅，转御史大夫。

赞曰：公孙弘、卜式、倪宽，皆以鸿渐之翼，困于燕爵〔渐，进也。鸿一举而进千里者，羽翼之材也。弘等皆以大材，初为俗所薄，若燕爵不知鸿志也〕，远迹羊豕之间，非遇其时，焉能致此位乎？是时，汉兴六十余载，海内艾安，府库充实，而四夷未宾，制度多阙。上方欲用文武，求之如弗及。始以蒲轮迎枚生，见主父而叹息。群士慕向，异人并出。卜式拔于刍牧，弘羊擢于贾竖，卫青奋于奴仆，日磾出于降虏，斯亦曩时板筑饭牛之朋已。汉之得人，于兹为盛。儒雅则公孙弘、董仲舒、倪宽，笃行则石建、石庆，质直则汲黯、卜式，推贤则韩安国、郑当时，定令则赵禹、张汤，文章则司马迁、相如，滑稽则东方朔、枚皋，应对则严助、朱买臣，历数则唐都、洛下闳，协律则李延年，运筹则桑弘羊，奉使则张骞、苏武，将率则卫青、霍去病，受遗则霍光、金日磾，其余不可胜纪。是以兴造功业，制度遗文，后世莫及。孝宣承统，纂修洪业，亦讲论六艺，招选茂异。而萧望之、梁丘贺、夏侯胜、韦玄成、严彭祖、尹更始以儒术进，刘向、王褒以文章显，将相则张安世、赵充国、魏相、丙吉、于定国、杜延年，治民则黄霸、王成、龚遂、郑弘、召信臣、韩延寿、尹翁归、赵广汉、严延年、张敞之属，皆有功迹，见述于后世。参其名臣，亦其次也。

严助，会稽人也。建元三年，闽越举兵围东瓯，东瓯告急。太尉田蚡以为越人相攻击，其常事，又数反覆，不足烦中国往救也，自秦时弃不属。于是助诘蚡曰："特患力不能救，德不能覆，诚能，何故弃之？且秦举咸阳弃之，何但越也！"上乃遣助以节发兵，浮海救东瓯，遣两将军将兵诛闽越。淮南王安上书谏曰："今闻有司举兵，将以诛越，臣安窃为陛下重之。越，方外之地、剪发文身之民也，不可以冠带之国法度治也。三代之盛，胡越不与受正朔，非强弗能服，威弗能制也，以为不居之地、不牧之民，不足以烦中国也。自汉初定以来七十二年，吴越人相攻击者，不可胜数，然天子未尝举兵而入其地也。臣闻越非有城郭邑里也，处溪谷之间、篁竹之中，习于水斗，便于用舟；地深昧而多水险，中国之人，不知其势阻，虽百不当一。得其地，不可郡县也；攻之，不可暴取也。以地图察其山川要塞，相去不过寸数，而间独数百千里。阻险林丛，弗能尽著，视之若易，行之甚难。越人名为藩臣，贡酎之奉，不输大内〔越国僻远，珍奇之贡，宗庙之祭，皆不与也。大内，都内也〕，一卒之用，不给上事。自相攻击，而陛下以兵救之，是反以中国而劳蛮夷也。越人愚戆轻薄，负约反覆，其不用天子之法度，非一日之积也。一不奉诏，举兵诛之，臣恐后兵革无时得息也。间者数年，岁比不登，赖陛下德泽振救之，得毋转死沟壑。今发兵行数千里，资衣粮，入越地，舆轿而逾领〔轿，竹舆车也。领，山岭也。不通船车，运转皆担舆也〕，拖舟而入，水行数百千里，夹以深林丛竹；水道上下击石，林中多蝮蛇猛兽。夏月暑时，呕泄霍乱之病相随属也，曾未施兵接刃，死伤者必众矣。前时南海王反，陛下先臣使将军间忌将兵击之〔先臣，淮南厉王长也〕，会天暑多雨，楼船卒水居击棹，未战而病死者过半。亲老哭泣，孤子啼号，破家散业，迎尸千里之外，裹骸骨而归。悲哀之气，数年不息，长老至今以为记。曾未入其地，而祸已至此矣。臣闻军旅之后，必有凶年。陛下德配天地，明象日月，恩至禽兽，泽及草木。一人有饥寒，不终其天年而死者，为之凄怆于心。今方内无狗吠之警，而使陛下甲卒死亡，暴露中原，沾渍山谷；边境之民，为之早闭晏开，朝不及夕。臣安窃为陛下重之。不习南方地形者，多以越为人众兵强，能难边城〔为边城作难也〕。臣窃闻之，与中国异。限以高山，人迹绝，车道不通，天地所以隔外内也。且越人绵力薄材，不能陆战，又无车骑弓弩之用，然而不可入者，以保险。而中国之人，不能服其水土也。兵未血刃，而病死者什二三。虽举越国而虏之，不足以偿所亡。臣闻道路言，闽越王弟甲弑而杀之，甲以诛死，其民未有所属。陛下使重臣临存，施德垂赏，以招致之，此必委质为藩臣，世供贡职。陛下以方寸之印，丈二之组，镇抚方外，不劳一卒，不顿一戟，而威德并行。今以兵入其地，此必震恐，以有司为欲屠灭之也，必雉兔逃入山林险阻。背而去之，则复相群聚；留而守之，历岁经年，则士卒疲倦，食粮乏绝。男子不得耕稼树种，妇人不得纺绩织纴，丁壮从军，老弱转饷；居者无食，行者无粮。民苦兵事，亡逃者必众，随而诛之，不可胜尽，盗贼必起。兵者凶事，一方有急，四面皆从。臣恐变故之生、奸邪之作，由此始也。《周易》曰：'高宗伐鬼方，三年而克之。'鬼方，小蛮夷；高宗，殷之盛天子也。以盛天子伐小蛮夷，三年而后克，言用兵之不可不重也。臣闻天子之兵，有征而无战，言莫敢校也。如使越人蒙死侥幸，以逆执事之颜行〔在前行，故曰颜也〕，厮舆之卒，有一不备而归者，虽得越王之首，臣犹窃为大汉羞之。陛下四海为境，九州为家，八薮为囿，江汉为池，生民之属，皆为臣妾。陛下垂德惠，以覆露之，使元元之民安生乐业，则泽被万世，施之无穷，天下之安，犹泰山而四维之也。夷狄之地，何足以为一日之间，而烦汗马之劳乎？"是时，汉兵遂出逾岭，适会闽越王弟余善杀王以降。汉兵罢。上嘉淮南之意。

吾丘寿王，字子赣，赵人也。丞相公孙弘奏言："民不得挟弓弩。十贼彍弩，百吏不敢前，害寡而利多，此盗贼所以繁也。禁民不得挟弓弩，则盗贼执短兵，短兵接则众者胜。以众吏捕寡贼，其势必得盗贼。有害无利，则莫犯法。臣愚以为，禁民无得挟弓弩便。"上下其议，寿王对曰："臣闻古者作五兵，非以相害，以禁暴讨邪。安居则以制猛兽，而备非常；有事则以设守卫，而施行陈。及至周室衰微，诸侯力政，强侵弱，众暴寡，海内抗弊，巧诈并生。是以智者陷愚，勇者威怯，苟以得胜为务，不顾义理。故机变械饰，所以相贼害之具，不可胜数。秦兼天下，废王道，立私议，去仁恩，而任刑戮；堕名城，杀豪杰，销甲兵，折锋刃。其后，民以耰锄箠梃相挞击，犯法滋众，盗贼不胜，至于赭衣塞路，群盗满山，卒以乱亡。故圣王务教化，而省禁防，知其不足恃也。今陛下昭明德，建太平，举俊材，兴学官，宇内日化，方外乡风，然而盗贼犹有者，郡国二千石之罪，非挟弓弩之过也。《礼》曰：'男子生，桑弧蓬矢以举之。'明示有事也。大射之礼，自天子降及乎庶人，三代之道也。愚闻圣王合射以明教，未闻弓矢之为禁也。且所为禁者，为盗贼之以攻夺也。攻夺之罪死，然而不止者，大奸之于重诛固不避也。臣恐邪人挟之，而吏不能止，良民以自备，而抵法禁，是擅贼威而夺民救也。窃以为无益于禁奸，而废先王之典，使学者不得习行其礼，不便。"书奏，上以难丞相弘，弘诎服焉。

主父偃，齐国人也。上书阙下，所言九事，其八事为律令，一事谏伐匈奴。曰："臣闻国虽大，好战必亡；天下虽平，忘战必危。天下既平，春搜秋狝，所以不忘战也。且怒者逆德也，兵者凶器也，争者末节也，故圣王重之。夫务战胜，穷武事，未有不悔者也。昔秦皇帝任战胜之威，并吞战国，海内为一，功齐三代。务胜不休，欲攻匈奴，李斯谏曰：‘夫匈奴，无城郭之居、委积之守，迁徙鸟举，难得而制。轻兵深入，粮食必绝；运粮以行，重不及事。得其地，不足以为利；得其民，不可调而守也〔不可和调〕。胜必弃之，非民父母，靡弊中国，甘心匈奴，非完计也。’秦皇帝不听，遂使蒙恬将兵而攻胡，却地千里，以河为境，发天下丁男，以守北河。暴兵露师十有余年，死者不可胜数，终不逾河而北。是岂人众之不足、兵革之不备哉？其势不可也。又使天下飞刍挽粟，转输北河，率三十钟而致一石。男子疾耕不足于粮饷，女子纺绩不足于帷幕。百姓靡弊，孤寡老弱，不能相养，道死者相望，盖天下始叛也。及至高皇帝定天下，略地于边，闻匈奴聚代谷之外，而欲击之。御史成谏曰：‘夫匈奴，兽聚而鸟散，从之如搏景。今陛下盛德攻匈奴，臣窃危之。’高帝不听，遂至代谷，果有平城之围。高帝悔之，乃使刘敬往结和亲，然后天下无干戈之事。故兵法曰：‘兴师十万，日费千金。’秦常积众数十万人，虽有覆军杀将，系虏单于，适足以结怨深仇，不足以偿天下之费也。夫匈奴行盗侵驱，所以为业，天性固然。上自虞夏殷周，禽兽畜之，不比为人。夫不上观虞夏殷周之统，而下循近世之失，此臣之所以大恐，百姓所疾苦也。且夫兵久则变生，事苦则虑易。使边境之民靡敝愁苦，将吏相疑而外市〔与外国交市，若章邯之比也〕，故尉他、章邯得成其私，此得失之效也。”书奏，召见，乃拜为郎中。偃数上疏言事，岁中四迁。偃说上曰：“古者诸侯地不过百里，强弱之形易制。今诸侯或连城数十，地方千里。缓则骄奢，易为淫乱；急则阻其强而合从，以逆京师。今以法割削，则逆节萌起，前日晁错是也。今诸侯子弟或十数，而嫡嗣代立，余虽骨肉，毋尺地封，则仁孝之道不宣。愿陛下令诸侯得推恩分子弟，以地侯之。彼人人喜得所愿，上以德施，实分其国，必稍自销弱矣。”于是上从其计。

徐乐，燕人也。上书曰：“臣闻天下之患，在于土崩，不在瓦解，古今一也。何谓土崩？秦之末世是也。陈涉无千乘之尊，身非王公大人名族之后，非有孔、曾、墨子之贤，陶朱、猗顿之富，然起穷巷，奋棘矜，偏袒大呼，天下从风，此其故何也？由民困而主不恤，下怨而上不知，俗以乱而政不修。此三者，陈涉之所以为资也。此之谓土崩。故曰‘天下之患，在乎土崩’。何谓瓦解？吴、楚、齐、赵之兵是也。七国谋为大逆，号皆称万乘之君，带甲数十万，威足以严其境内，财足以劝其士民，然不能西攘尺寸之地，而身为禽于中原者，此其故何也？非权轻于匹夫，而兵弱于陈涉也。当是之时，先帝之德未衰，而安土乐俗之民众，诸侯无境外之助。此之谓瓦解。故曰‘天下之患，不在瓦解’。由此观之，天下诚有土崩之势，虽布衣穷处之士，或首难而危海内，况三晋之君或存乎？天下虽未治也，诚能无土崩之势，虽有强国劲兵，不得还踵，而身为禽也，况群臣百姓能为乱乎？此二体者，安危之明要，贤主之所留意而深察也。间者，关东五谷数不登，年岁未复，民多空困，重之以边境之事，推数循理而观之，民宜有不安其处者矣。不安故易动，易动者，土崩之势也。故贤主独观万化之原，明安危之机，修之庙堂之上，而销未形之患也。其要，期使天下无土崩之势而已矣。臣闻图王不成，其弊足以安。安则陛下何求而不得、何威而不成、奚征而不服哉？”

严安，临菑人也。以故丞相史上书曰：“臣闻邹子曰：‘政教文质者，所以云救也。当时则用，过则舍之，有易则易之。故守一而不变者，未睹治之至也。’秦王并吞战国，称号皇帝，一海内之政，坏诸侯之城。民得免战国，人人自以为更生。乡使秦缓其刑罚，薄赋敛，省徭役，贵仁义，贱权利，上笃厚，下佞巧，变风易俗，化于海内，则世世必安矣。秦不行是风，循其故俗，为智巧权利者进，笃厚忠正者退，法严令苛，谄谀者众，日闻其美，意广心逸，欲威海外。当是时，秦祸北构于胡，南挂于越。宿兵无用之地，进而不得退。行十余年，丁男被甲，丁女转输，苦不聊生，自经于道树，死者相望。及秦皇帝崩，天下大叛，豪士并起，不可胜载也。然本皆非公侯之后，无尺寸之势，起闾巷，杖棘矜，应时而动，不谋而俱起，不约而同会，至乎伯王，时教使然也。秦贵为天子，富有天下，灭世绝祀，穷兵之祸也。故周失之弱，秦失之强，不变之患也。今徇南夷，朝夜郎，降羌僰，略秽州〔东夷也〕，建城邑，深入匈奴，燔其龙城，议者美之。此人臣之利，非天下之长策也。今中国无狗吠之警，而外累于远方之备，靡弊国家，非所以子民也；行无穷之欲，甘心快意，结怨于匈奴，非所以安边也；祸挐而不解，兵休而复起，近者愁苦，远者惊骇，非所以持久也。今天下锻甲磨剑，矫箭控弦，转输军粮，未见休时，此天下所共忧也。夫兵久而变起，事烦而虑生。今外郡之地，或几千里，列城数十，带胁诸侯，非宗室之利也。上观齐晋所以亡，公室卑削，六卿大盛也；下览秦之所以灭，刑严文刻，欲大无穷也。今郡守之权，非特六卿之重也；地几千里，非特闾巷之资也；甲兵器械，非特棘矜之用也。以逢万世之变，则不可胜讳也。”天子纳之。

贾捐之，字君房，贾谊之曾孙也。元帝初，珠崖又反，发兵击之，诸县更叛，连年不定。上与有司议大发军，捐之建议，以为不当击。上使侍中王商诘问捐之曰：“珠崖内属为郡久矣，今背叛逆节，而云不当击，长蛮夷之乱，亏先帝功德，经义何以处之？”捐之对曰：“孔子称尧曰‘大哉’、韶曰‘尽善’、禹曰‘无闲’。以三圣之德，地方不过数千里，欲与声教则治之，不欲与者不强治也。故君臣歌德，含气之物，各得其宜。武丁、成王，殷周之大仁也，然地东不过江、黄，西不过氐、羌，南不过蛮荆，北不过朔方。是以颂声并作，视听之类，咸乐其生，越裳氏重九译而献，此非兵革之所能致。及其衰也，南征不还，秦兴兵远攻，贪外虚内，务欲广地，不虑其害，而天下溃叛。赖圣汉初兴，平定天下。至孝文皇帝，闵中国未安，偃武行文，则断狱数百，民赋四十，丁男三年而一事。时有献千里马者，诏曰：‘鸾旗在前，属车在后，吉行日五十里，师行三十里，朕乘千里之马，独先安之？’于是还马与道里费，而下诏曰：‘朕不受献也，其令四方无求来献。’当此之时，逸游之乐绝，奇丽之赂塞，故谥为孝文，庙称太宗。至孝武皇帝，太仓之粟红腐而不可食，都内之钱，贯朽而不可校。乃探平城之事，录冒顿以来数为边害，籍兵厉马，因富民以攘服之。西连诸国，至于安息；东过碣石，以玄菟乐浪为郡；北却匈奴万里，制南海以为八郡。则天下断狱万数，民赋数百，造盐铁酒榷之利，以佐用度，犹不能足。当此之时，寇贼并起，军旅数发；父战于前，子斗于后；女子乘亭鄣，孤儿号于道。老母寡妇饮泣巷哭，遥设虚祭，想魂乎万里之外。淮南王盗写虎符，公孙勇等诈为使者，是皆廓地泰大，征伐不休之故也。今天下独有关东，关东大者独有齐楚，民众久困，连年流离，离其城郭，相枕席于道路。人情莫亲父母，莫乐夫妇。至嫁妻卖子，法不能禁，义不能止，此社稷之忧也。今陛下不忍悁悁之忿，欲驱士众挤之大海之中，快心幽冥之地，非所以救助饥馑，保全元元也。骆越之人，父子同川而浴，与禽兽无异，本不足郡县置也。独居一海之中，多毒草虫蛇水土之害，人未见虏，战士自死。又非独珠崖有珠犀瑇瑁也，弃之不足惜，不击不损威。其民譬犹鱼鳖，何足贪也！臣窃以往者羌军言之，暴师曾未一年，兵出不逾千里，费四十余万万，大司农钱尽，乃以少府禁钱续之。夫一隅为不善，费尚如此，况于劳师远攻，亡士无功乎！求之往古则不合，施之当今又不便。臣愚以为非冠带之国、《禹贡》所及、春秋所治，皆可且无以为。愿遂弃珠崖，专用恤关东为忧。”对奏，丞相于定国以为捐之议是。上乃从之。遂下诏曰：“珠崖虏杀吏民，背叛为逆，今议者或言可击，或言可守，或欲弃之，其指各殊。朕日夜惟思议者之言，羞威不行，则欲诛之；狐疑避难，则守屯田；通于时变，则忧万民。夫万民之饥饿，与远蛮之不讨，危孰大焉？且宗庙之祭，凶年不备，况避不嫌之辱哉！今关东大困，仓库空虚，无以相赡，又以动兵，非特劳民，凶年随之。其罢珠崖郡。”捐之数召见，言多纳用。时中书令石显用事，捐之数短显，以故不得官，后稀复见。

东方朔，字曼倩，平原人也。武帝即位，待诏金马门。建元三年，上始微行，北至池阳，西至黄山，南猎长杨，东游宜春，夜出夕还。后上以为道远劳苦，又为百姓所患，乃使吾丘寿王举籍阿城以南，周至以东，宜春以西，提封顷亩，及其价值，欲除以为上林苑，属之南山。寿王奏事，上大悦。朔进谏曰：“臣闻谦逊静悫，天表之应，应之以福；骄溢靡丽，天表之应，应之以异。今陛下累郎台，恐其不高；弋猎之处，恐其不广。如天不为变，则三辅之地，尽可以为苑，何必周至、鄠、杜乎！奢侈越制，天为之变，上林虽小，臣尚以为大也。夫南山，天下之大阻也，南有江淮，北有河渭，其地从汧陇以东，商雒以西，厥壤肥饶。汉兴，去三河之地，止霸产以西，都泾渭之南。此所谓天下陆海之地，秦之所以虏西戎、兼山东者也。其山出玉石，金、银、铜、铁、豫章、檀、柘，异类之物，不可胜原，此百工所取给，万民所仰足也。又有粳、稻、梨、栗、桑麻、竹箭之饶，贫者得以人给家足，无饥寒之忧，故沣镐之间，号为土膏，其价亩一金。今规以为苑，绝陂池水泽之利，而取民膏腴之地，上乏国家之用，下夺农桑之业，弃成功，就败事，损耗五谷，是其不可一也。且盛荆棘之林，而长养麋鹿，广狐菟之苑，大虎狼之墟，又坏人冢墓，发人室庐，令幼弱怀土而思，耆老泣涕而悲，是其不可二也。骑驰东西，车骛南北，又有深沟大渠，夫一日之乐，不足以危无堤之舆〔不敢斥天子，故言舆〕，是其不可三也。故务苑囿之大，不恤农时，非所以强国富人也。夫殷作九市之宫〔纣于宫中设九市也〕，而诸侯叛；灵王起章华之台，而楚人散；秦兴阿房之殿，而天下乱。粪土愚臣，忘生触死，逆盛意，犯隆指，罪当万死。”上乃拜朔为大中大夫，给事中，赐黄金百斤。然遂起上林苑。

武帝时，公主、贵人多逾礼制，天下侈靡趋末，百姓多离农亩。上从容问朔："朕欲化民，岂有道乎？"朔对曰："尧舜禹汤，文武成康，上古之事，经数千载，尚难言也，臣不敢陈。愿近述孝文皇帝之时，当世耆老，皆闻见之。贵为天子，富有四海，身衣弋绨，足履革舄；以韦带剑，莞蒲为席；衣缊无文，集上书囊，以为殿帷；以道德为丽，以仁义为准，于是天下望风成俗，昭然化之。今陛下以城中为小，图起建章，左凤阙，右神明，号称千门万户；木土衣绮绣，狗马被缋罽；宫人簪瑇瑁、垂珠玑，设戏车，教驰逐，饰文采，丛珍怪，撞万石之钟，击雷霆之鼓，作俳优，舞郑女。上为淫侈如此，而欲使民独不奢侈失农，事之难者也。陛下诚能用臣之计，推甲乙之帐〔甲乙，帐名〕，燔之于四通之衢，却走马，示不复用，则尧舜之隆，宜可与比治矣。《易》曰：'正其本，万事理。失之毫厘，差以千里。'愿陛下留意察之。"

朔直言切谏，上常用之。设"非有先生"之论，其辞曰："非有先生仕吴，进不称往古以厉主意，退不扬君美以显其功，默然无言者三年矣。吴王怪而问之。曰：'谈何容易！夫谈有悖于目、拂于耳、谬于心而便于身者，或有悦于目、顺于耳、快于心而毁于行者，非有明王圣主，孰能听之？'吴王曰：'何为其然也？中人以上，可以语上。先生试言，寡人将听焉。'先生对曰：'昔者，关龙逢深谏于桀，而王子比干直言于纣，此二臣皆极虑尽忠，闵主泽不下流，而万民骚动，故直言其失，切谏其邪者，将以为君之荣，除主之祸也。今则不然，反以为诽谤君之行，无人臣之礼，戮及先人，为天下笑，故曰谈何容易。是以辅弼之臣瓦解，而邪谄之人并进，遂及飞廉、恶来革等〔二人皆纣时佞臣也〕。二人皆诈伪，巧言利口，以进其身；阴奉雕琢刻镂之好，以纳其心；务快耳目之欲，以苟容为度。遂往不戒，身没被戮，宗庙崩阤，国家为墟，故卑身贱体，悦色微辞，愉愉呴呴，终无益于主上之治，则志士仁人不忍为也。将俨然作矜严之色，深言直谏，上以拂主之邪，下以损百姓之害，则忤于邪主之心，历于衰世之法，如果邪主之行，固足畏也。故曰谈何容易。'于是吴王惧然易容，捐荐去几，危坐而听。先生曰：'接舆避世，箕子阳狂，此二子者，皆避浊世以全其身者也。使遇明王圣主，得赐清燕之闲，宽和之色，发愤毕诚，图画安危，揆度得失，上以安主体，下以便万民，则五帝三王之道，可几而见也。故伊尹蒙耻辱负鼎俎以干汤，太公钓于渭之阳以见文王。心合意同，谋无不成，计无不从。深念远虑，引义以正其身，推恩以广其下；本仁祖义，褒有德，禄贤能，诛恶乱；总远方，一统类，美风俗。此帝王所由昌也。上不变天性，下不夺人伦，则天地和洽，远方怀之，故号圣王。于是裂地定封，爵为公侯，传国子孙，名显后世，民到于今称之，以遇汤与文王也。太公、伊尹以如此，龙逢、比干独如彼，岂不哀哉！故曰：谈何容易！'"

卷十九

《汉书》治要〔七〕

传

朱云，字游，鲁人也。成帝时，故丞相安昌侯张禹，以帝师位特进，甚尊。云上书求见，公卿在前。云曰："今朝廷大臣，上不能匡主，下无以益民，皆尸位素餐，孔子所谓'鄙夫不可与事君'、'苟患失之，亡所不至'者也。臣愿赐尚方斩马剑，断佞臣一人，以厉其余。"上问："谁也？"对曰："丞相安昌侯张禹。"上大怒，曰："小臣居下讪上，廷辱师傅，罪死不赦。"御史将云下，云攀殿槛，槛折。云呼曰："臣得下从龙逢、比干游于地下，足矣！未知圣朝何如耳？"御史遂将云去。于是左将军辛庆忌免冠解印绶，叩头殿下曰："此臣素著狂直于世。使其言是，不可诛；其言非，固当容之。臣以死争。"庆忌叩头流血。上意解，然后得已。及后当治殿槛，上曰："勿易！因而辑之，以旌直臣。"云自是之后，不复仕。

梅福，字子真，九江人也。成帝委任大将军王凤，而京兆尹王章素忠直，讥凤，为凤所诛。群下莫敢正言，故福上书曰："臣闻箕子阳狂于殷，而为周陈《洪范》；叔孙通遁秦归汉，制作仪品。夫叔孙先非不忠也，箕子非疏其家而叛亲也，不可为言也。昔高祖纳善若不及，从谏若转圜，听言不求其能，举功不考其素。陈平起于亡命，而为谋主；韩信拔于行阵，而建上将。故天下之士，云合归汉，争进奇异，智者竭其策，愚者尽其虑，勇士极其节，怯夫勉其死。合天下之智，并天下之威，是以举秦如鸿毛，取楚若拾遗。此高祖所以无敌于天下也。士者，国之重器。得士则重，失士则轻。《诗》云：'济济多士，文王以宁。'庙堂之议，非草茅所当言也。臣诚恐身涂野草，尸并卒伍，故数上书求见，辄报罢。臣闻齐桓之时，有以九九见者，桓公不逆，欲以致大也。今臣所言，非特九九也，陛下拒臣者三矣，此天下士所以不至也。今陛下既不纳天下之言，又加戮焉。夫䝉鹊遭害，则仁鸟增逝；愚者蒙戮，则智士深退。间者愚民上疏，多触不急之法，或下廷尉而死者众。自阳朔以来，天下以言为讳，朝廷尤甚，群臣承顺上指，莫有执正。何以明其然也？取民所上书，陛下之所善者，试下之廷尉，廷尉必曰：'非所宜言，大不敬。'以此卜之一矣。故京兆尹王章，资质忠直，敢面引廷争，孝元皇帝擢之，以厉具臣，而矫曲朝。及至陛下，戮及妻子。恶恶止其身，王章非有反叛之辜，而殃及家，折直士之节，结谏臣之舌。群臣皆知其非，然不敢争。天下以言为戒，最国家之大患也。”

隽不疑，字曼倩，勃海人也。为京兆尹，吏民敬其威信。始元五年，有一男子，乘黄犊车，建黄旐，衣黄襜褕，著黄冒，诣北阙，自谓为卫太子。诏使公卿将军杂识视。长安中吏民聚观者数万人。右将军勒兵阙下，以备非常。丞相御史中二千石至者，立莫敢发言。不疑后到，叱从吏使收缚。或曰：“是非未可知，且安之。”不疑曰：“昔蒯聩违命出奔，辄拒而不内，《春秋》是之。卫太子得罪先帝，亡不即死，今来自诣，此罪人也。”遂送诏狱。天子与大将军霍光，闻而嘉之，曰：“公卿大臣，当用经术，明于大谊。”由是名声重于朝廷，在位者皆自以不及也。廷尉验治，竟得奸诈。

疏广，字仲翁，东海人也。为太子太傅，兄子受为少傅。太子外祖父平恩侯许伯以为太子幼，白使其弟中郎将舜监护太子家。上以问广，广对曰：“太子国储副君，师友必于天下英俊，不宜独亲外家。且太子自有太傅、少傅，官属已备，今复使舜护太子家，示陋，非所以广太子德于天下也。”上善其言，以语丞相魏相。相免冠谢曰：“此非臣等所能及。”广由是见器重。

于定国，字曼倩，东海人也。其父于公为郡决曹，决狱平。罗文法者，于公所决皆不恨。郡中为之生立祠，名曰“于公祠”。定国少学法于父，为廷尉。其决疑平法，务在哀鳏寡，罪疑从轻，加审慎之心。朝廷称之曰：“张释之为廷尉，天下无冤民；于定国为廷尉，民自以为不冤。”迁御史大夫，为丞相。始定国父于公，其闾门坏，父老方共治之。于公谓曰：“少高大闾门，令容驷马高盖车。我治狱，未尝有所冤，子孙必有兴者。”至定国为丞相，子永为御史大夫，封侯传世云。

薛广德，字长卿，沛郡人也，为人温雅。及为三公，直言谏争。成帝幸甘泉，郊泰畤，礼毕，因留射猎。广德上书曰：“窃见关东困极，民人流离。陛下日撞亡秦之钟，听郑卫之乐，臣诚悼之。今士卒暴露，从官劳倦，愿陛下亟反宫，思与百姓同忧乐，天下幸甚。”上即日还。其秋，上酎祭宗庙，出便门，欲御楼船。广德当乘舆车，免冠顿首曰：“宜从桥。”诏曰：“大夫冠。”广德曰：“陛下不听臣，臣自刎以血污车轮，陛下不得入庙矣！”上不悦。先驱光禄大夫张猛进曰：“臣闻主圣臣直。乘船危，就桥安，圣主不乘危。御史大夫言可听。”乃从桥。

王吉，字子阳，琅邪人也，为谏大夫。是时宣帝颇修武帝故事，宫室车服，盛于昭帝时。外戚许、史、王氏贵宠，而上躬亲政事，任用能吏。吉上疏言得失曰：“陛下总万方，帝王图籍，日陈于前，惟思世务，将兴太平，诏书每下，民欣然若更生。臣伏而思之，可谓至恩，未可谓本务也。欲治之主不世出，公卿幸得遭遇其时，言听谏从，然未有建万世之长策，举明主于三代之隆者也。其务在于期会簿书、断狱听讼而已，此非太平之基也。臣闻圣王宣德流化，必自近始。朝廷不备，难以言治；左右不正，难以化远。民者弱而不可胜，愚而不可欺也。圣主独行于深宫，得则天下称诵之，失则天下咸言之。行发于近，必见于远；谨选左右，审择所使。左右所以正身也，所使所以宣德也。今俗吏所以牧民者，非有礼义科指，可世世通行者也，独设刑法以守之。其欲治者，不知所由，以意穿凿，各取一切。是以百里不同风，千里不同俗，诈伪萌生，刑罚无极，质朴日销，恩爱寖薄。孔子曰：‘安上治民，莫善于礼。’非空言也。臣愿陛下承天心，发大业，与公卿大臣，延及儒生，述旧礼，明王制，驱一世之人，跻之仁寿之域，则俗何以不若成康、寿何以不若高宗？窃见当世趋务，不合于道者，谨条奏，唯陛下裁择焉。”吉意以为，“汉家列侯尚公主，诸侯则国人承翁主〔娶天子女，则曰尚公主。国人娶诸侯女，曰承翁主也〕，使男事女，夫诎于妇，逆阴阳之位，故多女乱。古者衣服车马，贵贱有章，以褒有德，而别尊卑。今上下僭差，人人自制，是故贪财趋利，不畏死亡。周之所以能致治，刑措而不用者，以其禁邪于冥冥，绝恶于未萌也。”又言：“舜汤不用三公九卿之世，而举咎繇、伊尹，不仁者远。今使俗吏得任子弟〔汉旧仪，子弟以父兄任为郎〕，率多骄傲，不通古今，至于积功治人，无益于民，此《伐檀》所为作也。宜明选求贤，除任子之令。外家及故人，可厚以财，不宜居位。去角抵，减乐府，省尚方，明视天下以俭。民见俭则归本，本立而末成。”其指如此，上以其言迂阔，不甚宠异也。吉遂谢病归。

贡禹，字少翁，琅邪人也。元帝初即位，征为谏大夫，数虚己问以政事。是时年岁不登，郡国多困，禹奏言：“古者宫室有制，宫女不过九人，秣马不过八匹；墙涂而不雕，木摩而不刻，车舆器物，皆不文画；苑不过数十里，与民共之；任贤使能，什一而税，无他赋敛、繇戍之役；使民岁不过三日，故天下家给人足，颂声作。至高祖、孝文、孝景，循古节俭，宫女不过十余人，厩马百余匹。孝文皇帝衣绨履革，器无雕文金银之饰。后世争为奢，转转益甚，臣下亦相放效，衣服乱于主上，甚非宜，然非自知奢僭也。今大夫僭诸侯，诸侯僭天子，天子过天道，其日久矣。承衰救乱，矫复古化，在于陛下。臣愚以为尽如太古难，宜少放古以自节焉。方今宫室已定，无可奈何矣，其余尽可减损。故时齐三服官，输物不过十笥。方今齐三服官，一岁费数巨万。蜀广汉主金银器，岁各用五百万。三工官，官费五千万〔河内怀蜀郡、成都、广汉，皆有工官。工官，主漆器物〕，东西织室亦然。厩马食粟，将万匹。臣禹尝从之东宫，见赐杯案，尽文画，金银饰，非当所以赐食臣下也。东宫之费，亦不可胜计。天下之民，所为大饥饿死者是也。今民大饥而死，人至相食，而厩马食粟，苦其大肥，气盛怒，至乃日步作之。王者受命于天，为民父母，固当若此乎？天不见邪？武帝时，又多取好女，至数千人，以填后宫。及弃天下，昭帝幼弱，霍光专事，不知礼正，妄多藏金钱财物，鸟兽鱼鳖，凡百九十物，尽瘗藏之；又皆取后宫女，置于园陵。大失礼，逆天心。昭帝晏驾，光复行之。至孝宣皇帝时，群臣亦随故事，甚可痛也！故使天下承化。及众庶葬埋，皆虚地上，以实地下。其过自上生，皆在大臣循故事之罪也。唯陛下深察古道，从其俭者，大减损乘舆服御器物，三分去二；审察后宫，择其贤者，留二十人，余悉归之。诸陵园女无子者，宜皆遣。厩马可无过数十匹。独舍长安城南苑地，以为田猎之囿，自城西南至鄠，皆复其田，以与贫民。方今天下饥馑，可无大自损减以救之，称天意乎？天生圣人，盖为万民，非独使自娱乐而已也。当仁不让，独可以圣心参诸天地，揆之往古，不可与臣下议也。臣禹不胜拳拳，不敢不尽愚心。”天子纳善其忠，乃下诏，令太仆减食谷马，水衡减食肉兽，省宜春下苑，以与贫民，又罢角抵诸戏及齐三服官。迁禹为光禄大夫。

禹又言："孝文皇帝时，贵廉洁，贱贪污，赏善罚恶，不阿亲戚，罪白者伏其诛，疑者以与民，无赎罪之法。故令行禁止，海内大化，与刑措无异。武帝始临天下，尊贤用士，辟地广境数千里。自见功大威行，遂纵嗜欲。用度不足，乃行一切之变，使犯法者赎罪，入谷者补吏。是以天下奢侈，官乱民贫，盗贼并起，亡命者众。郡国恐伏诛，则择便巧史书，习于计簿，能欺上府者，以为右职；奸轨不胜，则取勇猛能操切百姓，以苛暴威服下者，使居大位。故无义而有财者显于世，欺谩而善书者尊于朝，悖逆而勇猛者贵于官。故俗皆曰：'何以孝悌为？财多而光荣。何以礼义为？史书而仕宦。何以谨慎为？勇猛而临官。'故黥劓而髡钳者，犹复攘臂，为政于世，而行虽犬彘，家富势足，目指气使，是为贤耳。谓居官而致富者为雄桀，处奸而得利者为壮士。兄劝其弟，父勉其子，俗之坏败，乃至于是！察其所以然者，皆以犯法得赎罪，求士不得真贤，相守崇财利，诛不行之所致也。今欲兴至治致太平，宜除赎罪之法。相守选举不以实及有臧者，辄行其诛，无但免官。则争尽力为善，贵孝悌，贱贾人，进真贤，举实廉，而天下治矣。

"孔子，匹夫之人耳，以乐道正身不懈之故，四海之内，天下之君，微孔子之言，无所折中。况乎以汉地之广，陛下之德，处南面之尊，因天地之助，其于以变世易俗，调和阴阳，陶冶万物，化正天下，易于决流抑坠〔坠，物欲坠落也〕。自成、康以来，几且千岁，欲为治者甚众，然而太平不复兴者，何也？以其舍法度而任私意，奢侈行而仁义废也。陛下诚深念高祖之苦，醇法太宗之治，正己以先下，选贤以自辅，开进忠正，致诛奸臣，远放谄佞，放出园陵之女，罢倡乐，绝郑声，去甲乙之帐，退伪薄之物，修节俭之化，驱天下之民，皆归于农。如此不懈，则三王可侔，五帝可及。唯陛下留意省察，天下幸甚。"上虽未尽从，嘉其质直之意。而省其半。

鲍宣，字子都，渤海人也。为谏大夫。以丁傅子弟并进，董贤贵幸，上书谏曰："窃见孝成皇帝时，外亲持权，人人牵引所私，以充塞朝廷，妨贤人路，浊乱天下。奢泰无度，穷困百姓，是以日蚀且十，彗星四起。危亡之征，陛下所亲见也，今奈何反覆剧于前乎？朝臣无有大儒骨鲠、白首耆艾、魁垒之士〔魁垒，壮貌〕。论议通古今，喟然动众心，忧国如饥渴者，臣未见也。敦外亲小童，及幸臣董贤等，在公门省户下。陛下欲与此共承天地、安海内，甚难。今俗谓不智者为能，谓智者为不能。昔尧放四罪而天下服，今除一吏而众皆惑；古刑人尚服，今赏人反惑。请寄为奸，群小日进；国家空虚，用度不足；民流亡，去城郭；盗贼并起，吏为残贼，岁增于前。凡民有七亡：阴阳不和，水旱为灾，一亡也；县官重责，更赋租税，二亡也；贪吏并公，受取不已，三亡也；豪强大姓，蚕食无厌，四亡也；苛吏繇役，失农桑时，五亡也；部落鼓鸣，男女遮列，六亡也；盗贼劫略，取民财物，七亡也。七亡尚可，又有七死：酷吏殴杀，一死也；治狱深刻，二死也；冤陷无辜，三死也；盗贼横发，四死也；怨仇相残，五死也；岁恶饥饿，六死也；时气疾疫，七死也。民有七亡，而无一得，欲望国安诚难。民有七死，而无一生，欲望刑措诚难。此非公卿守相贪残成化之所致邪？群臣幸得居尊官，食重禄，岂有肯加恻隐于细民，助陛下流教化者邪？志但在营私家，称宾客，为奸利而已。以苟容曲从为贤，以拱默尸禄为智，谓如臣宣等为愚。陛下擢臣岩穴，诚冀有益豪毛，岂徒欲使臣美食大官，重高门之地哉〔高门，殿名〕！天下，乃皇天之天下也。陛下上为皇天子，下为黎庶父母。为天牧养元元，视之当如一，合《尸鸠》之诗。今贫民菜食不厌，衣又穿空，父子夫妇不能相保，诚可为酸鼻。陛下不救，将安所归命乎？奈何独私养外亲与幸臣董贤，多赏赐以大万数，使奴从宾客，浆酒霍肉〔视酒如浆，视肉如霍也〕，苍头庐儿，皆用致富，非天意也〔汉名奴为苍头，诸给殿中者，所居为庐，苍头侍从，因呼庐儿〕。及汝昌侯傅商，无功而封。夫官爵，非陛下之官爵，乃天下之官爵也。陛下取非其官，官非其人，而望天悦民服，不亦难乎！治天下者，当用天下之心为心，不得自专快意而已也。上之，皇天见谴；下之，黎庶恨怨。"上以宣名儒，优而纳之。宣复上书言："陛下父事天，母事地，子养黎民。即位以来，父亏明，母震动，子讹言相惊恐。今日蚀于三始〔正月一日为岁之朝，月之朝，日之朝。始，犹朝也〕，诚可畏惧。小民正月朔日，尚恐毁败器物，何况于日亏乎！"

魏相，字弱翁，济阴人也。为丞相。宣帝与后将军赵充国等议，欲因匈奴衰弱，出兵击其右地，使不敢复扰西域。相上书谏曰："臣闻救乱诛暴，谓之义兵，兵义者王；敌加于己，不得已而起者，谓之应兵，兵应者胜；争恨小故，不胜愤怒者，谓之忿兵，兵忿者败；利人土地货宝者，谓之贪兵，兵贪者破；恃国家之大，矜民人之众，欲见威于敌者，谓之骄兵，兵骄者灭。此五者，非但人事，乃天道也。间者匈奴常有善意，所得汉民，辄奉归之，未有犯于边境，虽争屯田车师，不足致意中。今闻诸将军欲兴兵入其地，臣愚不知此兵何名者也。今边郡困乏，父子共犬羊之裘，食草莱之实，常恐不能自存，难以动兵。'军旅之后，必有凶年'，言民以其愁苦之气，伤阴阳之和也。出兵虽胜，犹有后忧，恐灾害之变，因此以生。今郡国守相，多不实选；风俗尤薄，水旱不时。案今年计，子弟杀父兄、妻杀夫者，凡二百二十二人，臣愚以为此非小变也。今左右不忧此，乃欲发兵报纤介之忿于远夷，殆孔子所谓'吾恐季孙之忧不在颛臾，而在萧墙之内'者也。愿陛下与有识者，详议乃可。"上从相言而止。

丙吉，字少卿，鲁国人也。代魏相为丞相。吉本起狱法小吏，及居相位，尚宽大，好礼让。尝出，逢清道群斗者，死伤横道，吉过之不问，掾史独怪之。吉前行，逢人逐牛，牛喘。吉止驻，使骑吏问："逐牛行几里矣？"掾史谓丞相前后失问。或以讥吉，吉曰："民斗相杀伤，长安令京兆尹职所当禁备逐捕，岁竟丞相课其殿最，奏行赏罚而已。宰相不亲小事，非所当于道路问也。方春少阳用事，未可以热，恐牛近行用暑故喘，此时气失节，恐有所伤害也。三公典调和阴阳，职所当忧，是以问之。"掾史乃服，以吉知大体。

京房，字君明，东郡人也。以孝廉为郎。是时中书令石显专权，显友人五鹿充宗为尚书令，与房同经，论议相非，二人用事。房尝宴见，问上曰："幽厉之君何以危？所任者何人也？”上曰：“君不明，而所任巧佞。”房曰：“知其巧佞而用之耶？将以为贤也？”上曰：“贤之。”房曰：“然则今何以知其不贤也？”上曰：“以其时乱而君危知之。”房曰：“若是，任贤必治，任不肖必乱，必然之道也。幽厉何不觉寤而更求贤，曷为卒任不肖，以至于是？”上曰：“临乱之君，各贤其臣，令皆觉寤，天下安得危亡之君？”房曰：“齐桓公、秦二世，亦尝闻此君而非笑之，然则任竖刁、赵高，政治日乱，盗贼满山，何不以幽厉卜之而觉寤乎？”上曰：“唯有道者，能以往知来耳。”房因免冠顿首，曰：“《春秋》纪二百四十二年灾异，以示万世之君。今陛下即位以来，日月失明，星辰逆行；山崩泉涌，地震石陨；夏霜冬雷，春凋秋荣；水旱螟虫，民人饥疫；盗贼不禁，刑人满市。《春秋》所记，灾异尽备。陛下视今，为治耶、乱耶？”上曰：“亦极乱耳，尚何道！”房曰：“今所任用者谁与？”上曰：“然幸其愈于彼，又以为不在此人也。”房曰：“夫前世之君，亦皆然矣。臣恐后之视今，犹今之视前也。”上良久乃曰：“今为乱者谁哉？”房曰：“明主宜自知之。”上曰：“不知也。如知之，何故用之？”房曰：“上最所信任，与图事帷幄之中，进退天下之士者是矣。”房指谓石显，上亦知之，谓房曰：“已谕。”房罢出。后石显、五鹿充宗皆疾房，欲远之，建言宜试以房为郡守。元帝于是以房为魏郡太守。显告房与张博通谋，非谤政治，归恶天子，诖误诸侯王。房、博皆弃市。

盖宽饶，字次公，魏郡人也。为司隶校尉，刺举无所回避。公卿贵戚，及郡国吏，繇使至长安，莫敢犯禁，京师为清。为人刚直高节，志在奉公。以言事不当意，而为文法吏所诋挫。大夫郑昌上书颂宽饶曰：“臣闻山有猛兽，藜藿为之不采；国有忠臣，奸邪为之不起。司隶校尉宽饶，居不求安，食不求饱；进有忧国之心，退有死节之义；上无许、史之属〔许伯，宣帝后父也。史高，宣帝外家也〕，下无金、张之托〔金日磾、张安世也〕。职在司察，直道而行，多仇少与。上书陈国事，有司劾以大辟。臣幸得从大夫之后，官以谏为名，不敢不言。”上不听，遂下宽饶吏。宽饶引佩刀，自刭北阙下，众莫不怜之。

诸葛丰，字少季，琅邪人也。为司隶校尉，刺举无所避。侍中许章奢淫不奉法度，宾客犯事，与章相连。丰按劾章，欲收之。章迫窘，驰车去，得入宫门自归。于是收丰节。丰上书谢曰：“臣丰驽怯，文不足以劝善，武不足以执邪。陛下拜为司隶校尉，未有以自效，故常愿捐一旦之命，而断奸臣之首，悬于都市；编书其罪，使四方明知为恶之罚，然后却就斧钺之诛，诚臣所甘心也。夫以布衣，尚犹有刎颈之交，今以四海之大，曾无伏节死义之臣，率尽苟合取容，阿党相为，念私门之利，忘国家之政。邪秽浊之气，上感于天，是以灾变数见，百姓困乏。此臣下不忠之效也，臣诚耻之无已。凡人情莫不欲安存而恶危亡，然忠臣直士，不避患害者，诚为君也。臣窃不胜愤懑，愿赐清宴，唯陛下裁幸。”上不许。是后所言益不用，丰复上书言：“臣闻伯奇孝而弃于亲，子胥忠而诛于君，隐公慈而杀于弟，叔武弟而杀于兄。夫以四子之行，屈平之材，然犹不能自显，而被刑戮，岂不足以观哉！使臣杀身以安国，蒙诛以显君，臣诚愿之。独恐未有云补，而为众邪所排。今谗夫得遂，正直之路壅塞，忠臣沮心，智士杜口，此愚臣之所惧也。”

刘辅，河间人也。为谏大夫。会成帝欲立赵婕妤为皇后，辅上封事曰：“今乃触情纵欲，倾于卑贱之女，欲以母天下，不畏乎天，不愧于人，惑莫大焉。里语曰：‘腐木不可以为柱，卑人不可以为主。’天人之所不与，必有祸而无福，市道皆共知之，朝臣莫肯一言，臣窃伤心。自念得以同姓拔擢，尸禄不忠，污辱谏争之官，不敢不尽死，唯陛下察焉。”书奏，上使侍御史收缚辅，系掖庭秘狱，群臣莫知其故。于是左将军辛庆忌、右将军廉褒、光禄勋师丹、太中大夫谷永，俱上书曰：“臣闻明主垂宽容之听，崇谏争之官，广开忠直之路，不罪狂狷之言。然后百僚在位，竭忠尽谋，不惧后患；朝廷无谄谀之士，元首无失道之愆。窃见谏大夫刘辅，前以县令求见，擢为谏大夫，此其言必有卓诡切至当圣心者，故得拔至于此。旬日之间，收下秘狱。臣等愚以为，辅幸得托公族之亲，在谏臣之列，新从下土来，未知朝廷体，独触忌讳，不足深过，小罪宜隐忍而已。如有大恶，宜暴治理官，与众共之。今天心未豫〔豫，悦豫也〕，灾异屡降，水旱迭臻，方当隆宽广问、褒直尽下之时也。而行惨急之诛于谏争之臣，震惊群下，失忠直心。假令辅不坐直言，所坐不著，天下不可户晓。同姓近臣，本以言显，其于治亲养忠之义，诚不宜幽囚于掖庭狱。公卿以下，见陛下进用辅亟，而折伤之暴，人有惧心，莫敢尽节正言，非所以昭有虞之听，广德美之风也。臣等窃深伤之，唯陛下留神省察。”上乃减死罪。

郑崇，字子游，本高密人也。哀帝擢为尚书仆射。数求见谏争，上初纳用之。每见曳革履，上笑曰：“我识郑尚书履声。”久之，上欲封祖母傅太后从弟商，崇谏曰：“孝成皇帝封亲舅五侯，天为赤黄昼昏，日中有黑气。今祖母从昆弟二人已侯。孔乡侯，皇后父；高武侯以三公封，尚有因缘。今无故欲复封商，坏乱制度，逆天人心，非傅氏之福也。臣愿以身命当咎。”崇因持诏书案起〔持当受诏书案起去〕。傅太后大怒曰：“何有为天子，乃反为一臣所专制邪！”上遂下诏，封商为汝昌侯。崇又以董贤贵宠过度，数谏，由是重得罪，数以职事见责，发疾颈痈，欲乞骸骨，不敢。尚书令赵昌佞谄，素害崇，知其见疏，因奏崇与宗族通，疑有奸，请治。上责崇曰：“君门如市，何以欲禁切主上？”崇对曰：“臣门如市，臣心如水。愿得考覆。”上怒，下崇狱，穷治，死狱中〔荀悦《纪》论曰：“夫臣下之所以难言者何也？言出乎口，则咎悔及之矣。故举过扬非，则刺上之讥。言而当，则耻其胜己也；言而不当，则贱其愚也。先己而同，则恶其夺己之明也；后己而同，则以为顺从也。违下从上，则以为谄谀也；违上从下，则以为雷同也。与众共言，则以为顺负也；违众独言，则以为专美也。言而浅露，则简而薄之；深妙弘远，则不知而非之。特见独知，则众共盖之，虽是而不见称；与众同智，则以为附随也，虽得之，不以为功。据事尽理，则以为专必；谦让不争，则以为易穷。言而不尽，则以为怀隐进说；竭情，则谓之不知量。言而不效，则受其怨责；言而事效，则以为固当也。或利于上，不利于下；或便于右，不便于左；或合于前，而忤于后。夫能应事当理，决疑定功，发情起意，值所欲闻，不害上下，无妨于时，言立而策成，始无咎悔，若此之比，百不一遇，又智之所见，万不一及也。且犯颜冒死，下之所难言也。拂旨忤情，上之所难闻也。以难言之臣，忤难闻之主，以万不一及之智，求百不一遇之时，此下情所以常不通也。非唯君臣而已，凡言亦皆如之，是乃仲尼所以发愤嗟叹，称‘予欲无言’者也。”]。

萧望之，字长倩，东海人也，为谏大夫。出为平原太守。上疏曰：“陛下哀悯百姓，恐德化之不究，悉出谏官，以补郡吏，所谓忧其末而忘其本者也。朝无争臣，则不知过；国无达士，则不闻善。愿陛下选明经术、温故知新、通于几微谋虑之士，以为内臣，与参政事。诸侯闻之，则知国家纳谏忧政，无有阙遗。若此不怠，成康之道，其庶几矣！外郡不治，岂足忧哉？”书闻，征入守少府，为御史大夫。

五凤中，匈奴大乱，议者多曰，匈奴为害日久，可因其坏乱，举兵灭之。诏问望之，对曰：“春秋晋士丐帅师侵齐，闻齐侯卒而还。君子大其不伐丧，以为恩足以服孝子，谊足以动诸侯。前单于慕化乡善，遣使请求和亲，海内欣然，夷狄莫不闻。不幸为贼臣所杀，今而伐之，是乘乱而幸灾也，彼必奔走远遁。不以义动兵，恐劳而无功。宜遣使者吊问，辅其微弱，救其灾患。四夷闻之，咸贵中国之仁义，必称臣服从，此德之盛也。”上从其议。宣帝寝疾，选大臣可属者，引外属侍中史高、太子太傅望之、少傅周堪至禁中，拜高为车骑将军、望之为前将军、堪为光禄大夫，皆受遗诏辅政。孝元皇帝即位，望之、堪本以师傅见尊重，数宴见，言治乱，陈王事。望之选白宗室明经达学刘更生与金敞，并拾遗左右。四人同心谋议，多所匡正。

中书令弘恭、石显久典枢机，与车骑将军高为表里，论议常持故事，不从望之等。望之以为中书政本，宜以贤明之选。自武帝游宴后庭，故用宦者，非国旧制，又违古不近刑人之义。白欲更置士人，由是大与高、恭、显忤。恭、显令郑朋、华龙二人告望之等，谋欲罢车骑将军，疏退许、史状，候望之出休日，令朋、龙上之。事下弘恭。恭、显奏：“望之、堪、更生朋党相称举，数谮大臣，毁离亲戚，欲以专擅权执。为臣不忠，诬上不道，请召致廷尉。”时上初即位，不省召致廷尉为下狱也，可其奏。后上召堪、更生，曰：“系狱。”上大惊，责恭、显，皆叩头谢。上曰：“令出视事。”恭、显因使高言：“上新即位，而先验师傅，既下狱，宜因决免。”于是望之、堪、更生皆免为庶人。后数月，赐望之爵关内侯、给事中。恭、显等知望之素高节，不诎辱，曰：“望之前辅政，欲专权擅朝；幸得不坐，复赐爵邑，与闻政事，不悔过服罪，深怀怨望，自以托师傅，怀终不坐。非颇诎望之于牢狱，塞其怏怏心，则圣朝无以施恩厚。”上曰：“萧太傅素刚，安肯就吏？”显等曰：“人命至重，望之所坐，语言薄罪，必无所忧。”上乃可其奏。显等封以付谒者，因急发车骑，驰围其第。使者至，召望之。望之仰天叹曰：“吾尝备位将相，年逾六十矣！老入牢狱，苟求生活，不亦鄙乎！”竟自杀。天子闻之惊，拊手曰：“果杀吾贤傅！”是时太官方上昼食，上乃却食，为之涕泣，哀恸左右。显等免冠谢，良久然后已。

卷二十

《汉书》治要〔八〕

【原书佚失】

卷二十一

《后汉书》治要〔一〕

本纪

世祖光武皇帝，讳秀，字文叔，南阳人，高祖九世孙也。更始元年，遣世祖行大司马事，北渡河，镇慰州郡。进至邯郸，故赵缪王子林，以卜者王郎为天子，都邯郸。二年，进围邯郸，拔其城，诛王郎，收文书，得吏民与郎交关谤毁者数千章。世祖为不省，会诸将烧之，曰："令反侧子自安。"

更始立世祖为萧王。世祖击铜马、高湖、重连，悉破降之，封其渠帅为列侯。降者犹不自安，世祖敕令各归营勒兵，乃自乘轻骑，案行部陈。降者更相语曰："萧王推赤心置人腹中，安得不投死乎？"由是皆服。

即皇帝位，封功臣皆为列侯，大国四县，余各有差。博士丁恭等议曰："古帝王封诸侯，不过百里，强干弱枝，所以为治也。今封诸将四县，不合法制。"帝曰："古之亡国者，皆以无道，未尝闻封功臣地多而灭亡者也。"乃遣谒者，即授印绶。

建武十三年，诏曰："往年已敕郡国，异味不得有所献御，今犹未止，非徒有豫养导择之劳，至乃烦扰道上，疲费过所，其令大官勿复受。明敕宣下，若远方口实，可以荐宗庙，自如旧制。"时兵革既息，天下少事，文书调役，务从简寡，至乃十存一焉。

十七年，幸章陵，修园庙，祠旧宅，观田庐，置酒作乐，赏赐焉。时宗室诸母，因酣悦，相与语曰："文叔少时谨信，与人不款曲，唯直柔耳。今乃能如此！"帝闻之大笑曰："吾治天下，亦欲以柔道行之。"

二十一年，鄯善王、车师王等十六国，遣子入侍，愿请都护。帝以中国初定，未遑外事，乃还其侍子，厚加赏赐。

中元二年，帝崩。遗诏曰："朕无益百姓，皆如孝文皇帝制度，务从约省。"

初，帝在兵间久，厌武事，且知天下疲耗，思乐息肩。自陇蜀平后，非儆急，未尝复言军旅。皇太子尝问攻战之事，帝曰："昔卫灵公问陈，孔子不对，此非尔所及也。"每旦视朝，日昃乃罢。数引公卿郎将，讲经论治，夜分乃寐。皇太子见帝勤劳不怠，承间谏曰："陛下有禹、汤之明，而失黄老养生之福，愿颐养精神，优游自宁。"帝曰："我自乐此，不为疲也。"虽身济大业，兢兢如不及。故能明慎政体，总揽权纲，量时度力，举无过事。退功臣而进文吏，戢弓矢而散马牛，虽道未方古，斯亦止戈之武焉。

孝明皇帝讳庄，世祖第四子也。永平二年春，宗祀光武皇帝于明堂，礼毕登灵台，诏曰："朕以暗陋，奉承大业，亲执珪璧，恭祀天地。仰惟先帝受命中兴，拨乱反正，以宁天下。封泰山，建明堂，立辟雍，起灵台，恢弘大道，被之八极。而胤子无成康之质，群臣无吕旦之谋，盥洗进爵，踧踖惟惭。其令天下自殊死以下，谋反大逆，皆赦除之。"冬，幸辟雍，初行养老礼，诏曰："三老李躬，年耆学明；五更桓荣，授朕《尚书》。《诗》曰'无德不报'，其赐荣爵关内侯，食邑五千户。三老五更，皆以二千石禄，养终厥身。其赐天下三老，酒人一石，肉四十斤。有司其存耄耋、恤幼孤、惠鳏寡，称朕意焉。"

六年，诏曰："先帝诏书，禁民上事言圣，而闲者章奏颇多浮辞，自今若有过称虚誉，尚书皆宜抑而勿省，示不为谄子嗤也。"

八年，日有蚀之，诏曰："朕以无德奉承大业，而下贻民怨，上动三光。日蚀之变，其灾尤大。永思厥咎，在予一人。群司勉修职事，极言无讳。"于是在位者，皆上封事，各陈得失。帝览章，深自引咎，乃以所上班示百官。诏曰："群寮所言，皆朕之过。人冤不能理，吏黠不能禁，而轻用民力，缮治室宇，出入无节，喜怒过差。永览前戒，竦然兢惧。徒恐薄德，久而致怠耳。"

十二年，诏曰："昔曾闵奉亲，竭欢致养；仲尼葬子，有棺无椁。丧贵致哀，礼存宁俭。今百姓送终之制，竞为奢靡。生者无担石，而财力尽于坟土；伏腊无糟糠，而牲牢兼于一奠。糜破积世之业，以供终朝之费。子孙饥寒，终命于此，岂祖考之意哉！又车服过制，恣极耳目；田荒不耕，浮食者众。有司其申明科禁宜于今者，宣下郡国。"

十八年，帝崩。遗诏："无起寝庙，藏主于光烈皇后更衣别室。"帝遵奉建武制度，事无违者。后宫之家，不得封侯与政。馆陶公主为子求郎，不许而赐钱千万，谓群臣曰："郎官上应列宿，出宰百里，苟非其人，则民受其殃，是以难之。"故吏称其官，民安其业，远近肃服，户口滋殖焉。

论曰：明帝善刑理，法令分明。日晏坐朝，幽枉必达。外内无幸曲之私，在上无矜大之色。断狱得情，号居前世十二。故后之言事者，莫不先建武、永平之政。

孝章皇帝讳炟，明帝第五子也。少宽容，好儒术，显宗器重之。建初元年，诏曰："朕以无德，奉承大业，夙夜栗栗，不敢荒宁，而灾异仍见，与政相应。朕既不明，涉道日寡，又选举乖实，俗吏伤民，官职耗乱，刑罚不中，可不忧与！昔仲弓季氏之家臣，子游武城之小宰，孔子犹诲以贤才，问以得人。明政之小大，以得人为本。乡举里选，必累功劳。今刺史、守相，不明真伪。茂才、孝廉，岁以百数，既非能显，而当授之政事，甚无谓也。每寻前世举人贡士，或起圳亩，不系阀阅。敷奏以言，则文章可采；明试以功，则治有异迹。文质斌斌，朕甚嘉之。其令太傅、三公、中二千石、二千石、郡国守相，举贤良方正能直言极谏之士各一人。"

四年，诏，于是下太常、将、大夫、博士、议郎、郎官及诸生、诸儒会白虎观，讲议五经同异，帝亲称制临决焉。

七年，诏曰："车驾行秋稼，观收获，因涉郡界，皆精骑轻行，无他辎重。不得辄修道桥、远离城郭、遣吏逢迎、刺探起居、出入前后，以为烦扰也。动务省约，但患不能脱粟瓢饮耳。所过欲令贫弱有利，无违诏书。"

元和二年，诏曰："令云'民有产子者，复勿算三岁'。今诸怀妊者，赐胎养谷人三斛，复其夫勿算一岁，著以为令。"又诏曰："方春生养，万物莩甲，宜助萌阳以育时物。其令有司，罪非殊死，且勿案验；及吏民条书相告，不得听受。冀以息事宁民，敬奉天气。立秋如故。夫俗吏矫饰外貌，似是而非，揆之人事则悦耳，论之阴阳则伤化，朕甚厌之、甚苦之。安静之吏，悃愊无华，日计不足，月计有余。如襄城令刘方，吏民同声，谓之不烦，虽未有他异，斯亦殆近之矣。间敕二千石，各尚宽明。而今富奸行赂于下，贪吏枉法于上，使有罪不论，而无过被刑，甚大逆也。夫以苛为察，以刻为明，以轻为德，以重为威，四者或兴，则下有怨心。吾诏书数下，冠盖接道，而吏不加治，民或失职，其咎安在？勉思旧令，称朕意焉。"又诏曰："律，十二月立春，不以报囚。《月令》：冬至之后，有顺阳助生之文，而无鞠狱断刑之政。朕咨访儒雅，稽之典籍，以为王者生杀，宜顺时气。其定律无以十一月、十二月报囚。"

三年春，北巡狩，敕侍御史、司空曰："方春，所过无得有所伐杀。车可引避，引避之；骈马可辍解，辍解之。《诗》云：'敦彼行苇，牛羊勿践履。'《礼》：'人君伐一草木不时，谓之不孝。'俗知顺人，莫知顺天。其明称朕意。"

论曰：魏文帝称"明帝察察，章帝长者"。章帝素知民厌明帝苛切，事从宽厚。感陈宠之议，除惨狱之科；深元元之爱，著胎养之令。割裂名都，以崇建周亲；平徭简赋，而民赖其庆。又体之以忠恕，文之以礼乐。故乃蕃辅克谐，群后德让。谓之长者，不亦宜乎！在位十三年，郡国所上符瑞，合于图书者，数百千所。呜呼懋哉！

孝和皇帝讳肇，章帝第四子也，在位十七年而崩。齐民岁增，辟土日广。每有灾异，辄延问公卿，极言得失。前后符瑞八十一所，自称德薄，皆抑而不宣。旧南海献龙眼、荔枝，十里一置，五里一候，奔腾阻险，死者继路。时临武长汝南唐羌县接南海，乃上书陈状。帝下诏曰："远国珍羞，本以奉宗庙。苟有伤害，岂爱民之本耶？其敕太官，勿复受献。"由是遂省。

卷二十二

《后汉书》治要〔二〕

传

宋弘，字仲子，长安人也。世祖尝问弘通博之士，弘荐沛国桓谭，才学洽闻，几能及扬雄、刘向父子。于是召谭，拜议郎给事中。帝每宴，辄令鼓琴，好其繁声。弘闻之不悦，悔于荐举。伺谭内出，正朝服，坐府上，遣吏召之。谭至，不与席而让之曰："吾所以荐子者，欲令辅国家以道德也。而今数进郑声，以乱雅颂，非忠正者也。能自改耶？将令相举以法乎？"谭顿首辞谢，良久乃遣之。后大会群臣，帝使谭鼓琴，谭见弘，失其常度。帝怪而问之，弘乃免冠谢曰："臣所以荐桓谭者，望能以忠正导主，而令朝廷耽悦郑声，臣之罪也。"帝改容谢之，使反服。其后遂不复令谭给事中。弘推进贤士三十余人，或相及为公卿者。

弘当宴见，御坐新施屏风，图画列女，帝数顾视之。弘正容言曰："未见好德如好色者。"帝即为彻之。笑谓弘曰："闻义则服，可乎？"对曰："陛下进德，臣不胜其喜。"时帝姊湖阳公主新寡，帝与共论朝臣，微观其意。主曰："宋公威容德器，群臣莫及。"帝曰："方且图之。"后弘被引见，帝令主坐屏风后，因谓弘曰："谚言'贵易交，富易妻'，人情乎？"弘曰："臣闻'贫贱之知不可忘，糟糠之妻不下堂'。"帝顾谓主曰："事不谐矣。"

韦彪，字孟达，扶风人也。拜大鸿胪。是时陈事者，多言郡国贡举，率非功次，故守职益懈，而吏事寖疏，咎在州郡。彪上议曰："孔子曰：'事亲孝，故忠可移于君。'是以求忠臣，必于孝子之门。夫人才行，少能相兼，是以孟公绰优于赵魏老，不可以为滕薛大夫。忠孝之人，持心近厚；锻炼之吏，持心近薄。三代之所以直道而行者，在其所以磨之故也。士宜以才行为先，不可纯以阀阅。然其要归，在于选二千石。二千石贤，则贡举皆得其人矣。"帝深纳之。

彪以世承二帝吏治之后，多以苛刻为能，又置官选职，不必以才，上疏谏曰："农民急于务，而苛吏夺其时；赋发充常调，而贪吏割其财。此其巨患也。夫欲急民所务，当先除其所患。天下枢要，在于尚书，尚书之选，岂可不重？而间者多从郎官超升此位，虽晓习文法，长于应对，然察察小惠，类无大能。宜简尝历州宰素有名者，虽进退舒迟，时有不逮，然端心向公，奉职周密。宜鉴啬夫捷急之对，深思绛侯木讷之功也。往时楚狱大起，故置令史以助郎职，而类多小人，好为奸利。今者务简，可皆停省。又谏议之职，应用公直之士，通才謇正，有补益于朝者。今或从征试，辈为大夫。又御史外迁，动据州郡。并宜清选其任，责以言绩。其二千石视事虽久，而为吏民所便安者，宜增秩重赏，勿妄迁徙，惟留圣心。"书奏，帝纳之。

杜林，字伯山，扶风人也。为光禄勋。建武十四年，群臣上言："古者肉刑严重，则民畏法令。今宪章轻薄，故奸轨不胜。宜增科禁，以防其源。"诏下公卿。林奏曰："夫人情挫辱，则义节之风损；法防繁多，则苟免之行兴。孔子曰：'导之以政，齐之以刑，民免而无耻；导之以德，齐之以礼，有耻且格。'古之明王，深识远虑，动居其厚，不务多辟。周之五刑，不过三千。大汉初兴，详览失得，故破矩为圆，斫雕为朴，蠲除苛政，更立疏网，海内欢欣，人怀宽德。及至其后，渐以滋章，吹毛索疵，诋欺无限。果桃菜茹之馈，集以成赃；小事无妨于义，以为大戮。故国无廉士，家无完行。至于法不能禁，令不能止，上下相遁，为弊弥深。臣愚以为宜如旧制。"帝从之。

桓谭，字君山，沛国人也。拜议郎给事中，因上疏陈时政所宜，曰："臣闻国家之废兴在于政事，政事得失由乎辅佐。辅佐贤明，则俊士充朝，而治合世务；辅佐不明，则论失时宜，而举多过事。夫有国之君，俱欲兴化建善，然而治道未理者，其所谓贤者异也。盖善治者，视俗而施教，察失而立防，威德更兴，文武迭用，然后政调于时，而躁人可定。昔董仲舒言：'治国譬若琴瑟，其不调者，则解而更张。'夫更张难行，而咈众者亡。是故贾谊以才逐，而晁错以智死。世虽有殊能，而终莫敢谈者，惧于前事也。且设法禁者，非能尽塞天下之奸、皆合众人之所欲也。大抵取便国利事多者，则可矣。又见法令决事，轻重不齐；或一事殊法，同罪异论，奸吏得因缘为市。所欲活，则出生议；所欲陷，则与死比。是为刑开二门也。今可令通义理、明习法律者，校定科比，一其法度，班下郡国，蠲除故条。如此，天下知方，而狱无怨滥矣。"书奏，不省。

是时帝方信谶，多以决定嫌疑。谭复上疏曰："今诸巧慧小才伎数之人，增益图书，矫称谶记，以欺惑贪邪，诖误人主，焉可不抑远之哉！其事虽有时合，譬犹卜数只偶之类。陛下宜垂明听，发圣意，屏群小之曲说，述五经之正义，略雷同之俗语，详通人之雅谋。"帝省奏，愈不悦。其后有诏，会议灵台所处。帝谓谭曰："吾欲以谶决之，何如？"谭默然良久曰："臣不读谶。"帝问其故，谭复极言谶之非经。帝大怒曰："桓谭非圣无法，将下斩之。"谭叩头流血，良久得解。出为六安郡丞，意忽忽不乐，道病卒。

冯衍，字敬通，京兆人也。更始二年，遣尚书仆射鲍永行大将军事，安集北方。乃以衍为立汉将军，与上党太守田邑等缮甲养士，捍卫并土。及世祖即位，遣宗正刘延攻天井关，与田邑连战十余合。后邑闻更始败，乃遣使诣洛阳献璧马，即拜为上党太守。因遣使者招永、衍，永、衍等疑不肯降，而忿邑背前约。衍乃遗邑书曰："衍闻之，委质为臣，无有二心；挈瓶之智，守不假器。是以晏婴临盟，拟以曲戟，不易其辞；谢息守郕，胁以晋鲁，不丧其邑。由是言之，内无钩颈之祸，外无桃莱之利，而被畔人之声，蒙降城之耻，窃为左右羞之。”

时讹言更始随赤眉在北地，永、衍信之，故屯兵界休，方移书上党，云：“皇帝在雍，以惑百姓。”审知更始已殁，乃共罢兵，幅巾降于河内。帝怨衍等不时至，永以立功得赎罪，遂任用之，而衍独见黜。永谓衍曰：“昔高祖赏季布之罪，诛丁固之功。今遭明主，亦何忧哉！”衍曰：“记有之：人有挑其邻之妻者，挑其长者，长者詈之，挑其少者，少者报之。后其夫死，而取其长者。或谓之曰：‘夫非骂尔者耶？’曰：‘在人欲其报我，在我欲其骂人也。’夫天命难知，人道易守；守道之臣，何患死亡？”顷之，帝以衍为曲阳令，诛斩剧贼郭胜等，降五千余人，论功当封，以谗毁故，赏不行。

建武六年，日食，衍上书陈八事：其一曰显文德，二曰褒武烈，三曰修旧功，四曰招俊杰，五曰明好恶，六曰简法令，七曰差秩禄，八曰抚边境。书奏，帝将召见。初衍为狼孟长，以罪摧陷大姓令狐略，是时略为司空长史，谗之于尚书令王护、尚书周生丰曰：“衍所以求见者，欲毁君也。”护等惧之，即共排间，衍遂不得入。后卫尉阴兴、新阳侯阴就以外戚贵显，深敬重衍，衍遂与之交结，由是为诸王所聘请，寻为司隶从事。帝惩西京外戚宾客，故以法绳之，大者抵死徙，其余至贬黜。衍由此得罪，尝自诣狱，有诏赦不问，归故郡，闭门自保，不敢复与亲故通。

建武末，上疏自陈曰：“臣伏念高祖之略，而陈平之谋，毁之则疏，誉之则亲。以文帝之明，而魏尚之忠，绳之以法则为罪，施之以德则为功。逮至晚世，董仲舒言道德，见妒于公孙弘；李广奋节于匈奴，见排于卫青，此臣之常所为流涕也。臣衍自惟微贱之臣，上无无知之荐，下无冯唐之说；乏董生之才，寡李广之势。而欲免谗口、济怨嫌，岂不难哉！臣衍之先祖，以忠贞之故，成私门之祸。而臣衍复遭扰攘之时，值兵革之际，不敢回行求世之利，事君无倾邪之谋，将帅无虏掠之心。卫尉阴兴，敬慎周密，内自修敕，外远嫌疑，故与交通。兴知臣之贫，数欲本业之，臣自惟无三益之才，不敢处三损之地，固让而不受之。昔在更始，太原执货财之柄，居仓卒之间，据位食禄二十余年，而财产岁狭，居处日贫，家无布帛之积，出无舆马之饰。于今遭清明之世，敕躬力行之秋，而怨仇丛兴，讥议横世。盖富贵易为善，贫贱难为工也。疏远垅亩之臣，无望高阙之下，惶恐自陈，以救罪尤。”书奏，犹以而过不用。

论曰：冯衍之引挑妻子之譬得矣。夫纳妻，皆知取詈己者，而取士则不能，何也？岂非反妒情易，而恕义情难。光武虽得之于鲍永，犹失之于冯衍。夫然，义直所以见屈于既往，守节故亦弥阻于来情。呜呼！

申屠刚，字巨卿，扶风人也。迁尚书令。世祖尝欲出游，刚以陇蜀未平，不宜晏安逸豫。谏不见听，遂以头轫乘舆轮，帝遂为止。时内外群官，多帝自选举，加以法理严察，职事过苦，尚书近臣，至乃捶扑牵曳于前，群臣莫敢正言。刚每辄极谏，又数言皇太子，宜时就东宫，简任贤保，以成其德。

鲍永，字君长，上党人也。父宣，为王莽所杀。事后母至孝，妻尝于母前叱狗，而永即去之。莽以宣不附己，欲灭其子孙，太守苟谏拥护，召以为吏。更始二年，征再迁尚书仆射，行大将军事，持节将兵，安集河东、并州、朔部。世祖即位，遣谏议大夫储大伯持节征永，永乃收系大伯，遣使驰至长安。既知更始已亡，乃发丧，出大伯等，封上将军列侯印绶，悉罢兵。但幅巾与诸将及同心客百余人，诣河内。帝见永问曰："卿众所在？"永离席叩头曰："臣事更始，不能令全，诚惭以其众幸富贵，故悉罢之。"帝曰："卿言大。"而意不悦。

为司隶校尉，行县到霸陵，路经更始墓，引车入陌。从事谏止之。永曰："亲北面事人，宁有过墓不拜？虽以获罪，司隶所不避也。"遂下拜哭，尽哀而去。西至扶风，椎牛上谏冢。帝闻之，意不平，问公卿曰："奉使如此何如？"太中大夫张湛对曰："仁者行之宗，忠者义之主也。仁不遗旧，忠不忘君，行之高者也。"帝意乃释。

论曰：鲍永守义于故主，斯可以事新主矣。耻以其众受宠，斯可以受大宠矣。若乃言之者虽诚，而闻之者未譬，岂苟进之悦易以情纳，持正之忤难以理求乎？诚能释利以循道，居方以从义，君子之概也。

郅恽，字君章，汝南人也。举孝廉，为上东城门候。帝常出猎，车驾夜还，恽拒关不开。帝令从者见面于门间，恽曰："火明辽远。"遂不受诏。帝乃回，从东中门入。明日，恽上书谏曰："陛下远猎山林，夜以继昼，其如社稷宗庙何？暴虎冯河，未至之诫，诚小臣所窃忧也。"书奏，赐布百匹，贬东中门候为参封尉。

郭伋，字细侯，扶风人也。王莽时，为并州牧。建武九年，拜颍川太守。十一年，调为并州刺吏。引见宴语，仅因言选补众职，当简天下贤俊，不宜专用南阳人。帝纳之。伋前在并州，素结恩德，及后入界，所到县邑，老幼相携，逢迎道路。所过问民疾苦，聘求耆德雄俊，设几杖之礼，朝夕与参政事。始至行部，到西河美稷，有童儿数百，各骑竹马，于道次迎拜。伋问曰："儿曹何自远来？"对曰："闻使君到，喜，故来奉迎。"伋辞谢之。及事讫，诸儿复送至郭外，问使君何日当还。伋计日告之。既还，先期一日，伋为违信于诸儿，遂止于野亭，须期乃入。

樊宏，字靡卿，南阳人，世祖之舅也。宏为人谦柔畏慎，不求苟进。常戒其子曰："富贵盈溢，未有能终者。吾非不喜荣势也，天道恶满而好谦。前代贵戚，皆明戒也。保身全己，岂不乐哉？"宗族染其化，未尝犯法。帝甚重之。

阴识，字次伯，南阳人，光烈皇后之兄也。以征伐军功增封，识叩头让曰："天下初定，将帅有功者众，臣托属掖庭，仍加爵邑，不可以示天下。"帝甚美之。

兴，字君陵，识弟也。帝召兴，欲封之，置印绶于前。兴固让曰："臣未有先登陷陈之功，而一家数人，并蒙爵土，令天下觖望，诚为盈溢。臣蒙陛下、贵人恩泽至厚，富贵已极，不可复加。"至诚不愿。帝嘉兴之让，不夺其志。贵人问其故，兴曰："贵人不读书记耶？'亢龙有悔'，外戚家苦不知谦退，嫁女欲配侯王，取妇眄睨公主，愚心实不安也。富贵有极，人当知足。夸奢，益为观听所讥。"贵人感其言，深自降挹，卒不为宗族求位。

帝后复欲以兴代吴汉为大司马，兴叩头流涕，固让曰："臣不敢惜身，诚亏损圣德，不可苟冒。"至诚发中，感动左右，帝遂听之。

朱浮，字叔元，沛国人也。为幽州牧。渔阳太守彭宠败，后世祖以二千石长吏多不胜任；时有纤微之过者，必见斥罢。交易纷扰，百姓不宁。建武六年，有日蚀之异，浮因上疏曰："臣闻日者众阳之宗、君上之位也。凡居官治民，据郡典县，皆为阳为上、为尊、为长。若阳上不明，尊长不足，则干动三光，垂示王者。陛下哀愍海内新离祸毒，保有生民，使得苏息。而今牧民之吏，多未称职，小违治实，辄见斥罢，岂不粲然黑白分明哉！然以尧舜之盛，犹加三考。大汉之兴，亦累功效，吏皆积久，养老于官，至名子孙因为氏姓。当时吏职何能悉治？论议之徒岂不喧哗？盖以为天地之功不可仓卒，艰难之业当累日也。间者，守宰数见换易，迎新相代，疲劳道路。寻其视事日浅，未足昭见其职，既加严切，人不自保，各相顾望，无自安之心。有司或因睚眦，以骋私怨。苟求长短，求媚上意。二千石及长吏，迫于举劾，惧于刺讥，故争饰诈伪，以希虚誉。斯皆群阳骚动、日月失行之应。夫物暴长者必夭折，功卒成者必亟坏，如摧长久之业，而造速成之功，非陛下之福也。天下非一时之用也，海内非一旦之功也。愿陛下游意于经年之外，望化于一世之后，天下幸甚。"帝下其议，群臣多同于浮。自是牧守易代颇简。

旧制，州牧奏二千石长吏不任位者，事皆先下三公，三公遣掾史案验，然后黜退。帝时用明察，不复委任三府，而权归刺举之吏。浮复上疏曰："陛下清明履约，率礼无违，自宗室诸王，外家后亲，皆奉绳墨，无党势之名。斯固法令整齐，下无作威者也。求之于事，宜以和平，而灾异犹见者，而岂徒然哉？天道信诚，不可不察。窃见陛下疾往者上威不行，下专国命，即位以来，不用旧典，信刺举之官，黜鼎辅之任，至于有所劾奏，便加退免，覆案不关三府，罪谴不蒙澄察。陛下以使者为腹心，而使者以从事为耳目，是为尚书之平决于百石之吏。故群下苛刻，各自为能。兼以私情，容长憎爱，在职皆竞张空虚以要时利。故有罪者心不厌服，无咎者坐被空文。不可经盛衰、贻后王也。夫事积久则吏自重，吏安则民自静。《传》曰：'五年再闰，天道乃备。'夫以天地之灵，犹五载以成其化，况人道哉！"

陈元，字长孙，苍梧人也。以父任为郎。时大司农江冯上言，宜令司隶校尉督察三府，元上疏曰："臣闻师臣者帝，宾臣者霸。故武王以太公为师，齐桓以夷吾为仲父。孔子曰：'百官总己，听于冢宰。'近则高帝优相国之礼，大宗假宰辅之权。及亡新王莽，遭汉中衰，专操国柄，以偷天下，况己自喻，不信群臣。夺公辅之任，损宰相之威，以刺举为明、徼讦为直。至乃陪仆告其君长，子弟变其父兄，网密法峻，大臣无所措手足。然不能禁董忠之谋，身为世戮。故人君患在自骄，小患骄臣；失在自任，不在任人。是以文王有日昃之劳，周公执吐握之恭，不闻其崇刺举、务督察也。方今四方尚扰，天下未一，百姓观听，咸张耳目。陛下宜循文武之圣典，袭祖宗之遗

德，劳心下士，屈节待贤，诚不宜使有伺察公辅之名。”帝从之。

桓荣，字春卿，沛郡人也。以明经入授太子。每朝会，辄令荣于公卿前敷奏经书。帝称善曰：“得卿几晚。”建武二十八年，大会百官，诏问谁善可傅太子者，群臣承望上意，皆言太子舅执金吾阴识可。博士张佚正色曰：“今陛下立太子，为阴氏乎？为天下乎？即为阴氏，则阴侯可；为天下，则固宜用天下之贤才。”帝称善，曰：“欲置傅者，以辅太子也。今博士不难正朕，况太子乎？”即拜佚为太子太傅，而以荣为少傅，赐以辎车乘马。

第五伦，字伯鱼，京兆人也。举孝廉。帝问以政事，大悦，与语至夕。帝谓伦曰：“闻卿为吏，篣妇公，不过从兄饭，宁有之耶？”伦对曰：“臣三娶妻，皆无父母。少遭饥乱，实不敢妄过人餐。”帝大笑，拜会稽太守。会稽俗多淫祀，好卜筮，人常以牛祭神，百姓财产，以之困匮。其有自食牛肉，而不以荐祠者，发病且死，先为牛鸣，前后郡将莫敢禁。伦到官，移书属县，晓告百姓。其巫祝有依托鬼神，诈怖愚民，皆案验之；有妄屠牛者，吏辄行罚。民初恐惧，或祝诅妄言，伦案之愈急，后遂断绝，百姓以安。

肃宗初，为司空。及马防为车骑将军，当出征西羌，伦上疏曰：“臣愚以为，贵戚可封侯以富之，不当职事以任之。何者？绳以法则伤恩，私以亲则违宪。伏闻马防今当西征，臣以太后恩仁，陛下至孝，恐卒有纤介，难为意爱也。”伦虽峭直，然常疾俗吏苛刻。及为三公，值帝长者，屡有善政，乃上疏褒称盛美，因以劝成风德，曰：“陛下即位，躬天然之德，体晏晏之姿，以宽弘临下，出入四年，前岁诛刺史、二千石贪残者六人。斯皆明圣所鉴，非群下所及。然诏书每下宽和而政急不解、务存节俭而奢侈不止者，咎在俗弊，群下不称故也。世祖承王莽之余，颇以严猛为治，后世因之，遂成风化。郡国所举，类多辨职俗吏，殊未有宽博之选，以应上求者也。陈留令刘豫、冠军令驷协，并以刻薄之姿，临民宰邑，专念掠杀，务为严苦，吏民愁怨，莫不疾之，而今之议者，反以为能。违天心，失经义，诚不可不慎也。非徒应坐豫协，亦当宜谴举者。务进仁贤，以任时政，不过数人，则风俗自化矣。臣尝读书记，知秦以酷急亡国，又目见王莽亦以苛法自灭，故勤勤恳恳，实在于此。又闻诸王主贵戚，骄奢逾制，京师尚然，何以示远？故曰：‘其身不正，虽令不行。’以身教者从，以言教者讼。夫阴阳和，岁乃丰；君臣同心，化乃成也。其刺史、太守以下拜除京师，及道出洛阳者，宜皆召见，可因博问四方，兼以观察其人。诸上书言事有不合者，可但报归田里，不宜过加喜怒，以明在宽也。”

伦奉公尽节，言事无所依违。或问伦曰：“公有私乎？”对曰：“昔人有与吾千里马者，吾虽不受，每三公有所选举，心不能忘，而亦终不用也。吾兄子常病，一夜十往，退而安寝；吾子有疾，虽不省视，而竟夕不眠。若是者，岂谓无私乎？”

钟离意，字子阿，会稽人也。显宗即位，征为尚书。时交阯太守坐藏千金，征还伏法，以资物簿入大司农，诏班赐群臣。意得珠玑，悉以委地，而不拜赐。帝怪而问其故，对曰："臣闻孔子忍渴于盗泉之水，曾参回车于胜母之闾，恶其名也。此臧秽之宝，诚不敢拜。"帝嗟叹曰："清乎尚书之言！"乃更以库钱三十万赐意，转为尚书仆射。

车驾数幸广成苑，意常当车，陈谏般乐游田之事，天子即时还宫。永平三年，夏旱，而大起北宫。意诣阙免冠上疏曰："伏见陛下，以天时小旱，忧念元元，降避正殿，躬自克责，而比日密云，遂无大润，岂政有未得应天心者耶？昔成汤遭旱，以六事自责曰：'政不节耶？使民疾耶？宫室荣耶？女谒盛耶？苞苴行耶？谗夫昌耶？'窃见北宫大作，民失农时，此所谓宫室荣也。自古非苦宫室小狭，但患民不安宁。宜且罢止，以应天心。"帝策诏报曰："汤引六事，咎在一人。其冠履勿谢。今又敕大匠，止作诸宫，减省不急，庶消灾谴。"诏因谢公卿百僚，遂应时澍雨焉。时诏赐降胡子缣，尚书案事，误以十为百。帝见簿，大怒，召郎将笞之。意因入叩头曰："过误之失，常人所容。若以懈慢为愆，则臣位大，罪重；郎位小，罪轻。咎皆在臣，臣当先坐。"乃解衣就格。帝意解，使复冠而贳郎。

帝性褊察，好以耳目隐发为明，故公卿大臣，数被诋毁，近臣尚书以下，至见提拽。常以事怒郎药崧，以杖撞之。崧走入床下，帝怒甚，疾言曰："郎出！郎出！"崧曰："天子穆穆，诸侯煌煌。未闻人君，自起撞郎。"帝乃赦之。朝廷莫不悚栗，争为严切，以避诛责。唯意独敢谏争，数封还诏书。臣下过失，辄救解之。帝虽不能用，然知其至诚。亦以此故，不得久留，出为鲁相。后德阳殿成，百官大会，帝思意言，谓公卿曰："钟离尚书若在，此殿不立。"意卒，遗言上书，陈升平之世难以急治，宜少宽假。帝感伤其意，下诏嗟叹，赐钱二十万。

宋均，字叔庠，南阳人也。迁九江太守。郡多虎暴，数为民患，常募设槛阱，而犹多伤害。均到，下记属县曰："夫虎豹在山，鼋鼍遣在水，各有所托。且江淮之有猛兽，犹北土之有鸡豚也。今为人患，咎在残吏，而劳勤张捕，非忧恤之本也。其务退奸贪，思进忠善，可一去槛阱，除削课制。"其后传言，虎相与东游渡江。

中元元年，山阳、楚、沛多蝗，其飞至九江界者，辄东西散去，由是名称远近。浚遒县有唐、后二山，民共祠之，众巫遂取百姓男女，以为公妪，岁岁改易，既而不敢嫁娶。前后守令，莫敢禁断。均乃下书曰："自今以后，为山娶者，皆娶巫家，勿扰良人。"于是遂绝。征拜尚书令，尝删剪疑事，帝以为有奸，大怒，收郎，即缚格之。诸尚书惶恐，皆叩头谢罪。均顾厉色曰："盖忠臣执义，无有二心。若畏威失正，均虽死，不易志也。"小黄门在傍，入具以闻。帝善其不挠，即令贳郎，迁均司隶校尉。

寒朗，字伯奇，鲁国人也。守侍御史，与三府掾属，共考案楚狱颜忠、王平等，辞连及随乡侯耿建、朗陵侯臧信、护泽侯邓鲤、曲成侯刘建。建等辞未尝与忠、平相见。是时显宗怒甚，吏皆惶恐；诸所连及，率一切陷入，无敢以情恕者。朗心伤其冤，试以建等物色，独问忠、平，而二人错忤不能对。朗知其诈，乃上言建等无奸，专为忠、平所诬，疑天下无辜，类多如此。帝乃召朗入，问曰："建等即如是，忠、平何故引之？”朗对曰：“忠、平自知所犯不道，故多有虚引，冀以自明。”帝曰：“即如是，四侯无事，何不早奏，而久系至今耶？”朗对曰：“臣虽考之无事，然恐海内别有发其奸者，故未敢时上。”帝怒骂曰：“吏持两端，促提下。”左右方引去，朗曰：“愿一言而死，小臣不敢欺，欲助国耳，诚冀陛下一觉悟而已。臣见考囚在事者，咸共言妖恶大故，臣子所宜同疾，今出之，不如入之，可无后责。是以考一连十，考十连百。又，公卿朝会，陛下问以得失，皆长跪言旧制，大罪祸及九族。陛下大恩，裁止于身，天下幸甚。及其归舍，口虽不言，而仰屋窃叹，莫不知其多冤，无敢忤陛下者。臣今所陈，诚死无悔。”帝意解，诏遣朗出。后二日，车驾自幸洛阳狱，录囚徒，理出千余人。

论曰：“左丘明有言：仁人之言，其利博哉！晏子一言，齐侯省刑。若钟离意之就格请过，寒朗之廷争冤狱，笃矣乎？仁者之情也！”

东平王苍，显宗同母弟也。少好经书，雅有智思，显宗甚爱重之。及即位，拜骠骑将军，位在三公上。在朝数载，多所隆益，而自以至亲辅政，声望日重，意不自安。数上疏，乞上印绶，退就藩国，诏不听。其后数陈乞，辞甚恳切，乃许远国，而不听上将军印绶。加赐钱五千万，布十万匹。永平十一年，苍与诸王朝京师。月余还国，帝临送，归宫，凄然怀思，乃遣使手诏，告诸国中傅曰：“辞别之后，独坐不乐，因就车归，伏轼而吟：瞻望永怀，实劳我心。诵及《采菽》，以增叹息。日者问东平王，处家何等最乐，王言为善最乐。其言甚大，副是腰腹矣。”

肃宗即位，尊重恩礼，逾于前世，诸王莫与为比。建初元年，地震，苍上便宜。后帝欲为原陵、显节陵起县邑，苍闻之，遽上疏谏，帝从而止。自是朝廷每有疑政，辄驿使咨问，苍悉心以对，皆见纳用。帝飨卫士于南宫，因从皇太后周行掖庭池阁，乃阅阴太后旧时器服，怆然动容。乃命留五时衣各一袭及常所御衣，余悉分布诸王主及子孙在京师者。特赐苍及琅邪王京书曰：“岁月骛过，山陵浸远，孤心凄怆，如何如何！间飨卫士于南宫，因阅视旧时衣物，闻于师曰：‘其物存，其人亡，不言哀而哀自至。’信矣！惟王孝友之德，亦岂不然？今送光烈皇后假髻帛巾各一及衣一箧，可时奉瞻，以慰《凯风》寒泉之思，又欲令后生子孙，得见先后衣服之制。愿王宝精神，加供养。苦言至戒，望之如渴。”

建初六年冬，请朝。明年正月，帝许之。后有司奏遣诸王归国，帝特留苍。八月，饮酎毕，有司复奏遣，乃许之。手诏赐苍曰：“骨肉天性，诚不以远近为亲疏，然数见颜色，情重昔时。念王久劳，思得还休，欲署大鸿胪奏，不忍下笔。顾授小黄门，中心恋恋，恻然不能言。”于是车驾祖送，流涕而诀。苍薨后，帝东巡守，幸东平宫，追感念苍，谓其诸子曰：“思其人，至其乡。其处在，其人亡。”因泣下沾襟，遂幸苍陵，祠以大牢，亲拜祠坐，哭泣尽哀，赐御剑于陵前而去。

朱晖，字文季，南阳人也。为尚书仆射。是时谷贵，县官经用不足，朝廷忧之。尚书张林上言：“谷所以贵，由钱贱故也。可尽封钱，一取布帛为租，以通天下之用。又盐，食之急者，虽贵，民不得不须，官可自鬻。又宜因交趾、益州上计吏往来市珍宝，收采其利，武帝时所谓均输者也。”帝然之，有诏施行。晖独奏曰：“《王制》：天子不言有无，诸侯不言多少，食禄之家不与百姓争利。今均输之法，与贾贩无异。盐利归官，则下人穷怨；布帛为租，则吏多奸盗。诚非明主所宜行也。”帝卒以林等言为然，得晖重议，因发怒，切责诸尚书。晖因称病笃，不肯复署议。尚书令以下惶怖，谓晖曰：“今临得谴让，奈何称疾，其祸不细！”晖曰：“行年八十，蒙恩得在机密，当以死报。若心知不可，而顺旨雷同，负臣子之义。今耳目无所闻见，伏待死命。”遂闭口不言。诸尚书不知所为，乃共劾奏晖。帝意解，寝其事。

袁安，字邵公，汝南人也。为司徒时，和帝幼弱，太后临朝。安以天子幼弱，外戚擅权，每朝会进见，及与公卿言国家事，未尝不噫呜流涕。自天子及大臣，皆倚赖之。章和四年薨，朝廷痛惜焉。后数月，窦氏败，帝始亲万机，追思前议者邪正之节，乃除安子赏为郎。

郭躬，字仲孙，颍川人也。明法律。有兄弟共杀人者，而罪未有所归。帝以兄不训弟，故报兄重，而减弟死。中常侍孙章宣诏，误言两报重，尚书奏章矫制，罪当腰斩。帝复召躬问之，躬对：“章应罚金。”帝曰：“章矫诏杀人，何谓罚金？”躬曰：“法令有故误，章传命之谬，于事为误，误者其文则轻。”帝曰：“章与囚同县，疑其故也。”躬曰：“‘周道如砥，其直如矢’，‘君子不逆诈’。君王法天，刑不可以委曲生意。”帝曰：“善！”迁躬廷尉正。

陈宠，字昭公，沛国人也。章帝初为尚书，是时承永平故事，吏治尚严切，尚书决事，率近于重。宠乃上疏曰：“臣闻先王之政，赏不僭，刑不滥，与其不得已，宁僭不滥。陛下即位，数诏群僚，弘崇晏晏。而有司执事，犹尚深刻。治狱者，急于旁格酷烈之痛；执宪者，烦于诋欺放滥之文。或因公行私，逞纵威福。夫为政犹张琴瑟，大弦急者小弦绝。故子贡非臧孙之猛法，而美郑乔之仁政。《诗》云：‘不刚不柔，布政优优。’方今圣德充塞，假于上下，宜隆先王之道，荡涤烦苛之法，轻薄箠楚，以济群生。”帝敬纳宠言，每事务于宽厚。其后遂诏有司，绝诸惨酷之科，解妖恶之禁，除文致之，请谳五十余事，定著于令。是后民俗和平，屡有嘉瑞。

宠子忠，字伯始，擢拜尚书。安帝始亲朝事，连有灾异，诏举有道。公卿百僚，各上封事。忠以诏书既开谏争，虑言事者必多激切，或致不能容，乃上疏豫通广帝意，曰：“臣闻仁君广山薮之大，纳切直之谋；忠臣尽謇谔之节，不畏逆耳之害。是以高祖舍周昌桀纣之譬，孝文嘉爰盎人豕之讥，世宗纳东方朔宣室之正，元帝容薛广德自刎之切。昔者晋平公问于叔向曰：‘国家之患，孰为大？’对曰：‘大臣重禄不极谏，小臣畏罪不敢言，下情不上通，此患之大者。’今明诏崇高宗之德，推宋景之诚，引咎克躬，咨访群吏。言事者见杜根、成翊世等，新蒙表录，显列二台，必承风响应，争为切直。若嘉谋异策，宜辄纳用。如其管穴，妄有讥刺，虽苦口逆耳，不得事实，且优游宽容，以示圣朝无讳之美。若有道之士，对问高者，宜垂省览，特迁一等，以广直言之路。”

杨终，字子山，蜀郡人。征诣兰台，拜校书郎。建初元年，大旱谷贵，终以为广陵、楚、淮阳、济南之狱，徙者万数，又远屯绝域，吏民怨旷。乃上疏曰：“臣闻‘善善及子孙，恶恶止其身’，百王常典，不易之道也。秦政酷烈，违忤天心，一人有罪，延及三族。高祖平乱，约法三章；太宗至仁，除去收孥。万姓廓然，蒙被更生，泽及昆虫，功垂万世。陛下圣明，德被四表。今以比年久旱，灾疫未息，躬自菲薄，广访得失。三代之隆，无以加焉。臣窃案《春秋》，水旱之变，皆应暴急，惠不下流。自永平以来，仍连大狱，有司穷考，转相牵引，掠治冤滥，家属徙边。加以北征匈奴，西开三十六国，又远屯伊吾、楼兰、车师、戊己，人怀土思，怨结边域。昔殷民近迁洛邑，且犹怨望，何况去中土之肥饶，寄不毛之荒极乎？且南方暑湿，障毒互生。愁困之民，足以感动天地、移变阴阳矣。惟陛下留念省察，以济元元。孝元弃珠厓之郡，光武绝西域之国，不以介鳞易我衣裳。今伊吾之役、楼兰之屯，久而不还，非天意也。”帝从之。听还徙者，悉罢边屯。

庞参，字仲达，河南人也。顺帝以为太尉。是时三公之中，参名忠直，数为左右所陷，以所举用忤帝旨，司隶承风案之。时会茂才孝廉，参以被奏，称疾不得会。上计掾广汉段恭，因会上疏曰：“伏见道路行人，农夫织妇，皆曰：‘太尉庞参，竭忠尽节，徒以直道，不能曲心，孤立群邪之间，自处中伤之地。’臣犹冀在陛下之世，当蒙安全，而复以谗佞伤毁忠正，此天地之大禁、人主之至诫。昔白起赐死，诸侯酌酒相贺；季子来归，鲁人喜其纾难。夫国以贤治，君以忠安。今天下咸欣陛下有此忠贤，愿卒宠任，以安社稷。”书奏，诏即遣小黄门视参疾，太医致羊酒。复为太尉。

崔骃，字亭伯，涿郡人也。窦太后临朝，窦宪以重戚出内诏命。骃献书戒之曰：“生而富者骄，生而贵者傲。生富贵而能不骄傲者，未之有也。今宠禄初隆，百僚观行，当尧舜之盛世，处光华之显时，岂可不‘庶几夙夜，以永终誉’，弘申伯之美，致周召之事乎？《语》曰：‘不患无位，患所以立。’昔冯野王以外戚居位，称为贤臣；近阴卫尉克己复礼，终受多福。郯氏之宗非不尊也，阳侯之族非不盛也，重侯累将，建天枢，执斗柄，其所以获讥于时，垂愆于后者，何也？盖在满而不挹，位有余而仁不足也。汉兴以后，迄于哀、平，外家二十，保族全身，四人而已。《书》曰：‘鉴于有殷。’可不慎哉！夫谦德之光，《周易》所美；满溢之位，道家所戒。故君子福大而愈惧，爵隆而益恭，远察近览，俯仰有则，铭诸机杖，刻诸槃杅。矜矜业业，无殆无荒。如此，则百福是荷，庆流无穷矣。”及宪为车骑将军，辟骃为掾。宪擅权骄恣，骃数谏之。及出击匈奴，道路愈多不法。骃为主簿，前后奏记数十，指切长短。宪不能容，稍疏之。因察骃高第，出为长岑长。骃自以远去，不得意，遂不之官而归。卒于家。

卷二十三

《后汉书》治要〔三〕

传

杨震，字伯起，弘农人也。迁东莱太守。道经昌邑，故所举茂才王密为昌邑令，谒见。至夜，怀金十斤以遗震。震曰："故人知君，君不知故人，何也？"密曰："暮夜无知者。"震曰："天知、神知、我知、子知，何谓无知？"密愧而出。后转涿郡太守。性公廉，子孙常蔬食步行。故旧长者或欲令为开产业。震曰："使后世称为清白吏子孙，以此遗之，不亦厚乎？"

为司徒。安帝乳母王圣，因保养之勤，缘恩放恣。圣子女伯荣，出入宫掖，传通奸赂。震上疏曰："臣闻政以得贤为本，理以去秽为务。是以唐虞俊乂在官，四凶流放，天下咸服，以致雍熙。方今九德未事，嬖幸充庭。阿母王圣，出自至微，得遭千载，奉养圣躬。虽有推燥居湿之勤，前后赏惠，过报劳苦。而无厌之心，不知纪极，外交属托，扰乱天下，损辱清朝，尘点日月。《书》诫牝鸡牡鸣，《诗》刺哲妇丧国，夫女子小人，实为难养。宜速出阿母，令居外舍，断绝伯荣，莫使往来，令恩德两隆，上下俱美。惟陛下绝婉娈之私，割不忍之心，留神万机，诫慎拜爵，减省献御，损节征发。令野无《鹤鸣》之叹，朝无《小明》之悔，《大东》不兴于今，'劳止'不怨于下，拟踪往吉，比德哲王，岂不休哉！"

奏御，帝以示阿母等，内幸皆怀忿恚。而伯荣骄淫尤甚，与故朝阳侯刘护再从兄瑰交通，瑰遂以为妻，得袭护爵，位至侍中。震深疾之，复诣阙上疏曰："臣闻高祖与群臣约，非功臣不得封。故经制，父死子继，兄亡弟及，以防篡也。伏见诏书，封故朝阳侯刘护再从兄瑰，袭护爵为侯。护同产弟威，今犹见在。臣闻天子专封封有功，诸侯专爵爵有德。今瑰无他功行，但以配阿母女，一时之间，既忝侍中，又至封侯，不稽旧制，不合经义，行人喧哗，百姓不安。陛下宜览镜既往，顺帝之则。"书奏，不省。

时诏遣使者大为阿母治第，中常侍樊丰及侍中周广、谢恽等更相扇动，倾摇朝廷。震复上疏曰："臣伏念方今灾害发起，百姓空虚，不能自赡。重以螟蝗，羌虏抄掠，三边震扰，兵甲军粮，不能复给。大司农帑藏匮乏，殆非社稷安宁之时。伏见诏书为阿母兴起津城门内第舍，合两为一，连里竟街，雕治缮饰，穷极巧技，转相迫促，为费巨亿。周广、谢恽兄弟与国无肺腑枝叶之属，依倚近幸，分威共权，属托州郡，倾动大臣。宰司辟召，承望旨意，招来海内贪污之人，受其货赂，至有赃锢作世之徒，复得显用。白黑混淆，清浊同源，天下喧哗，为朝结讥。臣闻师言：'上之所取，财尽则怨，力尽则叛。'怨叛之民，不可复使。惟陛下度之。"

丰、恽等见震连切谏不从，无所顾忌，遂诈作诏书，调发司农钱谷、大匠见徒材木，各起家舍、园、池、庐观，役费无数。震因地震，复上疏，前后所上，转有切至。帝既不平之，而樊丰等皆侧目愤怨，俱以其大儒，未敢加害。

寻有河间男子赵腾，诣阙上书，指陈得失。帝发怒，遂收考诏狱，结以罔上不道。震复上疏救之，曰："臣闻尧舜之世，谏鼓谤木立之于朝；殷周哲王，小人怨詈则洗目改听。所以达聪明，开不讳，博采负薪，尽极下情也。今赵腾所坐，激讦谤语为罪，宜与手刃犯法有差。乞为亏除，全腾之命，以诱刍荛舆人之言。"帝不省，腾竟伏尸都市。会东巡岱宗，樊丰等因乘舆在外，竞治第宅。震部掾高舒召大匠令史考校之，得丰等所诈下诏书，具奏须行还上之。丰等闻，惶怖，遂共谮震云："自赵腾死后，深用怨怼，且邓氏故吏，有恚恨心。"及车驾行还，遣使者策收震太尉印绶，震于是柴门绝宾客。丰等复恶之，乃请大将军耿宝，奏震大臣不服罪，怀恚望，有诏遣归本郡。震行至城西夕阳亭，乃慷慨谓其诸子门人曰："死者士之常分。吾蒙恩居上司，疾奸臣狡猾而不能诛，恶嬖女倾乱而不能禁，何面目复见日月！身死之日，以杂木为棺，布单被，裁足盖形，勿归冢次，勿设祭祠。"因饮鸩而卒。

震中子秉，字叔节，延熹五年，为太尉。是时宦官方炽，中常侍侯览弟参为益州刺史，累有臧罪，暴虐一州。秉劾奏参，槛车征诣廷尉。参自杀。秉因奏览及中常侍具瑗，免览官，而削瑗国。每朝廷有得失，辄尽忠规谏，多见纳用。秉性不饮酒，尝从容言曰："我有三不惑，酒、色、财也。"

秉子赐，字伯献。为司徒。坐辟党人免，复拜光禄大夫。光和元年，有虹霓昼降于嘉德殿前。帝恶之，引赐入金商门，使中常侍曹节、王甫问以祥异祸福所在。赐仰天而叹，谓节等曰："吾每读《张禹传》，未尝不愤恚叹息。既不能竭忠尽情，极言其要，而反留意少子、乞还女婿。至今朱游欲得尚方斩马剑以治之，固其宜也。吾以微薄之学，充师傅之末，累世见宠，无以报国，猥当大问，死而后已。"

乃手书对曰："臣闻之《经传》："或得神以昌，或得神以亡。"国家休明，则鉴其德；邪辟昏乱，则视其祸。今殿前之气，应为虹霓，皆妖邪所生，不正之象，诗人所谓'蝃蝀'者也。今内多嬖幸，外任小臣，上下并怨，喧哗盈路，是以灾异屡见，前后丁宁。今复投霓，可谓孰矣。《易》曰：'天垂象，见吉凶，圣人则之。'今妾媵、嬖人、阉尹之徒，共专国朝，欺罔日月。又鸿都门下，招会群小，造作赋说，以虫篆小技，见宠于时，如驩兜、共工，更相荐说，旬月之间，并各拔擢。乐松处常伯，任芝居纳言，郄俭、梁鹄以便辟之性、佞辩之心，各受丰爵不次之宠。而令搢绅之徒委伏畎亩，口诵尧舜之言，身蹈绝俗之行，弃捐沟壑，不见逮及。冠履倒易，陵谷代处。从小人之邪意，顺无知之私欲，不念《板》《荡》之作，'虺蜴'之诫。殆哉之危，莫过于今，幸赖皇天垂象谴告。《周书》曰：'天子见怪则修德，诸侯见怪则修政。"惟陛下慎经典之诫，图变复之道，斥远佞巧之臣，速征鹤鸣之士。内亲张仲，外任山甫，断绝尺一，抑止盘游，留思庶政，无敢怠遑。冀上天还威，众变可弭。老臣过受师傅之任，数蒙宠异之恩，岂敢爱惜垂没之年，而不尽其慺慺之心哉！"

张皓，字叔明，犍为人也。子纲，字文纪，为侍御史。时顺帝委纵宦官，有识危心。纲常感激，慨然叹曰："秽恶满朝，不能奋身出命，扫国家之难，虽生，吾不愿也。"退而上书曰："《诗》云：'不愆不忘，率由旧章。'寻大汉初隆，及中兴之世，文、明二帝，德化尤盛。观其治为，易循易见，但恭俭守节、约身尚德而已。中官常侍，不过两人，近幸赏赐，裁满数金，惜费重民，故家给人足。而顷者以来，不遵旧典，无功小人，皆有官爵，富之骄之，而复害之。非爱民重器，承天顺道者也。伏愿陛下割损左右，以奉天心。"书奏，不省。

汉安元年，选遣八使，巡行风俗。皆耆儒知名，多历显位，唯纲年少，官次最微。余人受命之部，而纲独埋其车轮于洛阳都亭，曰："豺狼当路，安问狐狸！"遂奏曰："大将军冀、河南尹不疑，蒙外戚之援，荷国厚恩，以刍荛之资，居阿衡之任。不能敬敷扬五教，翼赞日月，而专为封豕长蛇，肆其贪叨，甘心好货，纵恣无底，多树谄谀，以害忠良。诚天威所不赦，大辟所宜加也。谨条其无君之心十五事，斯皆臣子所以切齿者也。"书奏御，京师震竦。时冀妹为皇后，内宠方盛，诸梁姻族满朝。帝虽知纲言直，终不忍用。

时广陵贼张婴等众数万人，杀刺史、二千石，寇乱扬、徐间，积十余年，朝廷不能讨。冀乃讽尚书，以纲为广陵太守，因欲以事中之。前遣郡守，率多求兵马，纲独请单车之职。

既到，乃将吏卒十余人，径造婴垒，申示国恩。婴初大惊，既见纲诚信，乃出拜谒。纲延置上坐，问所疾苦，乃譬之曰："前后二千石，多肆贪暴，故致公等怀愤相聚。二千石信有罪矣，然为之者又非义也。今主上仁圣，欲以文德服叛，故遣太守，思以爵禄相荣，不愿以刑罚相加，今诚转祸为福之时也。若闻义不服，天子赫然震怒，荆、扬、兖、豫大兵云合，岂不危乎？若不料强弱，非明也；弃善取恶，非智也；去顺效逆，非忠也；身绝血嗣，非孝也；背正从邪，非直也；见义不为，非勇也。六者成败之几，利害所从，公其深计之。"

婴闻之泣下，曰："荒裔愚民，不能自通朝廷，不堪侵枉，遂复相聚偷生，若鱼游釜中，喘息须臾间耳。今闻明府之言，乃婴等更生之晨也。既自陷不义，实恐投兵之日，不免孥戮。"纲约之以天地，誓之以日月，婴深感悟，乃辞还营。明日将所部万余人，与妻子面缚归降。纲乃单车入婴垒，大会，置酒为乐，散遣部众，任从所之，亲为卜居宅，相田畴，子弟欲为吏者，皆引召之。民情悦服，南州晏然。朝廷论功当封，梁冀遏绝，乃止。天子嘉美，欲擢用纲，而婴等上书乞留，乃许之。纲在郡一年卒。百姓老幼相携诣府，赴哀者不可胜数。纲自被疾，吏民咸为祠祀求福，皆言：千秋万岁，何时复见此君。张婴等五百余人，制服行丧，送到犍为，负土成坟。

诏拜纲子续为郎中，赐钱百万。

种皓，字景伯，河南人也。举孝廉。顺帝擢皓，监太子于承光宫。中常侍高梵从中单驾出迎太子。时太傅杜乔等疑不欲从，惶惑不知所为。皓乃手剑当车，曰："太子国之储副，民命所系。今常侍来无诏信，何以知非奸邪？今日有死而已。"梵辞屈，驰命奏之。诏报，太子乃得去。乔退而叹息，愧皓临事不惑。帝亦嘉其持重，称善者良久。出为益州刺史。宣恩远夷，开晓殊俗，岷山杂落，皆怀服汉德焉。

刘陶，字子奇，一名伟，颍川人也。时大将军梁冀专朝，而桓帝无子，连岁荒饥，灾异数见，陶时游大学，乃上疏陈事曰："臣闻人非天地无以为生，天地非人无以为灵，是故帝非民不立，民非帝不宁。夫天之与帝，帝之与民，犹头之与足，相须而行也。伏惟陛下袭常存之庆，循不易之制，目不视鸣条之事，耳不闻檀车之声，天灾不有痛于肌肤，震食不即损于圣体，故蔑三光之谬，轻上天之怒。伏念高祖之起，始自布衣，合散扶伤，克成帝业。功既显矣，勤亦至矣。流福遗祚，至于陛下。陛下既不能增明烈考之轨，而忽高祖之勤，妄假利器，委授国柄，使群丑刑隶，芟刈小民，雕敝诸夏，虐流远近。故天降众异，以戒陛下。陛下不悟，而竞令虎豹窟于麋场，豺狼乳于春囿，斯岂唐咨禹稷、益典朕虞之意哉！又今牧守长吏，上下交竞，封豕长蛇，蚕食天下。货殖者为穷冤之魂，贫馁者作饥寒之鬼，高门获东观之辜，丰室罗妖叛之罪，死者悲于窀穸，生者戚于朝野，是愚臣所为咨嗟长怀叹息者也。且秦之将亡，正谏者诛，谀进者赏，嘉言结于忠舌，国命出于谗口。擅阎乐于咸阳，授赵高以车府，权去己而不知，威离身而弗顾。古今一揆，成败同势。愿陛下远览强秦之倾，近察哀、平之变，得失昭然，祸福可见。臣敢吐不时之议于讳言之朝，犹冰霜见日，必至消灭。臣始悲天下之可悲，今天下亦悲臣之愚惑也。"书奏，不省。

是时天下日危，寇贼方炽，陶复上疏曰："臣闻事急者不能安言，心之痛者不能缓声。窃见天下前遇张角之乱，后遭边章之寇。每闻羽书告急之声，心灼内热，四体惊竦。今西羌逆类，晓习战陈，变诈万端，军吏士民，悲愁相守，人有百走退死之心，而无一前斗生之计。西羌侵前，去营咫尺，胡骑分布，已至诸陵。将军张温，天性精勇，而主者旦夕迫促，军无后殿，假令失利，其败不救。臣自知言数见厌，而言不自裁者，以为国安则臣蒙其庆，国危则臣亦先亡也。谨复陈当今要急八事，乞须臾之间，深垂纳省。"

其八事，大较言大乱皆由宦官。宦官事急，共谗陶曰："前张角事发，诏书示以威恩，自此以来，各各改悔。今者四方安静，而陶疾害圣政，专言妖孽。州郡不上，陶何缘知？疑陶与贼通情。"于是收陶下狱，掠治日急。陶自知必死，对使者曰："朝廷前封臣云何？今反受邪谮。恨不与伊、吕同畴，而以三仁为辈。"遂闭气而死，天下莫不痛之。

李云，字行祖，甘陵人也。举孝廉，迁白马令。桓帝诛大将军梁冀，而中常侍单超等五人皆以诛冀功并封列侯，专权选举。又立掖庭人女亳氏为皇后。数月间，后家封者四人，赏赐巨万。是时地数震裂，众灾频降。云素刚，忧国将危，心不能忍，乃露布上书，移副三府，曰："臣闻皇后天下之母，德配坤灵，得其人，则五氏来备；不得其人，则地动摇宫。比年灾异，可谓多矣；皇天下之戒，可谓至矣。举厝至重，不可不慎；班功行赏，宜应其实。梁冀虽持权专擅，虐流天下，今以罪行诛，犹召家臣扼杀之耳。而猥封谋臣万户以上，高祖闻之得无见非？西北列将，得无解体耶？孔子曰：'帝者，谛也。'今官位错乱，小人谄进，财货公行，政治日损，尺一拜用，不经御省。是帝欲不谛乎？"

帝得奏震怒，下有司逮云送狱，使中常侍管霸与御史廷尉杂考之。时弘农五官掾杜众伤云以忠谏获罪，上书愿与云同日死。帝愈怒，遂并下廷尉。大鸿胪陈蕃上疏救云曰："李云所言，虽不识禁忌，干上逆旨，其意归于忠国而已。昔高祖忍周昌不讳之谏，成帝赦朱云腰领之诛。今杀云，臣恐剖心之机复议于世矣。故敢触龙鳞，冒昧以请。"太常杨秉、洛阳市长沐茂、郎中上官资并上疏请云。帝恚甚，有司皆奏以为大不敬。诏切责蕃、秉，免归田里，茂、资贬秩二等。云、众皆死狱中。

刘瑜，字季节，广陵人也。举贤良方正。及到京师，上书陈事曰："臣在下土，听闻歌谣，骄臣虐政之事，远近呼嗟之音，窃为辛楚，泣血连如。诚愿陛下且以须臾之虑，览今往之事。民何为咨嗟？天曷为动变邪？盖诸侯之位，上法四七，关之盛衰者也。今中官邪孽，比肩裂土，皆竞立胤嗣，继体传爵。或乞子疏属，或买儿市道，殆乖开国承家之义。古者天子，一娶九女，娣侄有序。今女嬖令色，充积闺帷，皆当盛其玩饰，穴食空宫，劳散精神，生长六疾。此国之费也，性之伤也。且天地之性，阴阳正纪，隔绝其道，则水旱为灾。又常侍、黄门，亦广妻娶，怨毒之气，结成妖眚。行路之人言，官发略人女，取而复置，转相惊惧。孰不悉然，无缘空生此谤也？邹衍匹夫，杞氏匹妇，尚有城崩霜陨之异，况乃群辈咨嗟，能无感乎！昔秦作阿房，国多刑人。今第舍增多，穷极奇巧，堀山攻石，不避时令。促以严刑，威以峻法，民无罪而覆入之，民有田而覆夺之，民愁郁结，起入贼党，官辄兴兵，诛讨其罪。贫困之民，或有卖其首级，以要酬赏。父兄相代残身，妻孥相视分裂。穷之如彼，伐之如此，岂不痛哉！又陛下以北辰之尊、神器之宝，而微行近习之家，私幸宦官之舍。宾客市买，熏灼道路，因此暴纵，无所不容。今三公在位，皆博达道艺，而莫或匡益者，非不智也，畏死罚也。惟陛下设置七臣，以广谏道，远佞邪之人，放郑卫之声，则治致和平，德感祥风矣。"于是特诏召瑜，拜为议郎。

虞诩，字升卿，陈国人也。永建元年，为司隶校尉。时中常侍张防特用权势，每请托受取，诩辄案之，而屡寝不报。诩不胜其愤，乃自系廷尉，奏言曰："昔孝安皇帝，任用樊丰，遂交乱嫡统，几亡社稷。今者张防复弄威柄，国家之祸将重至矣。臣不忍与防同朝，谨自系以闻，无令臣袭杨震之迹。"书奏，防流涕诉帝，诩坐论输左校。防必欲害之，二日之中传考四狱。宦者孙程等知诩以忠获罪，乃相率奏曰："陛下始与臣等造事之时，常疾奸臣，知其倾国。今者即位，而复自为，何以非先帝乎？司隶校尉虞诩为陛下尽忠，而更被拘系；常侍张防臧罪明正，反构忠良。今客星守羽林，其占宫中有奸臣。宜急收防送狱，以塞天变。"防坐徙边，即日赦出诩。拜议郎，迁尚书仆射。

先是宁阳主簿诣阙，诉其县令之枉，积六七岁不省。主簿乃上书曰：“臣为陛下子，陛下为臣父。臣章百上，终不见省，臣岂可北诣单于以告怨乎？”帝大怒，持章示尚书，尚书遂劾以大逆。诩驳曰：“主簿所讼，乃君父之怨，百上不达，是有司之过。愚蠢之民，不足多诛。”帝纳诩言，笞之而已。诩好刺举，无所回容，数忤权戚，遂九见谴考，三遭刑罚，而刚正之性，终老不屈。迁尚书令。

傅燮，字南容，北地人也。为护军司马，与左中郎皇甫嵩俱讨贼张角。燮素疾中官，既行，因上疏曰：“臣闻天下之祸，不由于外，皆兴于内。是故虞舜升朝，先除四凶，然后用十六相，明恶人不去则善人无由进者。今张角起于赵、魏，黄巾乱于六州。此皆衅发萧墙，而祸延四海也。臣受戎任，奉辞伐罪，始到颍川，战无不克。黄巾虽盛，不足为庙堂忧也。臣之所惧，在于治水不息其源，末流弥增其广耳。陛下仁德宽容，多所不忍，故阉竖擅权、忠臣不进。诚使张角枭夷、黄巾变服，臣之所忧，愈益深耳。何者？夫邪正之人，不宜共国，亦犹冰炭不可同器。彼知正人之功显而危亡之兆见，皆将巧辞饰说，共长虚伪。夫孝子疑于屡至，市虎成于三夫。若不详察真伪，忠臣将复有杜邮之戮矣。陛下宜思虞舜四罪之举，速行谗佞放殛之诛，则善人思进，奸凶自去矣。臣闻忠臣之事君，犹孝子之事父也。子之事父，焉得不尽其情？使臣身备铁钺之戮，陛下少用其言，国之福也。”书奏，宦者赵忠见而忿恶。及破张角，燮功多当封，忠诉谮之，竟亦不封，以为安定都尉。

顷之，赵忠为车骑将军，诏忠论讨黄巾之功，执金吾甄举等谓忠曰：“傅南容前在东军，有功不侯，故天下失望。今将军当重任，宜进贤理屈，以副众心。”忠遣弟延致殷勤，延谓燮曰：“南容少答我常侍，万户侯不足得也。”燮正色拒之曰：“遇与不遇，命也；有功不论，时也。傅燮岂求私赏哉！”忠愈怀恨，权贵亦多疾之，是以不得留，出为汉阳太守。

贼围汉阳，城中兵少粮尽，燮犹固守。时北地胡骑数千，随贼攻郡，皆夙怀燮恩，共于城外叩头，求送燮归乡里。子干进曰：“国家昏乱，遂令大人不容于朝。今天下已叛，而兵不足自守，乡里羌胡先被恩德，欲令弃郡而归，愿必许之。”言未终，燮慨然而叹曰：“盖圣达节，次守节。且殷纣之暴，伯夷不食周粟而死。今朝廷不甚殷纣，吾德亦岂绝伯夷？世乱不能养浩然之志，食禄人间，欲避其难乎？吾行何之？”遂麾左右进兵，临陈战殁。谥曰壮节侯。

盖勋，字元固，敦煌人也。为汉阳长史。时武威太守倚恃权势，恣行贪横，从事武都苏正和案致其罪。凉州刺史梁鹄畏惧贵戚，欲杀正和以免其负，乃访之于勋。勋素与正和有仇，乃谏鹄曰：“夫绁食鹰鸢，欲其鸷，鸷而亨之，将何用哉？”鹄从其言。正和喜于得免，而诣勋求谢。勋不见，曰：“吾为梁使君谋，不为苏正和。”怨之如初。

征拜讨虏校尉。灵帝召见，问：“天下何苦，而反乱如此？”勋曰：“幸臣子弟扰之。”时宦者上军校尉蹇硕在坐，帝顾问硕，硕惧，不知所对，而以此恨勋。司隶校尉张温举勋为京兆尹。帝方欲延接勋，而蹇硕等心惮之，并劝从温奏，遂拜京兆尹。时长安令杨党父为中常侍，恃势贪放，勋案得其臧千余万。贵戚咸为之请，勋不听，具以事闻，并连党父，有诏穷治，威震京师。时小黄门京兆高望为尚药监，幸于皇太子。太子因蹇硕，属望子进为孝廉，勋不肯用。或曰："皇太子副主，望其所爱，硕帝之宠臣，而子违之，所谓三怨成府者也。"勋曰："选贤所以报国也。非贤不举，死亦何悔！"

董卓废少帝，杀何太后，勋与书曰："昔伊尹、霍光，权以立功，犹可寒心。足下小丑，何以终此？贺者在门，吊者在庐，可不慎哉！"卓得书，意甚惮之。征为议郎。自公卿以下，莫不卑下于卓，唯勋长揖争礼，见者皆为失色。勋虽强直不屈，而内厌于卓，不得意，疽发背卒，遗令勿受卓赙赠。

蔡邕，字伯喈，陈留人也。灵帝时，信任阉竖，灾变数见，天子引咎，诏群臣各陈政要。邕上封事曰："臣闻古者取士，诸侯岁贡。孝武之世，郡举孝廉，又有贤良文学之选，于是名臣辈出，文武并兴。汉之得人，数路而已。夫书画辞赋，才之小者，匡国理政，未有其能。陛下即位之初，先涉经术，听政余日，观省篇章，聊以游意，当代博奕，非以为教化取士之本也。而诸生竞利，作者鼎沸。其高者，颇引经训风喻之言，下则连偶俗语，有类俳优，或窃成文，虚冒名氏。臣每受诏于盛化门，差次录第，其未及者，亦复随辈，皆见拜擢。既加之恩，难复收改，但守奉禄，于义已弘，不可复使治民及仕州郡。昔孝宣会诸儒于石渠，章帝集学士于白虎。通经释义，其事优大；文武之道，所宜从之。若乃小能小善，虽有可观，孔子以为'致远则泥'，君子故当志其大者也。"

又特诏问曰："比灾变互生，未知厥咎，朝廷焦心，载怀恐惧。每访群公，庶闻忠言，而各存括囊，莫肯尽心。以邕经学深奥，故密特稽问，宜披露失得，指陈政要，勿有依违，自生疑讳。"邕对曰："臣伏思诸异，皆亡国之怪也。天于大汉，殷勤不已，故屡出妖变，以当谴责，欲令人君感悟，改危即安。今灾眚之发，不于他所，远则门垣，近在寺署，其为监戒，可谓至切。霓随鸡化，皆妇人干政之所致也。前者乳母赵娆，贵重天下，生则赀藏侔于天府，死则丘墓逾于园陵；两子受封，兄弟典郡，续以永乐；门史霍玉，依阻城社，又为奸邪。今者道路纷纷，复云有程大人者，察其风声，将为国患。宜高为堤防，明设禁令，深惟赵、霍，以为至戒。今圣意勤勤，思明邪正。而闻太尉张颢，为玉所进，光禄勋伟璋，有名贪浊。又长水校尉赵玹、屯骑校尉盖升，并叨时幸，荣富犹足。宜念小人在位之咎，退思引身避贤之福。伏见廷尉郭禧纯厚老成，光禄大夫桥玄聪达方直，故太尉刘宠忠实守正，并宜为谋主，数见访问。夫宰相大臣，君之四体，委任责成，优劣已分，不宜听纳小吏、雕琢大臣也。又尚方工技之作，鸿都篇赋之文，可且消息，以示惟忧。《诗》云：'畏天之怒，不敢戏豫。'天戒诚不可戏也。夫君臣不密，上有漏言之戒，下有失身之祸。愿寝臣表，无使尽忠之吏受怨奸仇。"章奏，帝览而叹息，因起更衣，曹节于后视之，悉宣语左右，事遂漏露。其为邕所裁黜者，皆侧目思报。

初，邕与司徒刘郃素不相平，而叔父卫尉质又与将作大匠阳球有隙。球即中常侍程璜女夫也。璜遂使人飞章言邕、质数以私事请托于郃，郃不听，邕含隐切，志欲相中伤。于是下邕、质于洛阳狱，劾以仇怨奉公，议害大臣，大不敬，弃市。事奏，中常侍吕强愍邕无罪，请之。帝亦更思其章，有诏减死一等，与家属钳徙朔方，不得以赦令除。

左雄，字伯豪，南郡人也。举孝廉，拜议郎。时顺帝新立，朝多阙政，雄数言事，其辞深切。尚书仆射虞诩，以雄有忠公节，上疏荐之曰："臣见方今公卿以下，类多拱默，以树恩为贤，尽节为愚，至相戒曰：'白璧不可为，容容多后福。'伏见议郎左雄，数上封事，至引陛下身遭难厄以为敬戒，实有'王臣蹇蹇'之节、周公谟成王之风，宜擢在喉舌之官，必有匡弼之益。"由是拜尚书令。

上疏陈事曰："臣闻柔远和迩，莫大宁民。宁民之务，莫重用贤。用贤之道，必存考黜。大汉受命，虽未复古，然至于文景，天下康乂。诚由玄靖宽柔、克慎官人故也。降及宣帝，兴于仄陋，综核名实，知世所病，以为吏数变易，则下不安业；久于其事，则民服教化。其有政理者，辄以玺书勉励，增秩赐金。是以吏称其职，民安其业。汉世良吏，于兹为盛。故能降来仪之瑞，建中兴之功。汉初至今，三百余载，俗浸凋敝，巧伪滋萌，下饰其诈，上肆其残。典城百里，转动无常，各怀一切，莫虑长久。谓杀害不辜为威风，聚敛整辩为贤能，以修己安民为劣弱，奉法循理为不治。髡钳之戮，生于睚眦；覆尸之祸，成于喜怒。视民如寇仇，税之如豺虎。监司见非不举，闻恶不察，观政于亭传，责成于期月，言善不称德，论功不据实，虚诞者获誉，拘检者离毁。州宰不覆，竞共辟召。或考奏捕治，而亡不受罪，会赦行赂，复见洗涤。朱紫同色，清浊不分。故使奸猾枉滥，轻忽去就，拜除如流，缺动百数。特选横调，纷纷不绝，送迎烦费，损政伤民。和气未洽，灾眚不消，咎皆在此。臣愚以为乡部亲民之吏，皆用儒生清白，任从政者，宽其负算，增其秩禄，吏职满岁，宰府州郡，乃得辟举。如此，威福之路塞，虚伪之端绝，送迎之役损，赋敛之源息，循理之吏得成其化，率土之民各宁其所。"

帝感其言，申下有司，考其真伪。雄之所言，皆明达治体，而宦竖擅权，终不能用。雄复谏曰："臣闻人君莫不好忠正而恶谗谀，然而历世之患，莫不以忠正得罪、谗谀蒙宰者，盖听忠难、从谀易也。夫刑罪，人情之所甚恶；贵宠，人情之所甚欲。是以世俗为忠者少，而习谀者多。故令人主数闻其美，稀知其过，迷而不悟，至于危亡也。"

周举，字宣光，汝南人也。为尚书。时三辅大旱，五谷灾伤，天子亲自策问，举对曰："夫阴阳闭隔，则二气否塞；二气否塞，则人物不昌；人物不昌，则风雨不时；风雨不时，则水旱成灾。陛下处唐虞之位，未行尧舜之政，变文帝、世祖之法，而循亡秦奢侈之欲，内积怨女，外有旷夫。今皇嗣不兴，东宫未立，伤和逆理，断绝人伦之所致也。非但陛下行此而已，竖宦之人亦复虚以形势，威侮良家，取女闭之，至有白首殁无配偶，逆于天心。昔武王入殷，出倾宫之女；成汤遭灾，以六事克己。自枯旱以来，弥历年岁，未闻陛下改过之效，徒劳至尊，暴露风尘，诚无益也。又下州郡，祈神致请。

昔齐有大旱，景公欲祀河伯，晏子谏曰：'夫河伯，以水为城国，鱼鳖为人民。水尽鱼枯，岂不欲雨？自是不能致也。'陛下所行，但务其华，不寻其实，犹缘木求鱼，却行求前也。诚宜推信革政，崇道变惑，出后宫不御之女，理天下冤枉之狱，除大官重膳之费。臣才薄智浅，不足以对，惟陛下留神裁察。"以举为司徒。

李固，字子坚，汉中人也。阳嘉二年，有地动山崩，火灾之异，公卿举固对策，诏又特问当世之敝、为政所宜。固对曰："臣闻王者，父天母地，宝有山川。王道得则阴阳和理，政化乖则崩震为灾，斯皆关之天心，效于成事者也。夫治以职成，官由能理。古之进者，有德有命；今之进者，唯财与力。伏闻诏书，务求宽博，疾恶严暴。而今长吏，多杀伐致声名者，必加迁赏；其存宽和，无党援者，辄见斥逐。是以淳厚之风不宣，雕薄之俗未革。虽繁刑重禁，何能有益？前孝安皇帝变乱旧典，封爵阿母，因造妖孽，使樊丰之徒乘权放恣，侵夺主威，改乱嫡嗣，至令圣躬狼狈，亲遇其难。既拔自困殆，龙兴即位，天下喁喁，属望风政。积弊之后，易致中兴，诚当沛然思惟善道。而论者犹云，方今之事，复同于前。臣伏从山草，痛心伤臆。今宋阿母虽有大功勤谨之德，但加赏赐，足以酬其劳苦，至于裂土开国，实乖旧典。夫妃后之家所以少完全者，岂天性当然？但以爵位尊显，专总权柄，天道恶盈，不知自损，故至颠仆。先帝宠遇阎氏，位号太疾，故其受祸，曾不旋时。今梁氏戚为椒房，礼所不臣，尊以高爵，尚可然也，而子弟群从，荣显兼加。永平建初故事，殆不如此。宜令步兵校尉冀及诸侍中，还居黄门之官，使权去外戚，政归国家，岂不休乎？又宜罢退宦官，去其权重，裁置常侍二人，省事左右；小黄门五人，给事殿中。如此，则论者厌塞，升平可致也。"顺帝览其对，多所纳用，即时出阿母还第舍，诸常侍悉叩头谢罪，朝廷肃然。以固为议郎。

冲帝即位，为太尉，与梁冀参录尚书事。帝崩，固以清河王蒜年长有德，欲立之。梁冀不从，乃立乐安王子缵，是为质帝。冀忌帝聪惠，恐为后患，遂令左右进鸩。帝崩，固伏尸号哭，推举侍医，冀虑其事泄，大恶之。因议立嗣，固与司徒胡广、司空赵戒、大鸿胪杜乔皆以为清河王蒜明德著闻，又属最尊亲，宜立为嗣。

先是蠡吾侯志取冀妹，冀欲立之。众论既异，愤愤不得意，而未有以相夺。中常侍曹腾等闻，而夜往说冀曰："将军累世有椒房之亲，秉摄万机，宾客纵横，多有过差。清河王严明，若果立，则将军受祸不久矣，不如立蠡吾侯，富贵可长保也。"冀然其言。明日重会公卿，冀意气凶凶，而言辞激切，自胡广、赵戒以下，莫不慑惮之，皆曰："惟大将军令。"而固独与杜乔坚守本议。冀厉声罢会，固复以书劝，冀愈激怒，乃说太后先策免固，竟立蠡吾侯，是为桓帝。

后岁余，甘陵刘文、魏郡刘鲔各谋立蒜为天子，梁冀因此诬固与文、鲔共为妖言，下狱。门生勃海王调贯械上书，证固之枉；河内赵承等数十人，亦腰铁锧，诣阙通诉。太后明之，乃赦焉。及出狱，京师市里，皆称万岁。冀闻之大惊，畏固名德终为己患，乃更据奏前事，遂诛之。临终，与胡广、赵戒书曰："固受国厚恩，是以竭其股肱，不顾死亡，志欲扶持王室，比隆文、宣。何图一朝，梁氏迷谬，公等曲从，以吉为凶，成事为败乎？汉家衰微从此始矣。公等受主厚禄，颠而不扶，倾覆大事，后之良史，岂有所私？固身已矣，于义得矣，夫复何言！”广、戒得书悲惭，长叹流涕。州郡收固二子基、慈，皆死狱中。

杜乔，字叔荣，河内人也。汉安元年，以乔守光禄大夫。梁冀子弟五人及中常侍等以无功并封，乔上书谏曰：“陛下越从藩臣，龙飞即位，天人属心，万邦攸赖。不急忠贤之礼，而先左右之封，伤善害德，兴长佞谀。臣闻古之明君，褒罚必以功过；末代暗主，诛赏各缘其私。今梁氏一门，宦者微孽，并带无功之绂，裂劳臣之土，其为乖滥，胡可胜言！夫有功不赏，为善失其望；奸回不诘，为恶肆其凶。故陈质斧，而民靡畏；班爵位，而物无劝。苟遂斯道，岂伊伤政为乱而已，丧身亡国，可不慎哉！”书奏，不省。先是李固见废，内外丧气，群臣侧足而立，唯乔正色，无所回桡，由是朝野瞻望焉。冀愈怒，遂白执系之，死狱中，与李固俱暴尸于城北。

论曰：顺、桓之间，国统三绝，太后称制，贼臣虎视。李固据位持重，以争大义，确乎而不可夺。岂不知守节之触祸？耻夫覆折之伤任也。观其发正辞及所遗梁冀书，虽机失谋乖，犹恋恋而不能已。至矣哉，社稷之心乎！其顾视胡广、赵戒，犹粪土也。

卷二十四

《后汉书》治要〔四〕

传

延笃，字叔坚，南阳人也。为京兆尹。时皇子有疾，下郡县，出珍药，而大将军梁冀遣客赍书诣京兆，并货牛黄。笃发书收客，曰：“大将军椒房外家，而皇子有疾，必应陈进医方，岂当使客千里求利乎？”遂杀之。冀惭而不得言。有司承旨，欲求其事，笃以疾免归也。

史弼，字公谦，陈留人也。为北军中侯。是时桓帝弟渤海王悝，素行险辟，僭傲多不法。弼惧其骄悖为乱，乃上封事曰：“臣闻帝王之于亲戚，爱虽隆，必示之以威；体虽贵，必禁之以度。如是和睦之道兴，骨肉之恩遂。昔周襄王恣甘昭公，孝景皇帝骄梁孝王，二弟阶宠，终用勃慢，卒周有播荡之祸，汉有爰盎之变。窃闻渤海王悝，凭至亲之属，恃偏私之爱，失奉上之节，有僭慢之心。外聚剽轻不逞之徒，内荒酒乐，出入无常。所与群居，皆有口无行，或家之弃子，或朝之斥臣，必有羊胜、伍被之变。州司不敢弹纠，傅相不能匡辅。陛下隆于友于，不忍遏绝，恐遂滋蔓，为害弥大。乞露臣奏，宣示百僚，诏公卿，平处其法。法决罪定，乃下不忍之诏。如是，则圣朝无伤亲之讥，渤海有享国之庆。不然，惧大狱将兴，使者相望于路矣。不胜愤懑，谨冒死以闻。”帝以至亲，不忍下其事。后悝竟坐逆谋，贬为瘿陶王。

弼迁河东太守，当举孝廉。弼知多权贵请托，乃豫敕断绝书。属中常侍侯览，果遣诸生赍书请之，并求假盐税，积日不得通。生乃说以他事谒弼，而因达览书。弼大怒曰：“太守忝荷重任，当选士报国，尔何人，而诈伪无状。”命左右引出，楚捶数百，即日考杀之。侯览大怨，遂诈作飞章，下司隶，诬弼俳谤。槛车征，下廷尉诏狱，得减死罪一等。

陈蕃，字仲举，汝南人也。为太尉时，小黄门赵津、南阳大猾张汜等奉事中官，乘势犯法。二郡太守刘瓆、成瑨，考案其罪，虽经赦令，而并竟考杀之。宦官怨恚，有司承旨，遂奏瓆、瑨罪当弃市。又山阳太守翟超没入中常侍侯览财产，东海相黄浮诛杀下邳令徐宣，超、浮并坐髡钳，输作左校。蕃与司徒刘矩、司空刘茂，共谏请瓆等，帝不悦。

有司劾奏之，矩、茂不敢复言。蕃乃独上疏曰：“臣闻齐桓修霸，务为内政。今寇贼在外，四支之疾；内政不理，心腹之患。臣寝不能寐，食不能饱，实忧左右日亲，忠言以疏；内患渐积，外难方深。陛下超从列侯，继承天位。小家畜产百万之资，子孙尚耻失其先业，况乃产兼天下，受之先帝，而欲懈怠以自轻忽乎？诚不爱己，不当念先帝得之勤苦邪？前梁氏五侯，毒遍海内，天启圣意，收而戮之，天下之议，冀当小平。明鉴未远，覆车如昨，而近习之权，复相扇结。小黄门赵津、大猾张汜等，肆行贪虐，奸媚左右；前太原太守刘瓆、南阳太守成瑨，纠而戮之。虽言赦后不当诛杀，原其诚心，在乎去恶。而小人道长，荧惑圣听，遂使天威为之发怒。如加刑谪，已为过甚，况乃重罚，令伏欧刃乎！又前山阳太守翟超、东海相黄浮，奉公不挠，疾恶如仇，超没侯览财物，浮诛徐宣之罪，并蒙刑坐，不逢赦恕。览之纵横，没财已幸；宣犯衅过，死有余辜。昔丞相申屠嘉召责邓通，洛阳令董宣折辱公主，而文帝从而请之，世祖加以重赏，未闻二臣有专命之诛。而今左右群竖，恶伤党类，妄相交构，致此刑谴。闻臣是言，当复啼诉陛下，深宜割塞近习豫政之源，引纳尚书朝省之事，简练清高，斥黜佞邪。如是天和于上，地洽于下，休祯符瑞，岂远乎哉！陛下虽厌毒臣言，人主有自勉强，敢以死陈。”

帝得奏愈怒，竟无所纳。朝廷众庶，莫不怨之。宦官由此疾蕃弥甚。李膺等以党事下狱考实，蕃因上疏谏曰：“臣闻贤明之君，委心辅佐；亡国之主，讳闻直辞。故汤武虽圣，而兴于伊、吕；桀纣迷惑，亡在失人。由此言之，君为元首，臣为股肱，同体相须，共成美恶者也。伏见前司隶校尉李膺，大仆杜密、大尉掾范滂等，正身无玷，死心社稷，以忠忤旨，横加考案，或禁锢闭隔，或死徙非所。杜塞天下之口，聋盲一代之人，与秦焚书坑儒，何以为异？昔武王克殷，表闾封墓；今陛下临政，先诛忠贤。遇善何薄？待恶何优？夫谗人似实，巧言如簧，使听之者惑、视之者昏。夫吉凶之效，在乎识善；成败之机，在于察言。人君者，摄天地之政，秉四海之维，举动不可以违圣法，进退不可以离道规。谬言出口，则乱及八方，何况髡无罪于狱、杀无辜于市乎！又青、徐炎旱，五谷损伤，人物流迁，茹菽不足。而宫女积于房掖，国用尽于罗纨，外戚私门，贪财受赂。所谓禄去公室，政在大夫。昔春秋之末，周德衰微，数十年间，无复灾眚者，天所弃也。天之于汉，悢悢无已，故殷勤示变，以悟陛下，除妖去孽，实在修德。臣位列台司，忧责深重，不敢尸禄惜生，坐观成败。如蒙采录，使身首分裂，异门而出，所不恨也。”帝讳其言切，托以蕃辟召非其人，遂策免之。

灵帝即位，窦太后临朝，以蕃为太傅录尚书事。蕃与后父大将军窦武，同心尽力，征用名贤，共参政事，天下之士，莫不延颈想望太平。而帝乳母赵娆，旦夕在太后侧，中常侍曹节、王甫等，与共交构，谄事太后。太后信之，数出诏命，有所封拜，及其支类，多行贪虐。蕃常疾之，志诛中官。会窦武亦有谋。蕃乃先上疏曰：“臣闻言不直而行不正，则为期乎天而负乎人。危言极意，则群凶侧目，祸不旋踵。钧此二者，臣宁得祸，不敢欺天也。今京师嚣嚣，道路喧哗，言侯览、曹节等与赵夫人诸女尚书，并乱天下。附从者升进，忤逆者中伤。方今一朝群臣，如河中木耳，泛泛东西，耽禄畏害。陛下前始摄位，顺天行诛，苏康、管霸并伏其辜。是时天地清明，人鬼欢喜。奈何数月，复纵左右。元恶大奸，莫此之甚。今不急诛，必生变乱，倾危社稷，其祸难量。”太后不纳。蕃因与窦武谋之，及事泄，曹节等矫诏诛武等。遂令收蕃，即日害之。

论曰：桓灵之代，若陈蕃之徒，咸能树立风声，抗论惛俗，而驱驰崄阸之中，与刑人腐夫同朝争衡。终取灭亡之祸者，彼非不能絜情志、违埃雾也，悯夫世士以离俗为高，而人伦莫能相恤也。以遁世为非义，故屡退而不去；以仁心为己任，虽道远而弥厉。及遭值际会，协策窦武，自谓万世一遇也，懔懔乎伊、望之业矣！功虽不终，然其信义足以携持世心。汉代乱而不亡，百余年间，数公之力也。

窦武，字游平，扶风人。拜城门校尉，清身疾恶。时国政多失，内官专宠，李膺、杜密等为党事考逮。上疏谏曰：“臣闻明主不讳讥刺之言，以探幽暗之实；忠臣不恤谏争之患，以畅万端之事。是以君臣并熙，名奋百世。臣岂敢怀禄逃罪，不竭其诚！陛下初从藩国，爰登帝祚，天下逸豫，谓当中兴。自即位以来，未闻善政。梁、孙、寇、邓，虽或诛灭，而常侍黄门，续为祸虐，欺罔陛下，竞行谲诈，自造制度，妄爵非人，朝政日衰，奸臣日强。臣恐二世之难，必将复及；赵高之变，不朝则夕。近者奸臣牢修，造设党议，遂收前司隶校尉李膺、太仆杜密、御史中丞陈翔、太尉掾范滂等，逮考连及数百人，旷年拘录，事无效验，臣惟膺等，建忠抗节，志经王室，此诚陛下稷、契、伊、吕之佐，而虚为奸臣贼子之所诬枉，天下寒心，海内失望。惟陛下留神澄省，时见理出，以厌人鬼喁喁之心。臣闻近臣尚书令陈蕃、仆射胡广、尚书朱宇、荀绲、刘祐、魏朗、刘矩、尹勋等，皆国之贞士、朝之良佐；尚书郎张陵、妫皓、苑康、杨乔、边韶、戴恢等，文质彬彬，明达国典，内外之职，群才并列。而陛下委任近习，专树饕餮，外典州郡，内干心膂。宜以次贬黜，抑夺宦官欺国之封，案其无状诬罔之罪，信任忠良，平决臧否，使邪正毁誉，各得其所；宝爱天官，唯善是授。如此，咎征可消，天应可待。间者有嘉禾、芝草、黄龙之见，夫瑞生必于嘉士，福至实由善人，在德为瑞，无德为灾。陛下所行，不合天意，不宜称庆。”书奏，因以疾上还城门校尉、槐里侯印绶。帝不许，有诏原李膺、杜密等。

其冬，帝崩，灵帝立，拜武为大将军，常居禁中。武既辅朝政，常有诛剪宦官之计，太傅陈蕃亦素有谋。武乃白太后曰：“故事，黄门、常侍但当给事省内，典门户，主近署财物耳。今乃使与政事而任权重，子弟布列，专为贪暴。天下匈匈，正以此故。宜悉诛废，以清朝廷。”长乐五官史朱瑀盗发武奏，骂曰：“中官放纵者，自可诛耳。我曹何罪，而当尽见族灭？”因大呼曰：“陈蕃、窦武奏白太后废帝，为大逆。”曹节闻之，惊起白帝，请出御德阳前殿。拜王甫为黄门令，甫将虎贲、羽林追围武。武自杀，枭首洛阳都亭。收捕宗亲、宾客、姻属、悉诛之。迁太后于云台也。

循吏传

初，光武长于民间，颇达情伪。见稼穑艰难。百姓病害，至天下已定，务用安静，解王莽之繁密，还汉世之轻法。身衣大练，色无重彩，耳不听郑卫之音，手不持珠玉之玩，宫房无私爱，左右无偏恩。建武十三年，异国有献名马者，日行千里，又进宝剑，价兼百金，诏以马驾鼓车，剑赐骑士。损上林池御之官，废骋望弋猎之事。数引公卿郎将，列于禁坐；广求民瘼，观纳风谣。故能内外匪懈，百姓宽息。自临宰邦邑者，竞能其官。若杜诗守南阳，号为杜母；任延、锡光移变边俗，斯其绩用之最章章者也。又第五伦、宋均之徒，亦足有可称谈。然建武、永平之间，吏事刻深，亟以谣言单辞，转易守长，故朱浮数上谏书，箴切峻政；钟离意等亦规讽殷勤，以长者为言，而不能得也。所以中兴之美，盖未尽焉。

任延，字长孙，南阳人也。拜会稽都尉。时年十九，迎官惊其壮。及到，静泊无为，唯先遣馈祠延陵季子。聘请高行如董子仪、严子陵等，敬待以师友之礼。掾吏贫者，辄分奉禄，以赈给之。是以郡中贤士大夫，争往官焉。

建武初，延上书乞骸骨，归拜王庭。诏征为九真太守。九真俗以射猎为业，不知牛耕，民常告籴交阯，每致困乏。延乃铸作田器，教之垦辟，百姓充给。又骆越之民，无嫁娶礼法，各因淫好，不识父子之性、夫妇之道。延乃使男女皆以年齿相配。其贫无礼聘，令长吏以下，各省奉禄，以赈助之。同时相娶者二千余人。是岁风雨顺节，谷稼丰衍。其产子者，始知种姓。咸曰：“使我有是子者，任君也。”多名子为任。于是徼外、蛮夷、夜郎等，慕义保塞，延遂止罢侦候戍卒。

初，平帝时，汉中锡光为交趾太守，教导民夷，渐以礼义化，声侔于延。王莽末，闭境拒守。建武初，遣使贡献，封盐水侯。岭南革风，始于二守焉。

延视事四年，征诣洛阳，九真吏民，生为立祠。拜武威太守。帝亲见，戒之曰：“善事上官，无失名誉。”延对曰：“臣闻忠臣不私，私臣不忠。履正奉公，臣子之节。上下雷同，非陛下之福也。善事上官，臣不敢奉诏。”帝叹息曰：“卿言是也。”

酷吏传

董宣，字少平，陈留人也。为洛阳令。时湖阳公主苍头白日杀人，因匿主家，吏不能得。及主出行，而以奴骖乘，宣于夏门亭候之，乃驻车叩马，数主之失，叱奴下车，因格杀之。主即还宫诉帝，帝大怒，召宣，欲箠杀之。宣曰："陛下圣德中兴，而纵奴杀良民，将何以治天下乎？臣不须箠，请得自杀。"即以头击楹，流血被面。帝令小黄门持之，使宣叩头谢主，宣不从。帝强使顿之，宣两手据地，终不肯俯。主曰："文叔为白衣时，臧亡匿死，吏不敢至门。今为天子，威不能行一令乎？"帝笑曰："天子不与白衣同。"因敕强项令出，赐钱三十万。搏击豪强，莫不震栗。京师号为"卧虎"，歌之曰："枹鼓不鸣，董少平也！"

论曰：古者敦庞，善恶易分。至画衣冠，异服色，而莫之犯。叔世偷薄，上下相蒙，德义不足以相洽，化导不能惩违，乃严刑痛杀，以暴治奸，倚疾邪之公直，济忍苛之虐情。与夫断断守道之吏，何工否之殊乎？故严君蚩黄霸之术，密民笑卓茂之政，猛既穷矣，而犹或未胜。然朱邑不以笞辱加物，袁安农尝鞫人臧罪，而猾恶自禁，民不欺犯。何者？以为威辟既用，而苟免之行兴；仁信道孚，故感被之情著。苟免者，威隙则奸起；感被者，人亡而思存。由一邦以言天下，则刑讼繁措，可得而求矣！

卷二十五

《魏志》治要〔上〕

纪

太祖武皇帝，沛国人，姓曹，讳操，字孟德。建安四年，袁绍将攻许。公进军黎阳，绍众大溃。公收绍书中，得许下及军中人书，皆焚之〔《魏氏春秋》曰："公云：'当绍之强，孤犹不能自保，而况众人乎！'"〕。七年，令曰："吾起义兵，为天下除暴乱。旧土人民，死丧略尽，国中终日行，不见所识，使吾凄怆伤怀。其举义兵已来，将士绝无后者，求其亲戚以后之，授土田，官给耕牛，置学师教之。为存者立庙，使祀其先人，魂而有灵，吾百年之后何恨哉！"

十二年，令曰："吾起义兵诛暴乱，于今十九年，所征必克，岂吾功哉？乃贤士大夫之力也。天下虽未悉定，吾当要与贤士大夫共定之。而专飨其劳，吾何以安焉！其促定功行封。"于是大封功臣二十余人，皆为列侯，其余各以次受封，及复死事之孤，轻重各有差。十九年，安定大守毌丘兴将之官，公戒之曰："羌、胡欲与中国通，

自当遣人来，慎勿遣人往也。善人难得，必将教羌、胡妄有所请求，因欲以自利。不从便为失异俗意，从之则无益事。”兴至，遣校尉范陵至羌中，陵果教羌，使自请为属国都尉。公曰：“吾预知当尔，非圣人也，但更事多耳。”二十五年卒〔《魏书》曰：“太祖自统御海内，芟夷群丑。御军三十余年，手不舍书，昼则讲军策，夜则思经传。雅性节俭，不好华丽。后宫衣不锦绣，侍御履不二采，帷帐屏风，坏则补缀，茵蓐取温，无有缘饰。攻城拔邑，得靡丽之物，则悉以赐有功，勋劳宜赏，不吝千金；无功望施，分毫不与。四方献御，与群下共之也。”〕。

文皇帝讳丕，字子桓，武帝太子也。黄初二年，诏以议郎孔羡为宗圣侯，奉孔子祀。令鲁郡修起旧庙，置百户吏卒以守卫之。日有蚀之，有司奏免太尉，诏曰：“灾异之作，以谴元首，而归过股肱，岂禹、汤罪己之义乎？其令百官各虔厥职，后有天地之眚，勿复劾三公。”

三年，表首阳山东为寿陵，作终制曰：“礼，国君即位为椑，存不忘亡也。封树之制，非上古也，吾无取焉。寿陵因山为体，无为封树，无立寝殿、造园邑、通神道。夫葬者，藏也，欲人之不得见也。骨无痛痒之知，冢非栖神之宅。礼不墓祭，欲存亡之不黩也。为棺椁足以朽骨、衣衾足以朽肉而已。故吾营此丘墟不食之地，欲使易代之后不知其处。无施苇炭，无藏金银铜铁，一以瓦器，合古涂车、刍灵之义。饭含无以珠玉，无施珠襦玉柙，诸愚俗所为也。季孙以玙璠敛，孔子譬之暴骸中原。宋公厚葬，君子谓华元、乐莒不臣。汉文帝之不发霸陵，无求也；光武之掘原陵，封树也。霸陵之完，功在释之；原陵之掘，罪在明帝。是释之忠以利君，明帝爱以害亲也。忠臣孝子，宜思仲尼、丘明、释之之言，鉴华元、乐莒、明帝之戒，存于所以安君定亲，使魂灵万载无危，斯则贤圣之忠孝矣。自古及今，未有不亡之国，是无不掘之墓。丧乱以来，汉氏诸陵无不发掘，至乃烧取玉柙金缕，骸骨并尽，岂不重痛哉！其皇后及贵人以下，不随王之国者，有终没皆葬涧西。魂而有灵，无不之也，一涧之间，不足为远。若违诏，妄有所变改造施，吾为戮死地下，死而重死。臣子为蔑死君父，不忠不孝。其以此诏藏之宗庙，副在尚书、秘书、三府。”

五年，诏曰：“先王制礼，所以昭孝事祖，大则郊社，其次宗庙。三辰五行，名山大川，非此族也，不在祀典。叔世衰乱，崇信巫史，至乃宫殿之内、户牖之间，无不沃酹，甚矣其惑也。自今其敢设非祀之祭、巫祝之言，皆以执左道论。”

明皇帝讳睿，字元仲，文帝太子也。青龙元年，祀故大将军夏侯惇等于太祖庙庭〔《魏书》载诏曰：“昔先王之礼，于功臣存则显其爵禄，没则祭于大蒸，故汉氏功臣，祠于庙庭。大魏元功之臣，功勋优著、终始休明者，其皆依礼祀之。”于是以惇等配飨之〕。

三年〔《魏略》曰：是年起大极诸殿，筑总章观。又于芳林园中起陂池，楫棹越歌。又于列殿之北立八坊，诸才人以次序处其中，秩名拟百官之数。使博士马均作水转百戏，鱼龙蔓延，备如汉西京之制，筑阊阖诸门阙外罘罳。太子舍人张茂以吴、蜀数动，诸将出征，而帝盛兴宫室，留意于玩饰，赐与无度，帑藏空竭；又录夺士女前已嫁为吏民妻者，还以配士，既听以生口自赎，又简选其有姿色者，内之掖庭，乃上书谏曰：“臣伏见诏书，诸士女嫁非士者，一切录夺，以配战士，斯诚权时之宜，然非大化之善者也。臣请论之。陛下，天之子；百姓吏民，亦陛下之子也。今夺彼以与此，亦无以异于夺兄之妻妻弟也，于父母之恩偏矣。又诏书听得以生口代，故富者则倾家尽产，贫者举假贷贯，贵买生口以赎其妻。县官以配士为名，而实内之掖庭，其丑恶者乃出与士。得妇者未必有欢心，而失妻者必有忧色，或穷或愁，皆不得志。夫君有天下而不得万姓之欢心者，鲜不危殆。且军师在外数十万人，一日之费非徒千金，举天下之赋以奉此役，犹将不给，况复有宫庭非员无录之女、椒房母后之家，赏赐横兴，其费半军。昔汉武帝好神仙，信方士，掘地为海，封土为山，赖此时天下为一，莫敢与争者耳。自衰乱以来，四五十载，马不舍鞍，士不释甲；每一交战，血流丹野，疮痍号痛之声，于今未已。犹强寇在疆，图危魏室。陛下当兢兢业业，念崇节约，思所以安天下者，而乃奢靡是务。中尚方纯作玩弄之物，炫耀后园，建承露之盘，斯诚快耳目之观，然亦足以骋寇仇之心矣。惜乎！舍尧、舜之节俭，而为汉武之侈事，臣窃为陛下不取也。愿陛下霈然下诏，事无益而有损者，悉除去之。以所除无益之费，厚赐将士父母妻子之饥寒者；问民所疾而除其所恶，实仓廪，缮甲兵，恪恭以临天下。如是，吴贼面缚，蜀虏舆榇，不待诛而自服，太平之路可计日而待也。臣年五十，常恐至死无以报国，是以投躯设命，冒昧以闻，唯陛下裁察。”书通，上顾左右曰：“张茂恃乡里故也。”以事付散骑而已〕。

景初元年〔《魏略》曰：是岁，徙长安诸钟簴、骆驼、铜人、承露盘。盘折，铜人重不可致，留于霸城。大发铜铸作铜人二，号曰翁仲，列坐于司马门外。又铸黄龙、凤皇各一，置内殿前。起土山于芳林园，使公卿群僚负土成山，树松竹杂木善草于其上，捕山禽杂兽置其中。《魏略》载董寻上书曰：“臣闻古之直士，尽言于国，不避死亡。故周昌比高祖于桀、纣，刘辅譬赵后于人婢。天生忠直，虽白刃沸汤，往而不顾者，诚为时主爱惜天下也。若今之宫室狭小，当广大之，犹宜随时，不妨农务，况乃作无益之物，黄龙、凤皇、九龙、承露盘，土山、渊池，其功三倍于殿舍。三公九卿、侍中尚书，天下至德，皆知非道而不敢言者，以陛下春秋方刚，心畏雷霆。今陛下既尊群臣，显以冠冕，被以文绣，载以华舆，所以异于小人。而使穿方举土，面目垢黑，沾体涂足，衣冠了鸟，毁国之光，以崇无益，甚非谓也。孔子曰：‘君使臣以礼，臣事君以忠。’无礼无忠，国何以立！故有君不君，臣不臣，上下不通，心怀郁结，使阴阳不和，灾害屡降，凶恶之徒，因间而起，谁当为陛下尽言事者乎？又谁当干万乘以死为戏乎？臣知言出必死，而臣自比于牛之一毛，生既无益，死亦何损？秉笔流涕，心与世辞。”既通，帝曰：“董寻不畏死耶！”主者奏收寻，有诏勿问之也〕。

齐王芳，字兰卿。正始八年，尚书何晏奏曰：“善为国者必先治其身，治其身者慎其所习。所习正，则其身正，其身正，则不令而行；所习不正，则虽令不从。是故为人君者，所与游必择正人，所观览必察正象，放郑声而弗听，远佞人而弗近，然后邪心不生，而正道可弘也。季末暗主，不知损益，斥远君子，引近小人，忠良疏远，便辟亵狎，乱生近昵，譬之社鼠。考其昏明，所积以然，故圣贤谆谆，以为至虑。舜戒禹曰：‘邻哉，邻哉！’言慎所近也；周公戒成王曰：‘其朋，其朋！’言慎所与也。

《诗》云：'一人有庆，兆民赖之。'自今以后，可御幸式乾殿，及游豫后园，皆大臣侍从，因从容戏晏，兼省文书，询谋政事，讲论经籍，为万世法。"

袁绍，字本初，汝南人也。领冀州牧，转为大将军。出长子谭为青州，沮授谏绍："必为祸始。"绍不听。〔《九州春秋》载授谏辞曰："世称一兔走，万人逐之，一人获之，贪者悉止，分定故也。且年均以贤，德均则卜，古之制也，愿上惟先代成败之戒，下思逐兔分定之义。"绍曰："孤欲令四儿各据一州，以观其能。"授出曰："祸其始此乎！"〕

绍进军黎阳，太祖击破之。初，绍之南也，田丰说绍曰："曹公善用兵，变化无方，众虽少，未可轻也，不如以久持之。将军据山河之固，拥四州之众，外结英雄，内修农战，然后简其精锐，分为奇兵，乘虚迭出，以扰河南，救右则击其左，救左则击其右，使敌疲于奔命，民不得安业。我未劳而彼已困，不及二年，可坐克也。今释庙胜之策，而决成败于一战，若不如志，悔无及也。"绍不从，丰恳谏，绍怒以为沮众，械系之。绍军既败，或谓丰曰："君必见重。"丰曰："若军有利，吾必全，今军败，吾其死矣。"绍还曰："吾不用田丰言，果为所笑。"遂杀之。

后妃传

《易》称："男正位于外，女正位于内。男女正，天地之大义也。"古先哲王莫不明后妃之制，顺天地之德。故二妃嫔妫，虞道克隆，任、姒配姬，周室用熙。废兴存亡，恒此之由。《春秋说》云："天子十二女，诸侯九女。"考之情理，不易之典也。而末世奢纵，肆其侈欲，至使男女怨旷，感动和气，惟色是崇，不本淑懿。故风教陵迟，而大纲毁泯，岂不惜哉！呜乎！有国有家者，其可以永鉴矣！

武宣卞皇后，琅邪人，文帝母也。黄初中，文帝欲追封太后父母，尚书陈群奏曰："陛下应运受命，创业革制，当永为后式。案典籍之文，无妇人裂土，因夫爵。秦违古制，汉氏因之，非先王之令典也。"帝曰："此议是也，其勿施行。以作著，诏下，藏之台阁，永为后式。"

文德郭皇后，广宗人也。黄初三年，将登后位，中郎栈潜上疏曰："在昔帝王之有天下，不唯外辅，亦有内助，治乱所由，盛衰从之。故西陵配黄，英娥降妫，并以贤明，流芳上世。桀奔南巢，祸阶末喜；纣以炮烙，怡悦妲己。是以圣哲慎立元妃，必取先代世族之家，择其令淑，以统六宫，虔奉宗庙，阴教聿修。《易》曰：'家道正，而天下定。'由内及外，先王之令典也。《春秋》书宗人衅夏云：'无以妾为夫人之礼。'齐桓誓命于葵丘，亦曰：'无以妾为妻。'今后宫嬖宠，常亚乘舆，若因爱登后，使贱人暴贵，臣恐后世下陵上替，开张非度，乱自上起也。"文帝不从。

卷二十六

《魏志》治要〔下〕

传

陈思王植，字子建。每进见难问，应声而对，特见宠爱。既以才见异，而丁仪、丁廙、杨修等为之羽翼。太祖狐疑，几为太子者数矣。黄初三年，立为鄄城王。太和元年，徙为雍丘王。三年，徙封东阿王。五年，上疏求存问亲戚，因致其意曰："臣闻天称其高，以无不覆；地称其广，以无不载；日月称其明，以无不照；江海称其大，以无不容。故孔子曰：'大哉尧之为君！唯天为大，唯尧则之。'夫天德之于万物，可谓弘广矣。盖尧之为教，先亲后疏，自近及远。周之文王亦崇厥化。昔周公吊管、蔡之不咸，广封懿亲以藩屏王室，《传》曰：'周之同盟，异姓为后。'诚骨肉之恩，爽而不离；亲亲之义，实在敦固。未有义而后其君、仁而遗其亲者也。臣伏惟陛下资帝唐钦明之德，体文王翼翼之仁，惠洽椒房，恩昭九亲，群后百寮，番休递上，执政不废于公朝，下情得展于私室，亲理之路通，庆吊之情展，诚可谓恕己治人、推惠施恩者矣。至于臣等，婚媾不通，兄弟乖绝，吉凶之问塞，庆吊之礼废，恩纪之违，甚于路人，隔阂之异，殊于胡越。以一切之制，无朝觐之望，至于注心皇极，结情紫闼，神明知之矣。愿陛下沛然垂诏，使诸国庆问得展，以叙骨肉之欢恩，全怡怡之笃义；妃妾之家，膏沐之遗，岁得再通。齐义于贵宗，等惠于百司，如此则《风》《雅》所咏，复存于圣世矣。臣伏自思惟，无锥刀之用，及观陛下之所拔授，若以臣为异姓，窃自料度，不后于朝士矣。若得辞远游，戴武弁，解朱组，佩青绂，驸马奉车，趣得一号，安宅京室，执鞭珥笔，出从华盖，入侍辇毂，承答圣问，拾遗左右，乃臣丹诚之至愿也。远慕《鹿鸣》君臣之宴，中咏《棠棣》匪他之戒，下思《伐木》友生之义，终怀《蓼莪》罔极之哀。每四节之会，块然独处，左右唯仆隶，所对唯妻子，高谈无所与陈，发义无所与展，未尝不闻乐而拊心、临觞而叹息也。臣伏以为，犬马之诚不能动人，譬人之诚不能动天。崩城陨霜，臣初信之，以臣心况，徒虚语耳。若葵藿之倾叶，太阳不为之回光，亦终向者诚也。窃自比葵藿，若降天地之施，垂三光之明者，实在陛下。今之否隔，友于同忧，而臣独倡言者，窃不愿于圣世使有不蒙施之物，必有惨毒之怀。故《柏舟》有'天只'之怨，《谷风》有'弃予'之叹。故伊尹耻其君不如尧舜。臣之愚蔽，欲使陛下崇光日月、被时雍之美者，是臣慺慺之诚也。”

诏报曰：“夫忠厚仁及草木，则《行苇》之诗作；恩泽衰薄，不亲九属，则《角弓》之章刺。今令诸国兄弟，情理简怠，妃妾之家，膏沐疏略，纵不能敦而睦之，王援古喻义，备矣悉矣，何言精诚不足以感通哉？夫明贵贱，崇亲亲，礼贤良，顺少长，国之纲纪，本无禁诸国通问之诏也。矫枉过正，下吏惧谴，以至于此耳。已敕有司，如王所诉。”植复上疏陈审举之义，曰：“臣闻天地协气而万物生，君臣合德而庶政成。五帝之世非皆智，三季之末非皆愚，用与不用、知与不知也。《书》曰：‘有不世之君，必能用不世之臣；用不世之臣，必能立不世之功。’昔乐毅奔赵，心不忘燕；廉颇在楚，思为赵将。臣生乎乱，长乎军，又数承教于武皇帝，伏见行师用兵之要，不必取孙吴而暗与之合。窃揆之于心，常愿得一奉朝觐，排金门，蹈玉陛，列有职之臣，赐须臾之间，使臣得一散所怀，摅尽蕴积，死不恨矣。然天高听远，情不上通，徒独望青云而拊心，仰高天而叹息耳。屈平曰：‘国有骥而不知乘焉，遑遑而更索！’昔管、蔡放诛，周、邵作弼；叔鱼陷刑，叔向匡国。三监之衅，臣自当之；二南之辅，求必不远。华宗贵族，藩王之中，必有应斯举者。故《传》曰：‘无周公之亲，不得行周公之事。’唯陛下少留意焉。近者汉氏广建藩王，丰则连城数十，约则飨食祖祭而已，未若姬周之树国五等之品制也。若扶苏之谏始皇，淳于越之难周青臣，可谓知时变矣。能使天下倾耳注目者，当权者是矣。故谋能移主，威能慑下。豪右执政，不在亲戚。权之所在，虽疏必重；势之所去，虽亲必轻。盖取齐者田族，非吕宗也；分晋者赵、魏，非姬姓也。唯陛下察之。苟吉专其位、凶离其患者，异姓之臣也；欲国之安、祈家之贵、存共其荣、没同其祸者，公族之臣也。今反公族疏而异姓亲，臣窃惑焉。今臣与陛下践冰履炭，高下共之，岂得离陛下哉？不胜愤懑，拜表陈情。若有不合，乞且藏之书府，不便灭弃，臣死之后，事可思。”

〔《魏略》曰：植以近前诸国士息已见发，其遗孤稚弱，在者无几，而复被取，乃上书曰：“臣闻古之圣君，与日月齐其明，四时等其信，恩不中绝，教无二可，以此临朝，则臣不知所死矣。受任在万里之外，审主之所以授官，必己之可以投命，虽有构会之徒，泊然不以为惧者，盖君臣相信之明效也。臣初受封，策书曰：‘植受兹青社，为魏藩辅。’而所得兵百五十人，皆年在耳顺，或不逾矩，虎贲官骑及亲事凡二百余人，皆使年壮，备有不虞，检校乘城，顾不足以自救，况皆复耄耋罢曳乎？而名为魏东藩，使屏翰王室，臣窃自羞矣。就之诸国，国有士子，合不过五百人，伏以为三军益损，不复赖此。方外定否，必当须办者，臣愿将部曲，倍道奔赴，夫妻负襁，子弟怀粮，蹈锋履刃，以殉国难，何但习业小儿哉？愚诚以挥涕增河，鼷鼠饮海，于朝万无损益，于臣家计甚有废损。又，臣士息前后三送，兼人已竭。唯尚有小儿，七八岁已上、十六七已还，三十余人。今部曲皆年耆，卧在床席，非糜不食，眼不能视，气息裁属者，凡三十七人；疲瘵风靡，疣盲聋聩者，二十三人。唯正须此小儿大者，可备宿卫，虽不足以御寇，粗可以警小盗。小者未堪大使，为可使耘锄秽草，驱护鸟雀。休候人则一事废，一日猎则众业散，不亲自经营则功不摄。常自躬亲，不委下吏而已。陛下圣仁，恩诏三至，士子给国，长不复发。明诏之下，有若曒日，保金石之恩，必明神之信，定习业者并复见送，暗若昼晦，怅然失图。伏以为陛下既爵臣百僚之右，居藩国之任，为置卿士，屋名为宫，冢名为陵，不使其危居独立，无异于凡庶。若陛下听臣，悉还部曲，罢官属，省监官，使解玺释绂，追柏成、子仲之业，营颜渊、原宪之事，居子臧之庐，宅延陵之室。如此，虽进无成功，退有可守节，身死之日，犹松、乔也。然伏度国朝，终未肯听臣之若是，固当羁绊于世绳，维系于禄位，怀眉眉之小忧，执无己之百念，安得荡然肆志，逍遥于宇宙之外哉？此愿未从，陛下必欲崇亲亲、笃骨肉，润白骨而荣枯木者，唯遂仁德，以副前恩，有诏皆遂还之也。”〕

六年，封植为陈王。时法制，待藩国既自峻迫，寮属皆贾竖下才，兵人给其残老，大数不过二百人。十一年而三徙都，常汲汲无欢，遂发疾薨。〔孙盛曰：异哉，魏氏之封建也！不度先王之典，不思藩屏之术，违敦穆之风，背维城之义。汉初之封，或权侔人主，虽云不度，时势然也。魏氏诸侯，陋同匹夫，虽惩七国，矫枉过也。且魏之代汉，非积德之由，风泽既微，六合未一，而雕翦枝干，委权异族，势同瘣木，危若巢幕，不嗣忽诸，非天丧也。五等之制，万世不易之典。六代兴亡，曹冏论之详矣。〕

中山恭王衮，每兄弟游娱，衮独谭思经典。文学防辅遂共表称陈衮美。衮闻之，大惊惧，责让文学曰：“修身自守，常人之行耳，而诸君乃以上闻，是适所以增其负累也。且如有善，何患不闻，而遽共如是，是非益我。”其诫慎如此。衮尚约俭，教敕妃妾纺绩织纴，习为家人之事。衮病困，令世子曰：“汝幼少，未闻义方，早为人君，但知乐，不知苦，必将以骄奢为失也。接大臣，务以礼。虽非大臣，老者犹宜答拜。事兄以敬，恤弟以慈。兄弟有不良之行，当造膝谏之。谏之不从，流涕喻之。喻之不改，乃白其母。若犹不改，当以奏闻，并辞国土。与其守宠罹祸，不若贫贱全身也。此亦谓大罪恶耳，其微过细愆，故当奄覆之。嗟乎小子，慎修乃身，奉圣朝以忠贞，事太妃以孝敬。闺闱之内，奉令于太妃；阃阈之外，受教于沛王。无怠乃心，以慰余灵。”诏使大鸿胪持节典护丧事，赠赗甚厚。

评曰：魏氏王公，徒有国土之名，而无社稷之实，又禁防壅隔，同于囹圄。位号靡定，大小岁易。骨肉之恩乖，《棠棣》之义废。为法之弊，一至于此乎？〔《魏氏春秋》载宗室曹冏上书曰：“臣闻古之王者，必建同姓以明亲亲，必树异姓以明贤贤。故《传》曰：‘庸勋亲亲，昵近尊贤。’《书》曰：‘克明俊德，以亲九族。’《诗》云：‘怀德惟宁，宗子维城。’由斯观之，非贤无与兴功，非亲无与辅治也。夫亲亲之道，专用则其渐也微弱；贤贤之道，偏任则其弊也劫夺。先圣知其然也，故博兼亲疏而并用之。近则有宗盟藩卫之固，远则有仁贤辅佐之助；兴则有与共其治，衰则有与守其土；安则有与享其福，危则有与同其祸。夫然，故能有其国家、本枝百世也。今魏尊尊之法虽明，亲亲之道未备。《诗》不云乎：‘鹡鸰在原，兄弟急难。’以斯言之，明兄弟相救于丧乱之际，同心于忧祸之间，虽有阋墙之忿，不忘御侮之事。何则？忧患同也。今则不然，或任而不重，或释而不任，一旦疆埸称警，关门反拒，股肱不扶，胸心无卫。臣窃惟此，寝不安席。谨撰合所闻，叙论成败。论曰：昔夏、殷、周历世数十，而秦二世而亡。何则？三代之君，与天下共其民，故天下同其忧也。秦王独制其民，故倾危莫救也。夫与人共其乐者，人必忧其忧。与人同其安者，人必拯其危。先王知独治之不能久也，故与人共治之。知独守之不能固也，故与人共守之。兼亲疏而两用，参同异而并建，是以轻重足以相镇，亲疏足以相卫，并兼路塞，逆节不生。及其衰也，桓、文帅礼。王纲弛而复张，诸侯傲而复肃。二霸之后，浸以陵迟。吴、楚凭江汉，负固方城，虽心希九鼎，而畏迫宗姬，奸情散于匈怀，逆谋消于唇吻。斯岂非信重亲戚，任用贤能，枝叶硕茂，本根赖之与？自此之后，转相攻伐。暨于战国，诸姬微矣，至于王赧，降为庶人，犹枝叶相持，得居虚位，海内无主，四十余年。秦据形胜之地，骋谲诈之术，至于始皇，乃定天位。旷日若彼，用力若此，岂非深固根蒂不拔之道乎？秦观周之弊，以为小弱见夺，于是废五等之爵，立郡县之官。子弟无尺寸之封，功臣无立锥之土。内无宗子以自毗辅，外无诸侯以为藩卫。仁心不加于亲戚，惠泽不流于枝叶。譬犹芟刈股肱，独任胸腹；浮舟江海，弃捐楫櫂。观者为之寒心，而始皇晏然，自以为关中之固，金城千里，子孙帝王万世之业也，岂不悖哉！至于身死之日，无所寄付，委天下之重于凡人之手，托废立之命于奸臣之口，至令赵高之徒，诛锄宗室。胡亥少习刻薄之教，长遭凶父之业，不能改制易法，宠任兄弟，而乃师谭申、商，咨谋赵高。自幽深宫，委政谗贼，身残望夷，求为黔首，岂可得哉？遂乃郡国离心，众庶溃叛，胜、广倡之于前，刘、项弊之于后。向使始皇纳淳于之策，抑李斯之论，割裂州国，分王子弟，封三代之后，报功臣之劳，士有常君，人有定主，枝叶相扶，首尾为用，虽使子孙有失道之行，时人无汤、武之贤，奸谋未发，而身已屠戮，何区区之陈、项而得措其手足哉？故汉祖奋三尺之剑，驱乌集之众，五年之中，而成帝业。自开辟已来，其兴立功勋，未有若汉祖之易者也。夫伐深根者难为功，摧枯朽者易为力，理势然也。汉监秦之失，封殖子弟，及诸吕擅权，图危刘氏，而天下所以不倾动者，百姓所以不易心者，徒以诸侯强大，盘石胶固，东牟、朱虚受命于内，齐、代、吴、楚作卫于外也。向使高祖踵亡秦之法，忽先王之制，则天下已传，非刘氏有也。然高祖封建，地过古制，大者跨州兼郡，小者连城数十，上下无别，权侔京室，故有吴、楚七国之患。贾谊曰：‘诸侯强盛，长乱起奸。莫若众建诸侯而少其力，则下无背叛之心，上无诛伐之事。’文帝不从。至于孝景，猥用晁错之计，削黜诸侯，亲者怨恨，疏者震恐，吴、越倡谋，五国从风。兆发高帝，衅钟文、景，由宽之过制、急之不渐故也。所谓末大必折，尾大难掉。尾同于体，犹或不从，况手非体之尾，岂可掉哉？武帝从主父之策，下推恩之令，自是之后，齐分为七，赵分为六，淮南三割，梁、代五分，遂以陵迟，子孙微弱，衣食租税，不预政事，或以酎金免削，或以无后国除。至于成帝，王氏擅朝。刘向谏曰：‘臣闻公族者，国之枝叶。枝叶落则本根无所庇荫。’其言深切，多所称引，成帝虽悲伤叹息而不能用。至于哀、平，异姓秉权，假周公之事，而为田常之乱，高拱而窃天位，一朝而臣四海。汉宗室王侯，解印释绶，贡奉社稷，犹惧不得为臣妾，或乃为之符命，颂莽恩德，岂不哀哉！由斯言之，非宗子独忠孝于惠、文之间，而叛逆于哀、平之际也，徒权轻势弱，不能有定耳。赖光武皇帝挺不世之姿，禽王莽于已成，绍汉嗣于既绝，斯岂非宗子之力也？而曾不监秦之失策，袭周之旧制，踵亡国之法，而侥幸无疆之期。至于桓、灵，阉竖执衡，朝无死难之臣，外无同忧之国，君孤立于上，臣弄权于下，本末不能相御，身首不能相使。由是天下鼎沸，奸凶并争，宗庙焚为灰烬，宫室变为榛薮，居九州之地，而身无所安处，悲夫！汉氏奉天，禅位于大魏。大魏之兴，于今二十四年矣，观五代之存亡而不用其长策，睹前车之倾覆而不改其辙迹。于弟王空虚之地，君不使之民，宗室窜于闾阎，不闻邦国之政，权均匹夫，势齐凡庶。内无深根不拔之固，外无盘石宗盟之助，非所以保安社稷，为万世之策。且今之州牧、郡守，古之方伯、诸侯，皆跨有千里之土，兼军武之任，或比国数人，或兄弟并据。而宗室子弟曾无一人间厕其间，非所以强干弱枝，备万一之虑也。今之用贤，或超为名都之主，或为偏师之帅，而宗室有文者必限小县之宰，有武者必置于百人之上，使夫廉高之士毕志于衡轭之内，才能之人耻与非类为伍，非所以劝进贤能、褒异宗室之礼。夫泉涸则流竭，根朽则叶枯。枝繁者荫根，条落者本孤。故语曰：‘百足之虫，至死不僵。’扶之者众也。此言虽小，可以譬大。且墉基不可仓卒而成，威名不可一朝而立，皆为之有渐，建之有素。譬之种树，久则深固其根本，茂盛其枝叶，若造次徙于山林之中，植于宫阙之下，虽壅之以黑坟，暖之以春日，犹不救于枯槁，何暇蕃育哉？夫树犹亲戚，土犹士民。建置不久，则轻下慢上，平居犹惧其离叛，危急将如之何？是以圣王安而不逸，以虑危也；存而设备，以惧亡也。故疾风卒至而无摧拔之忧，天下有变而无倾危之患矣。”〕

王粲，字仲宣，山阳人也，拜侍中。始文帝为五官将，及平原侯植皆好文学。粲与徐干、陈琳、阮瑀、应玚、刘桢并见友善。琳，字孔璋，避难冀州，袁绍使典文章〔《魏氏春秋》载：“绍使琳作檄文曰：‘司空曹操祖父腾，故中常侍，与左倌、徐璜并作妖孽，饕餮放横，伤化虐民。父嵩，乞丐携养，因赃假位，舆金辇璧，输货权门，窃盗鼎司，倾覆重器。操赘阉遗丑，本无令德，僄狡锋侠，好乱乐祸。幕府昔遇董卓侵官暴国，方罗英雄，弃瑕录用，谓其鹰犬之才，爪牙可任。遂乘资跋扈，肆行酷裂，割剥元元，残贤害善，放志专行，威劫省禁，卑侮王宫，败法乱纪，坐召三台，专制朝政，爵赏由心，刑罚由口，所爱光五宗，所恶灭三族。群谈者蒙显诛，腹议者蒙隐戮，道路以目，百寮钳口。梁孝王，先帝母弟，坟陵尊显。操率将士，亲临发掘，破棺裸尸，略取金宝。又署发丘中郎将模金校尉，所过堕突，无骸不露。身处三公之官，而行桀虏之态。殄国虐民，毒流人鬼。加其细政苛惨，科防互设，缯缴充蹊，坑阱塞路。历观古今书籍所载，贪残虐烈，无道之臣，于操为甚。'"〕。袁氏败，琳归太祖。太祖谓曰："卿昔为本初移书，但可罪状孤而已，恶恶止其身，何乃上及父祖耶？"琳谢罪〔《文士传》称：琳谢曰：'楚汉未分，蒯通进策于韩信；乾时之战，管仲肆力于子纠，唯欲效计其主，取祸一时。故跖之客可使刺由、桀之犬可使吠尧也。今明公必能进贤于忿后，弃愚于爱前，四方革命，而英豪托心矣，唯明公裁之。'"大祖爱才而不咎也〕。太祖以琳为军谋祭酒，管记室。

卫觊，字伯儒，河东人也。为尚书。明帝即位，百姓凋匮，而役务方殷。觊上疏曰："夫变情厉性，强所不能，人臣言之既不易，人主受之又艰难。且人之所乐者，富贵荣显也；所恶者，贫贱死亡也。然此四者，君上之所制，君爱之则富贵显荣，君恶之则贫贱死亡。顺指者，爱所由来也；逆意者，恶所从至也。故人臣皆争顺指而避逆意，非破家为国、杀身成君者，谁能犯颜色、触忌讳，建一言、开一说哉？陛下留意察之，则臣下之情可见矣。今议者多好悦耳。其言政治，则比陛下于尧舜；其言征伐，则比二虏于狸鼠。臣以为不然。汉文之时，诸侯强大，贾谊累息以为至危。况今四海之内，分而为三，群士陈力，各为其主，是与六国分治，无以为异也。当今千里无烟，遗民困苦，陛下不善留意，将遂凋弊难可复振。礼：天子之器必有金玉之饰，饮食之肴必有八珍之味，至于凶荒，则彻膳降服。然则奢俭之节，必视世之丰约也。武帝之时，后宫食不过一肉，衣不用锦绣，茵蓐不缘饰，器物无丹漆，用能平定天下，遗福子孙。此皆陛下之所亲览也。当今之务，宜君臣上下，量入为出。深思勾践滋民之术，犹恐不及，而尚方所造金银之物，渐更增广，侈靡日崇，帑藏日竭。昔汉武信神仙之道，谓当得云表之露以餐玉屑，故立仙掌以承高露。陛下通明，每所非笑。汉武有求于露而由尚见非，陛下无求于露而空设之。不益于好而糜费功夫，诚皆圣虑所宜裁制也。"

钟会，字士季，颍川人也。司马文王欲图蜀，以会为镇西将军，从骆谷入。姜维等悉降会，诏以会为司徒。会内有异志，因邓艾承制专事，密白艾有反状〔《世语》曰："会善效人书，于剑阁要艾章表白事，皆易其言，令辞指悖傲，多自矜伐也。"〕，于是槛车征艾。艾既禽，而会独统大众，威震西土。自谓功名盖世，不可复为人下，遂谋反，诸军兵杀会〔《汉晋春秋》曰："文王闻钟会功曹向雄之收葬会也，召而责之曰：'往王经之死，卿哭于东市而我不问也，今钟会躬为叛逆而又辄收葬，若复相容，其如王法何！'雄曰：'昔先王掩骸埋胔，仁流朽骨，当时岂先卜其功罪而后收葬哉？今王诛既加，于法已备，雄感义收葬，教亦无阙。法立于上，教弘于下，以此训物，雄曰可矣！

何必使雄背死违生，以立于时。殿下雠对枯骨，捐之中野，百岁之后，为臧获所笑，岂仁贤所掩哉？’王悦之，与宴谈而遣之。习凿齿曰：‘向伯茂可谓勇于蹈义也。哭王经而哀感市人，葬钟会而义动明主，彼皆忠烈奋劲，知死而往，非存生也。’寻其奉死之心，可以见事生之情；览其忠贞之节，足以愧背义之士矣。王加礼而遣，可谓明达矣。”〕

卷二十七

《蜀志》治要

刘璋，字季玉，江夏人也。为益州刺史。闻曹公征荆州，遣别驾张松诣曹公。曹公时已定荆州，走先主，不复存录松，松劝璋自绝〔《汉晋春秋》曰：“张松见曹公，曹公方自矜伐，不存录松。松归，乃劝璋自绝。习凿齿曰：‘昔齐桓一矜其功而叛者九国，曹操暂自骄伐而天下三分，皆勤之于数十年之内而弃之于俯仰之顷，岂不惜乎！是以君子劳谦日昃，虑以下人，功高而居之以让，势尊而守之以卑。情近于物，故虽贵而人不厌其重；德洽群生，故业广而天下愈欣其庆。夫然，故能有其富贵，保其功业，隆显当时，传福百世，何骄矜之有哉！君子是以知曹操之不能遂兼天下者也。’”〕。

先主姓刘，讳备，字玄德，涿郡人也。少语言，善下人，喜怒不形于色。为豫州牧。叛曹公，刘表郊迎，以上宾礼待之，益其兵，使屯新野。曹公南征表，会表卒，子琮请降。先主遂将其众去。与曹公战于赤壁，大破之。益州牧刘璋降。先主领益州牧，诸葛亮为股肱，法正为谋主，关羽、张飞、马超为爪牙，许靖、糜竺、简雍为宾友。及董和、黄权、李严等，本璋之所授用也；吴一、费观等，又璋之婚亲也；刘巴者，宿昔之所忌恨也，皆处之显任，尽其器能。有志之士，无不竞劝。魏文帝称尊号，传闻汉帝见害，先主乃发丧制服，即皇帝位于成都。章武三年，病笃，托孤于丞相亮，殂于永安宫〔《诸葛亮集》载先主遗诏敕后主曰：“朕疾殆不自济。人年五十不称夭，年已六十有余，何所复恨，不复自伤也，更以卿兄弟为念，勉之！勿以恶小而为之，勿以善小而不为。唯贤唯德，能服于人。汝父薄德，勿效之。吾终亡之后，汝兄弟父事丞相也。”〕。评曰：先主之弘毅宽厚、知人待士，盖有高祖之风，英雄之器焉。及其举国托孤于诸葛亮，而心神无二，诚君臣之至公、古今之盛轨也。

诸葛亮，字孔明，琅邪人也。每自比于管仲、乐毅，时人莫之许也。唯博陵崔州平、颍川徐庶元直与亮友善，谓为信然。时先主屯新野。徐庶见先主，先主器之，谓先主曰：“诸葛孔明者，卧龙也，将军岂愿见之乎？”先主遂诣亮，凡三，于是与亮情好日密。关羽、张飞等不悦，先主解之曰："孤之有孔明，犹鱼之有水也，愿诸君勿复言。"羽、飞乃止。成都平，以亮为军师将军。先主外出，亮常镇守成都，足食足兵。先主即帝位，策亮为丞相，录尚书事。先主病笃，召亮，属以后事，谓亮曰："君才十倍曹丕，必能安国，终定大事。若嗣子可辅，辅之；如其不才，君可自取。"亮涕泣曰："臣敢竭股肱之力，效忠贞之节，继之以死！"先主又为诏敕后主曰："汝与丞相从事，事之如父。"

建兴十二年，亮悉大众由斜谷出，以流马运，据武功五丈原，与司马宣王对于渭南。分兵屯田，耕者杂于渭滨居民之间，而百姓安堵，军无私焉。相持百余日，亮病，卒于军。初，亮自表后主曰："成都有桑八百株、薄田十五顷，子弟衣食，自有余饶。至于臣，在外任，无别调度随身，衣食悉仰于官。若死之日，不使内有余帛，外有赢财，以负陛下。"及卒，如其所言〔《汉晋春秋》曰："樊建为给事中，晋武帝问诸葛亮之治国，建对曰：'闻恶必改，而不矜过；赏罚之信，足感神明。'帝曰：'善哉！使我得此人以自补，岂有今日之劳乎！'建稽首曰：'臣窃闻天下之论，皆谓邓艾见枉，陛下知而不理，此岂冯唐所谓"虽得颇、牧而不能用"者乎！'帝笑曰：'吾乃欲明之，卿言起我意。'于是发诏理艾焉。"〕。

评曰：诸葛亮之为相国也，抚百姓，示义轨，约官职，从权制，开诚心，布公道。尽忠益时者虽仇必赏，犯法怠慢者虽亲必罚，服罪输情者虽重必释，游辞巧饰者虽轻必戮。善无微而不赏，恶无纤而不贬。庶事精练，物理其本，循名责实，虚伪不齿。终于邦域之内，咸畏而爱之。刑政虽峻而无怨者，以其用心平而劝戒明也。可谓识治之良才，管、萧之亚匹矣。

关羽，字云氏，河东人也。先主合徒众，羽与张飞为之御侮。先主与二人寝则同床，恩若兄弟。而稠人广坐，侍立终日，随先主周旋，不避艰险。先主使羽守下邳，曹公东征，擒羽以归，拜为偏将军，礼之甚厚。袁绍遣大将军颜良攻东郡太守刘延于白马，曹公使张辽及羽为先锋击之。羽望见良麾盖，策马刺良于万众之中，斩其首还，绍诸将莫能当者，遂解白马围。曹公表封羽为汉寿亭侯。初，曹公壮羽为人，而察其心神无久留之意，谓张辽曰："卿试以情问之。"既而辽以问羽，羽叹曰："吾极知曹公待我厚，然吾受刘将军恩，誓以共死，不可背之。吾终不留，吾要当立效以报曹公，而后乃归。"辽以羽言报曹公，曹公义之。及羽杀颜良，曹公知其必去也，重加赏赐。羽尽封所赐，而奔先主。左右欲追之，曹公曰："彼各为其主，勿追之。"

张飞，字益德，涿郡人也。先主攻刘璋，飞分定郡县。至江州，破璋将严颜，生获颜。飞呵颜曰："大军至，何以不降而敢拒战？"颜答曰："卿等无状，侵夺我州，我州但有断头将军，无有降将军也。"飞怒，令左右牵去斫头，颜颜色不变，曰："斫头便斫头，何为怒耶！"飞壮而释之，引为宾客。章武元年，迁车骑将军。飞雄壮威猛，亚于关羽。魏谋臣程昱等咸称羽、飞万人之敌也。羽善待卒伍而骄于士大夫，飞爱敬君子而不恤小人。先主常戒之曰："卿刑杀既过差，又日鞭挝健儿而令在左右，此取祸之道也。"飞犹不悛。先主伐吴，飞当率兵万人自阆中会江州。临发，其帐下将张达、范强杀飞。

庞统，字士元，襄阳人也。郡命为功曹，性好人伦，勤于长养。每所称述，多过其才，时人怪问之，统答曰："当今天下大乱，雅道陵迟，善人少而恶人多。方欲兴风俗，长道业，不美其谈，即声名不足慕企，不足慕企而为善者少矣。今拔十失五，犹得其半，而可以崇迈世教，使有志者自厉，不亦可乎？"守耒阳令，在县不治，免官。吴将鲁肃遗先主书曰："庞士元非百里才也，使处治中、别驾之任，始当展其骥足耳。"诸葛亮亦言之于先主。先主见，与善谈，大器之，以为治中从事，亲待亚诸葛亮。为流矢所中，卒。先主痛惜，言则流涕。

简雍，字宪和，涿郡人也。为昭德将军。时天旱禁酒，酿者有刑。吏于人家索得酿具，论者欲令与作酒者同罚。雍从先主游观，见一男子行道，谓先主曰："彼人欲行淫，何以不缚？"先主曰："卿何以知之？"雍对曰："彼有淫具，与欲酿者同。"先主大笑，而原欲酿者。

董和，字幼宰，南郡人也。先主定蜀，与诸葛亮并署大司马府事，献可替否，共为欢交。死之日，家无担石之贮。亮后为丞相，教与群下曰："夫参署者，集众思、广忠益也。若远小嫌，难相违覆，旷阙损矣。违覆而得中，犹弃弊蹻而获珠玉也。然人心苦不能尽，唯徐元直处兹不惑，又董幼宰参署七年，事有不至，至于十反，来相启告。苟能慕元直之十一、幼宰之殷勤，有忠于国，则亮可少过矣。"又曰："昔初交州平，屡闻得失；后交元直，勤见启诲。前参事于幼宰，每言则尽；后从事于伟度，数有谏止。虽姿性鄙暗，不能悉纳，然与此四子终始好合，亦足以明其不疑于直言也。"其追思和如此〔伟度者，姓胡，名济，义阳人也。为亮主簿，有忠荩之效，故见褒述〕。

董允，字休昭，和子也。迁为侍中，甚尽匡救之理，后主严惮之。后主渐长大，爱宦人黄皓，暗便辟佞谄，欲自容人。允常上则正色匡主，下则数责于皓。皓畏允，不敢为非。终允之世，皓位不过黄门丞。陈祗代允为侍中，与皓互相表里，皓始预政事。祗死后，皓从黄门令为中常侍、奉车都尉，操弄威柄，终至覆国。蜀人无不追思允。

张裔，字君嗣，蜀郡人也。丞相亮以为府长史。常称曰："公赏不遗远，罚不阿近，爵不可以无功取，刑不可以势贵免，此贤愚之所以佥忘其身者也。"

黄权，字公衡，巴西人也。州牧刘璋召为主簿。时别驾张松建议，宜迎先主，使伐张鲁。权谏曰："左将军有骁名，今请到，欲以部曲遇之，则不满其心；欲以宾客礼待之，则一国不容二君。若客有泰山之安，则主有累卵之危矣。"璋不听，出权为广汉长。先主遂袭取益州，诸县望风影附，权闭城门坚守，须刘璋稽服，乃诣先主。先主假权偏将军。先主将东伐吴，权谏曰："吴人悍战，又水军顺流，进易退难，臣请为先驱以尝寇，陛下宜为后镇。"先主不从，以权为镇北将军，督江北军。南军败绩，先主引退。而道隔绝，权不得还，故率将所领降于魏。有司执法，白收权妻子。先主曰："孤负黄权，权不负孤也。"待之如初〔臣松之以为汉武用虚罔之言，灭李陵之家；刘主拒宪司所执，宥黄权之室，二主得失县邈远矣〕。魏文帝谓权曰："君舍逆效顺，欲追踪陈、韩邪？"权对曰："臣过受刘主殊遇，降吴不可，还蜀无路，是以归命。且败军之将，免死为幸，何古人之可慕也！"文帝善之，拜为镇南将军，封育阳侯，加侍中，使之陪乘。蜀降人或云诛权妻子，权知其虚言，未便发丧，后得审问，果如所言。及先主薨，问至魏，群臣咸贺，而权独否。

蒋琬，字公琰，零陵人也。随先主入蜀，除广都长。先主尝因游观奄至广都，众事不理，时又沉醉，先主大怒，将加罪戮。诸葛亮请曰："蒋琬，社稷之器，非百里之才。其为政以安民为本，不以修饰为先。愿公重加察之。"先主雅敬亮，但免官而已。亮每言："公琰托志忠雅，当与吾共赞王业者也。"密表后主："臣若不幸，后事宜以付琬。"亮卒，琬为尚书令，迁大将军，录尚书事。时新丧元帅，远近危竦。琬出类拔萃，处群僚之右，既无戚容，又无喜色，神守举止，有如平日，由是众望渐服。加大司马。东曹掾杨戏素性简略，琬与言论，时不应答。或欲构戏于琬曰："公与戏语而不见应，戏之慢上，不亦甚乎！"琬曰："人心不同，各如其面。面从后言，古人之所诫也。戏欲赞吾是邪，则非其本心；欲反吾言，则显吾之非。是以默然，是戏之快也。"又督农杨敏曾毁琬曰："作事愦愦，诚非及前人。"或以白琬，主者请推治敏，琬曰："吾实不如前人，无可推也。"主者重据听不推，则乞问其愦愦之状。琬曰："苟其不如，则事不当理；事不当理，则愦愦矣。复何问邪？"后敏坐事系狱，众人犹惧其必死，琬心无适莫，得免重罪。

杨戏，字文然，犍为人也。为射声校尉。著《季汉辅臣赞》〔其注载：诸葛亮与张裔、蒋琬书曰："椽属丧杨颙，为朝中多损益。"《襄阳记》曰：杨颙，字子昭，为丞相诸葛亮主簿。亮尝自校簿书，颙直入谏曰：'为治有体，上下不可相侵，请为明公以作家譬之。今有人于此，使奴执耕稼，婢典炊爨，鸡主司晨，犬主吠盗，牛负重载，马涉远路，私业无旷，所求皆足，雍容高枕，饮食而已。忽一旦尽欲以身亲其役，不复付任，劳其体力，为此碎务，形疲神困，终无一成。岂其智之不如奴婢、鸡、狗哉？失为家主之法也。是故古人称坐而论道谓之王公，作而行之谓之士大夫。邴吉不问横道死人而忧牛喘，陈平不肯知钱谷之数，云自有主者，彼诚达于位分之体也。今明公为治，乃躬自校簿书，流汗竟日，不亦劳乎！"亮谢之。又有"义阳傅肜，先主退军，断后拒战，兵人死尽。吴将语肜令降。肜骂曰：'吴狗！何有汉将军降者。'遂战死。子佥为关中督都，景耀六年，又临危授命。"《蜀纪》载，晋武帝诏曰：'蜀将傅佥，前在关城，身拒官军，致死不顾。佥父肜为刘备战亡。天下之善一也，岂有彼此以为异？"佥息著、募，后没入奚官，免为庶人〕。

《吴志》治要〔上〕

孙权，字仲谋，吴郡人，策弟也。策薨，以事授权。权待张昭以师傅之礼，而周瑜、程普、吕范等为将率。招延俊秀，聘求名士，鲁肃、诸葛瑾等始为宾客。分部诸将，镇抚山越，讨不从命。赤乌元年，初，权信任校事吕壹，壹性苛惨，用法深刻。太子登数谏，权不纳，大臣由是莫敢言。后壹奸罪发露伏诛，权引咎责躬，乃使中书郎袁礼告谢诸将，因问时事所当损益。

孙休，字子烈，权第六子也。弟亮废，孙琳使迎休。改元永安。以丞相濮阳兴及左将军张布有旧恩，委之以事，布典宫省，兴关军国。休锐意于典籍，欲与韦曜、盛冲讲论道艺。曜、冲素皆切直，布恐入侍发其阴失，令己不得专，因妄饰说以拒遏之。休答曰："孤之涉学，所见不少，其明君暗主、奸臣贼子，成败之事，无不览也。今曜等入，但欲与讲论书耳，不为从曜等始更受学也。纵复如此，亦何所损？君特当以曜等恐道臣下奸变之事，以此不欲令入耳。"布得诏陈谢，重自序述，又言惧妨政事。休答曰："书籍之事，患人不好，好之无伤也。此无所为非，而君以为不宜，是以孤有所及耳。政务学业，其流各异，不相妨也。不图君今日在事，更行此于孤也，良所不取。"布拜表叩头，休答曰："聊相开悟耳，何至叩头乎！如君之忠诚，远近所知。《诗》云：'靡不有初，鲜克有终。'终之实难，君其终之。"初，休为王时，布为左右将督，素见信爱。及至践祚，厚加宠待，专擅国势，多行无礼。自嫌瑕短，惧曜、冲言之，故尤患忌。休虽解此旨，心不能悦，更恐其疑惧，竟如布意，废其讲业，不复使冲等入。

孙晧，字元宗，权孙也。休薨，迎立晧〔《江表传》曰："晧初立，发忧诏，恤士民，开仓廪，振贫乏，料出宫女以配无妻，禽兽扰于苑者放之。当时翕然称为明主矣。"〕。晧既得志，粗暴骄盈，多忌讳，好酒色，大小失望。凤皇二年，晧爱妾或使人至市，劫夺百姓财物。司市中郎将陈声，素晧幸臣也，绳之以法。妾诉晧，晧大怒，假他事，烧锯断声头，投其身于四望之下。天玺元年，会稽太守车浚、湘东太守张泳不出算缗，就在所斩之，徇首诸郡〔《江表传》曰：浚在公清忠，值郡荒旱，民无资粮，表求振贷。晧谓浚欲树私恩，遣人枭首。又尚书熊睦，见晧酷虐，微有所谏，晧使人以刀环撞杀之，身无完肌〕。天纪三年，晋命杜预向江陵，王濬、唐彬浮江东下。初，晧每宴会群臣，无不咸令沉醉。置黄门郎十人，特不与酒，侍立终日，为司过之吏，宴罢之后，各奏其阙失，逆视之咎、谬言之愆，罔有不举。大者即加威刑，小者辄以为罪。后宫数千，而采择无已。又激水入宫，宫人有不合意者，辄杀流之。或剥人之面，或凿人之眼。岑昏险谀贵幸，致位九列。好兴功役，众所患苦。是以上下离心，莫为尽力，盖积恶已极，不复堪命故也。四年，濬、彬所至，则土崩瓦解。晧奉书于濬。濬受晧之降。

张昭，字子布，彭城人也。孙策创业，命昭为长史，升堂拜母，如比肩之旧，文武之事，一以委昭。每得北方士大夫书疏，专归美于昭，昭欲嘿而不宣，则惧有私，宣之则恐非宜也，进退不安。策闻之，叹笑曰："昔管子相齐，一则仲父，二则仲父，而桓公为霸者宗。今子布贤，我能用之，其功名独不在我乎！"策临亡，以弟权托昭，昭率群僚立而辅之。权每田猎，常乘马射虎，虎常突前攀持马鞍。昭变色而前曰："将军何有当尔？夫为人君者，谓能驾御英雄，驱使群贤，岂谓驰逐于原野，校勇猛兽者乎？如有一旦之患，奈天下笑何？"权谢昭曰："年少虑事不远。"权于武昌临钓台，饮酒大醉。权使人以水洒群臣曰："今日酣饮，惟醉堕台中，乃当止耳。"昭正色不言，出外车中坐。权遣人呼昭还，谓曰："为共作乐耳，公何为怒乎？"昭曰："昔纣为糟丘酒池长夜之饮，当时亦以为乐，不以为恶也。"权嘿然有惭色，遂罢酒。每朝见言论，辞气壮厉，义形于色。曾以直言逆旨，中不进见，后遣中使劳问，因请见昭。昭曰："昔太后、桓王不以老臣属陛下，而以陛下属老臣，是以思尽臣节，以报厚恩，使泯没之后，有可称述。而意虑浅短，违逆盛旨，自分幽沦，长弃沟壑，不图复蒙引见，得奉帷幄。然臣愚所以事国，志在忠益毕命而已。若乃变心易虑，以偷荣取容，此臣所不能也。"权辞谢焉。权以公孙渊称藩，遣张弥、许晏至辽东，拜渊为燕王。昭谏曰："渊背魏惧讨，远来求援，非本志也。若渊改图，欲自明于魏，两使不反，不亦取笑于天下乎？"权与相反覆，昭意弥切。权不能堪，案刀而怒曰："吴国士人，入宫则拜孤，出宫则拜君，孤之敬君，亦为至矣，而数于众中折孤，孤尝恐失计。"昭孰视权曰："臣虽知言不用，而每竭愚忠者，诚以太后临崩，呼老臣于床下，遗诏顾命之言故耳。"因涕泣横流。权掷刀致地，与昭对泣。昭容貌矜严，有威风，权常曰："孤与张公言，不敢妄也。"举邦惮之。

顾谭，字子默，吴郡人也。祖父雍卒，代雍平尚书事。是时鲁王霸有盛宠，与太子和齐衡。谭上疏曰："臣闻有国有家者，必明嫡庶之端，异尊卑之礼，高下有差，阶级逾邈。如此则骨肉之恩生，觊觎之望绝。昔贾谊陈治安之计，论诸侯之势，以为：势重，虽亲必有逆节之累；势轻，虽疏必有保全之祚。故淮南亲弟，不终飨国，失之于势重也；吴芮疏臣，传祚长沙，得之于势轻也。今臣所陈，非有偏，诚欲以安太子而便鲁王也。"由是霸与谭有隙。

步骘，字子山，临淮人也。拜骠骑将军，都督西陵。中书吕壹典校文书，多所纠举。骘上疏曰："伏闻诸典校，擿抉细微，吹毛求瑕，重案深诬，趣陷人以成威福。无罪无辜，横受大刑，是以吏民跼天蹐地，谁不战栗？昔之狱官，唯贤是任，故民无冤枉，升泰之祚，实由此兴。今之小臣，动与古异，狱以贿成，轻忽人命，归咎于上，为国速怨，甚可仇疾。明德慎罚，哲人惟刑，书传所美。自今蔽狱，都下则宜咨顾雍，武昌则陆逊、潘濬，平心专意，务在得情。骘党神明，受罪何恨？此三臣者，思虑不至则已，岂敢专擅威福，欺其所天乎？"权亦觉寤，遂诛吕壹。

张纮，字子纲，广陵人也。权以为长史。病卒，临困留笺曰："自古有国有家者，咸欲修德政以比隆盛世，至于其治，多不馨香。非无忠臣贤佐、暗于治体也，由主不胜其情，弗能用耳。夫人情惮难而趣易，好同而恶异，与治道相反。《传》曰：‘从善如登，从恶如崩。’言善之难也。人君承奕世之基，据自然之势，操八柄之威，甘易同之欢，无假取于人。而忠臣挟难进之术，吐逆耳之言，其不合也，不亦宜乎！虽则有衅，巧辩缘间，眩于小忠，恋于恩爱，贤愚杂错，长幼失叙。其所由来，情乱之也。故明君悟之，求贤如饥渴，受谏而不厌，抑情损欲，以义割恩，上无偏谬之授，下无希冀之望。宜加三思，含垢藏疾，以成仁覆之大。”权省书流涕。

吕蒙，字子明，汝南人也。拜虎威将军。关羽讨樊，权遣蒙到南郡，糜芳降。蒙入据城，尽得羽及将士家属，蒙皆抚慰过于平时，故羽吏士无斗心，皆委羽降。荆州遂定，以蒙为南郡守。蒙疾发，权时在公安，迎置内殿，所以治护者万方，募封内，有能愈蒙疾者，赐千金。时有减加，权为之惨戚，欲数见其颜色，又恐其劳动，常穿壁瞻之，见其小能下食则喜，顾左右言笑；不然则咄唶，夜不能寐。病中瘳，为下赦令，令群臣毕贺。后更增笃，权自临视。卒，权哀痛甚。

吕范，字子衡，汝南人也。迁前将军。初，策使范典主财计，权时年少，私从有求，范必关白，不敢专许，当时以此见望。权守阳羡长，有所私用，策或料覆，功曹周谷辄为传著簿书，使无谴问。权临时悦之，及后统事，以范忠诚，厚见信任；以谷能欺更簿书，不用也。

虞翻，字仲翔，会稽人也。孙策命为功曹，待以交友之礼。孙权以为骑都尉。数犯颜谏争，权不能悦，又性不协俗，多见谤毁。权既为吴王，欢宴之末，自起行酒，翻伏地阳醉，不持。权去，翻起坐。权于是大怒，手剑欲击之，侍坐者莫不遑遽，惟大司农刘基起抱权谏曰：“大王以三爵之后，手杀善士，虽翻有罪，天下孰知之？且大王以能容贤畜众，故海内望风，今一朝弃之，可乎？”权曰：“曹孟德杀孔文举，孤于虞翻何有哉？”基曰：“孟德轻害士人，天下非之。今大王躬行德义，欲与尧舜比隆，何得自喻于彼乎？”翻由是得免。权因敕左右，自今酒后言杀，皆不得杀。翻性疏直，数有酒失，权积怒非一，遂徙翻交州。

朱据，字子范，吴郡人也。拜左将军。嘉禾中，始铸大钱，一当五百。后据部典应受三万缗，工王遂诈而受之，典校吕壹

疑据实取，考问主者，死于杖下。据哀其无辜，以厚棺敛之。壹又表据吏为据隐，故厚其殡。权数责问据，据无以自明，籍草待罪数月。典军吏刘助觉，言王遂所取，权大感寤曰：“朱据见枉，况吏民乎？”乃穷治壹罪，赏助百万。

卷二十八

《吴志》治要〔下〕

陆逊，字伯言，吴郡人也。为镇西将军。刘备大率众来，权命逊为大都督拒之。备众奔溃。拜上大将军、右都护。逊虽身在外，乃心于国，上疏陈时事曰：“臣以为科法严峻，下犯者多。顷年以来，将吏罹罪，虽不慎可责，然天下未一，当图进取，小宜恩贷，以安下情。且世务日兴，良能为先，自不奸秽入身、难忍之过，乞复显用，展其力效，此乃圣王忘过记功，以成王业也。昔汉高舍陈平之愆，用其奇略，终建勋祚，功垂千载。夫峻法严刑，非帝王之隆业。有罚无恕，非怀远之弘规也。”

赤乌七年，为丞相。先是，二宫并阙，中外职司，多遣子弟给侍。全琮报逊，逊以为子弟苟有才，不忧不用，不宜私出以要荣利，若其不佳，终为取祸。且闻二宫势敌，必有彼此，此古人之厚忌也。琮子寄，果阿附鲁王，轻为交构。逊书于琮曰：“卿不师日磾，而宿留阿寄，终为足下门户致祸矣。”琮既不纳，更以致隙。及太子有不安之议，逊上疏陈：“太子正统，宜有磐石之固；鲁王藩臣，当使宠秩有差。彼此得所，上下获安。谨叩头流血以闻。”书三四上，及求诣都，欲口论嫡庶之分，以匡得失。既不听许，而逊外甥顾谭、顾承、姚信，并以亲附太子，枉见流徙。太子太傅吾粲坐数与逊交书，下狱死。权累遣中使责让逊，逊愤恚致卒也。

子抗，字幼节，迁立节中郎将。权谓曰：“吾前听用谗言，与汝父大义不笃，以此负汝。前后所问，一焚灭之，莫令人见也。”孙皓即位，加镇军大将军，督信陵等军事。抗闻都下政令多阙，时何定弄权，阉官与政。抗上疏曰：“臣闻开国承家，小人勿用；靖谮庸回，唐书攸戒。是雅人所以怨刺，仲尼所为叹息也。春秋已来，爰及秦、汉，倾覆之衅，未有不由斯者也。小人所见既浅，虽使竭情尽节，犹不足任，况其奸心素笃，而憎爱移易哉？苟患失之，无所不至。今委以聪明之任，假以专制之威，而冀雍熙之声作，肃清之化立，不可得也。方今见吏，殊才虽少，然或冠冕之胄，少渐道教，或清苦自立，资能足用，自可随才授职，抑黜群小，然后俗化可清，庶政无秽。”闻薛莹征下狱，抗上疏曰：“夫俊乂者，国家之良宝，社稷之贵资，庶政所以伦叙，四门所以穆清也。故大司农楼玄、散骑中常侍王蕃、少府李勗，皆当世秀颖，一时显器。既蒙初宠，从容列位，而并旋受诛殛，或圮族替祀，或投弃荒裔。盖《周礼》有赦贤之辟，《春秋》有宥善之义。《书》曰：'与其杀不辜，宁失不经。'而蕃等罪名未定，大辟以加，心经忠义，身被极刑，岂不痛哉！且已死之刑，固无所识，至乃焚烁流漂，弃之水滨，惧非先王之正典，或甫侯之所戒也。是以百姓哀耸，士民同戚。蕃、勗永已，悔亦靡及，诚望陛下赦召玄出。而顷闻薛莹卒见逮录，莹父综，纳言先帝，傅弼文皇，及莹承基，内厉名行，今之所坐，罪在可宥。臣惧有司未详其事，如复诛戮，益失民望。乞垂天恩，原赦莹罪，哀矜庶狱，清澄刑网，则天下幸甚！"

孙登，字子高，权长子也。权为吴王，立登为太子，选置师傅，铨简秀士，以为宾友。登或射猎，远避良田，不践苗稼。至所顿息，又择空闲之地，其不欲烦民如此。尝乘马出，有弹丸过，左右求之。有一人操弹佩丸，咸以为是，辞对不服，从者欲捶之，登不听，使求过丸，比之非类，乃见释。又失盛水金马盂，觉得其主，左右所为，不忍致罚，呼责数之，长遣归家，敕亲近勿言。

孙和，字子孝。立为太子。常言，当世士人宜讲修术学，校习射御，以周世务。而但交游博奕，以妨事业，非进取之谓。后群寮侍宴，言及博奕，以为妨事费日，而无益于用，劳精损思，而终无所成，非所以进德修业、积累功绪也。且志士爱日惜力，君子慕其大者。凡所患者，在于人情所不能绝，诚能绝无益之欲，以奉德义之途，弃不急之务，以修功业之基，其于名行，岂不善哉？夫人情犹不能无嬉娱，嬉娱之好，亦在于饮宴琴书射御之间，何必博奕以为欢？乃命侍坐者八人，各著论以矫之。于是中庶子韦曜，退而论奏，和以示宾客。时蔡颖好奕，直事在署者颇效焉，故以此讽之。是后王夫人与全公主有隙。权尝寝疾，和祠祭于庙，和妃叔父张休居近庙，邀和过所居。全公主使人觇，因言太子不在庙中，专就妃家计议。又言王夫人见上寝疾，有喜色。权由是发怒，夫人忧死，和宠稍损，惧于废黜。鲁王霸觊觎滋甚，陆逊、吾粲、顾谭等，数陈嫡庶之义，理不可夺，全寄、杨竺等为霸支党，谮诉日兴。粲遂下狱诛，谭徙交州。权沉吟者历年〔殷基《通语》曰："初，权既立和为太子，而封霸为鲁王，初拜犹同宫室，礼秩未分，群公之议，以为太子、国王，礼秩有异，于是分宫别僚，而隙端开矣。自侍御宾客，造为二端，仇党疑贰。中外官僚将相大臣，举国中分。权患之，于是有改嗣之规矣。"〕，后遂幽闭和。于是骠骑将军朱据、尚书仆射屈晃，率诸将吏泥头自缚，连日诣阙请和。权甚恶之。无难督陈正、五营督陈象上书，称引晋献公杀申生，立奚齐，晋国扰乱，又据、晃固谏不止。权大怒，族诛正、象，牵晃入殿，杖一百〔《吴历》曰："晃入，日谏曰：'太子仁明，显闻四海。今三方鼎峙，实不宜摇动太子，以生众心。愿陛下少垂圣虑，老臣虽死，犹生之年。'叩头流血，辞气不挠。讳晃言，斥还田里。"〕，竟徙和于故鄣，群司坐谏诛放者十数。众咸冤之〔《吴书》曰："权寝疾，意颇感寤，欲征和还立之，全公主及孙峻、孙弘固争之，乃止。"〕。封和为南阳王，遣之长沙。诸葛恪被诛，孙峻遣使者赐死。举邦伤焉。

孙霸，字子威，和弟也。和为太子，霸为鲁王，宠爱崇特，与和无殊。顷之，和、霸不穆之声闻于权耳，权禁断往来。时全寄、吴安、孙奇、杨竺等阴共附霸，图危太子。谮毁既行，太子以败，霸亦赐死。流竺尸于江，又诛寄、安、奇等，咸以党霸构和故也。

潘濬，字承明，武陵人也。权称尊号，拜为少府〔《江表传》曰："权数射雉，濬谏权，权曰：'相与别后，时时暂出耳，不复如往日之时。'濬曰：'天下未定，万机务多，射雉非急，弦绝括破，皆能为害，乞特为臣故息置之。'濬出，见雉翳故在，乃手自撤坏之。权由是不复射雉。"〕，迁太常。时校事吕壹，操弄威柄，奏按丞相顾雍、左将军朱据等，皆见禁止。濬求朝，欲尽辞极谏。至，闻太子登已数言之而不见从，濬乃大请百寮，欲因会手刃杀壹，以一身当之，为国除患。壹密闻知，称疾不行。濬每进见，无不陈壹之奸险也。由此壹宠渐衰，后遂诛戮。权引咎责躬也。

陆凯，字敬风，吴郡人也。孙晧立为左丞相。时徙都武昌，杨土百姓溯流供给，以为患苦。又政事多谬，黎元穷匮。凯上疏曰："臣闻有道之君，以乐乐民；无道之君，以乐乐身。乐民者，其乐弥长；乐身者，不久而亡。夫民者，国之根也，诚宜重其食，爱其命。民安则君安，民乐则君乐。自顷年以来，君威伤于桀纣，君明暗于奸雄，君惠闭于群孽。无灾而民命尽，无为而国财空，辜无罪，赏无功，使君有谬误之愆，天为作妖。而诸公卿媚上以求爱，困民以求饶，导君于不义，败政于淫俗，臣窃为痛心。今邻国交好，四边无事，当务息役养士，实其府库，以待天时。而更倾动天心，搔扰万姓，使民不安，大小呼嗟，此实非保国养民之术也。"

"昔秦所以亡天下者，但坐赏轻而罚重，刑政错乱，民力尽于奢侈，目眩于美色，志浊于财宝，邪臣在位，贤哲隐藏，百姓业业，天下苦之，是以遂有覆巢破卵之忧。汉所以强者，躬行诚信，听谏纳贤，惠及负薪，躬请岩穴，广采博察，以成其谋。此往事之明证也。近者汉衰，三家鼎立，曹失纲纪，晋有其政。又益州危险，兵多精强，闭门固守，可保万世。而刘氏与夺乖错，赏罚失所，君恣意于奢侈，民力竭于不急，是以为晋所伐，君臣见虏。此目前之明验也。"

"臣暗于大理，文不及义，智慧浅劣，无复冀望，窃为陛下惜天下耳。臣谨奏耳目所闻见，百姓所为烦苛，刑政所为错乱，愿陛下息大功，损百役，务宽荡，忽苛政。"

"又武昌土地，实危险而塉埆，非王都安国养民之处。且童谣言：'宁饮建业水，不食武昌鱼；宁还建业死，不止武昌居。'臣闻'童谣之言，生于天心'，乃以安居而比死，足明天意，知民所苦也。臣闻：'国无三年之储，谓之非国。'而今无一年之畜，此臣下之责也。而诸公卿位处人上，禄延子孙，曾无致命之节、匡救之术，苟进小利于君，以求容媚，荼毒百姓，不为君计也。自从孙弘造义兵以来，耕种既空废，所在无复输入，而分一家，父子异役，廪食日张，畜积日耗，民力困穷，鬻卖儿子，调赋相仍，日以疲极。加有临官，务行威势，所在搔扰，更为烦苛。民苦二端，财力再耗，此为无益而有损也。愿陛下一息此辈，以镇抚百姓之心。此犹鱼鳖得免毒螫之渊，鸟兽得离罗网之纲，四方之民襁负而至矣。如此，民可得保，先王之国存焉。"

"臣闻：'明王圣主取士以贤，非求颜色而取好服、捷口、容悦者也。'臣伏见当今内宠之臣，位非其人，任非其量，不能辅国匡时，群党相扶，害忠隐贤。愿陛下简文武之臣，各尽其忠，拾遗万一，则康哉之歌作，刑错之理清。愿陛下留神，思臣愚言。”

时殿上列将何定，佞巧便僻，贵幸任事，凯面责定曰：“卿见前后事主不忠，倾乱国政，宁有得以寿终者？何以专心奸邪，秽尘天听？宜自改厉。不然，方见卿有不测之祸矣。”定大恨凯，思中伤之，凯终不以为意，乃心公家，义形于色。疾病，皓遣中书令董朝，问所欲言，凯陈：“何定不可任用，宜授外任，不宜干与事。姚信、楼玄、贺邵、张悌、郭逴、薛莹，或清白忠勤，或姿才卓茂，皆社稷之桢干、国家之良辅，愿陛下重留神思，访以时务。”皓遣亲近赵钦，口诏报凯曰：“孤动遵先帝，有何不平？君所谏非也。又建业宫不利，故避之，而宫室衰耗，何以不可徙乎？”

凯上疏曰：“臣窃见陛下执政事以来，阴阳不调，五星失晷，职司不忠，奸党相扶，是陛下不遵先帝之所致也。夫王者之兴，受之于天，修之由德，岂在宫乎？而陛下不咨之公辅，便盛意驱驰，六军流离，就令陛下身得安，百姓愁劳，何以用治？此不遵先帝一也。臣闻有国以贤为本，夏杀龙逢，殷获伊挚，斯前世之明效，今日之师表也。中常侍王蕃，黄中通理，处朝忠謇，斯社稷之重镇，大吴之龙逢也。而陛下忿其苦辞，恶其直对，枭之殿堂，尸骸暴弃。邦内伤心，有识悲悼，咸以吴国夫差复存。先帝亲贤，陛下反之，是不遵先帝二也。臣闻宰相，国之柱也，不可不强。是故汉有萧、曹之佐，先帝有顾、步之相。而万彧琐才凡庸之质，昔从家隶，超步紫闼，于彧已丰，于器已溢，而陛下爱其细介，不访大趣，荣以尊辅，越尚旧臣，贤良愤惋，智士赫咤，是不遵先帝三也。先帝爱民过于婴孩，民无妻者以妾妻之，见单衣者以帛给之，枯骨不收而取埋之。而陛下反之，是不遵先帝四也。昔桀纣灭由妖妇，幽厉乱在嬖妾。先帝鉴之，以为身戒，故左右不置淫邪之色，后房无旷积之女。今中宫万数，不备嫔嫱，外多鳏夫，女吟于中，是不遵先帝五也。先帝忧劳万机，犹惧有失。陛下临祚以来，游戏后宫，眩惑妇女，乃令庶事多旷，下吏容奸欺，是不遵先帝六也。先帝笃尚朴素，服不纯丽，宫无高台，物无雕饰。而陛下征调州郡，竭民财力，土被玄黄，宫有朱紫，是不遵先帝七也。先帝外杖顾、陆、朱、张，内近胡综、薛莹，是以庶绩雍熙，邦内清肃。今者外非其任，内非其人。陈声、曹辅，斗筲小吏，先帝之所弃，而陛下幸之，是不遵先帝八也。先帝每宴见群臣，抑损醇醲，臣下终日无失慢之尤。而陛下拘以视瞻之敬，惧以不尽之酒，无异商辛长夜之饮，是不遵先帝九也。昔汉之桓、灵，亲近宦竖，大失民心。今高通、羊度，黄门小人，而陛下赏以重爵，权以战兵。若江渚有难，则度等之武不能御侮明矣，是不遵先帝十也。今宫女旷积，而黄门复走州郡，条牒民女，有钱则舍，无钱则取，怨呼道路，母子死诀，是不遵先帝十一也。先帝在时，亦养诸王太子，若取乳母，其夫复役，赐与钱财，时遣归来，视其弱息。今则不然，夫妇生离，夫故作役，儿从后死，家为空户，是不遵先帝十二也。先帝叹曰：‘国以民为本，民以食为天，衣其次也，三者，孤存之于心。’今则不然，农桑并废，是不遵先帝十三也。先帝简士，不拘贵贱，任之乡闾，效之于事，举者不虚，受者不妄。今则不然，浮华者登，朋党者进，是不遵先帝十四也。先帝战士，不给他役，江渚有事，责其死效。今之战士，供给众役，廪赐不赡，是不遵先帝十五也。夫赏以劝功，罚以禁邪，赏罚不中，则士民散失。今江边将士，死不见哀，劳不见赏，是不遵先帝十六也。今在所监司，已为烦猥，兼有内使，扰乱其中，一民十吏，何以堪命？是不遵先帝十七也。夫校事，吏民之仇。先帝末年，虽有吕壹、钱钦等，皆诛夷以谢百姓。今复张立校曹，纵吏言事，是不遵先帝十八也。先帝时，居官者咸久于其位，然后考绩黜陟。今州郡职司，或莅政无几，便征召迁转，纷纭道路，伤财害民，于是为甚，是不遵先帝十九也。先帝每察竟解之奏，常留心推接，是以狱无冤囚，死者吞声。今则违之，是不遵先帝二十也。若臣言可录，藏之盟府。如其虚妄，治臣之罪。愿陛下留意。"

〔《江表传》曰："晧所行弥暴，凯知其将亡，上表曰：'臣闻恶不可积，过不可长。是以古人惧不闻非，立敢谏之鼓。武公九十，思闻警诫。臣察陛下，无思警诫之义，而有积恶之渐，臣深忧之，故略陈其要。陛下宜克己复礼，述履前德，不可捐弃臣言，而放奢意。意日奢，情日至；吏日欺，民日离。则上不信下，下当疑上，骨肉相刻，公子将奔。臣虽愚暗于天命，以心审之，败不过二十稔也；臣常忿亡国之人夏桀、殷纣，亦不可使后人复忿陛下也。臣受国恩，奉朝三世，复以余年，值遇陛下，不能循俗，与众沉浮。若比干、伍员，以忠见戮，以正见疑，自谓毕足，无所余恨，灰身泉壤，无负先帝，愿陛下九思，社稷存焉。'初，晧始起宫，凯上表谏，不听。凯重表曰：'臣闻宫功当起，夙夜反侧，是以频烦上事，往往留中，不见省报，于邑叹息。昨食时，被诏曰：君所陈，诚是大趣，然未合鄙意，如何？此宫殿不利，宜当避之，乃可以妨劳役，长坐不利宫乎？父子不安，子亦何倚？臣伏读一周，不觉气结于胸，而涕泣雨集。臣年已六十九，荣禄已重，于臣过望，复何所冀？所以勤勤数进苦言者，臣伏念大皇帝创基立业，劳苦勤至。今强敌当涂，西州倾覆，孤疲之民，宜当畜养，广力肆业，以备有虞。且始徙都，属有军征，战士流离，州郡搔扰，而大功复起，征召四方，斯非保国致治之渐也。臣闻为人主者，禳灾以德，除咎以义。今宫室之不利，但当克己复礼，笃祖宗之至道，愍黎庶之困苦，何忧宫之不安、灾之不销乎？陛下不务修德而筑宫，若德之不修，行之不贵，虽殷辛之瑶台，秦始之阿房，何止而不丧身覆国，宗庙作墟乎？夫兴土功，高台榭，既致水旱，民又多疾，其不疑也。为父长安，使子无倚，此乃子离于父、臣离于陛下之象也。臣子一离，虽念刻骨肉，茅茨不翦，复何益焉？太皇帝之时，寇钞慑威，南州无事，尚犹冲让，未肯筑宫，况陛下危侧之世，乏大皇帝之德，可不思哉？可不虑哉？愿陛下留意，臣不虚言也。'"〕

楼玄，字承先，沛郡人也。孙晧即位，为大司农。主殿中事，应对切直，渐见责怒。后人诬白玄与贺邵相逢，驻共耳语大笑，谤讪政事，遂被诏诘责，送付广州。徙交趾，别敕令杀之。

卷二十九

《晋书》治要〔上〕

纪

武皇帝讳炎，字安世，文帝太子也。泰始五年，廷尉上西平民麴路伐登闻鼓，言多妖妄毁谤。帝诏曰："狂狷怨诽，亦朕之愆，勿罪也。"〔孙盛《阳秋》云："泰始八年，帝问右将军皇甫陶论事，陶固执所论，与帝争言，散骑常侍郑徽表求治罪。诏曰：'谠言謇谔，直意尽辞，所望于左右也。人主常以阿媚为患，岂以争臣为损乎？陶所执不愆此义，而徽越职奏之，岂朕意乎？'乃免徽官也。"〕咸宁四年，大医司马程据献雉头裘。诏曰："异服奇技，典制所禁也。其于殿前烧裘。"甲申，敕内外敢有犯者，依礼治罪。太康元年，吴主孙皓降。有司奏："晋德隆茂，光被四表。吴会既平，六合为一。宜勒封东岳，以彰圣德。"帝曰："此盛德之事，所未议也。"群臣固请，弗听〔《干宝纪》云："太康五年，侍御史郭钦上书曰：'戎狄强横，自古为患。魏初民寡，西北诸边郡，皆为戎居。今虽伏从，若百年之后，有风尘之警，胡骑自平阳、上党，不三日而至孟津。北地、西河失土，冯翊、太原、安定，裁居数县。其余及上郡，尽为狄庭，连接畿甸。宜及平吴之威，出北地、西河、安定，复上郡，实冯翊、平阳北统河诸县，募取死罪，徙三河三魏见士四万家以充之，使裔不乱华。渐徙平阳、弘农、魏郡、京兆、上党、太原杂胡，出于其表。峻四夷出入之防，明先王荒服之制，万世之长策也。'弗纳。"荀绰《略记》云："世祖自平吴之后，天下无事，不能复孜孜于事物，始宠用后党，由此祖祢采择嫔媛，不拘拘华门。父兄以之罪衅，非正形之谓；扃禁以之攒聚，实耽秽之甚。昔武王伐纣，归倾宫之女，助纣为虐。而世祖平晧，纳吴姬五千，是同晧之弊也。"〕。

惠皇帝讳衷，字正度，武帝太子也。永平元年，迁皇太后于永宁宫。贾后讽群臣奏废皇太后为庶人，居于金墉城。九年，贾后诬奏皇太子有悖书，帝幸式乾殿，召公卿百官皆入，诏赐太子死，以所谤悖书及诏文，遍示诸王公。司空张华曰："此国之大祸。自汉武以来，每废黜正嫡，恒至丧乱。且晋有天下日浅，愿陛下详之。"尚书仆射裴頠曰："臣不识太子书，不审谁为通表、谁发此者。为是太子手书不？宜先检校。"而王公百官竟无言，免太子为庶人，幽于金墉城。永康元年，前西夷校尉司马阎缵，舆棺诣阙上书曰："伏见赦文及榜下前太子遹手疏，以为惊愕。自古以来，臣子悖逆，未有如此之甚者也。幸赖天慈，全其首领。臣伏念遹生于圣父，而至此者，由于长养深宫，沉沦富贵，受饶先帝，父母骄之。每见选师傅，下至群吏，率取膏粱击钟鼎食之家，稀有寒门儒素，如卫绾、周文、石奋、疏广者也；洗马、舍人，亦无汲黯、郑庄之比，遂使不见事父事君之道。臣案古典，太子居以士礼，与国人齿，以此明先王欲令知先贱，然后乃贵。自顷东宫亦微太盛，所以致败也。非但东宫，历观诸王，师友文学，亦取豪族。为能得者，率非龚遂、王阳，能以道训。友无直亮三益之节，官以文学为名，实不读书。但共鲜衣怒马，纵酒高会，嬉游博弈，岂有切磋能相长益？臣常恐公族凌迟，以此叹息。今遹可以为戒，恐其被斥，弃逐远郊，始当悔过，无所复及。昔戾太子无状，称兵拒命，而壶关三老上书，犹曰子弄父兵，罪应笞。汉武感悟，筑思子之台。今遹无状，言语逆悖，受罪之日，不敢失道，犹为轻于戾太子。尚可禁持检著，目下重选师傅，为置文学，皆选以学行自立者，及取服勤更事、名行素闻者，使共与处；使严御史监护其家，绝贵戚子弟、轻薄宾客。如此左右前后，莫非正人，使共论议于前，但道古今孝子慈亲、忠臣事君，及思愆改过之比，日闻善道，庶几可全。昔太甲有罪，放之三年，思庸克复，为殷明王。又魏明帝因母得罪，废为平原侯，为置家臣庶子文学，皆取正人，共相匡矫，事父以孝，事母以谨，闻于天下，于今称之。李斯云：'慈母多败子，严家无格虏。'由陛下骄遹，使至于此。庶其受罪以来，足自思改。方今天下多虞，四夷未宁，将伺国隙。储副大事，不宜空虚。宜为大计，少复停留，先加严诲，若不悛改，弃之未晚也。臣素寒门，不经东宫，情不私遹也。臣尝备近职，情同阉寺，悾悾之诚，皆为国事。臣以死献忠，辄具棺絮，伏须刑诛。"书御，不从。遣前将军司马送太子，幽于许昌宫。贾后使黄门孙虑贼太子于许昌。

〔《干宝纪》云："史臣曰：世祖正位居体，重言慎法，仁以原下，宽而能断。故民咏惟新，四海欢悦矣。聿修祖宗之志，独纳羊祜之策，役不二时，江湖来同。夷吴蜀之垒垣，通二方之险塞，掩唐虞之旧域，班正朔于八荒。余量委亩，外关不闭，民相遇者如亲，其匮乏者，取资于道路，故于时有天下无穷人之言。虽大平未洽，亦足以明，吏奉其法，民乐其生，百代之一时矣。武皇既崩，陵土未干，而杨骏被诛，母后废黜，朝士旧臣，夷灭者数十族。宗子无维城之助，而阏伯实沈之隙岁构。师尹无具瞻之贵，而颠坠戮辱之祸日有。民不见德，唯乱是闻，内外混淆，名实反错。国政迭移于乱人，禁兵外散于四方。方岳无钧石之镇，门关无结草之固。李辰、石冰，倾之于荆扬；刘渊、王弥，挠之于青冀。二十余年，而河洛为墟，戎羯称制，二帝失尊，山陵无所。何哉？树立失权，托付非才，四维不张，而苟且之政多也。夫作法于治，其弊犹乱，作法于乱，谁能救之？于时天下非暂弱也，军旅非无素也。彼刘渊者，离石之将兵都尉；王弥者，青州之散吏也。盖皆弓马之士、驱走之人、凡庸之才，非有吴先主、诸葛孔明之能也；新起之寇，乌合之众，非吴蜀之敌也；脱耒为兵，裂衣为旗，非战国之器也；自下逆上，非邻国之势也。然而成败异效，扰天下如驱群羊，举二都如拾遗芥，将相侯王，连颈受戮，乞为奴仆，而犹不获，后嫔妃主，虏辱于戎卒，岂不哀哉！夫天下，大器也；群生，重畜也。爱恶相攻，利害相夺，其势若积水于防、燎火于原，未尝暂静也。器大者，不可以小道治；势重者，不可以争竞扰。古先哲王知利百姓，是以感而应之，悦而归之，如晨风之郁北林、龙鱼之趣渊泽也。然后设礼文以理之，断刑罚以威之，谨好恶以示之，审祸福以喻之，求明察以官之，笃慈爱以固之。故皆乐其生而哀其死，悦其教而安其俗。君子勤礼，小人尽力，廉耻笃于家闾，邪僻消于胸怀。故其民有见危以授命，而不求生以害义。又况备臂大呼聚之，以干纪作乱之事乎？基广则难倾，根深则难拔，理节则不乱，胶结则不迁，是以昔有天下者之所以长久也。夫岂无僻主？赖道德典刑，以维持之也。故延陵季子听乐，以知诸侯存亡之数。短长之期者，盖民情风教，国家安危之本也。晋之兴也，其创基立本，异于先代，又加之以朝寡纯德之士，乡乏不二之老，风俗淫僻，耻尚失所。学者以庄老为宗，而黜六经；谈者以虚荡为辩，而贱名检；行身者以放荡为通，而狭节操；进仕者以苟得为贵，而鄙居正；当官者以望空为高，而笑勤恪。刘颂屡言治道，傅咸每纠邪正，皆谓之俗吏。其倚仗虚旷，依阿无心者，皆名重海内。由是毁誉乱于善恶之实，情慝奔于货欲之涂，选者为人择官，官者为身择利。而秉钧当轴之士，身兼官以十数，大极其尊，小统其要，机事之失，十恒八九。而世族贵戚之子弟，凌迈超越，不拘资次。悠悠风尘，皆奔竞之士；列官千百，无让贤之举。子真著《崇让》，而莫之省；子雅制'九班'，而不得用；长虞直笔，而不能纠。其妇女庄饰织红，皆取成于婢仆，未尝知女功丝枲之业，中馈酒食之事也。先时而婚，任情而动，故不耻淫逸之过，不拘妒忌之恶。有逆于舅姑，有反易刚柔，有杀戮妾媵，有渎乱上下，父兄弗之罪也，天下莫之非也，又况责之闻四教于古，修贞顺佐于今，以辅佐君子者哉！礼法刑政，于是大坏。如水斯积，而决其堤防；如火斯蓄，而离其薪燎也。国之将亡，本必先颠，其此之谓乎？故观阮籍之行，而觉礼教崩驰之所由；察庾纯、贾充之争，而见师尹之多僻；考平吴之功，而知将帅之不让；思郭钦之谋，而寤戎狄之有衅；览傅玄、刘毅之言，而得百官之邪；核傅成之奏、钱神之论，而睹宠赂之彰。民风国势如此，虽以中庸之才、守文之主治之，辛有必见之于祭祀，季札必得之于声乐，范燮必为之请死，贾谊必为之痛哭。又况我惠帝，以放荡之德，而临之哉！故贾后肆虐于六宫，韩午助乱于内外，其所由来渐矣，岂特系一妇人之恶乎？"〕

成皇帝讳衍，字世根，明帝太子也。咸和七年，诏除诸养禽之属无益者。集书令史夏侯盛表曰："伏闻明诏悉除养熊虎之费，举朝增庆，咸称圣主。伏惟陛下，未观古今成败之戒，而卓尔玄览，明发自然，遣除无益，务在啬民，诚可谓性与天道，生而知之。孔子十五志学，四十不惑。陛下年在志学之后，而思洞不惑之前。三代之兴，无不抑损情欲；三季之衰，无不肆其侈靡。陛下不学其兴，而与兴者同功；不览其衰，已去衰者之弊。道侔上哲，德迈中古，吐丝发之言，著如纶之美。臣闻'将顺其美，匡救其恶'，故人主之言，则右史书之。陛下此诏，既当著之史籍，又宜宣布天下。自丧乱已来，四十余载，涂炭之余，思治久矣。陛下智成当年，而运值百六，德音之诏，发自圣德。愿复触类而长之，广求其比，无使朝有游食费禄之臣，野有逋窜不徭之民。使居官者，必有供时之赋，则何患仓廪之不实，下土之不均？凡修此术，易于反掌耳。臣诚总猥，官自朝末，不足对扬盛化，禅广大猷，然自睹圣美，心悦至教，自忘丛细，谨拜表以贺。”

简义皇帝讳昱，字道万，元帝少子也。咸安二年，诏曰：“夫敦本息末，抑绝华竞，开忠信公坦之门，塞浮伪阿私之路，询名检实，致之以道，使清浊异流，能否殊贯，官无秕政，士无谤讟。不有惩劝，则德礼焉施？且强寇未殄，劳役未息，每念民疲力单，则中夜忘寝。若不弘政以求民瘼，简除游烦以存俭约，将何以纾之耶？今自非军国戎祀之要，其华饰烦费之用，可除者皆除之，宜省者皆省之。其鳏、寡、穷、独、癃、残六疾，不能自存，皆生民之至艰，先王之所愍，宜加隐恤，各赈赐之。若或孝子贞妇，殊行异操之人，皆以状条列，当有以甄明其节。夫肥遁穷谷之贤、汨泥扬波之士，虽抗志于玄霄之表，潜默于幽岫之里，贪屈高尚之道，以隆协赞之美，使惠风流于天下，膏泽被于万物，孰与独足山水，栖迟丘壑，殉匹夫之洁，而忘兼济之大？古人不借贤于曩代，朕所以虚想于今日。内外百官，剖符亲民，各勤所司，使善无不达，恶无不闻。退食自公，平情以道，令诗人无素餐之刺，而吾获虚心之求，岂不善哉！其各宣摄，知朕意焉。”

后妃传

武元杨皇后，弘农华阴人也。初，贾充妻郭氏，使言于后，求以女为太子妃，兼有遗赂。及议太子婚，世祖欲娶卫瓘女，后苦誉贾后有淑德，又密使太子太傅荀颉进言，上乃听之。遂成婚。

惠贾庶人，名南风，平阳人也。拜太子妃，性妒虐，尝手杀数人，或以戟掷孕妾，子乃坠地。惠帝即位，为皇后，虐诛三杨，逆弑太后，矫害二公。荒淫放恣，与太医程据等乱，彰于内外。诈有身为产，养妹夫韩寿儿，遂谋废太子，以所养代立。专为奸，诬害太子，众恶彰著。永康元年，为赵王伦所废，赐死。

百官志

中书郎李重以为等级繁多，在职不得久，又外选轻而内官重，以使风俗大弊，宜厘改，重外选，简阶级，使官人。议曰：“古之圣王，建官垂制，所以体国经治，而功在简易。自帝王而下，世有增损。舜命九官，周分六职，秦采古制。汉仍秦旧，倚丞相，任九卿，虽置五曹、尚书令、仆射之职，始于掌封奏，以宣外内，事任尚轻，而郡守牧民之官重。故汉宣称所与为治，唯良二千石。其有殊政者，或赐爵进秩，谅为治大体，所以远踪三代也。及至东京，尚书虽渐优显，然令仆出为郡守，便入为三公，虞延、第五伦、桓虞、鲍昱是也。近自魏朝名守杜畿、满宠、田豫、胡质等，居郡十余二十年，或秩中二千石、假节，犹不去郡。此亦古人‘苟善其事，虽没世，不徙官’之义也。汉魏以来，内官之贵，于今最隆，而百官等级遂多，迁补转徙如流，能不以著，黜陟不得彰，此为治之大弊也。夫阶级繁多而望官久，官不久而望治功成，不可得也。《虞书》云：‘三考，黜陟幽明。’周官，三年大计群吏之治，而行其诛赏。汉法官人，或不直秩。魏初用轻资，亦先试守，不称，继以左迁。然则隽才登进，无能降退，此则所谓‘有知必试，而使人以器’者也。臣以为今宜大并群官等级，使同班者不得复稍迁；又简法外议罪之制，明试守左迁之例，则官人理事，士必量能而受爵矣。居职者自久，则政绩可考，人心自定，务求诸己矣。”

裴頠以万机庶政，宜委宰辅，诏命不应数改，乃上疏曰：“臣闻古之圣哲，深原治道，以为经理群务，非一才之任；照练万机，非一智所达。故设官建职，制其分局；分局既制，则轨体有断。事务不积，则其任易处，选贤举善，以守其位，委任责成。立相干之禁，侵官为曹，离局陷奸。犹惧此法未足制情，以义明防，曰：‘君子思不出位。’夫然，故人知厥务，各守其所，下无越分之臣，然后治道可隆，颂声能举，故称尧舜劳于求贤，逸于使能。分业既辨，居任得人，无为而治，岂不宜哉！及其失也，官非其才，人不守分，越位干曹，竞达所怀，众言纷错。莅职者不得自治其事，非任者横干他分。主听眩，莫知所信，遂亲细事，躬自听断，所综遂密，所告弥众。功无所归，非无所责，群下弃职，得辞宜罚，以此望治，固其难也。昔杜蒉既数师旷，退而自酌，以罚干职之非，记称其善；陈平不知簿书之目，汉史美其守职。政不可多门，多门则民扰。于今之宜，选士既得其人，但当委责，若有不称，便加显戮，谁敢不尽心竭力？不当便有干职之臣，适不守局，则所豫必广；所豫适广，则人心赴之；人心通赴，则得作威福。臣作威福，朝之蠹也。帷幄张子房之谋者，不宜使多，外委群司，卑力所职，尊崇宰辅，动静咨度，保任其负。如此，诏书必不复数改。听闻风言，颇以诏命数移易，为不安静。臣不胜狂瞽，敢陈愚怀，乞陛下上垂省察。”

何曾，字颖孝，陈国人也。为司隶校尉，言于太祖曰：“公方以孝治天下，而听阮籍以重哀饮酒食肉于公坐。宜摈四裔，无令污染华夏。”太祖曰：“此子羸病若此，君不能为吾忍耶？”曾重引据，辞理甚切，朝廷惮焉。泰始九年为司徒，以疲疾求退。孙绥位至侍中，潘滔谮之于太傅越，遂被杀。初曾告老，时被召见，侍坐终日，世祖不论经国大事，但说平生常语。曾出每曰：“将恐身不免乱，能及嗣乎？”告其二子曰：“汝等犹可得没。”指诸孙曰：“此辈必遇乱死也。”及绥死，兄嵩曰：“我祖其神乎？”

羊祜，字叔

子，泰山人也。都督荆州诸军事，征南大将军。上疏平吴，世祖深纳之，吴军人前后至者，不可胜数。祜将入朝而有疾，至洛阳遂薨。南州市会闻丧，举市悲号而罢，于是传哭接音，邑里相达。百姓乃树碑岘峰，立庙祭祀。行人望碑，皆涕泗垂泣。杜预代镇，名为"堕泪碑"。吴灭，诏曰："祜建平吴之规，其封祜夫人夏侯氏为万岁乡君，邑五千户，绢万匹。"吴平庆会，群臣上寿，世祖流涕曰："此羊太傅之功，岂朕所能为也。"

秦秀，字玄良，新兴人也。少以学行忠直知名，迁补博士。群率伐吴，诏以贾充为大都督。秀性忌谗佞，疾之如仇，轻鄙贾充，闻其为大统，心所不平，遂欲哭师。及充卒议谥，秀请谥为荒公。初，何曾卒，秀议曰："曾事亲有色养之名，在官奏科尹之模。此二者，实得臣子事上之概。然资性骄奢，不循轨则，朝野之论，不可具言。俭，德之恭也；侈，恶之大也。曾受宠二代，显赫累世。荷保傅之贵，秉司徒之均，而乃骄奢之名，被于九域，有生之民，咸怪其行。秽皇代之美，弃羔羊之节，示后生之傲，莫大于此。若生极其情，死又无贬，是则无正刑也。王公贵人，复何畏哉？谨案谥法，名与实爽曰缪，怙乱肆行曰丑。曾宜为缪丑公。古人阖棺之日，然后诔行，不以前善没后恶也。"秀性悻直，与物多忤，为博士前后垂二十年，卒于官。

李憙，字季和，上党人也。累辟三府不就，宣帝复辟为太傅属，固辞。世宗辅政，命憙为大将军从事中郎。憙到引见，谓憙曰："昔先公辟君而不应，今孤命君而至，何也？"对曰："先君以礼见待，憙得以礼进退；明公以法见绳，憙畏法而至。"帝甚敬重焉，迁太常司隶校尉。

卷三十

《晋书》治要〔下〕

传

刘毅，字仲雄，东莱人也。治身清高，厉志方直，为司隶校尉。皇太子鼓吹入东掖门，毅奏劾保傅以下。诏赦之，然后得入。世祖问毅曰："卿以吾可方汉何帝？"对曰："可方桓灵。"世祖曰："吾虽德不及古人，犹克己为治，又平吴会，混一天下，方之桓灵，其已甚乎？"对曰："桓灵卖官钱入官库，陛下卖官钱入私门，以此言之，乃殆不如桓灵也〔习凿齿《阳秋》曰：毅答已，帝大笑曰："桓灵之朝，不闻此言，今有直臣，故不同乎？"散骑常侍邹湛进曰："世说以陛下比汉文帝，人心犹多不同。昔冯唐答文帝曰：'不能用颇牧。'而文帝怒。今刘毅言犯顺，而陛下乐，以此相校，圣德乃过之也。"帝曰："我平天下，而不封禅，焚雉头裘，行布衣礼。今于小事，何见褒之甚耶？"湛曰："圣诏所及，皆可豫先算计，以长短相推，慕名者能力行为之。至如向诏，非明恕内充，苞之德度，不可为也。臣闻猛兽在田，荷戈而出，凡人能之，蜂虿起于怀袖，勇夫为之惊骇。非虎弱蜂虿强也，仓卒出于意外故也。夫君臣有自然之尊卑，辞语有自然之逆顺，向刘毅始言，臣等莫不变色易容，而仰视陛下者。陛下发不世之诏，出思虑之外，臣之喜庆，不亦宜乎？"〕。"迁尚书左仆射。龙见武库井中，车驾亲观，有喜色，于是外内议当贺，毅独表曰："昔龙降郑时门之外，子产不贺。龙降夏廷，卜藏其漦，至周幽王，祸衅乃发。证据旧典，无贺龙之礼。"诏报曰："政德未修，诚未有以膺受嘉祥，省来示，以为瞿然。贺庆之事，宜详依典义，动静数示。"

上疏陈九品之弊，曰："臣闻立政者，以官才为本。官才有三难，而兴替之所由也。人物难知，一也；爱憎难防，二也；情伪难明，三也。三者虽圣哲在上，严刑督之，犹不可治。故尧求俊乂，而得四凶；三载考绩，而饕餮得成。使世主虽有上圣之明，而无考察之法，授凡庸之才，而去赏罚之劝，则为开奸，岂徒四族，侧陋何望于时哉！今立中正，定九品，高下任意，荣辱在手，操人主之威福，夺天朝之权势，爱憎决于心，情伪由于己，公无考校之负，私无告讦之忌，荣党横越，威福擅行，用心百态，求者万端，廉让之风灭，苟且之俗成。天下汹汹，但争品位，不闻推让。流俗之过，一至于此，窃为圣世耻之。愚心之所非者，不可以一概论，辄条列其事。

"夫名状以当才为清，品辈以得实为平。治乱之要，不可不允。清平者，治化之美；枉滥者，乱败之恶也。不可不察。然人才异能，备体者寡，器有大小，达有早晚，是以三仁殊途而同归，四子异行而钧义。陈平、韩信笑侮于邑里，而收功于帝王；屈原、伍胥不容于人主，而显名于竹帛，是笃论之所明也。

"今之中正，不精才实，务依党利；不钧称尺，务随爱憎。所欲举者，获虚以成誉；所欲下者，吹毛以求疵。前鄙后修者，则引古以病今；古贤今病者，则考虚以覆过。质直者，罪以违时；阿容者，善其得和；度远者，责以小检；才近者，美其合俗；齐量者，以己为限。高下逐强弱，是非随爱憎，凭权附党，毁平从亲，随世兴衰，不顾才实，衰则削下，兴则扶上，一人之身，旬日异状。或以货赂自通，或以计协登进，附托必达，守道闲悴。无报于身，必见割夺；有私于己，必得其欲。凌弱党强，以植后利。是以上品无寒门，下品无势族。暨时有之，皆曲有故；慢主罔时，实为乱源。

"昔在前圣之世，欲敦风俗，镇静百姓，隆乡党之义，崇六亲之行，人道贤否，于是见矣。然乡老书其善，以献天子；司马论其能，以官于职；有司考绩，以明黜陟。故天下之人，退而修本，州党有德义，朝廷有公正，天下大治，浮华邪佞，无所容厝。今一国之士，多者千数，或流徙异邦，或给役殊方，面犹不识，况尽其才力？而中正知与不知，其当品状，采誉于台府，纳毁于流言。任己则有不识之蔽，听受则有彼此之偏。所知者，以爱憎夺其平；所不知者，以人事乱其度。既无乡老纪行之誉，又非朝廷考绩之课。遂使进官之人，弃近求远，背本逐末，位以求成，不由行立。故状无实事，谐文浮饰；品不校功，党誉虚妄。上夺天朝考绩之分，下长浮华朋党之事。凡官不同事，人不同能，得其能则成，失其能则败。今品不状才能之所宜，而以九等为例。以品取人，则非才能之所长；以状取人，则为本品之所限。若状得其实，犹品状相妨，所疏则削其长，所亲则饰其短。徒结白论，以为虚誉。以治风俗，则状无实行；以宰官职，则品不料能。百揆何以得理？万机何以得修？职名中正，实为奸府；事名九品，而有八损。自魏立以来，未见其得人之功，而生仇薄之累。愚臣以为宜罢中正，除九品，弃魏氏之弊法，更立一代之美制，愚臣以为便也。”

张华，字茂先，范阳人也。领中书令，名重一世。朝野拟为台辅，而荀勖、冯紞等深忌疾之。会世祖问华：“谁可付以后事者？”对曰：“明德至亲，莫如齐王攸。”既非上意所在，微为忤旨，间言得行，以华为都督幽州诸军事，领护乌桓校尉。于是远夷宾服，四境无虞。朝议欲征华入相。冯紞乾没苦陷，以华有震主之名，不可保必，遂征为太常，以小事免官。世祖崩，迁中书监，加侍中。遂尽忠救匡，弥缝补阙，虽当暗主虐后之朝，犹使海内晏然。迁司空，卓尔独立，无所阿比。赵王伦及孙秀等，疾华如仇。伦、秀衅起，遂与裴頠俱被害，朝野之士，莫不悲酸。

裴頠，字逸民，河东人也。迁尚书左仆射、侍中。元康七年，以陈准子匡、韩蔚子嵩并侍东宫。頠谏曰：“东宫之建，以储皇极，其所与游接，必简英俊，宜用成德贤邵之才。匡、嵩幼弱，未识人理立身之节，东宫实体夙成之表，而今有童子侍从之声，未是光阐遐风之弘理也。”頠深患时俗放荡，不尊儒术。魏末以来，转更增甚。何晏、阮籍素有高名于世，口谈浮虚，不遵礼法，尸禄耽宠，仕不事事。至王衍之徒，声誉太盛，位高势重，不以物务自婴，遂相放效，风教陵迟。颜著《崇有》之论，以释其蔽。世虽知其言之益治，而莫能革也。朝廷之士，皆以遗事为高。四海尚宁，而有识者知其将乱矣。而夷狄遂沦中州者，其礼久亡故也。伦、秀之兴衅，颜、张华俱见害，朝纲倾弛，远近悼之。

傅玄，字休奕，北地人也。性刚直果劲，不能容人之非。世祖受禅，加驸马都尉，与皇甫陶俱掌谏职。玄志在拾遗，多所献替，上疏曰："前皇甫陶上事，为政之要，计民而置官，分民而授事。陶之所上，义合古制。前春，乐平太守胄志上欲为博士置史卒，此尊儒之一隅也，主者奏寝之，今志典千里。臣等并受殊宠，虽言辞不足以自申，意在有益，主者请寝，多不施用。臣恐草莱之士，虽怀一善，莫敢献之矣。"诏曰："凡关言于人主，人臣之所至难。而人主苦不能虚心听纳，自古忠臣直士所慷慨也。其甚者，至使杜口结舌，每念于此，未尝不叹息也。故前诏，敢有直言，勿有所拒，庶几得以发蒙补过，获保高位。喉舌纳言诸贤，当深解此心，务使下情必尽。苟言有偏善，情在忠益，不可责备于一人。虽文辞有谬误，言语有失得，皆当旷然恕之。古人犹不拒诽谤，况皆善意在可采录乎？近者孔晁、綦毋和，皆案以轻慢之罪，所以皆原，欲使四海知区区之朝，无讳言之忌也。又每有陈事，辄出付主者。主者众事之本，故身而所处，当多从深刻，至乃云恩贷当由上出，出村外者，宁纵刻峻是信耶？故复因此喻意。"玄迁侍中。

任恺，字无裒，乐安人也。为侍中。恺性忠直，以社稷为己任。帝器而昵之，政事多咨焉。恺恶贾充之为人，不欲令久执政，每裁抑之。充病之，后承间称恺忠公局正，宜在东宫，使保护太子。外假称扬，内斥远之。帝以为太子少傅，而侍中如故，充计画不行。会吏部尚书缺，好事者为充谋曰："恺今总门下枢要，得与上亲接，宜启令典选，便得渐疏。此一都令史事耳，且九流难精，间隙易乘。"充即启，称恺才能宜在官人之职。世祖不疑充挟邪，而以选官势望，唯贤是任，即日用恺。恺既在尚书，侍观转希。充与荀勖、冯统承间谮润，免官。恺受黜在家，充毁间得行，世祖情遂渐薄。然众论明恺为人，群共举恺为河南尹，甚得朝野称誉。而贾充朋党，日夜求恺小过，又讽有司，奏恺免官。后起为太常。不得志，遂以忧卒。

裴楷，字叔则，河东人也。为侍中。世祖尝问曰："朕应天顺民，海内更始。天下风声，何得何失？"对曰："陛下受命，四海承风，所以未比德于尧舜者，贾充之徒犹在朝也。夫逆取而顺守，汤武是也。今宜引天下贤人，与弘政道，不宜示之以私也。"

和峤，字长舆，汝南人也。迁侍中。峤见东宫不令，因侍坐曰："皇太子有淳古之风，而季世多伪，恐不了陛下家事。"世祖默然。后与荀颉、荀勖同侍，世祖曰："太子近入朝，差长进，卿可俱诣，粗及世事。"既奉诏而还，颉、勖并称皇太子明识弘雅，诚如明诏。峤曰："圣质如初耳。"帝不悦而起。峤以为国虽休明，终必丧乱，言及社稷，未尝不以储君为忧。或以告贾妃，妃衔之。愍怀建宫官，峤为太子少傅，太子朝西宫，峤从入。贾后使惠帝问峤曰："卿昔谓我不了家事，今日定云何？"峤曰："臣昔事先帝，有斯言。言之不效，国之福也。臣敢逃其罪乎？"

郄诜，字广基，济阴人也。举贤良对策，曰："臣窃观乎古今，而考其美恶。古人相与求贤，今人相与求爵，此风俗所以异流也。古之官人，君责之于上，臣举之于下，得其人有赏，失其人有罚，安得不求贤乎？今之官者，父兄营之，亲戚助之，有人事则通，无人事则塞，安得不求爵乎？贤苟求达，达在修道，穷在失义，故静以待之也。爵苟可求，得在进取，失在后时，故动以要之也。天地不能顿为寒暑，人主亦不能顿为治乱，故寒暑渐于春秋，治乱起于得失。当今之世，官者无关梁，邪门启矣；朝廷不责贤，正路塞矣。所谓责贤，使之相举也；所谓关梁，使之相保也。贤不举则有咎，保不信亦有罚。有罚则有司莫不悚也，以求其才焉。今则不然：贪鄙窃位，不知谁升之者；虎兕出槛，不知谁可咎者。网漏吞舟，何以过此？虽圣思劳于夙夜，所使为政，恒得此属，欲化美俗平，亦俟河之清耳。"为左丞，劾奏吏部尚书崔洪。洪曰："我举郄丞而还奏我，此为挽弩自射。"诜闻曰："昔赵宣子任韩厥为司马，厥以军法戮宣子之仆。宣子谓诸大夫：'可贺我矣，吾选厥也，任其事。'崔侯为国举才，我以才见举，唯官是视，各明至公，何故私言乃至于此。"洪闻之惭服。

荀勖，字公曾，颍阴人也。为中书监，加侍中。勖才学博览，有可观采，而性邪佞，与贾充、冯紞共相朋党。朝廷贤臣，心不能悦。任恺因机举充镇关中，世祖即诏遣之。勖谓紞曰："贾公远放，吾等失势，太子婚尚未定，若使充女为妃，则不营留而自停矣。"勖与紞伺世祖间，并称充女淑令，风姿绝世，若纳东宫，必能辅佐君子，有《关雎》后妃之德。遂成婚焉。

冯紞，字少胄，安平人也。稍迁左卫将军。承颜悦色，宠爱日隆。贾充、荀勖并与之亲善。世祖诏治金墉，废贾妃，已定，紞与勖乾没救请，故得不废。转侍中。世祖笃病得愈，紞与勖乃言于世祖曰："陛下前者病若不差，太子其废矣。齐王为百姓所归，公卿所仰，虽欲高让，其得免乎？宜遣还藩，以安社稷。"世祖纳之。初谋伐吴，紞与充、勖共苦谏，世祖不纳，断从张华。吴平，紞内怀惭惧，疾华如仇。及华外镇，威德大著，朝论当征为尚书令。紞从容侍帝，论魏晋故事，因曰："臣常谓钟会之反，颇由太祖。"帝勃然曰："何言邪？"紞曰："臣以为，夫善御者，必识六辔盈缩之势；善治者，必审官方控带之宜。是故汉高八王，以宠过夷灭；光武诸将，以抑损克终。非上之人有仁暴之异，在下者有愚智之殊。盖抑扬与夺，使之然耳。钟会才具有限，而太祖奖诱太过，喜其谋猷，盛其名位，授以重势。故会自谓算无遗策，功在不赏，辀张跋扈，遂构凶逆耳。向令太祖录其小能，节以大礼，抑之以权势，纳之以轨度，则逆心无由而生，乱事无阶而成。"世祖曰："然。"紞稽首曰："愚臣之言，宜思坚冰之道，无令如会之徒复致覆丧。"世祖曰："当今岂有会乎？"紞曰："陛下谋谟之臣，著大功于天下，四海莫不闻知，据方镇、总戎马之任者，皆在陛下圣虑矣。"世祖默然。征张华为太常，寻免华官。

陆机，字士衡，吴郡人也。为著作郎〔孙盛《阳秋》载机《五等论》曰："夫体国经野，先王所慎。创制垂基，思隆后业，然而经略不同，长短异术。五等之制，始于黄唐；郡县之治，创于秦汉。得失成败，备在典谟，是以其详可得而言，夫王者知帝业至重、天下至广。广不可以偏制，重不可以独任。任重必于借力，制广终乎因人。故设官分职，所以轻其任也；并建伍长，所以弘其制也。于是乎立其封疆之典，裁其亲疏之宜，使万国相维，以成盘石之固；宗庶杂居，以定维城之业。又有以见绥世之长御，识人情之大方，知其为人不如厚己，利物不如图身，安上在于悦下，为己在乎利人，是以分天下以厚乐，而己得与之同忧，飨天下以丰利，而己得与之共害。利博则思笃，乐远则忧深，故诸侯享食土之实，万国受传世之祚。夫然，则南面之君，各务其治；九服之民，知有定主。上之子爱，于是乎生；下之礼信，于是乎结。世治足以敦风，道衰足以御暴。故强毅之国，不能擅一时之势；雄俊之民，无所寄霸王之志。然后国安由万邦之思治，主尊赖群后之图身。盖三代所以直道，四王所以垂业也。故世及之制，弊祸终乎七雄。昔者成汤亲照夏后之鉴，公旦目涉商人之式，文质相济，损益有物。然五等之礼，不革于时，封畛之制，有隆焉尔者，岂玩二王之祸，而暗经世之算乎？固知百世非可悬御，善制不能无弊；而侵弱之辱，愈于殄祀，土崩之困，痛于陵夷也。是以经始获其多福，虑终取其少祸，非谓侯伯无可乱之符，郡县非致治之具也。故国忧赖其释位，主弱凭于其翼戴。及其承微积弊，王室遂卑，犹保名位，祚遗后嗣，皇统幽而不辍，神器否而必存者，岂非事势使之然与？降及亡秦，弃道任术，惩周之失，自矜其得，寻斧始于所庇，制国昧于弱下。国庆独享其利，主忧莫与共害，虽速亡趋乱，不必一道，颠沛之衅，实由孤立。是盖思五等之小怨，忘万国之大德，知陵夷之可患，暗土崩之为痛也。周之不竞，有自来矣。国乏令主，十有余世，然片言勤王，诸侯必应，一朝震矜，远国先叛，故强晋收其请隧之图，暴楚顿其观鼎之志，岂刘项之能窥关、胜广之敢号泽哉！借使秦人因循周制，虽则无道，有共与亡，其覆灭之祸，岂在曩日。汉矫秦枉，大启王侯，境土逾溢，不遵旧典，故贾生忧其危，晁错痛其乱。是以诸侯阻其国家之富，凭其土民之力，势足者反疾，土狭者逆迟，六臣犯其弱纲，七子冲其漏网，皇祖夷于黥徒，西京病于东帝，是盖过正之灾，而非建侯之累也。逮至中叶，忌其失节，割削宗子，有名无实，天下旷然，复袭亡秦之轨矣。是以五侯作威，不忌万邦，新都袭汉，易于拾遗也。光武中兴，纂隆皇统，而犹遵覆车之遗辙，养丧家之宿疾，仅及数世，奸宄充斥，卒有强臣专朝，则天下风靡，一夫纵横，而城地自夷，岂不危哉！在周之衰，难兴王室，放命者七臣，干位者三子，嗣王委其九鼎，凶族据其天邑，钲鼙震于阃宇，锋镝流手绛阙。然祸止畿甸，害不覃及，天下晏然，以治待乱。是以宣王兴于共和，襄惠振于晋郑，岂若二汉陛闻暂扰，而四海已沸，孽臣朝入，而九服夕乱哉！远惟王莽篡逆之事，近览董卓擅权之际，亿兆悼心，愚智同痛。然周以之存，汉以之亡，夫何故哉！岂世乏曩时之臣，士无匡合之志欤！盖远绩屈于时异，雄心挫于卑势耳。故烈士扼腕，终委寇仇之手；忠臣变节，以助虐国之桀。虽复时有鸠合同志，以谋王室，然上非奥主，下皆市人，师旅无先定之班，君臣无相保之志，是以义兵云合，无救劫杀之祸；众望未改，而已见大汉之灭矣。或以诸侯世位，不必常全，昏主暴君，有时比迹，故五等所以多乱。今之牧守，皆官方庸能，虽或失之，其得固多，故郡县易以为政治。夫德之休明，黜陟日用，长率连属，咸述其职。而淫昏之君，无所容过，何则不治哉！故先代有以之兴矣。苟或衰陵，百度自悖，鬻官之吏，以货准才，则贪残之萌，皆群后也，安在其不乱哉！故后王有以之废矣。且要而言之，五等之君，为己思治；郡县之长，为利图物，何以征之？盖企及进取，仕子之常志；修己安民，良士之所希及。夫进取之情锐，安民之誉迟，是故侵百姓以利己者，在位所不惮，损实事以养名者，官长所夙夜也。君无卒岁之图，臣挟一时之志。五等则不然，知国为己土，众皆我民，民安己受其利，国伤家婴其病，故前人欲以垂后，后嗣思其堂构，为上无苟且之心，群下知胶固之义。使其并贤居政，则功有厚薄，而两愚处乱，则过有深浅。然则八代之制，几可以一理贯，秦汉之典，殆可以一言蔽也。"〕。

胡威，字伯武，淮南人也。父质，字文德，清廉洁白。质之为荆州刺史也，威自京都定省。家贫，每至客舍，自放驴取樵。既至见父，停厩中十余日，告归。临辞，赐绢一匹，为道中资。威跪曰："大人清高，不审于何得此绢。"质曰："是吾奉禄之余，故以为汝粮耳。"威受之辞归。荆州帐下都督，闻威将去，请假还家，持资粮于路要威，因与为伴，每事佐助，又进饭食。威疑而诱问之，既知，乃取所赐绢与都督，谢而遣之。后因他信以白质，质杖都督一百，除吏名。父子清慎如此，于是名誉著闻。为安丰太守、徐州刺史，政化大行。后入朝，世祖因言次谓威曰："卿清孰如父清？"对曰："臣不如也。"世祖曰："以何为胜邪？"对曰："臣父清恐人知，臣清恐人不知，是臣不及远也。"世祖以威言直而婉、谦而顺，累迁豫州刺史。入为尚书。

周𫖮，字伯仁，汝南人也。为尚书左仆射。王敦作逆石头，既王师败绩。𫖮奉诏往诣敦，敦曰："伯仁卿负我。"𫖮曰："公戎车犯顺，下官亲率六军，不能其事，使王旅奔败，以此负公。"敦惮其辞正，不知所答。左右文武，劝𫖮避敦，曰："吾备位大臣，朝廷丧破，宁可复事间求活，外投胡越者邪？"俄而被收，于石头害之。

陶侃，字士行，庐江人也。为荆州刺史。政刑清明，惠施均洽，故楚郢士女，莫不相庆。引接疏远，门无停客，常语人曰："大禹圣者，乃惜寸阴；至于众人，当惜分阴，岂可逸游荒醉？生无益于时，死无闻于后，是自弃也。"诸参佐或以谈戏废事者，乃命取蒱博之具，悉投之于江，吏将则加鞭扑，曰："樗蒱者，牧奴戏耳。老庄浮华，非先王之法言，不可行也。君子当正其衣冠，摄其威仪，何有乱头养望，自谓宏达邪？"于是朝野用命，移风易俗。

高崧，字茂琰，广陵人也。累转侍中。哀帝雅好服食，崧谏，以为非万乘所宜，陛下此事，实是日月之一蚀也。帝欲修鸿宝礼，崧反覆表谏，事遂不行。

何充，字次道，庐江人也。为护军中书令。显宗初崩，充建议曰："父子相传，先王旧典，忽妄改易，惧非长计。"庾冰等不从，故康帝遂立。帝临轩，冰、充侍坐。帝曰："朕嗣洪业，二君之力也。"对曰："陛下龙飞，臣冰之力也。若如臣议，不睹升平之世。"康帝崩，充奉遗旨，便立孝宗，加录尚书事侍中，临朝正色，以社稷为己任。凡所选用，皆以功臣为先，不以私恩树用亲戚。谈者以此重之。

吴隐之，字处默，濮阳人也。早孤，事母孝谨，爱敬著于色养，几灭性于执丧。居近韩康伯家。康伯母，贤明妇人，每闻隐之哭，临馔辍餐，当织投杼，为之悲泣。如此终其丧。谓伯曰："汝若得在官人之任，当举如此之徒。"及伯为吏部，超选隐之，遂阶清级，为龙骧将军、广州刺史。州之北界有水，名曰“贪泉”，父老云：“饮此水者，使廉士变节。”隐之始践境，先至水所，酌而饮之，因赋诗曰：“古人云此水，一歃怀千金。试使夷齐饮，终当不易心。”在州清操愈厉，化被幽荒。诏曰：“广州刺史吴隐之，孝友过人，禄均九族，处可欲之地，而能不改其操，飨惟错之富，而家人不易其服，革奢务啬，南域改观，朕有嘉焉，可进号前将军，赐钱五十万、谷千斛。”

子部

卷三十一

《六韬》治要

序

文王田乎渭之阳，见太公坐茅而钓，问之曰："子乐得鱼耶？"太公曰："夫钓以求得也。其情深，可以观大矣。"文王曰："愿闻其情。"太公曰："夫鱼食其饵，乃牵于缗；人食其禄，乃服于君。故以饵取鱼，鱼可杀；以禄取人，人可竭；以家取国，国可拔；以国取天下，天下可毕也。天下者非一人之天下，天下之天下也。与天下同利者，则得天下；擅天下之利者，失天下。天有时，地有财，能与人共之者，仁也。仁之所在，天下归之。免人之死，解人之难，救人之患，济人之急者，德也。德之所在，天下归之。与人同忧同乐，同好同恶者，义也。义之所在，天下归之。凡人恶死而乐生，好得而归利。能生利者，道也。道之所在，天下归之。"

文韬

文王问太公曰："天下一乱一治，其所以然者何？天时变化自有之乎？"太公曰："君不肖，则国危而民乱；君贤圣，则国家安而天下治。祸福在君，不在天时。"文王曰："古之贤君可得闻乎？"太公曰："昔帝尧上世之所谓贤君也。尧王天下之时，金银珠玉弗服，锦绣文绮弗衣；奇怪异物弗视，玩好之器弗宝；淫佚之乐弗听，宫垣室屋弗崇。茅茨之盖不剪，衣履不敝尽不更为，滋味重累不食；不以役作之故，留耕种之时。削心约志，从事乎无为，其自奉也甚薄，役赋也甚寡。故万民富乐，而无饥寒之色。百姓戴其君如日月，视其君如父母。"文王曰："大哉贤君之德矣！"

文王问太公曰："愿闻为国之道。"太公曰："爱民。"文王曰："爱民奈何？"太公曰："利而勿害，成而勿败，生而勿杀，与而勿夺，乐而勿苦，喜而勿怒。"文王曰："奈何？"太公曰："民不失其所务，则利之也；农不失其时业，则成之也；省刑罚，则生之也；薄赋敛，则与之也；无多宫室台池，则乐之也；吏清不苛，则喜之也；民失其务，则害之也；农失其时，则败之也；无罪而罚，则杀之也；重赋敛，则夺之也；多营宫室游观以疲民，则苦之也；吏为苛扰，则怒之也。故善为国者，御民如父母之爱子，如兄之慈弟也。见之饥寒，则为之哀；见之劳苦，则为之悲。"文王曰："善哉！"

文王问于太公曰："贤君治国何如？"对曰："贤君之治国，其政平，吏不苛；其赋敛节，其自奉薄；不以私善害公法，赏赐不加于无功，刑罚不施于无罪；不因喜以赏，不因怒以诛；害民者有罪，进贤者有赏；后宫不荒，女谒不听；上无淫慝，下无阴害；不供宫室以费财，不多游观台池以罢民。不雕文刻镂以逞耳目；官无腐蠹之藏，国无流饿之民也。"文王曰："善哉！"

文王问师尚父曰："王人者，何上何下？何取何去？何禁何止？"尚父曰："上贤，下不肖；取诚信，去诈伪；禁暴乱，止奢侈。故王人者，有六贼七害。六贼者，一曰，大作宫殿台池游观，淫乐歌舞，伤王之德；二曰，不事农桑，任气作业，游侠犯历法禁，不从吏教，伤王之化；三曰，结连朋党，比周为权，以蔽贤智，伤王之权；四曰，抗智高节，以为气势，伤王之威；五曰，轻爵位，贱有司，羞为上犯难，伤功臣之劳；六曰，强宗侵夺，凌侮贫弱，伤庶民矣。七害者，一曰，无智略大谋，而以重赏尊爵之故，强勇轻战，侥幸于外，王者慎勿使将；二曰，有名而无用，出入异言，掩善扬恶，进退为巧，王者慎勿与谋；三曰，朴其身躬，恶其衣服，语无为以求名，言无欲以求得，此伪人也，王者慎勿近；四曰，博文辨辞，高行论议，而非时俗，此奸人也，王者慎勿宠；五曰，果敢轻死，苟以贪得尊爵重禄，不图大事，待利而动，王者慎勿使；六曰，为雕文刻镂，技巧华饰，以伤农事，王者必禁之；七曰为方伎咒诅，作蛊道鬼神不验之物、不详之言，欺诈良民，王者必禁止之。故民不尽其力，非吾民；士不诚信而巧伪，非吾士；臣不忠谏，非吾臣；吏不平洁爱人，非吾吏。相不能富国强兵，调和阴阳，以安万乘之主，简练群臣，定名实，明赏罚，令百姓富乐，非吾相也。故王人之道，如龙之首，高居而远望，徐视而审听，神其形，隐其情，若天之高不可极，若川之深不可测也。"

文王问太公曰："君务举贤，而不获其功，世乱愈甚，以致危亡者，何也？"太公曰："举贤而不用，是有举贤之名也，无得贤之实也。"文王曰："其失安在？"太公曰："其失在好用世俗之所誉，不得其真贤。"文王曰："好用世俗之所誉者何也？"太公曰："好听世俗之所誉者，或以非贤为贤，或以非智为智，或以非忠为忠，或以非信为信。君以世俗之所誉者为贤智，以世俗之所毁者为不肖，则多党者进，少党者退，是以群邪比周而蔽贤，忠臣死于无罪，邪臣以虚誉取爵位，是以世乱愈甚，故其国不免于危亡。"文王曰："举贤奈何？"太公曰："将相分职，而各以官举人，案名察实，选才考能，令能当其名，名得其实，则得贤人之道。"文王曰："善哉！"

文王问太公曰："愿闻治国之所贵。"太公曰："贵法令之必行，必行则治道通，通则民大利，大利则君德彰矣。君不法天地，而随世俗之所善以为法，故令出必乱，乱则复更为法。是以法令数变，则群邪成俗，而君沉于世，是以国不免危亡矣。"

文王问太公曰："愿闻为国之大失。"太公曰："为国之大失，作而不法法，国君不悟，是为大失。"文王曰："愿闻不法法，国君不悟。"太公曰："不法法，则令不行，令不行，则主威伤；不法法，则邪不止，邪不止，则祸乱起矣；不法法，则刑妄行，刑妄行，则赏无功；不法法，则国昏乱，国昏乱，则臣为变，不法法，则水旱发，水旱发，则万民病。君不悟，则兵革起，兵革起，则失天下也。”

文王问太公曰：“人主动作举事，善恶有福殃之应，鬼神之福无？”太公曰：“有之。主动作举事，恶则天应之以刑，善则地应之以德；逆则人备之以力，顺则神授之以职。故人主好重赋敛，大宫室，多游台，则民多病瘟，霜露杀五谷，丝麻不成。人主好田猎毕戈，不避时禁，则岁多大风，禾谷不实。人主好破坏名山，壅塞大川，决通名水，则岁多大水，伤民五谷不滋。人主好武事，兵革不息，则日月薄蚀，太白失行。故人主动作举事，善则天应之以德，恶则人备之以力。神夺之以职，如响之应声，如影之随形。”文王曰：“诚哉！”

文王问太公曰：“君国主民者，其所以失之者，何也？”太公曰：“不慎所与也。人君有六守三宝。六守者，一曰仁，二曰义，三曰忠，四曰信，五曰勇，六曰谋。是谓六守。”文王曰：“慎择此六者，奈何？”太公曰：“富之而观其无犯，贵之而观其无骄，付之而观其无专，使之而观其无隐，危之而观其无恐，事之而观其无穷。富之而不犯者，仁也；贵之而不骄者，义也；付之而不专者，忠也；使之而不隐者，信也；危之而不恐者，勇也；事之而不穷者，谋也。人君慎此六者以为君用。君无以三宝借人。以三宝借人，则君将失其威。大农大工大商，谓之三宝。六守长则国昌，三宝完则国安。”

文王问太公曰：“先圣之道可得闻乎？”太公曰：“义胜欲则昌，欲胜义则亡；敬胜怠则吉，怠胜敬则灭。故义胜怠者王，怠胜敬者亡。”

武王问太公曰：“桀纣之时，独无忠臣良士乎？”太公曰：“忠臣良士，天地之所生，何为无有？”武王曰：“为人臣而令其主残虐，为后世笑。可谓忠臣良士乎？”太公曰：“是谏者不必听，贤者不必用。”武王曰：“谏不听，是不忠；贤而不用，是不贤也。”太公曰：“不然。谏有六不听，强谏有四必亡，贤者有七不用。”武王曰：“愿闻六不听，四必亡，七不用。”太公曰：“主好作宫室台池，谏者不听；主好忿怒，妄诛杀人，谏者不听；主好所爱无功德而富贵者，谏者不听；主好财利，巧夺万民，谏者不听；主好珠玉奇怪异物，谏者不听。是谓六不听。四必亡：一曰，强谏不可止，必亡；二曰，强谏知而不肯用，必亡；三曰，以寡正强、正众邪，必亡；四曰，以寡直强、正众曲，必亡。七不用：一曰，主弱亲强，贤者不用；二曰，主不明，正者少，邪者众，贤者不用；三曰，贼臣在外，奸臣在内，贤者不用；四曰，法政阿宗族，贤者不用；五曰，以欺为忠，贤者不用；六曰，忠谏者死，贤者不用；七曰，货财上流，贤者不用。”

武王伐殷，得二丈夫而问之曰：“殷之将亡，亦有妖乎？”其一人对曰：“有。殷国尝雨血、雨灰、雨石，小者如椎，大者如箕，六月雨雪深尺余。”其一人曰：“是非国之大妖也。殷君喜以人喂虎，喜割人心，喜杀孕妇，喜杀人之父、孤人之子；喜夺喜诬，以信为欺，欺者为真，以忠为不忠，忠谏者死，阿谀者赏，以君子为下；急令暴取，好田猎，出入不时，喜治宫室修台池，日夜无已；喜为酒池肉林糟丘，而牛饮者三千；饮人无长幼之序、贵贱之礼；喜听谗用举，无功者赏，无德者富；所爱专制而擅令。无礼义，无忠信，无圣人，无贤士，无法度，无升斛，无尺丈，无称衡。此殷国之大妖也。”

武韬

文王在酆，召太公曰：“商王罪杀不辜，汝尚助余忧民，今我何如？”太公曰：“王其修身下贤，惠民以观天道。天道无殃，不可以先唱；人道无灾，不可以先谋；必见天殃，又见人灾，乃可以谋。与民同利，同病相救，同情相成，同恶相助，同好相趣。无甲兵而胜，无动机而攻，无渠堑而守。利人者天下启之，害人者天下闭之。天下非一人之天下也，取天下若逐野兽，得之而天下皆有分肉；若同舟而济，济则皆同其利，舟败皆同其害。然则皆有启之，无有闭之矣。无取于民者，取民者也；无取于国者，取国者也；无取于天下者，取天下者也。取民者民利之，取国者国利之，取天下者天下利之。故道在不可见，事在不可闻，胜在不可知，微哉微哉！鸷鸟将击，卑飞翕翼；猛兽将击，弭耳俯伏；圣人将动，必有愚色。唯文唯德，谁为之惑；弗观弗视，安知其极。今彼殷商，众口相惑。吾观其野，草茅胜谷；吾观其群，众曲胜直；吾观其吏，暴虐残贼。败法乱刑而上下不觉，此亡国之时也。夫上好货，群臣好得，而贤者逃伏，其乱至矣。”太公曰：“天下之人如流水，鄣之则止，启之则行，动之则浊，静之则清。呜呼神哉！圣人见其所始，则知其所终矣。”文王曰：“静之奈何？”太公曰：“夫天有常形，民有常生。与天下共其生，而天下静矣。”

文王在岐周，召太公曰：“争权于天下者，何先？”太公曰：“先人。人与地称，则万物备矣。今君之位尊矣，待天下之贤士，勿臣而友之，则君以得天下矣。”文王曰：“吾地小而民寡，将何以得之？”太公曰：“可。天下有地，贤者得之；天下有粟，贤者食之。天下有民，贤者收之。天下者非一人之天下也，莫常有之，唯贤者取之。夫以贤而为人下，何人不与？以贵从人曲直，何人不得？屈一人之下，则申万人之上者，唯圣人而后能为之。”文王曰：“善。请著之金板。”于是文王所就而见者六人，所求而见者七十人，所呼而友者千人。

文王曰：“何如而可以为天下？”太公对曰：“大盖天下，然后能容天下；信盖天下，然后可约天下；仁盖天下，然后可以求天下；恩盖天下，然后王天下；权盖天下，然后可以不失天下；事而不疑，然后天下恃。此六者备，然后可以为天下政。故利天下者，天下启之；害天下者，天下闭之；生天下者，天下德之；杀天下者，天下贼之；彻天下者，天下通之；穷天下者，天下仇之；安天下者，天下恃之；危天下者，天下灾之。天下者非一人之天下，唯有道者得天下也。”

武王问太公曰：“论将之道奈何？”太公曰：“将有五才十过。所谓五才者，勇、智、仁、信、忠也。勇则不可犯，智则不可乱，仁则爱人，信则不欺人，忠则无二心。所谓十过者，将有勇而轻死者，有急而心速者，有贪而喜利者，有仁而不忍于人者，有智而心怯者，有信而喜信于人者，有廉洁而不爱民者，有智而心缓者，有刚毅而自任者，有懦心而喜用人者。勇而轻死者，可暴也；急而心速者，可久也；贪而喜利者，可遗也；仁而不忍于人者，可劳也；智而心怯者，可窘也；信而喜信于人者，可诳也；廉洁而不爱人者，可侮也；智而心缓者，可袭也；刚毅而自任者，可事也；愞心而喜用人者，可欺也。故兵者国之大器，存亡之事，命在于将也。先王之所重，故置将不可不审察也。”武王问太公曰：“王者举兵，欲简练英雄，知士之高下，为之奈何？”太公曰：“知之有八征：一曰，问之以言，以观其辞；二曰，穷之以辞，以观其变；三曰，与之间谍，以观其诚；四曰，明白显问，以观其德；五曰，使之以财，以观其廉；六曰，试之以色，以观其贞；七曰，告之以难，以观其勇；八曰，醉之以酒，以观其态。八征皆备，则贤不肖别矣。”

龙韬

武王曰：“士高下岂有差乎？”太公曰：“有九差。”武王曰：“愿闻之。”太公曰：“人才参差大小，犹斗不以盛石，满则弃矣。非其人而使之，安得不殆？多言多语，恶口恶舌，终日言恶，寝卧不绝，为众所憎，为人所疾，此可使要问闾里。察奸伺猾，权数好事，夜卧早起，虽遽不悔，此妻子将也。先语察事，实长希言，赋物平均，此十人之将也。切切截截，不用谏言，数行刑戮，不避亲戚，此百人之将也。讼辩好胜，疾贼侵陵，斥人以刑，欲正一众，此千人之将也。外貌咋咋，言语切切，知人饥饱，习人剧易，此万人之将也。战战栗栗，日慎一日，近贤进谋，使人以节，言语不慢，忠心诚必，此十万之将也。温良实长，用心无两，见贤进之，行法不枉，此百万之将也。动动纷纷，邻国皆闻，出入居处，百姓所亲，诚信缓大，明于领世，能教成事，又能救败，上知天文，下知地理，四海之内，皆如妻子，此英雄之率，乃天下之主也。”

武王问太公曰：“立将之道奈何？”太公曰：“凡国有难，君避正殿，召将而诏之曰：‘社稷安危，一在将军。’将军受命，乃斋于太庙，择日授斧钺。君入庙西面而立，将军入北面立。君亲操钺，持其首授将其柄，曰：‘从此以往，上至于天，将军制之。’乃复操斧，持柄授将其刃，曰：‘从此以下，至于泉，将军制之。’既受命曰：‘臣闻国不可从外治，军不可从中御；二心不可以事君，疑志不可以应敌。臣既受命，专斧钺之威，不敢还请，愿君亦垂一言之命于臣。君不许臣，臣不敢将；君许之，乃辞而行。军中之事，不可闻君命，皆由将出，临敌决战，无有二心。若此无天于上，无地于下，无敌于前，无主于后。是故智者为之虑，勇者为之斗，气厉青云，疾若驰骛，兵不接刃，而敌降服。”

武王问太公曰：“将何以为威？何以为明？何以为禁止而令行？”太公曰：“以诛大为威，以赏小为明，以罚审为禁止而令行。故杀一人而三军振者，杀之；赏一人而万人说者，赏之。故杀贵大，赏贵小。杀及贵重当路之臣，是刑上极也；赏及牛马厮养，是赏下通也。刑上极，赏下通，是将威之所行也。夫杀一人而三军不闻，杀一人而万民不知，杀一人而千万人不恐，虽多杀之，其将不重；封一人而三军不悦，爵一人而万人不劝，赏一人而万人不欣，是为赏无功、贵无能也。若此则三军不为使，是失众之纪也。”

武王问太公曰：“吾欲令三军之众，亲其将如父母，攻城争先登，野战争先赴，闻金声而怒，闻鼓音而喜，为之奈何？”太公曰：“将有三礼。冬日不服裘，夏日不操扇，天雨不张盖幕，名曰三礼也。将身不服礼，无以知士卒之寒暑。出隘塞犯泥涂，将必下步，名曰力将。将身不服力，无以知士卒之劳苦。士卒军皆定次，将乃就舍。炊者皆熟，将乃敢食。军不举火，将亦不火食，名曰止欲。将不身服止欲，将无以知士卒之饥饱。故上将与士卒共寒暑，共饥饱勤苦。故三军之众，闻鼓音而喜，闻金声而怒矣。高城深池，矢石繁下，士争先登；白刃始合，士争先赴，非好死而乐伤，为其将念其寒苦之极，知其饥饱之审，而见其劳苦之明也。”

武王问太公曰：“攻伐之道，奈何？”太公曰：“势因敌家之动，变生于两阵之间，奇正登于无穷之源。故至事不语，用兵不言。其事之成者，其言不足听。兵之用者，其状不足见。倏然而往，忽然而来，能独专而不制者也。善战者，不待张军；善除患者，理其未生；善胜敌者，胜于无形；上战无与战矣。故争于白刃之前者，非良将也；备于已失之后者，非上圣也；智与众同，非国师也；伎与众同，非国工也。事莫大于必成，用莫贵于玄眇，动莫神于不意，胜莫大于不识。夫必胜者，先见弱于敌而后战者也，故事半而功自倍。兵之害，犹豫最大；兵之灾，莫大于狐疑。善者见利不失，遇时不疑。失利后时，反受其灾。智者从而不失，巧者一决而不犹豫，故疾雷不及掩耳，卒电不及瞬目。赴之若惊，用之若狂，当之者破，近之者亡，孰能待之？”武王曰：“善！”

武王问太公曰：“凡用兵之极，天道、地利、人事，三者孰先？”太公曰：“天道难见，地利、人事易得。天道在上，地道在下，人事以饥饱劳逸文武也。故顺天道不必有吉，违之不必有害。失地之利，则士卒迷惑。人事不和，则不可以战矣。故战不必任天道，饥饱劳逸文武最急，地利为宝。”王曰：“天道鬼神，顺之者存，逆之者亡，何以独不贵天道？”太公曰：“此圣人之所生也。欲以止后世，故作为谲书，而寄胜于天道，无益于兵胜，而众将所拘者九。”王曰：“敢问九者奈何？”太公曰：“法令不行而任侵诛；无德厚而用日月之数；不顺敌之强弱，幸于天道；无智虑而候氛气；少勇力而望天福；不知地形而归过；敌人怯弗敢击而待龟筮；士卒不募而法鬼神；设伏不巧，而任背向之道。凡天道鬼神，视之不见，听之不闻，索之不得，不可以治胜败，不能制死生，故明将不法也。”

太公曰：“天下有粟，圣人食之；天下有民，圣人收之；天下有物，圣人裁之。利天下者取天下，安天下者有天下，爱天下者久天下，广天下者化天下。”

虎韬

武王胜殷，召太公问曰：“今殷民不安其处，奈何使天下安乎？”太公曰：“夫民之所利，譬之如冬日之阳、夏日之阴。冬日之从阳，夏日之从阴，不召自来。故生民之道，先定其所利，而民自至。民有三几，不可数动，动之有凶。明赏则不足，不足则民怨生；明罚则民慑畏，民慑畏则变。故出明察则民扰，民扰则不安其处，易以成变，故明王之民，不知所好，不知所恶，不知所从，不知所去。使民各安其所生，

而天下静矣。乐哉，圣人与天下之人，皆安乐也。”武王曰：“为之奈何？”太公曰：“圣人守无穷之府，用无穷之财，而天下仰之。天下仰之，而天下治矣。神农之禁，春夏之所生。不伤不害，谨修地利，以成万物。无夺民之所利，而农顺其时矣。任贤使能，而官有材，而贤者归之矣。故赏在于成民之生，罚在于使人无罪。是以赏罚施民，而天下化矣。”

犬韬

武王至殷将战，纣之卒握炭流汤者十八人，以牛为礼以朝者三千人，举百石重沙者二十四人，趋行五百里而矫矛杀百步之外者五千人，介士亿有八万。武王惧曰：“夫天下以纣为大，以周为细；以纣为众，以周为寡；以周为弱，以纣为强；以周为危，以纣为安；以周为诸侯，以纣为天子。今日之事，以诸侯击天子，以细击大，以少击多，以弱击强，以危击安，以此五短击此五长，其可以济功成事乎？”太公曰：“审天子不可击，审大不可击，审众不可击，审强不可击，审安不可击。”王大恐以惧。太公曰：“王无恐且惧。所谓大者，尽得天下之民；所谓众者，尽得天下之众；所谓强者，尽用天下之力；所谓安者，能得天下之所欲；所谓天子者，天下相爱如父子，此之谓天子。今日之事，为天下除残去贼也。周虽细，曾残贼一人之不当乎？”王大喜曰：“何谓残贼？”太公曰：“所谓残者，收天下珠玉美女金钱彩帛狗马谷粟，藏之不休，此谓残也。所谓贼者，收暴虐之吏，杀天下之民，无贵无贱，非以法度，此谓贼也。”武王问太公曰：“欲与兵深谋，进必斩敌，退必克全，其略云何？”太公曰：“主以礼使将，将以忠受命。国有难，君召将而诏曰：‘见其虚则进，见其实则避；勿以三军为贵而轻敌，勿以授命为重而苟进；勿以贵而贱人，勿以独见而违众，勿以辩士为必然；勿以谋简于人，勿以谋后于人；士未坐勿坐，士未食勿食；寒暑必同，敌可胜也。”

卷三十二

《管子》治要

牧民

凡有地牧民者，务在四时，守在仓廪。仓廪实则知礼节，衣食足则知荣辱；上服度则六亲固，四维张则君令行。四维不张，国乃灭亡。国有四维。一维绝则倾，二维绝则危，三维绝则覆，四维绝则灭。倾可正也，危可安也，覆可起也，灭不可复错也。

四维：一曰礼，二曰义，三曰廉，四曰耻。政之所行，在顺民心；政之所废，在逆民心。民恶忧劳，我逸乐之；民恶贫贱，我富贵之；民恶危坠，我存安之；民恶灭绝，我生育之。能逸乐之，则民为之忧劳；能富贵之，则民为之贫贱；能存安之，则民为之危坠；能生育之，则民为之灭绝。故刑罚不足以恐其意，杀戮不足以服其心。故刑罚繁而意不恐，则令不行矣；杀戮众而心不服，则上位危矣。故从其四欲，则远者自亲；行其四恶，则近者叛之。故知与之为取者，政之宝也。

措国于不倾之地，积于不涸之仓，藏于不竭之府，下令于流水之原，使民于不争之官，明必死之路，开必得之门。不为不可成，不求不可得，不处不可久，不行不可复。

措国于不倾之地，授有德也；积于不涸之仓，务五谷也；藏于不竭之府，养桑麻育六畜也；下令于流水之原，令顺民心也；使民于不争之官，使民各为其所长也；明必死之路，严刑罚也；开必得之门，信庆赏也；不为不可成，量民力也；不求不可得，不强民以其所恶也；不处不可久，不偷取一世也；不行不可复，不欺其民也。

如地如天，何私何亲？如月如日，维君之节。御人之辔，在上之所贵；导民之门，在上之所先；召民之路，在上之所好恶。故君求之，则臣得之；君嗜之，则臣食之；君好之，则臣服之。无蔽汝恶，无异汝度，贤者将不汝助。言室满室，言堂满堂，是谓圣王。城郭沟渠，不足以固守；兵甲勇力，不足以应敌；博地多财，不足以有众；唯有道者，能备患于未形也。天下不患无臣，患无君以使人；天下不患无财，患无人以分之。故知时者，可立以为长；无私者，可置以为政。审于时而察于用，而能备官者，可奉以为君也。缓者后于事，吝于财者失所亲，信小人者失士。

形势

言而不可复者，君不言也；行而不可再者，君不行也。凡言而不可复，行而不可再者，有国者之大禁也。

权修

万乘之国，兵不可以无主；土地博大，野不可以无吏；百姓殷众，官不可以无长；操民命，朝不可以无政。地博而国贫者，野不辟也；民众而兵弱者，民无取也。故末产不禁，则野不辟；赏罚不信，则民无取。野不辟，民无取，外不可以应敌，内不可以固守。地辟而国贫者，舟与饰、台榭广也；赏罚信而兵弱者，轻用众、使民劳也。民劳则力竭，赋敛厚则下怨上，民力竭则令不行。下怨上，令不行，而求敌勿谋己，不可得也。欲为天下者，必重用其国；欲为其国者，必重用其民；欲为其民者，必重尽其力。无以畜之，则往而不可止也；无以牧之，则处而不可使也。远人至而不去，则有以畜之也；民众而可一，则有以牧之也。见其可也，喜之有征；见其不可也，恶之有刑。赏罚信于其所见，虽其所不见，其敢为之乎？见其可也，喜之无征；

见其不可也，恶之无刑。赏罚不信于其所见，而求其所不见之为之化，不可得也。地之生财有时，民之用力有倦，而人君之欲无穷。以有时与有倦，养无穷之君，而度量不生于其间，则上下相疾矣。故取于民有度，用之有止，国虽小必安；取于民无度，用之无正，国虽大必危。身者，治之本也。故上不好本事，则末产不禁；末产不禁，则民缓于时事而轻地利；轻地利，而求田野之辟，仓廪之实，不可得也。商贾在朝，则货财上流；妇言人事，则赏罚不信；男女无别，则民无廉耻，而求百姓之安难、士之死节，不可得也。朝廷不肃，贵贱不明，长幼不分，度量不审，衣服无等，上下凌节，而求百姓之尊主政令，不可得也。上好诈谋间欺，臣下赋敛竞得，使民偷一，则百姓疾怨，而求下之亲上，不可得也。有地不务本事，君国不能一民，而求宗庙社稷之无危，不可得也。一年之计，莫如树谷；十年之计，莫如树木；终身之计，莫如树人。

立政

君之所审者三：一曰德不当其位，二曰功不当其禄，三曰能不当其官。此三本者，治乱之原也。故国有德义未明于朝者，则不可加于尊位；功力未见于国者，则不可与重禄；临事不信于民者，则不可使任大官。故德厚而位卑者，谓之过；德薄而位尊者，谓之失。宁过于君子，而无失于小人。过于君子，其为怨浅矣；失于小人，其为祸深矣。君之所慎者四：一曰大德不至仁，不可授国柄；二曰见贤不能让，不可与尊位；三曰罚避亲贵，不可使主兵；四曰不好本事，不务地利，而轻赋敛，不可与都邑。此四务者，安危之本也。故曰：卿相不得众，国之危也；大臣不和同，国之危也；兵主不足畏，国之危也；民不怀其产，国之危也。故大德至仁，则操国得众；见贤能让，则大臣和同；罚不避亲贵，则威行于邻敌；好本事务地利，则民怀其产矣。

七法

言是而不能立，言非而不能废；有功而不能赏，有罪而不能诛。若是而能理民者，未之有也。是必立，非必废；有功必赏，有罪必诛。若是，治安矣。

五辅

古之圣王，所以取明名广誉、厚功大业、显于天下、不忘于后世，非得人者，未之尝闻也。暴主之所以失国家、危社稷、覆宗庙、灭于天下，非失人者，未之尝闻也。今有土之君，皆处欲安，动欲威，战欲胜，守欲固。大者欲王天下，小者欲霸诸侯，而不务得人。是以小者兵挫而地削，大者身死而国亡。故曰：人不可不务也，此天下之极也。曰：然则得人之道，莫如利之；利之道，莫如教之。故善为政者，田畴垦而国邑实，朝廷间而官府治，公法行而私曲止，仓廪实而囹圄空，贤人进而奸民退。其君子上忠正而下谄谀，其士民贵武勇而贱得利，其庶人好耕农而恶饮食，于是财用足而食饮薪菜饶。是故上必宽裕而有解舍，下必听从而不疾怨，上下和同而有礼

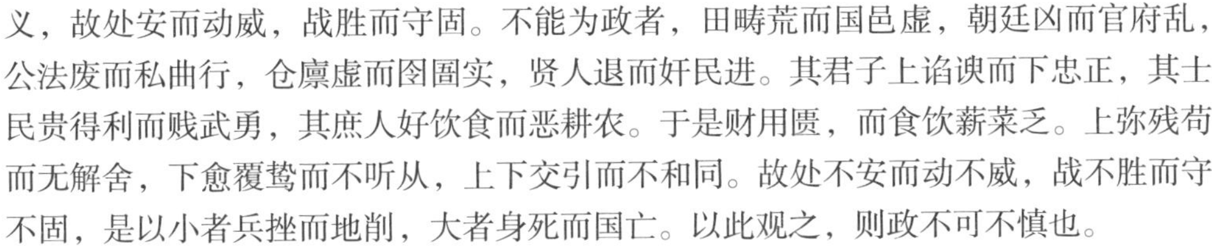

义，故处安而动威，战胜而守固。不能为政者，田畴荒而国邑虚，朝廷凶而官府乱，公法废而私曲行，仓廪虚而囹圄实，贤人退而奸民进。其君子上谄谀而下忠正，其士民贵得利而贱武勇，其庶人好饮食而恶耕农。于是财用匮，而食饮薪菜乏。上弥残苟而无解舍，下愈覆鸷而不听从，上下交引而不和同。故处不安而动不威，战不胜而守不固，是以小者兵挫而地削，大者身死而国亡。以此观之，则政不可不慎也。

霸形

桓公在位，管仲、隰朋见。立有间，有二鸿飞而过之。桓公叹曰："今彼鸿鹄有时而南，有时而北，四方无远，所欲至焉。寡人之有仲父，犹飞鸿之有羽翼也，若济大水有舟楫也。仲父不一言教寡人乎？"管子对曰："君若将欲霸王举大事乎？则必从其本事矣。"桓公曰："敢问何谓其本？"管子对曰："齐国百姓，公之本也。民甚忧饥，而税敛重；民甚惧死，而刑政险；民甚伤劳，而上举事不时。轻其税敛，则民不忧饥；缓其刑政，则民不惧死；举事以时，则民不伤劳。"桓公曰："寡人闻命矣。"

霸言

夫明王之所轻者马与玉，其所重者政与军。然轻与人政，而重与人马；轻与人军，而重与人玉；重宫门之营，而轻四境之守，其所以削也。圣人能辅时，不能违时；智者善谋，不如当时。精时者，日少而功多。夫谋无主则困，事无备则废。是以圣王务具其备，而慎守其时，以备待时，以时兴事；德利百姓，威振天下，令行而不咈，近无不服，远无不听。

戒

管仲复于桓公曰："任之重者莫如身，涂之畏者莫如口，期之远者莫如年。以重任行畏涂至远期，唯君子为能及矣。"

君臣

国之所以乱者四：内有疑妻之妾，此宫乱也；庶有疑嫡之子，此家乱也；朝有疑相之臣，此国乱也；任官无能，此众乱也。四者无别，主失其体，群官朋党，以怀其私，则失族矣。故妻必定，子必正，相必直立以听，官必忠信以敬。

治国

凡治国之道，必先富民。民富则易治也，民贫则难治。奚以知其然也？民富则安乡重家，安乡重家则敬上畏罪，敬上畏罪则易治也；民贫则危乡轻家，危乡轻家则敢凌上犯禁，凌上犯禁则难治也。故曰：治国常富，而乱国常贫。是以善为国者，必先富民，然后治之。昔者七十九代之君，法制不一，号令不同，然俱王天下者何也？必国富而粟多也。夫富国多粟生于农，故先王贵之。凡为国之急者，必先禁末作文巧。末作文巧禁，则民无所游食；民无所游食，则必农；民事农则富。先王者，善为民

除害兴利，故天下之民归之。所谓兴利者，利农事也；所谓除害者，禁害农事也。国富则安乡重家，安乡重家则虽变俗易习，驱众移民，至于杀之，而不怨也。民贫则轻家易去，轻家易去，则上令不能必行；上令不能必行，则禁不能必止；禁不能必止，则战不必胜、守不必固矣。夫令不必行，禁不必止，战不必胜，守不必固，命之曰："寄生之君。"此由不利农、少粟之害也。粟者，王者之本事也，人主之大务，治国之道也。

桓公问

齐桓公问管子曰："吾念有而勿失、得而勿忘，为之有道乎？"对曰："勿创勿作，时至而随，无以私好恶害公正，察民所恶，以自为戒。黄帝立明台之议，尧有衢室之问，舜有告善之旌，禹立谏鼓于朝，汤有总街之庭，以观民诽也。此古圣帝明王所以有而勿失、得而勿忘者也。"

卷三十三

《司马法》治要

古者以仁为本，以义治之，治之谓正〔治民用兵，平乱讨暴，必以义〕。是故杀人安人，杀之可也〔以杀止杀，杀可以生也〕；攻其国，爱其民，攻之可也〔除民害，去乱君也〕；以战去战，虽战可也。故仁见亲，义见悦，智见恃，勇见方，信见信〔将有五材，则民亲、悦、恃、方，而信之也〕。故内得爱焉，所以守也；外得威焉，所以战也〔利加于民，则守固；威加敌民，则战胜〕。故战道：不违时，不历民病，所以爱吾民也〔春秋兴师为违时，饥疲不行，所以爱民也〕；不加丧，不因凶，所以爱其民也〔敌有丧、饥疲，不加兵，爱彼民也〕。冬夏不兴师，所以兼爱民也〔大寒、甚暑，吏士懈倦，难以警戒。大寒以露，则生外疾；甚暑以暴，则生内疾；故不出师，爱己彼之民也〕。故国虽大，好战必亡；天下虽平，忘战必危。天下既平，春蒐秋弥，振旅治兵，所以不忘战也。

古者逐奔不远，从绥不过三舍，不穷不能，而哀怜伤病，是以明其仁也；成列而鼓，是以明其信也；争义不争利，是以明其义也；又能舍服，是以明其勇也；知始知终，是以明其知也。五德以时合散，以为民纪，古之道也〔仁、义、勇、智、信，民之本，随时而施舍，为民纲纪，古之所传政道也〕。

先王之治，顿天之道，设地之宜，官人之德，而正名治物〔正者，正官名也，名正则可法〕。立国辨职〔主国治民，分守境界，各治其职〕，诸侯悦怀，海外来服〔服从己也〕，狱弭而兵寝，圣德之至也。其次，贤王制礼乐法度，乃作五刑；兴甲兵，以讨不义；巡狩省方，会诸侯，考不同。其有失命，乱常圮德，逆天之时，遍告于诸侯，章明有罪，天子正刑〔刑者，正天子之法也。刑以征不义，伐不从王者之法也〕。冢宰与百官布命于军曰："入罪国之地，无暴神祇，无行田猎，无有暴虐，无毁土功，无燔墙屋，无伐树木，无取六畜，无取禾粟，无取器械。见其老幼，奉归勿伤。虽遇壮者，不校勿敌。敌若伤之，医药归之。既诛有罪，王及诸侯，修正其国，举贤更立，明正复职〔王者与四方诸侯，伐无道之国，整顿其民人，举贤良，更立为君，奉尊王法，复五官之职事也〕。"

古者逐奔不远，从绥不及，所以示君子且有礼。不远则难诱，不及则难陷。以礼为固，以仁为胜。既胜之后，其教可复，是以君子贵之也。故礼与法，表里也；文与武，左右也。古者贤王明民之德、尽民之善，故无废德、无简民；赏无所生，罚无所诫也〔民有一善，处一事，故能尽民之善，无损德弃民也；能堪其事，故赏罚无所施也〕。有虞氏不赏不罚，而民可用，至德也；夏赏而不罚，至教也；殷罚而不赏，至威也。周以赏罚，德衰也。赏不逾时，欲民速得为善之利也；罚不迁列，欲民速睹为不善之害也〔赏功不移时，罚恶不转列，所以劝善惩恶，欲速疾也〕。大捷不赏，上下皆不伐善也〔一军皆胜，上下俱不取功也〕。上苟不伐善，则不骄矣；下苟不伐善，必亡登矣。上下不伐善若此，让之至也。大败不诛，上下皆不善在己也〔一军奔北，人皆有罪，故不诛，上下俱有过失也〕。上苟以不善在己，必悔其过；下苟以不善在己，必远其罪。上下分恶若此，让之至也〔上下不取其善，君不骄下，下不求进也〕。

《孙子兵法》治要

孙子曰：凡用兵之法，全国为上，破国次之〔兴兵深入长驱，据其都邑，绝其外内，敌举国来服为上；以兵击破，服得之，为次也〕；全军为上，破军次之；全卒为上，破卒次之。是故百战百胜，非善之善者也；不战而屈人之兵，善之善者也〔未战而敌自屈服也〕。故上兵伐谋〔敌始有谋，伐之易也〕，其次伐交〔交，将合也〕，其次伐兵〔兵形已成〕，下攻攻城〔敌国已收其外粮城守，攻之为下〕。故善用兵者，屈人之兵而非战也，拔人之城而非攻也，毁人之国而不久也，必以全争于天下，故兵不钝而利可全也。

兵形象水。水行避高而就下，兵之形避实而击虚。故水因地而制行，兵因敌而制胜。故兵无定势，水无常形，能与敌变化而取胜者，谓之神。

孙子曰：凡用兵之法，君命有所不受〔苟便于事，不拘于君命也〕。无恃其不来，恃吾有以能待之也；无恃其不攻，恃吾之不可攻也。

夫唯无虑而易于敌者，必禽于人。故卒未亲附而罚之，即不服，不服即难用也。卒已亲附而罚不行者，即不可用矣。故令之以文，齐之以武，是谓必取。令素行则民服。令素行者，与众相得也。

战道必胜，主曰无战，必战；战道不胜，主曰必战，无战。故进不求名，退不避罪，唯民是保，而利全于主，国之宝也。视卒如婴儿，故可与之赴深溪；视卒如爱子，故可与之俱死。厚而不能使，爱而不能全，乱而不能治，譬若骄子，不可用也〔恩不可专用，罚不可专任〕。知吾卒之可以击，而不知敌之不可击，胜之半也；知敌之可击，而不知吾卒之不可以击，胜之半也；知敌之可击，知吾卒之可以击，而不知地形之不可以战，胜之半也〔胜之半者，未可知也〕。故曰：知彼知己，胜乃不殆；知天知地，胜乃可全。

明主虑之，良将修之。非利不赴，非得不用，非危不战〔不得已而用兵〕。主不可以怒而兴军，将不可以愠而致战。合于利而用，不合于利而止，怒可复喜，愠可复悦，亡国不可复存，死者不可复生也，故曰：明王慎之，良将敬之，此安国之道也。

兴师十万，出征千里，百姓之费，公家之奉，日千金；内外骚动，不得操事者，七十万家〔古者八家为邻，一家从军，七家奉之，言十万之师不事不耕者，凡七十万家也〕。相守数年，以争一日之胜，而爱爵禄百金，不知敌之情者，不仁之至也，非民之将也，非主之佐也，非胜之主也。故明王圣主、贤君胜将，所以动而胜人，成功出于众者，先知也。先知者，不可取于鬼神〔不可祷祀以求也〕，不可象于事也〔不可以事类求也〕，不可验于度〔不可以行事度也〕，必取于人，知敌之情者也。

卷三十四

《老子》治要

道经

圣人处无为之事〔以道治也〕，行不言之教〔以身帅道之也〕，万物作焉〔各自动作〕而不辞〔不辞谢而逆止之也〕，生而不有〔元气生万物而不有〕，为而不恃〔道所施为，不恃望其报也〕。

不尚贤〔贤，谓世俗之贤者，不贵之也〕，使民不争〔不争功名，反自然也〕；不贵难得之货，使民不为盗〔上化清静，下无贪人〕；不见可欲〔放郑声，远美人〕，使心不乱〔不邪淫也〕。是以圣人之治〔谓圣人治国，犹治身也〕，常使民无知无欲〔反朴守淳〕，使夫知者不敢为也〔思虑深，不轻言〕。为无为〔不造作，动因循〕，则无不治〔德化厚，百姓安也〕。

天地不仁〔天施地化，不以仁恩，任自然也〕，以万物为刍狗〔天地生万物，视之如刍草狗畜，不责望其报〕。圣人不仁〔圣人爱养万民，不以仁恩。法天地，行自然〕，以百姓为刍狗。

金玉满堂，莫之能守〔嗜欲伤神，财多累身〕。富贵而骄，还自遗咎〔夫富当振贫，贵当怜贱，而反骄恣，必被祸患也〕。功成、名遂、身退，天之道也〔言人所为，功成事立，名迹称遂，不退身避位，则遇于害，此乃天之常道。譬如日中则移、月满则亏、物盛则衰、乐极则哀也〕。

五色令人目盲〔贪淫好色，则伤精失明〕，五音令人耳聋〔好听五音，则和气去心也〕，五味令人口爽〔爽，妄也。人嗜于五味，则口妄，失于道〕；驰骋田猎，令人心发狂〔人精神好安静。驰骋呼吸，精神散亡，故发狂也〕，难得之货，令人行妨〔妨，伤也。难得之货，谓金、银、珠、玉。心贪意欲，则行伤身辱也〕。

太上，下知有之〔太上，谓太古无名之君也。下知有之者，下知上有君，而不臣事，质朴淳也〕；其次，亲而誉之〔其德可见，恩惠可称，故亲爱而誉之〕；其次，畏之〔设刑法以治之〕；其次，侮之〔禁多令烦，不可归诚，故欺侮之也〕。信不足焉，有不信焉〔君信不足于下，下则应之以不信，而欺其君也〕。

绝巧〔绝巧诈也〕弃利〔塞贪路也〕，盗贼无有〔上化公正，无邪私也〕。以为文，不足〔文不足以教民也〕。见素抱朴〔见素守真，抱其质朴〕，少私寡欲。

曲则全〔曲己从众，不自专，则全也〕，枉则直，洼则盈〔地洼下，水流之；人谦下，德归之〕，弊则新〔自受弊薄，后己先人，天下敬之，久久自新〕，少则得〔自受少，则得多〕，多则惑〔财多者惑于守身，学多者惑于所闻也〕。是以圣人抱一为天下式〔抱，守也。式，法也。圣人守一，乃知万事。故能为天下法式也〕。不自见，故明〔圣人因天下之目以视，故能明达〕；不自是，故彰〔圣人不自为是而非人，故能彰显于世〕；不自伐，故有功〔圣人德化流行，不自取其美，故有功于天下也〕；不自矜，故长〔圣人不自贵大，故能长久不危也〕。夫唯不争，故天下莫能与之争〔此言天下贤与不肖，无能与不争者争〕。

飘风不终朝，骤雨不终日〔飘风，疾风也。骤雨，暴雨也。言疾不能长，暴不能久也〕。孰为此者？天地也〔孰，谁也〕。天地尚不能久，而况于人乎〔天地至神，合为飘风暴雨，尚不能使终朝至暮，况人欲为暴卒者乎〕？故从事于道〔人为事，当如道安静，不当如飘风骤雨也〕。

自见者不明〔人自见其形容，以为好，自见所行，以为应道，不自知其形丑、操行之鄙也〕，自是者不彰〔自以为是而非人，众人共蔽之，使不得彰明也〕，自伐者无功〔所为辄自伐，即失有功也〕，自矜者不长〔好自矜者，不以久长〕。故有道者不处。

道大〔道大者，无不容也〕，天大，地大，王亦大〔天大者，无不盖；地大者，无不载；王大者，无不制〕。域中有四大，而王居其一焉〔八极之内有四大，王居其一也〕。人法地〔人当法地，安静和柔也，劳而不怨，有功而不宣〕，地法天〔施而不求报，生长万物，无所收取〕，天法道〔清静不言，万物自成〕，道法自然〔道性自然，无所法也〕。

重为轻根〔人君不重则不尊，治身不重则失神〕，静为躁君〔人君不静则失威，治身不静则身危〕。奈何万乘之主〔奈何者，疾时主，伤痛之也〕，而以身轻天下〔疾时王奢恣轻淫也〕。轻则失臣〔王者轻淫则失其臣，治身轻淫则失其精〕，躁则失君〔王者行躁疾，则失其君位；治身躁疾，则失其精神也〕。

圣人常善救人〔圣人所以常教人忠孝者，欲以救人性命也〕，故无弃人〔使贵贱各得其所也〕；常善救物〔圣人所以常教民顺四时者，以救万物之残伤也〕，故无弃物〔不贱石而贵玉〕。

善人者，不善人之师也〔人之行善者，圣人即以为人师也〕；不善人者，善人之资也〔资，用也。人行不善，圣人教道使为善，得以为给用〕。不贵其师，不爱其资〔无所使也〕，虽智大迷〔虽自以为智，言此人乃大迷惑〕。是谓要妙〔能通此意，是谓知微妙要道〕。

知其雄，守其雌，为天下溪〔雄以喻尊，雌以喻卑。人虽自知尊显，当复守之以卑微，去雄之强梁，就雌之柔和。如是，则天下归之，如水之流入深溪〕；为天下溪，常德不离〔人能谦下如深溪，则德常在，不复离已〕。知其白，守其黑，为天下式〔白以喻昭昭，黑以喻默默，人虽自知昭昭明达，当复守之以默默，如暗昧无所见。如是，则可为天下法式也〕；为天下式，常德不忒〔人能为天下法式，则德常在于已，不复差忒也〕。知其荣，守其辱，为天下谷〔知已之有荣贵，当守之以污浊，如是，则天下归之，如水流入深谷也〕。

将欲取天下〔欲为天下主也〕而为之〔欲以有为治民也〕，吾见其不得已〔我见其不得天道人心已明矣。天道恶烦浊，人心恶多欲〕。天下神器，不可为也〔器，物也。人乃天下之神物也。神物好安静，不可以有为治也〕。为者败之〔以有为治之，则败其质性也〕，执者失也〔强执教之，则失其情实，生于诈伪也〕。是以圣人去甚、去奢、去泰〔“甚”谓贪淫、声色也，“奢”谓服饰、饮食也，“泰”谓宫室、台榭也。去此三者，处中和，行无为，则天下自化也〕。

以道佐人主〔谓人主能以道自辅佐〕，不以兵强于天下〔顺天任德，敌人自服也〕。师之所处，荆棘生焉〔农事废，田不修〕。大军之后，必有凶年〔天应之以恶气，即害五谷也〕。善者果而已〔行善者，当果敢而已，不休也〕，不敢以取强焉〔不敢以果敢取强大之名〕。果而勿矜〔当果敢、谦卑，勿自矜大〕，果而勿伐〔当果敢、推让、勿自伐也〕，果而勿骄〔骄，欺。勿以骄欺也〕，果而勿强〔果敢，勿以为强，以侵凌人也〕。

兵者，不祥之器〔兵革者，不善之器也〕，非君子之器，不得已而用之〔谓遭衰逢乱，乃用之以自守也〕。恬惔为上〔不贪土地，利人财宝〕，胜而不美〔虽得胜，不以为利美〕，而美之者，是乐杀人也〔美得胜者，是为乐杀人也〕。夫乐杀人者，则不可以得志于天下矣。吉事尚左〔左，生位〕，凶事尚右〔阴道，杀也〕。偏将军处左〔偏将军卑而居左者，以其不专杀也〕，上将军处右〔上将军尊而居右者，以其主杀也〕，言以丧礼处之〔丧礼尚右〕。杀人众多，以悲哀泣之〔伤己德薄，不能以道化人，而害无辜之民〕。战胜，则以丧礼处之〔古者，战胜，将军居丧主之位，素服而哭之，明君子贵德而贱兵，不得已，诛不祥，心不乐之，比于丧也〕。

知人者智〔能知人好恶是智〕，自知者明〔人能自知贤不肖，是为反听无声，内视无形，故为明也〕。胜人者有力〔能胜人者，不过以威力也〕，自胜者强〔人能自胜己情欲，则天下无有能与己争者，故为强也〕。知足者富〔人能知足，则保福禄，故为富也〕，强行者则有志〔人能强力行善，则为有意于道〕。不失其所者久〔人能自节养，不失其所，则可以久也〕，死而不妄者寿〔目不妄视，耳不妄听，口不妄语，则无怨恶于天下，故长寿也〕。道常无为，而无不为〔道以无为为常也〕。侯王若能守之，万物将自化〔言侯王而能守道，万物将自化，效于己也〕。

德经

上德不德〔上德谓太古无名号之君，德大无名，故言上德也。因循自然，养人性命，其德不见，故言不德也〕，是以有德〔言其德合于天地，和气流行，民得以全也〕；下德不失德〔下德谓号谥之君。德不及上德，故言下德也。不失德者，其德可见，其功可称也〕，是以无德〔以有名号及其身故也〕。上德无为〔言法道安静，无所改为也〕而无以为〔言无以名号为也〕；下德为之〔言为教令，施政事也〕，而有以为〔言以为己取名号〕。

前识者，道之华〔不知而言知，为前识也。此人失道之实，得道之华〕，而愚之始也〔言前识之人，愚暗之唱始也〕。是以大丈夫处其厚〔大丈夫，谓道德之君也。处其厚者，处身于敦朴也〕，不处其薄〔不处身违道，为世烦乱也〕；处其实〔处忠信也〕，不处其华〔不尚言也〕。

昔得之一者〔昔，往也。一，无为〕：天得一以清，地得一以宁〔言天得一，故能垂象清明；地得一，故能安静不动摇〕，神得一以灵〔言神得一，故能变化无形〕，谷得一以盈〔言谷得一，故能盈满而不绝〕，万物得一以生〔言万物皆须道生成也〕，侯王得一以为天下贞〔言侯王得一，故能为天下平正也〕。天无以清，将恐裂〔言天当有阴阳、昼夜，不可但欲清明无已时，恐将分裂不为天也〕；地无以宁，将恐发〔言地当有高下、刚柔，不可但欲安静无已时，将恐发泄不为地〕；神无以灵，将恐歇〔言神当有王相休废，不可但欲灵无已时，将恐虚歇不为神〕；谷无以盈，将恐竭〔言谷当有盈缩虚实，不可但欲盈满无已时，将恐枯竭不为谷〕；万物无以生，将恐灭〔言万物当随时死生，不可但欲常生无已时，将恐灭亡不为物也〕；侯王无以贵高，将恐蹶〔言侯王当屈己下人，汲汲求贤，不可但欲贵高于人，将恐颠，蹶失其位也〕。故贵必以贱为本〔言必欲尊贵，当以薄贱为本，若禹稷躬稼、舜陶河滨、周公下白屋也〕，高必以下为基〔言必欲尊贵，当以下为本〕。是以侯王自称孤、寡、不毂〔孤、寡，喻孤独；不毂喻不能如车毂，为众辐所凑也〕，此非以贱为本邪〔侯王至尊贵，能以孤寡自称，此非以贱为本乎〕?

人之所恶，唯孤、寡、不毂，而王公以为称〔孤、寡、不毂，不祥之名。而王公以为称者，处谦，法空虚，和柔〕。故物或损之而益〔引之不得，推让必还〕，或益之而损〔夫增高者崩，贪富者得患〕。人之所教〔谓众人所以教，去弱为强、去柔为刚也〕，我亦教人〔言我教众人，使去强为弱、去刚为柔也〕。强梁者不致其死〔强梁者，尚势、任力，为天所绝，兵刃所伐，不得以命死也〕，吾将以为教父〔父，始也。老子以强梁之人为教戒之始〕。

天下之至柔，驰骋天下之至坚〔至柔者，水也；至坚者，金石也。水能贯坚入刚，无所不通也〕。无有入于无间〔无有，谓道也。道无形质，故能出入无间，通神群生〕。不言之教〔法道不言，帅之以身也〕，无为之益〔法道无为，治身则有益精神，治国则有益万民，不劳烦〕，天下希及之〔天下，谓人主也。希能有及，道无为之治。无为之治，治身、治国也〕。

甚爱必大费〔甚爱色者费精神，甚爱财者遇祸患。所爱者少，所亡者多，故言大费〕，多藏必厚亡〔生多藏于府库，死多藏于丘墓。生有攻劫之忧，死有发掘之患也〕。知足不辱〔知足之人，绝利去欲，不辱于身也〕，知止不殆〔知可止则止，财利不累于身，声色不乱于耳目，则终身不危殆〕，可以长久〔人能知止、足，则福禄在己，治身者神不劳，治国者人不扰，故可长久也〕。

大成若缺〔谓道德大成之君也，如缺者。灭名藏誉，如毁缺不备〕，其用不弊〔其用心如是，则无弊尽时也〕。大盈若冲〔谓道德大盈满之君也。如冲者，贵不敢骄，富不敢奢也〕，其用不穷〔其用心如是，则无穷尽〕。大直若屈〔大直，谓修道法度正直如一也。如屈者，不与俗人争，如可屈折也〕，大巧若拙〔大巧，谓多才术也。如拙者，亦不敢见其能也〕，大辩若讷〔大辩，知无疑也。如讷者，无口辞也〕。清静以为天下正〔能清能静，则为天下长持正，则无终已时也〕。

天下有道〔谓人主有道也〕，却走马以粪〔粪者，治田也。兵甲不用，却走马以治农田也〕。天下无道〔谓人主无道也〕，戎马生于郊〔战伐不止，戎马生于郊境之上，久不还也〕。罪莫大于可欲〔好淫色也〕，祸莫大于不知足〔富贵不能自禁止也〕，咎莫大于欲得〔欲得人物，利且贪〕。故知足之足，常足矣〔无欲心也〕。

不出户，以知天下〔圣人不出户以知天下者，以己身知人身，以己家知人家，所以见天下矣〕；不窥牖，以见天道〔天道与人道同。人君清静，天气自正；人君多欲，天气烦浊。吉凶利害，皆由于己也〕。其出弥远，其知弥少〔谓去其家，观人家；去其身，观人身。所观益远，所知益少也〕。是以圣人不行而知，不见而名〔上好道，下好德；上好武，下好力。圣人原小知大，察内知外也〕，不为而成〔上无所为，则下无事。家给人足，物自化也〕。

损之又损之〔损情欲，又损之，所以渐去之〕，以至于无为，无为而无不为〔情欲断绝，德与道合，则无所不施，无所不为〕。取天下常以无事〔取，治也。治天下常当以无事，不当劳烦民也〕，及其有事，不足以取天下〔及其好有事，则政教烦，民不安，故不足以治天下也〕。

圣人无常心〔圣人重改更，贵因循，若自无心也〕，以百姓心为心〔百姓心之所便，因而从之〕。善者，吾善之〔百姓为善，圣人因而善之〕；不善者，吾亦善之〔百姓为不善，圣人化之使善〕。信者，吾信之〔百姓为信，圣人因而信之〕；不信者，吾亦信之〔百姓为不信，圣人化之使信也〕。

生而不有〔道生万物，不有取以为利〕，为而不恃〔道所施为，不恃望其报也〕，长而不宰〔道长养万物，不宰割以为利用也〕，是谓玄德〔道之所行，恩德玄暗，不可得见也〕。

大道甚夷〔夷，平易也〕，而民好径〔径，邪不平也。大道甚平易，而人好从邪，不平正〕。朝甚除〔高台榭，宫室修〕，田甚芜〔农事废，不耕治〕，仓甚虚〔五谷伤害，国无储也〕；服文采〔好饰伪，贵外华〕，带利剑〔尚刚强，武且奢〕，厌饮食，财货有余〔多嗜欲，无足时〕。是谓盗夸〔百姓不足，而君有余者，是犹劫盗以为服饰，持行夸人，不知身死家破，亲戚并随之也〕，非道也哉〔人君所行如是，此非道也〕！

善建者不拔〔建，立也。善以道立身立国者，不可得引而拔也〕。修之于身，其德乃真〔修道于身，爱气养神。其德如是，乃为真人〕；修之于家，其德乃余〔修道于家，父慈子孝，兄友弟顺，夫信妻贞，其德如是，乃有余庆〕；修之于乡，其德乃长〔修道于乡，尊敬长老，爱养幼少。其德如是，乃无不覆及〕；修之于国，其德乃丰〔修道于国，则君信臣忠，政平无私。其德如是，乃为丰厚〕；修之于天下，其德乃普〔人主修道于天下，不言而化，不教而治，下之应上，信如影响。其德如是，乃为普博〕。

天下多忌讳，而民弥贫〔天下，谓人主也。忌讳者，防禁也。令烦则奸生，禁多则下诈。相殆，故贫也〕。民多利器，国家滋昏〔利器者，权也。民多权则视者眩于目，听者惑于耳，上下不亲，故国家昏乱也〕。人多伎巧，奇物滋起〔人，谓人君也。多伎巧，刻画宫观、雕琢章服，下则化上，日以滋起也〕。法物滋彰，盗贼多有〔法，好也：珍好之物滋生彰著，则农事废，饥寒并至，故盗贼多有〕。我无为，而民自化〔无所改作，而民自化成〕；我好静，而民自正〔我不言不教，民皆自忠正也〕；我无事，而民自富〔我无徭役，故皆自富〕；我无欲，而民自朴〔我去华文，民则随我为质朴〕。

其政闷闷〔其政教宽大，闷闷昧昧，似若不明也〕，其民醇醇〔政教宽大，故民醇醇，富厚，相亲睦也〕；其政察察〔其政教急疾，言决于口，听决于耳〕，其民缺缺〔民不聊生，故缺缺，日以疏薄〕。祸兮，福之所倚〔倚，因。夫福因祸而生，人遭祸而能悔过责己，修善行道，则祸去福来〕；福兮，祸之所伏〔祸伏匿于福中，人得福而为骄恣，则福去祸来〕。孰知其极〔祸福更相生，无知其穷极时也〕？

治大国若烹小鲜〔鲜，鱼也。烹小鱼，不敢挠，恐其糜也。治国烦则下乱，治身烦则精去也〕。以道莅天下者，其鬼不神〔以道德居位治天下，则鬼不敢见其精神以犯人也〕。非其鬼不神，其神不伤人〔其鬼非无精神，邪不入正，不能伤自然之民也〕。非其神不伤人，圣人亦不伤人〔非鬼神不能伤害人，以圣人在位，不伤害人，故鬼不敢干也〕。

道者，万物之奥〔奥，藏也。道为万物之藏，无所不容〕，善人之宝也〔善人以道为身宝，不敢违〕，不善人之所保〔道者，不善人之所保倚也，遭患逢急，犹知自悔卑下〕，故为天下贵〔无不覆济，恬然无为，故可为天下贵〕。

为无为〔无所造作〕，事无事〔除烦省事〕，味无味〔深思远虑，味道意也〕。报怨以德〔修道行善，绝祸于未生也〕。图难于其易〔欲图难事，当于易时，未及成也〕，为大于其细〔欲为大事，必作于小，祸乱从小来也〕。天下难事，必作于易；天下大事，必作于细。是以圣人终不为大〔处谦虚也〕，故能成其大〔天下共归之也〕。夫轻诺必寡信〔不重言也〕，多易必多难〔不慎患也〕，是以圣人犹难之〔圣人动作举事，犹进退，重难之，欲塞其源也〕，故终无难〔圣人终身无患难之事，由避害深也〕。

其安易持〔治身、治国，安静者易守持也〕，其未兆易谋〔情欲祸患，未有形兆，时易谋正〕，其脆易破〔祸乱未动于朝，情欲未见于色，如脆弱易破除也〕，其微易散〔其未彰著，微小，易散去也〕。为之于未有〔欲有所为，当以未有萌芽之时，塞其端也〕，治之于未乱〔治身、治国于未乱之时，当豫闭其门也〕。合抱之木，生于毫末〔从小成大也〕；九层之台，起于累土〔从卑至高〕；千里之行，始于足下〔从近至远〕。为者败之〔有为于事，废于自然〕，执者失之〔执利遇患，坚持不得，推让反还〕。圣人无为故无败〔圣人不为华文，不为利色，故无败坏也〕。民之从事，常于几成而败之〔从，为也。民人为事，常于其功德几成，而贪位好名，奢泰盈满，而败之也〕。慎终如始，则无败事〔终当如始，不当懈怠〕。是以圣人欲不欲〔圣人欲人所不欲。人欲文饰，圣人欲质朴；人欲于色，圣人欲于德〕，不贵难得之货〔圣人不贱石而贵玉也〕；学不学〔圣人学人所不能学。人学智诈，圣人学自然；人学治世，圣人学治身〕，复众人之所过〔众人学问反，过本为末，过实为华。复之者，使反本〕。以辅万物之自然〔教人反本实者，欲以辅万物自然之性也〕，而不敢为焉〔圣人动作因循，不敢有所造为，恐远本〕。

古之为善道者〔说古之善以道治身及治国者〕，非以明民〔非以道教民明知奸巧〕，将以愚之〔将以道德教民，使质朴，不诈伪也〕。民之难治，以其智多〔以其智太多而为巧伪也〕。以智治国，国之贼〔使智惠之人治国，必远道德，妄作成福，为国之贼〕；不以智治国，国之福〔不使智惠之人，知国之政事，则民守正直，上下相亲，故为国之福也〕。

江海所以能为百谷王，以其善下之〔江海以卑下故，众流归之，若民归就王者〕。是以圣人欲上人〔欲在民之上也〕，必以言下之〔法江海，处谦虚〕；欲先民〔欲在民之前也〕，必以身后之〔先人而后己也〕。是以圣人处上而民不重〔圣人在民上为主，不以尊贵虐下，故民戴仰，不以为重也〕，处前而民不害〔圣人在民前，不以光明蔽后，亲之若父母，无有欲害之者〕。

我有三宝，持而保之〔老子言：我有三宝，抱持而保倚之〕：一曰慈〔爱百姓若赤子〕，二曰俭〔赋敛若取之于己〕，三曰不敢为天下先〔执谦退，不为唱始也〕。慈，故能勇〔以慈仁，故能勇于忠孝〕；俭，故能广〔身能节俭，故民日用宽广也〕；不敢为天下先，故能成器长〔成器长，谓得道人也。我能为道人之长也〕。今舍慈且勇〔今世人舍慈仁，但为勇武〕，舍俭且广〔舍其俭约，但为奢泰〕，舍后且先〔舍其后己，但为人先〕，死矣〔所以如此，动人死道〕！夫慈，以战则胜，以守则固〔夫慈仁者，百姓亲附，故战则胜敌，以守卫则坚固也〕。用兵有言〔陈用兵之道。老子疾时用兵，故托己设其义也〕：“吾不敢为主〔主，先也。不敢先举兵也〕而为客〔客者，和而不唱。用兵当承天而后动也〕，不敢进寸而退尺〔侵人境界，利人财宝为进，闭门守城为退也〕。”祸莫大于轻敌〔夫祸乱之害，莫大于欺轻敌家，侵取不休，轻战贪财也〕，轻敌几丧吾宝〔几，近也。宝，身也。欺轻敌家，近丧身也〕。故抗兵相加，哀者胜矣〔哀者慈仁士卒，不远于死也〕。

吾言甚易知，甚易行〔老子言：吾所言，省而易知，约而易行〕，天下莫能知，莫能行〔人恶柔弱，好刚强也〕。夫唯无知，是以不我知〔夫唯，世人也。是我德之暗，不见于外，穷微极妙，故无知也〕。知我者稀，则我者贵矣〔稀，少也。唯达道乃能知我，故为贵也〕。是以圣人被褐怀玉〔被褐者，薄外；怀玉者，厚内也。匿宝藏德为贵也〕。

天道不争而善胜〔天不与人争贵贱，而人畏之也〕，不言而善应〔天不言，万物自动以应时〕，不召而自来〔天不呼召，万物皆负阴而向阳也〕，繟然而善谋〔繟，宽也。天道虽宽博，善谋虑人事。修善行恶，各蒙其报〕。天网恢恢，疏而不失〔天所罗网，恢恢甚大。虽疏远，司察人善恶，无有所失〕。

民不畏死〔治国者刑罚酷深，民不聊生，故不畏死也。治身者嗜欲伤神，贪财杀身，不知畏之〕，奈何以死惧之〔人君不宽其刑罚，教人去情欲，奈何设刑罚法，以死惧之〕？若使民常畏死〔当除己之所残刻，教民去利欲〕，而为奇者，吾得执而杀之，孰敢矣〔以道教化，而民不从，反为奇巧，乃应王法，执而杀之，谁敢有犯者？老子伤时王不先道德化之，而先刑罚也〕！

民之饥，以其上食税之多〔人民所以饥寒者，以其君上税食下太多〕，是以饥。民之难治，以其上之有为〔人民不可治者，以其君上多欲，好有为〕，是以难治〔其民化上有为，情伪难治也〕。人之轻死，以其求生之厚〔人民所以轻犯死者，以其求生活之道太厚，贪利以自危也〕，是以轻死〔以求生太厚之故，轻入死地〕。夫唯无以生为者，是贤于贵生也〔夫唯独无以生为务者，爵禄不干于意，财利不入于身，天子不得臣，诸侯不得使，则贤于贵生者也〕。

圣人执左契〔古者，圣人无文书法律，刻契合符，以为信也〕，而不责于人〔但执刻契信，不责人以他事也〕。有德司契〔有德之君，司察契信而已〕，无德司彻〔无德之君，背其契信，司人所失也〕。天道无亲，常与善人〔天道无有亲疏。唯与善人，则与司契者也〕。

小国寡民〔圣人虽治大国，犹以为小。俭约不奢泰，民虽众，犹若寡乏，不敢劳也〕，使民重死〔君能为人兴利除害，各得其所，则民重死而贪生也〕，而不远徙〔政令不烦，则民安其业，故不远迁，离其常处也〕。虽有舟舆，无所乘之〔清静无为，不好出入〕；虽有甲兵，无所陈之〔无怨恶于天下〕。甘其食〔甘其蔬食，不渔食百姓也〕，美其衣〔美其恶衣，不贵五色〕，安其居〔安其茅茨，不好文饰之屋〕，乐其俗〔乐其质朴之俗〕。邻国相望，鸡狗之声相闻〔相去近也〕，民至老死，不相往来〔无情欲也〕。

圣人不积〔圣人积德不积财，有德以教愚，有财以与贫〕，既以为人己愈有〔既以财贿布施于人，财益多如日月之光，无有尽时〕。天之道，利而不害〔天生万物，爱育之，令长大，无所害也〕。圣人之道，为而不争〔圣人法天所施为，化成事就，不与下争功名，故能全其圣功也〕。

《墨子》治要

所染

子墨子见染丝者而叹曰："染于苍则苍，染于黄则黄。所入者变，其色亦变，故染可不慎耶！非独染丝然也，国亦有染。舜染于许由、伯阳，禹染于皋陶、伯益，汤染于伊尹、仲虺，武王染于太公、周公。此四王者所染当，故王天下，立为天子，功名蔽天地。举天下之仁义显人，必称此四王者。夏桀染于干辛、推哆，殷纣染于崇侯、恶来，厉王染于厉公长文、荣夷终，幽王染于傅公夷、蔡公谷。此四王者所染不当，故国残身死，为天下戮。举天下不义辱人，必称此四王者。齐桓公染于管仲，晋文公染于咎犯，楚庄染于孙叔，吴阖庐染于伍员，越勾践染于范蠡。此五君者所染当，故霸诸侯，名传于后世。范吉射染于张柳朔，中行寅染于籍秦，吴夫差染于宰嚭，知伯瑶染于智国，中山尚染于魏义，宋康染于唐鞅。此六君者所染不当，故国家残亡，身为刑戮，宗庙破灭，绝无后类，君臣离散，民人流亡。举天下之贪暴苛扰者，必称此六君也。凡君之所以安者何也？其行理生于染当。故善为君者，劳于论人而逸于治官；不能为君者，伤形费神，愁心劳意，然国愈危，身愈辱。此六君者，非不重其国、爱其身也，以不知要故也。不知要者，所染不当也。"

法仪

子墨子曰："天下从事者，不可以无法仪。无法仪而其事能成者，无有也。故百工从事，皆有法度。今大者治天下，其次治大国，而无法度，此不若百工也。然则奚以为治法而可？莫若法天。天之行广而无私，其施厚而不德，其明久而不衰，故圣王法之。既以天为法，动作有为，必度于天，天之所欲则为之，天所不欲则止。然而天何欲何恶也？天必欲人之相爱相利，而不欲人之相恶相贼也，以其兼而爱之、兼而利之也。奚以知天之兼而爱之、兼而利之也？今天下无小大国，皆天之邑也；人无幼长贵贱，皆天之臣也。故曰：爱人利人者，天必福之；恶人贼人者，天必祸之。是以天欲人相爱相利，而不欲人相恶相贼也。昔之圣王禹、汤、文、武，兼爱天下之百姓，率以尊天事鬼。其利人多，故天福之，使立为天子，天下诸侯，皆宾事之。暴王桀、纣、幽、厉，兼恶天下之百姓，率以诟天侮鬼。其贼人多，故天祸之，使遂失其国家，身死为戮于天下后世，子孙毁之，至今不息。故为不善以得祸者，桀、纣、幽、厉是也；爱人利人以得福者，禹、汤、文、武是也。"

七患

子墨子曰："国有七患。七患者何？城郭沟池不可守而治宫室，一患也；边国至境，四邻莫救，二患也；先尽民力无用之功，赏赐无能之人，三患也；仕者持禄，游者忧佼，君修法讨臣，臣慑而不敢咈，四患也；君自以为圣智而不问事，自以为安强而无守备，五患也；所信者不忠，所忠者不信，六患也；蓄种菽粟不足以食之，大臣不足以事之，赏赐不能喜，诛罚不能威，七患也。以七患居国，必无社稷；以七患守城，敌至国倾。七患之所当，国必有殃。”

尚贤

子墨子曰：“今者王公大人为政于国家者，皆欲国家之富、人民之众、刑政之治。然而不得，是其故何也？是在王公大人为政于国家者，不能以尚贤事能为政也。是故国有贤良之士众，则国家之治厚。故大人之务，将在于众贤而已。然则众贤之术将奈何哉？譬若欲众其国之善射御之士者，必将富之、贵之、敬之、誉之，然后国之善射御之士将可得而众也。况又有贤良之士，厚乎德行、辨乎言谈、博乎道术者乎？此固国家之珍，而社稷之佐也，亦必且富之、贵之、敬之、誉之，然后国之良士亦将可得而众也。是故古者圣王之为政也，言曰：不富不义，不贵不义，不亲不义，不近不义。是以国之富贵人闻之，皆退而谋曰：‘始我所恃者富贵也。今上举义不避贫贱，然则我不可不为义。’亲者闻之，亦退而谋曰：‘始我所恃者亲也。今上举义不避亲疏，然则我不可不为义。’近者闻之，亦退而谋曰：‘始我所恃者近也。今上举义不避远近，然则我不可不为义。’远者闻之，亦退而谋曰：‘我始以远无恃。今上举义不避远，然则我不可不为义。’人闻之皆竞为义，是其故何也？曰：上之所以使下者，一物也；下之所以事上者，一术也。故古者圣王之为政，列德而尚贤，虽在农与工肆之人，有能则举之，高与之爵，重与之禄，任之以事。非为贤赐也，欲其事之成，故当以德就列，以官服事，以劳受赏，量功而分禄。故官无常贵而民无恒贱，有能则举之，无能则下之，举公义，避私怨，故得士。得士则谋不困，体不劳，名立而功成，美章而恶不生。故尚贤者，政之本也。”

子墨子言曰：“天下之王公大人，皆欲其国家之富也、人民之众也、刑法之治也，然而莫知尚贤而使能。我以此知天下之士君子，明于小而不明于大也。何以知其然也？今王公大人，有一牛羊不能杀，必索良宰；有一衣裳不能制，必索良工；有一疲马不能治，必索良医；有一危弓不能张，必索良工。虽有骨肉之亲、无故富贵、面目美好者，诚知其不能也，必不使。是何故？恐其败财也。当王公大人之于此也，则不失尚贤而使能，逮至其国家则不然。王公大人骨肉之亲、无故富贵、面目美好者，则举

之。则王公大人之亲其国家也，不若其亲一危弓、疲马、衣裳、牛羊之财欤？我以此知天下之士君子，皆明于小而不明于大也。古之圣王之治天下也，其所贵未必王公大人骨肉之亲、无故富贵、面目美好者也。是故昔者尧之举舜也，汤之举伊尹也，武丁之举傅说也，岂以为骨肉之亲、无故富贵、面目美好者哉？唯法其言，用其谋，行其道；上可而利天，中可而利鬼，下可而利人。是故尚贤之为说，不可不察也。尚贤者，天、鬼、百姓之利，而政事之本也。”

非命

古之圣王，举孝子而劝之事亲，尊贤良而劝之为善；发宪布令以教诲，赏罚以劝沮。若此则乱者可使治，而危者可使安矣。若以为不然，昔者桀之所乱，汤治之；纣之所乱，武王治之。此世不渝而民不改，上变政而民易教。其在汤武则治，其在桀纣则乱。安危治乱，在上之发政也，则岂可谓有命哉？昔者三代之暴王，不缪其耳目之淫，不慎其心志之僻。外之驱骋田猎毕弋，内沉于酒乐。不肯曰“我为刑政不善”，必曰“我命故且亡”。虽昔也三代之伪民，亦犹此也。繁饰有命，以教众愚。昔者禹、汤、文、武方为政丰天下之时，曰“必使饥者得食，寒者得衣，劳者得息，乱者得治”，遂得光誉令闻于天下，夫岂可以为命哉？故以为其力也。今贤良之人，尊贤而好蓄道术，故上得其王公大人之赏，下得其万民之誉，遂得光誉令闻于天下，岂以为其命哉？

贵义

子墨子曰：“世之君子，使之一犬一彘之宰，不能则辞之；使为一国之相，不能而为之。岂不悖哉！世之君子，欲其义之成，而助之修其身则愠。是犹欲其墙之成，而人助之筑则愠也，岂不悖哉！”

卷三十五

《文子》治要

道原

夫至人之治也，弃其聪明，灭其文章，依道废智，与民同出乎公；约其所守，寡其所求，去其诱慕，除其嗜欲，损其思虑。约其所守即察矣，寡其所求即得矣。

水之性欲清，沙石秽之；人之性欲平，嗜欲害之。唯圣人能遗物反己。不以身役物，不以欲滑和，是以高而不危，安而不倾也。故听善言便计，虽愚者知悦之；称圣德高行，虽不肖者知慕之。悦之者众，而用之者寡，慕之者多，而行之者少。

精诚

夫水浊者鱼噞，政苛即民乱。上多欲即下多诈，上烦扰即下不定，上多求即下交争。不治其本，而救之于末，无以异于凿渠而止水，抱薪而救火也。圣人事省而治，求寡而赡；不施而仁，不言而信，不求而得，不为而成；怀自然，保至真，抱道推诚，天下从之，如响之应声，影之象形，所修者本也。

冬日之阳，夏日之阴，万物归之，而莫之使也。至精之感，弗召自来，不去自往，不知所为者，而功自成；待目而照见，待言而使令，其于以治难矣。皋陶喑而为大理，天下无虐刑；师旷瞽而为大宰，晋国无乱政。不言之令，不视之见，圣人所以为师也。民之化上，不从其言，从其所行也。故人君好勇，而国家多难；人君好色，而国多昏乱。故圣人精诚形于内，好憎明于外，出言以副情，发号以明旨。是故刑罚不足以移风，杀戮不足以禁奸，唯神化为贵也。夫至精为神，精之所动，若春气之生，秋气之杀也。故治人者，慎所以感也。圣人之从事也，所由异路而同归，其存亡定倾若一，志不忘乎欲利人也。故秦楚燕魏之歌，异转而皆乐；九夷八狄之哭，异声而皆哀。夫歌者，乐之征也；哭者，哀之效也。愔愔于中，而应于外，故在所以感之矣。圣人之心，日夜不忘乎欲利人，其泽之所及亦远也。

夫至人精诚内形，德流四方，见天下有利，喜而不忘，见天下有害，忧若有丧。夫忧民之忧者，民亦忧其忧；乐人之乐者，人亦乐其乐。故乐以天下，忧以天下，然而不王者，未之有也。大人行可悦之政，而人莫不顺其令。令顺即从，小而致大，令逆即以善为害，以成为败。

九守

神者智之渊也，神清则智明；智者心之符也，智公即心平。人莫鉴于流水，而鉴于澄水者，以其清且静也，故神清意平，乃能形物之情也。

天道极即反，盈则损；物盛则衰，日中而移；月满则亏，乐终而悲。是故聪明广智，守以愚；多闻博辨，守以俭；武力勇毅，守以畏；富贵广大，守以狭；德施天下，守以让。此五者，先王所以守天下也。

符言

人之情，服于德不服于力。故古之圣王，以其言下人，以其身后人，即天下推而不厌，戴而不重，此德有余而气顺也。故知与之为取，知后之为先，即几道矣。

道德

文子问道，老子曰："夫道者，小行之小得福，大行之大得福，尽行之天下服。"

文子问德仁义礼，老子曰："德者民之所贵也，仁者人之所怀也，义者民之所畏也，礼者民之所敬也。此四者，圣人之所以御万物也。君子无德即下怨，无仁即下争，无义即下暴，无礼即下乱。四经不立，谓之无道。无道而不亡者，未之有也。

"心之精者，可以神化，而不可以说道。故同言而信，信在言前；同令而行，行在令外。圣人在上，民化如神，情以先之也。动于上不应于下者，情令殊也。三月婴儿，未知利害，而慈母爱之逾笃者，情也。故言之用者小，不言之用者大矣。夫信，君子之言也；忠，君子之意也。忠信形于内，感动应乎外，贤圣之化也。

"能成霸王者，必得胜者也；能胜敌者，必强者也；能强者，必用人力者也；能用人力者，必得人心者也；能得人心者，必自得者也；能自得者，必柔弱者也。"

上德

日月欲明，浮云盖之；河水欲清，沙土秽之；丛兰欲修，秋风败之；人性欲平，嗜欲害之。蒙尘而欲无眯，不可得也。

山致其高，而云雨起焉；水致其深，而蛟龙生焉；君子致其道，而德泽流焉。夫有阴德者，必有阳报；有隐行者，必有昭名。

下德

治身，太上养神，其次养形，神清意平，百节皆宁，养生之本也；肥肌肤，充腹肠，开嗜欲，养生之末也。治国，太上养化，其次正法，民交让争处卑，财利争受少，事力争就劳，日化上而迁善，不知其所以然，治之本也；利赏而劝善，畏刑而不敢为非，法令正于上，百姓服于下，治之末也。上世养本，而下世事末。

欲治之主不世出，可与治之臣不万一，以不世出求不万一，此至治所以千岁不一至，霸王之功不世立也。顺其善意，防其邪心，与民同出一道，即民性可善、风俗可美矣。所贵圣人者，非贵其随罪而作刑也，贵其知乱之所生也。若纵之放僻淫逸，而禁之以法，随之以刑，虽残天下不能禁其奸矣。

目悦五色，口欲滋味，耳淫五声，七窍交争，以害一性，日引邪欲，竭其天和，身且不能治，奈天下何！所谓得天下者，非谓其履势称尊号也，言其运天下心，得天下力也。有南面之名，无一人之誉，此失天下者也。故桀纣不为王，汤武不为放也。天下得道，守在四夷；天下失道，守在左右。故曰："无恃其不吾夺，恃吾不可夺也；行可夺之道，而非篡杀之行，无益于持天下矣。"

治世之职易守也，其事易为也，其礼易行也，其责易偿也。是以人不兼官，官不兼事，农士商工，乡别州异。故农与农言藏，士与士言行，工与工言巧，商与商言数。是以士无遗行，工无苦事，农无废功，商无折货，各安其性也。夫先知远见，人材之盛也，而治世不以责于民；博闻强志，口辨辞给，人智之溢也，而明主不以求于下；傲世

贱物，不污于俗，士之伉行也，而治世不以为民化。故高不可及者，不以为人量；行不可逮者，不以为国俗。故人材不可专用，而度量道术可世传也。故国治可与愚守，而军旅可与性同，不待古之英俊，而人自足者，所有而并用之也。末世之法，高为量而罪不及，重为任而罚不胜，危为难而诛不敢。民困于三责，即饰智而诈上，犯邪而行危，虽峻法严刑，不能禁其奸。兽穷即触，鸟穷即啄，人穷即诈，此之谓也。

国有亡主，世无亡道，人有穷，而理无不通也。故不因道理之数，而专己之能，其穷不远矣。夫君人者不出户以知天下者，因物以识物，因人以知人也。故积力之所举，即无不胜也；众智之所为，即无不成也。工无二技，士不兼官，人得所宜，物得所安，是以器械不恶，而职事不慢也。夫责小易偿也，职寡易守也，任轻易劝也。上操约少之分，下效易为之功，是以君臣久而不相厌也。

地广民众，不足以为强也；甲坚兵利，不足以恃胜也；高城深池，不足以为固也；严刑利杀，不足以为威也。为存政者，无小必存；为亡政者，无大必亡。故善守者无与御，善战者无与斗，乘时势因民欲，而取天下也。故善为政者，积其德；善用兵者，蓄其怒。德积而民可用也，怒蓄而威可立也。故材之所加者浅，即权之所服者大；德之所施者博，即威之所制者广。广即我强而敌弱矣。善用兵者，先弱敌而后战，费不半而功十倍。故千乘之国，行文德者王；万乘之国，好用兵者亡。王兵先胜而后战，败兵先战而后求胜，此不明于兵道也。

《曾子》治要

修身

曾子曰："君子攻其恶，求其过，强其所不能；去私欲，从事于义，可谓学矣。君子爱日以学，及时以行，难者弗避，易者弗从，唯义所在。日旦就业，夕而自省，思以没其身，亦可谓守业矣。君子学必由其业，问必以其序。问而不决，承间观色而复之。君子既学之，患其不博也；既博之，患其不习也；既习之，患其不知也；既知之，患其不能行也；既能行之，患其不能以让也。君子之学，致此五者而已矣。君子博学而浅守之，微言而笃行之，行欲先人，言欲后人，见利思辱，见难思诟，嗜欲思耻，忿怒思患。君子终身守此战战也。君子己善，亦乐人之善也；己能，亦乐人之能也。君子好人之为善而弗趋也，恶人之为不善而弗疾也。不先人以恶，不疑人以不信，不说人之过，而成人之美。朝有过，夕改则与之；夕有过，朝改则与之。君子终日言，不在尤之中。小人一言，终身为罪矣。君子之于不善也，身勿为，可能也；色勿为，不可能也；心勿为，不可能也。太上乐善，其次安之，其下亦能自强也。太上不生恶，其次生而能夙绝之，其下复而能改；复而不改，陨身覆家，大者倾社稷。是故君子出言愕愕，行身战战，亦殆免于罪矣。昔者，天子日旦思其四海之内，战战唯恐不能乂也；诸侯日旦思其四封之内，战战唯恐失损之也；大夫日旦思其官，战战唯恐不能胜也；庶人日旦思其事，战战唯恐刑罚之至也。是故临事而栗者，鲜不济矣。"

立孝

曾子曰："君子立孝，其忠之用也，礼之贵也。故为人子而不能孝其父者，不敢言人父不能畜其子者；为人弟而不能承其兄者，不敢言人兄不能顺其弟者；为人臣而不能事其君者，不敢言人君不能使其臣者。故与父言，言畜子；与子言，言孝父；与兄言，言顺弟；与弟言，言承兄；与君言，言使臣；与臣言，言事君。君子之孝也，忠爱以敬，反是乱也；尽力而有礼，庄敬而安之；微谏不倦，听从不怠，欢欣忠信，咎故不生，可谓孝矣。尽力而无礼，则小人也；致敬而不忠，则不入也。是故礼以将其力，敬以入其忠。诗言：" 夙兴夜寐，毋忝尔所生。"不耻其亲，君子之孝也。是故未有君，而忠臣可知者，孝子之谓也；未有长，而顺下可知者，悌弟之谓也；未有治，而能仕可知者，先修之谓也。故孝子善事君，悌弟善事长，君子一孝一悌，可谓知终矣。"

制言

曾子曰："夫行也者，行礼之谓也。夫礼，贵者敬焉，老者孝焉，幼者慈焉，小者友焉，贱者惠焉，此礼也。弟子毋曰不我知也。鄙夫鄙妇，相会于墙阴，可谓密矣，明日则或扬其言者。故士执仁与义而不闻，行之未笃也。故蓬生麻中，不扶乃直；白沙在涅，与之皆黑。是故人之相与也，譬如舟车然，相济达也，己先则援之，彼先则推之。是故人非人不济，马非马不走，土非土不高，水非水不流。"弟子问于曾子曰："夫士何如则可为达矣？"曾子曰："不能则学，疑则问，欲行则比贤；虽有险道，循行达矣。今之弟子病下人，不知事贤，耻不知而又不问，是以惑暗终其世而已矣。是谓穷民。"

疾病

曾子曰："君子之务盖有矣。夫华繁而实寡者，天也；言多而行寡者，人也。鹰隼以山为庳，而巢其上；鱼鳖鼋鼍以川为浅，而窟穴其中，卒其所以得者，饵也。是故君子苟毋以利害义，则辱何由至哉？亲戚不悦，不敢外交；近者不亲，不敢求远；小者不审，不敢言大。故人之生也，百岁之中，有疾病焉。故君子思其不可复者，而先施焉。亲戚既没，虽欲孝，谁为孝乎？年既耆艾，虽欲悌，谁为悌乎？故孝有不及，悌有不时，其此之谓与！言不远身，言之主也；行不远身，行之本也。言有主，行有本，谓之有闻也。君子尊其所闻，则高明矣；行其所闻，则广大矣。高明广大，不在于他，在加之志而已矣。与君子游，苾乎如入兰芷之室，久而不闻，则与之化矣。与小人游，贷乎如入鲍鱼之次，久而不闻，则与之化矣。是故君子慎其所去就。与君子游，如长日加益，而不自知也；与小人游，如履薄冰，每履而下，几何而不陷乎哉！"

卷三十六

《吴子》治要

图国

吴子曰："古之图国家者，必先教百姓而亲万民。民有四不和：不和于国，不可以出军；不和于军，不可以出阵；不和于阵，不可以进战；不和于战，不可以决胜。"

"凡兵所起者五：一曰争名，二曰争利，三曰积恶，四曰内乱，五曰困饥。其名又五：一曰义兵，二曰强兵，三曰刚兵，四曰暴兵，五曰逆兵。禁暴救乱曰义，恃众以伐曰强，因怒兴师曰刚，弃礼贪利曰暴，国危民疲，举事动众曰逆。五者之服，各有其道：义必以礼服，强必以谦服，刚必以辞服，暴必以诈服，逆必以权服。此其势也。"

论将

夫总文武者，军之将也；兼刚柔者，兵之事也。凡人之论将，恒观之于勇，勇之于将，乃数分之一耳。夫勇者轻命而不知利，未可也。故将之所慎者五：一曰理，二曰备，三曰果，四曰戒，五曰约。理者，治众如治寡；备者，出门如见敌；果者，迎敌不怀生；戒者，虽克如始战；约者，法令省而不烦。受命而不辞家，敌破而后言反，将之礼也。故师出之日，有死而荣，无生而辱也。

凡制国治军，必设之以礼，厉之以义。在大足以战，在小足以守矣。然战胜易，守胜难。是故，以胜得天下者稀，以亡者众。

武侯曰："愿闻阵必定，战必胜，守必固之道。"对曰："君使贤者居上，不肖处下，则阵已定矣；民安其田宅，亲其有司，则守已固矣；百姓皆是君，而非邻国，则战已胜矣。"

治兵

武侯问曰："兵以何为胜？"吴子曰："兵以治为胜。"又问："不在众乎？"对曰："若法令不明，赏罚不信，金之不止，鼓之不进，虽有百万之师，何益于用？所谓治者，居则有礼，动则有威，进不可当，退不可追，前却如节，左右应麾。投之所往，天下莫当，名曰父子之兵也。"

励士

武侯曰："严刑明赏，足以胜敌乎？"吴子曰："严明之事，非所恃也。发号布令而民乐闻，兴师动众而民乐战，交兵接刃而民安死。此三者，人之所恃也。"武侯曰："致之奈何？"对曰："君举有功而进之飨，无功而厉之。"于是武侯设坐庙庭，为三行，飨士大夫。上功坐前行，肴席有重器、上牢。次功坐中行，肴席器差减。无功坐后行，肴席无重。飨毕而出，乃又班赐有功者父母妻子于庙门之外，亦以功为差数，唯无功者不得耳。死事之家，岁使使者劳赐其父母。行之三年，秦人兴师，临于西河。魏士闻之，介胄不待吏令，奋击之者以万数。吴子曰："臣闻之，人有短长，气有盛衰。君试发无功者五万人，臣请率以当之，其可乎？今使一死贼伏于旷野，千人追之，莫不枭视狼顾。何者？恐其暴起而害己也。是以一人投命，足惧千夫。今臣以五万之众，而为一死贼，以率讨之，固难当矣。"武侯从之，兼车五百乘，骑三千匹，而以破秦五十万众。此励士之功也。

魏武侯尝谋事，群臣莫能及，罢朝而有喜色。吴起进曰："昔楚庄王谋事，群臣莫能及，罢朝而有忧色。曰：'寡人闻之，世不绝圣，国不乏贤。能得其师者王，能得其友者霸。今寡人不才，而群臣莫之过，国其殆矣！'庄王所忧，而君悦之，臣窃惧矣。"于是武侯乃惭。

《商君子》治要

六法

先王当时而立法，度务而制事。法宜其时则治，事适其务故有功。然则，法有时而治，事有当而功。今时移而法不变，务易而事以古，是法与时诡，而事与务易也。故法立而乱益，务为而事废。故圣人之治国也，不法古，不循今，当时而立功，在难而能免。今民能变俗矣，而法不易；国形更势矣，而务以古。夫法者，民之治也；务者，事之用也。国失法则危，事失用则不成。故法不当时，而务不适用，而不危者，未之有也。

修权

国之所以治者三：一曰法，二曰信，三曰权。法者，君臣之所共操也；信者，君臣之所共立也；权者，君之所独制也。人主失守则危，君臣释法任私则乱。故立法明分，而不以私害法，则治；权制独断于君，则威。民信其赏，则事功；不信其刑，则奸无端矣。唯明主爱权、重信，而不以私害法也。故上多惠言，而不克其赏，则下不用；数加严命，而不致其刑，则民傲罪。凡赏者，文也；刑者，武也。文武者，法之约也。故明主慎法。不蔽之谓明，不欺之谓察。故赏厚而信，刑重而必，不失疏远，不私亲近。故臣不蔽主，而下不欺上。

世之为治者，多释法而任私议，此国之所以乱也。先王悬权衡、立尺寸，而至今法之，其分明也。夫释权衡而断轻重，废尺寸而意长短，虽察，商贾不用，为其不必也。故法者，国之权衡也。夫背法度而任私议，皆不知类者也。故立法明分，中程者赏，毁公者诛。赏诛之法，不失其议，故民不争；不以爵禄便近亲，则劳臣不怨；不以刑罚隐疏远，则下亲上。故官贤选能，不以其劳，则忠臣不进；行赏赋禄，不称其功，则战士不用。

凡人臣之事君也，多以主所好事君。君好法，则臣以法事君；君好言，则臣以言事君。君好法，则端直之士在前；君好言，则毁誉之臣在侧。公私之分明，则小人不嫉贤，而不肖者不妒功。故三王以义亲，五伯以法正诸侯，皆非私天下之利也。今乱世之君臣，区区然皆欲擅一国之利，而当一官之重，以便其私，此国之所以危也。

夫废法度而好私议，则奸臣鬻权以约禄，秩官之吏，隐下而渔民。谚曰："蠹众而木折，隙大而墙坏。"故大臣争于私而不顾其民，则下离上。下离上者，国之隙也。秩官之吏隐下以渔百姓，此民之蠹也。故国有隙蠹而不亡者，天下鲜矣。故明主任法去私，而国无隙蠹矣。

定分

法令者，民之命也，为治之本也，所以备民也。智者不得过，愚者不得不及。名分不定，而欲天下之治，是犹欲无饥而去食，欲无寒而去衣也，其不几亦明矣。一兔走，而百人追之，非以兔为可分以为百，由名之未定也。夫卖兔者满市，盗不敢取，由名分之定也。故名分未定，尧、舜、禹、汤且皆加务而逐之；名分已定，贪盗不取。今法令不明，其名不定，天下之人得议之，此所谓名分不定也。夫名分不定，尧、舜犹将皆折而奸之，而况众人乎？故圣人必为法令，置官也，置吏也，为天下师，所以定明分也。名分定，则大诈贞信，民皆愿悫，而各自治也。故夫名分定，势治之道也；名分不定，势乱之道也。故势治者不可乱也，势乱者不可治也。夫势乱而欲治之，愈乱矣；势治而治之，则治矣。故圣人治治，不治乱也。

圣人为民法，必使之明白易知，愚智遍能知之，万民无陷于险危也。故圣人立天下，而天下无刑死者，非可刑杀而不刑杀也，万民皆知所以避祸就福而皆自治也。明主因治而治之，故天下大治也。

卷三十七

《孟子》治要

梁惠王

孟子见于梁惠王。王曰："叟不远千里而来，亦将有以利吾国乎？"孟子对曰："王何必曰利？亦曰仁义而已矣〔王何必以利为名乎？亦惟有仁义之道可以为名耳。以利为名，则有不利之患矣〕。王曰：'何以利吾国？'大夫曰：'何以利吾家？'士庶人曰：'何以利吾身？'上下交征利，而国危矣〔征，取也。从王至庶人，各欲取利，必至于篡弑〕。未有仁而遗其亲者也，未有义而后其君者也。"梁惠王曰："寡人愿安承教〔愿安，意承受孟子之教命〕。"孟子对曰："杀人也，以梃与刃，有以异乎〔梃，杖也〕？"曰："无以异也。""以刃与政，有以异乎？"曰："无以异也〔以刃与政杀人无异也〕。""庖有肥肉，厩有肥马，民有饥色，野有饿殍，此率兽而食人也。兽相食，且人恶之，为民父母行政，不免率兽而食人，恶在其为民父母也〔为政乃若率禽兽食人，安在其为民父母之道〕。"

齐宣王问曰："文王之囿，方七十里，有诸？"孟子曰："有之。"曰："若是其大乎〔王怪其大〕？"曰："民犹以为小也。"曰："寡人之囿，方四十里，民犹以为大，何也？"曰："文王之囿，方七十里，刍荛者往焉，雉菟者往焉。与民同之，民以为小，不亦宜乎？臣闻郊关之内，有囿方四十里，杀其麋鹿者如杀人之罪〔郊关，齐四境之郊皆有关也〕，则是方四十里为阱于国中也。民以为大，不亦宜乎〔设陷阱者，丈尺之间耳，今陷阱乃方四十里，民患其大，不亦宜乎〕？"

公孙丑

孟子曰："人皆有不忍人之心〔言人人皆有不忍加恶于人之心也〕。先王有不忍人之心，斯有不忍人之政矣。以不忍人之心，行不忍人之政，治天下可运之于掌上〔先王推不忍害人之心，以行不忍伤民之政，以是治天下，亦易于转丸于掌上也〕。所以谓'人皆有不忍人之心'者，今人乍见孺子将入于井，则皆有怵惕、恻隐之心。由此观之，无恻隐之心，非人也；无羞恶之心，非人也；无辞让之心，非人也；无是非之心，非人也〔言无此四者，当若禽兽，非人之心也〕。恻隐之心，仁之端也；羞恶之心，义之端也；辞让之心，礼之端也；是非之心，智之端也〔端者，首也〕。人之有是四端也，犹其有四体也。有是四端而自谓不能者，自贼者也〔自贼害其性，使为不善〕；谓其君不能者，贼其君者也〔谓其君不能为善而不匡正者，贼其君使陷恶者也〕。”孟子曰：“矢人岂不仁于函人哉？矢人唯恐不伤人，函人唯恐伤人，巫、匠亦然。故术不可不慎也〔矢，箭也。函，铠也。作箭之人其性非独不仁于作铠之人也，术使之然。巫欲祝活人，匠作棺欲其早售，利在人死也。故治术不可不慎修其善者也〕。孟子曰：“子路，人告之以有过则喜，禹闻善言则拜。大舜有大焉，善与人同，舍己从人，乐取于人以为善，自耕稼、陶渔以至为帝，无非取于人者。取诸人以为善，是与人为善也，故君子莫大乎与人为善〔舜从耕于历山及陶渔，皆取人之善谋而从之，故曰‘莫大乎与人为善也’〕。”

滕文公

陈相见孟子，道许行之言曰：“贤者与民并耕而食。”孟子曰：“治天下，有大人之事，有小人之事；或劳心，或劳力。劳心者治人，劳力者治于人。故治于人者食人，不能治人者食于人，天下之通义也〔劳心者，君也；劳力者，民也。君施教以治之，民竭力治公田以奉养其上，天下通义所常行也〕。当尧之时，洪水横流，泛滥于天下，尧独忧之，举舜而治焉。舜使禹疏九河，决汝、汉。八年于外，三过其门而不入，虽欲耕，得乎？尧以不得舜为己忧，舜以不得禹、皋陶为己忧。分人以财谓之惠，教人以善谓之忠，为天下得人谓之仁。是故以天下与人易，为天下得人难。”

离娄

孟子曰：“离娄之明，公输子之巧，不以规矩，不能成方圆；师旷之聪，不以六律，不能正五音；尧、舜之道，不以仁政，不能平治天下〔言当行仁恩之政，天下乃可平〕。今有仁心仁闻，而民不被泽，不可法于后世者，不行先王之道也〔仁心，性仁也；仁闻，仁声远闻也。虽然犹须行先王之道，使百姓被泽，乃可为后世法也〕。故曰：徒善不足以为政，徒法不能以自行〔但有善心而不行之，不足以为政；但有善法度而不施之，法度以不能独自行〕。圣人既竭目力焉，继之以规矩准绳，以为方圆；既竭耳力焉，继之以六律，正五音；既竭心思焉，继之以不忍人之政，而仁覆天下也。故为高必因丘陵，为下必因川泽。为政不因先王之法，可谓智乎〔言因自然，则用力少而成功多〕？是以惟仁者宜在高位。不仁而在高位，是播恶于众也〔仁者，能由先王之道；不仁者逆道，则播扬其恶于众人也〕。”

孟子曰：“三代之得天下也以仁，其失天下也以不仁；国家之所以废兴存亡者亦然。天子不仁，不保四海之内；诸侯不仁，不保社稷；卿大夫不仁，不保宗庙；士庶人不仁，不保四体。今恶死亡而乐不仁，犹恶醉而强酒。”

孟子告齐宣王曰：“君之视臣如手足，则臣之视君如腹心。君之视臣如犬马，则臣之视君如国人。君之视臣如土芥，则臣之视君如寇仇〔芥，草芥也。臣缘君恩以为差等〕。”

告子

孟子曰："今有无名之指，屈而不申，非疾痛害事。如有能申之者，则不远秦、楚之路，为指之不若人也〔无名之指，手第四指也。余指皆有名，无名指，非手之用指也〕。指不若人，则知恶之；心不若人，则不知恶。此之谓不知类〔心不若人，可恶之大者也。而反恶指，故曰不知类。类，事也〕。"

孟子曰："仁之胜不仁也，犹水之胜火也。今之为仁者，犹以一杯水救一车薪之火也。不息，则谓水不胜火者。此与于不仁之甚者也。"

孟子曰："五谷，种之美者也。苟为不熟，不如荑稗。夫仁，亦在熟之而已矣〔熟，成也〕。"

尽心

孟子曰："以佚道使民，虽劳不怨〔谓教民趣农，役有常时，不使失业，当时虽劳，后获其利则逸矣〕；以生道杀民，虽死不怨杀者〔杀此罪人者，其意欲生人也，故虽伏罪而死，不怨杀者也〕。"

《庄子》治要

胠箧

昔者容成氏、大庭氏、伯皇氏、中央氏、栗陆氏、骊畜氏、轩辕氏、赫胥氏、尊卢氏、祝融氏、伏羲氏、神农氏，当是之时，民结绳而用之〔足以纪要而已〕；甘其食，美其服〔适故常甘，当故常美，若思夫侈靡则无时慊意矣〕，乐其俗，安其居；邻国相望，鸡犬之音相闻，人至老死而不相往来〔无求之至〕。若此之时，则至治已。今遂至使民延颈举踵，曰："某所有贤者"，嬴粮而趣之，则内弃其亲，而外弃其主之事，足迹接乎诸侯之境，车轨结乎千里之外〔至治之迹，犹致斯弊〕，则是上好智之过也〔上谓至治之君，智而好之，则有斯过矣〕。上诚好智而无道，天下大乱矣！何以知其然耶？夫弓弩毕弋机变之智多，则鸟乱于上矣；钩饵罟罛罾笱之智多，则鱼乱于水矣；削格罗落置罘之智多，则兽乱于泽矣〔攻之逾密，避之逾巧，则虽禽兽，犹不可图之以智，而况人哉？故治天下者，唯不任知，任知则无妙也〕；智诈同异之变多，则俗惑于辨矣〔上之所多者，下不能安其少也，性少而以逐多则迷矣〕。

天地

尧观乎华，华封人曰："嘻！圣人。请祝圣人，使圣人寿。"尧曰："辞。""使圣人富。"尧曰："辞。""使圣人多男子。"尧曰："辞。"封人曰："寿、富、多男子，人之所欲也。汝独不用何？"尧曰："多男子则多惧，富则多事，寿则多辱。是三者，皆非所以养意，故辞。"封人曰："始也以汝为圣人也，今然君子也。天生烝民，必授之职。多男子而授之职，则何惧之有〔物皆得所而志定〕？富而使分之，则何事之有〔寄之天下，故无事也〕？圣人鹑居〔无事而斯安也〕而鷇食〔仰物而足〕，鸟行而无章〔率性而动，无常迹也〕。天下有道，则与物皆昌；天下无道，则修德就闲〔虽汤武之事，苟顺天应人，未为不闲。故无为而无不为者，非不闲也〕。千岁厌世，去而上仙〔夫至人极寿命之长，任穷通之变，其生也天行，其死也物化。故云'厌世而上仙'〕，乘彼白云，至于帝乡〔气之散，无不至之〕。三患莫至，身常无殃，则何辱之有？"

尧治天下，伯成子高立为诸侯。尧授舜，舜授禹，伯成子高辞为诸侯而耕。禹往见之，则耕在野。禹趋就下风，立而问焉，曰："昔尧治天下，吾子立为诸侯。尧授舜，舜授予，而吾子辞为诸侯而耕。敢问其故何也？"子高曰："昔尧治天下，不赏而民劝，不罚而民畏。今子赏罚而民且不仁，德自此衰，刑自此立，后世之乱，自此始矣！"

天道

夫帝王之德，以天地为宗，以道德为主，以无为为常。无为也，则用天下而有余〔有余者，闲暇之谓也〕；有为也，则为天下用而不足〔不足者，汲汲然欲为物用者也，欲为物用，故可得而以也〕。故古之人贵夫无为也。上无为也，下亦无为也，是下与上同德也；下与上同德，则不臣。下有为也，上亦有为也，是上与下同道也；上与下同道，则不主〔夫工人无为于刻木，而有为于用斧。主上无为于亲事，而有为于用臣。臣能亲事，主能用臣。斧能刻木，而工能用斧，各当其能，则天理自然，非有为也。若乃主代臣事，则非主矣；臣秉主用，则非臣也。故各司其任，则上下咸得，而无为之理至矣〕。上必无为而用天下，下必有为，为天下用。此不易之道也。故古之王天下者，智虽落天地，不自虑也；辩虽雕万物，而不自说也；能虽穷海内，不自为也〔夫在上者，患于不能无为也。而代人臣之所司，使咎繇不得行其明断，后稷不得施其播殖，则群才失其任，而主上困于役矣。冕旒垂目而付之天下，天下皆得其自为。斯乃无为而无不为者也。故上下皆无为矣。但上之无为则用下，下之无为则自用矣〕。天不产而万物化，地不长而万物育〔所谓自尔〕，帝王无为而天下功成〔功自彼成〕。故曰：莫神于天，莫富于地，莫大于帝王。故曰：帝王之德配天地〔同乎天地之无为也〕。此乘天地、驰万物，而用人群之道也。本在于上，末在于下；要在于主，详在于臣。三军五兵之运，德之末也；赏罚利害，五刑之辟，教之末也；礼法数度，刑名比详，治之末也；钟鼓之音，羽旄之容，乐之末也；哭泣衰绖，降杀之服，哀之末也。此五末者，须精神之运，心术之动，然后从者也〔夫精神心术者，五末之本也，任自然而运动，则五事之末，不振而自举也〕。末学者，古之人有之，而非所以先也〔所先者本也〕。君先而臣从，长先而少从，男先而女从。夫尊卑先后，天地之行也，故圣人取象焉〔言此先后，虽是人事，然皆在至理中来，非圣人之所作也〕。天尊地卑，神明之位也；春夏秋冬，四时之序也；万物化作，盛衰之杀，变化之流也。夫天地至神也，而有尊、卑、先、后之序，而况人道乎〔明夫尊卑先后之序，固有物之所不能无也〕？宗庙尚亲，朝廷尚尊，乡党尚齿，行事尚贤，大道之序也〔言非但人伦之所尚也〕。愚智处宜，贵贱履位〔官各当其才也〕，必分其能〔无相易业〕，必由其名〔名当其实，故由名而实不滥也〕。以此事上，以此畜下，以此治物，以此修身，智谋不用，必归其天。此之谓太平，治之至也。礼法数度，刑名比详，古之人有之。此下之所以事上，非上之所以畜下也〔寄此事于群下，斯乃畜下者也〕。昔者舜问于尧曰："天王之用心何如？"尧曰："吾不傲无告〔无告者，所谓顽民也〕，不废穷民〔恒加恩也〕，苦死者，嘉孺子而哀妇人，此吾所以用心已。"舜曰："美则美矣，而未大也。"尧曰："然则何如？"舜曰："天德而出宁〔与天合德，则虽出而静也〕，日月照而四时行，若昼夜之有经，云行雨施矣〔此皆不为而自然者也〕！"尧曰："子，天之合也；我，人之合也。"夫天地者，古之所大也，而黄帝、尧、舜之所共美也。故古之王天下者，奚为哉？天地而已矣！

知北游

圣人行不言之教〔任其自行，斯不言之教也〕。道不可致也〔道在自然，非可言致也〕。失道而后德，失德而后仁，失仁而后义，失义而后礼。礼者，道之华，乱之首也〔礼有常则，故矫效之所由生也〕。故曰：为道者日损〔损华伪也〕，损之又损之，以至于无为，无为而无不为也〔华去而朴全，则虽为而非为也〕。天地有大美而不言，四时有明法而不议，万物有成理而不说〔此孔子之所云予欲无言〕。至人无为〔任其自为而已〕，大圣不作〔唯因在也〕，观于天地之谓也〔观其形容，象其物宜，与天地无异者〕。

徐无鬼

黄帝将见太隗乎具茨之山，方明为御，昌寓骖乘，张苦、謵朋前马，昆阍、滑稽后车。至襄城之野，七圣皆迷，无所问涂。适遇牧马童子，问涂焉，曰："若知具茨之山乎？”曰：“然。”曰：“知太隗之存乎？”曰：“然。”黄帝曰：“异哉小童！非徒知具茨之山，又知太隗所存。请问为天下。”小童曰：“夫为天下者，亦何以异乎牧马者哉？亦去其害马者而已矣〔马既过分为害〕。”黄帝再拜稽首，称天师而退。

卷三十八

《孙卿子》治要

君子曰：“学不可以已。青，取之蓝，而青于蓝；冰，水为之，而寒于水。”故木受绳则直，金就砺则利。君子博学，而日三省乎己，则知明而行无过矣。故不登高山，不知天之高也；不临深溪，不知地之厚也；不闻先王之遗言，不知学问之大也。于越、夷貊之子，生而同声，长而异俗，教使之然也。吾尝终日而思矣，不如须臾之所学；吾尝跛而望矣，不如登高之博见也。登高而招，臂非加长也，而见者远；顺风而呼，声非加疾也，而闻者彰。假舆马者，非利足也，而致千里；假舟楫者，非能水也，而绝江河。君子生非异也，善假于物也。故君子居必择乡，游必就士，所以防邪僻而近中正也。积土成山，风雨兴焉；积水成渊，蛟龙生焉；积善成德，圣心备焉。故不积跬步，无以至千里；不积小流，无以成河海。故声无小而不闻，行无隐而不形。玉在山而木草润，渊生珠而崖不枯。为善积也，安有不闻者乎？

见善，必以自存也；见不善，必以自省也。故非我而当者，吾师也；是我而当者，吾友也；谄谀我者，吾贼也。故君子隆师而亲友，以致恶其贼。好善无厌，受谏而能诫，虽欲无进，得乎哉？小人反是。致乱，而恶人之非己；致不肖，而欲人之贤己；心如虎狼，行如禽兽，而又怨人之贼己。谄谀者亲，谏争者疏；修正为笑，至忠为贼；虽欲无灭亡，得乎哉？

夫骥一日而千里，驽马十驾则亦及之矣。或迟、或速、或先、或后耳，胡为乎其不可相及也？跬步而不休，跛鳖千里；累土而不辍，丘山崇成。彼人之才性之相悬也，岂若跛鳖之与六骥足哉？然而跛鳖致之，六骥不致，是无他故焉，或为之或不为耳！

君子易知而难狎，易惧而难胁，畏患而不避义死，欲利而不为所非，交亲而不比，言辩而不辞。荡荡乎！其有以殊于世也。君子能亦好，不能亦好；小人能亦丑，不能亦丑。君子能则宽容直易以开导人，不能则恭敬撙绌以畏事人；小人能则倨傲僻违以骄溢人，不能则妒嫉怨诽以倾覆人。故曰：君子能则人荣学焉，不能则人乐告之；小人能则人贱学焉，不能则人羞告之。是君子、小人之分也。

君子养心，莫善于诚。致诚无他，唯仁之守，唯义之行。诚心守仁则能化，诚

心行义则能变。变化代兴，谓之天德。天不言而人推高焉，地不言而人推厚焉，四时不言而百姓期焉。夫此有常，以至其诚者也。君子至德，默然而喻，未施而亲，不怒而威。天地为大矣，不诚则不能化万物；圣人为智矣，不诚则不能化万民；父子为亲矣，不诚则疏；君上为尊矣，不诚则卑。夫诚者，君子之守，而政事之本也。君子位尊而志恭，心小而道大；所听视者近，而所闻见者远。是何耶？则操术然也。君子审后王之道，而论于百工之前；推礼义之统，分是非之分；总天下之要，治海内之众，若使一人。故操弥约，而事弥大。五寸之矩，尽天下之方。故君子不下室堂而海内之情举，积此者，则操术然也。

好荣恶辱，好利恶害，是君子、小人所同也，若其所以求之道则异。小人疾为诞而欲人之信己，疾为诈而欲人之亲己，禽兽行而欲人之善己；虑之难知也，行之难安也，持之难立也，成则必不得其所好，必遇其所恶焉。故君子者，信矣，而亦欲人之信己；忠矣，而亦欲人之亲己；修正治辨矣，而亦欲人之善己；虑之易知也，行之易安也，持之易立也，成则必得其所好，必不遇其所恶焉，是故穷则不隐，通则大明，身死而名弥白。

兼服天下之心：高上尊贵，不以骄人；聪明圣智，不以穷人；齐给速通，不争先人；刚毅勇敢，不以伤人。不知则问，不能则学，虽能必让。君子能为可贵，不能使人必贵己；能为可信，不能使人必信己；能为可用，不能使人必用己。故君子耻不修，不耻见污；耻不信，不耻不见信；耻不能，不耻不见用。是以不诱于誉，不恐于诽，率道而行，端然正己，不为物倾侧，夫是之谓诚君子。

仲尼之门人，五尺之竖子，言羞称乎五伯。是何也？曰："然，彼非本政教也，非致隆高也，非綦文理也，非服人心也。向方略，审劳逸，畜积修斗，而能颠倒其敌者也，诈心已胜矣。彼以让饰争，依乎仁而蹈利者也，小人之杰也。彼固曷足称乎大君子之门哉？彼王者不然，致贤而能以救不肖，致强而能以宽弱。战必能殆之，而羞与之斗。委然成文以示之，天下自化矣，有灾缪者然后诛之。故圣王之诛，甚省矣。"

秦昭王问孙卿曰："儒无益于人之国？"孙卿曰："儒者法先王，隆礼义，谨乎臣子而致贵其上者也。虽穷困冻馁，必不以邪道为贪；无置锥之地，而明于持社稷之大义。势在人上，则王公之材也；在人下，则社稷之臣，国君之宝也。虽隐于穷閻陋屋，人莫不贵之，贵道诚存也。在本朝则美政，在下位则美俗。儒之为人下如是矣。其为人上也，广大矣！志意定乎内，礼节修乎朝，法则、度量正乎官，忠、信、爱、利形乎下。故近者歌讴而乐之，远者竭蹶而趋之。四海之内若一家，通达之属，莫不从服。夫其为人下也如彼，其为人上也如此，何为其无益于人之国乎？"昭王曰："善！"君子之所谓贤者，非能遍能人之所能之谓也；君子之所谓知者，非能遍知人之所知之谓也；君子之所谓辨者，非能遍辨人之所辨之谓也；君子之所谓察者，非能遍察人之所察之谓也。有所止矣。相高下，序五种，君子不如农人；通财货，辨贵贱，君子不如贾人；设规矩，便备用，君子不如工人。若夫论德而定次，量能而授官，使贤不肖皆得其位，能不能皆得其官，万物得宜，事变得应，言必当理，事必当务，然后君子之所长也。君子无爵而贵，无禄而富，不言而信，不怒而威，穷处而荣，独居而乐，岂不至尊、至富、至重、至严哉？

请问为政？曰："听政之大分：以善至者待之以礼，以不善至者待之以刑。两者分别，则贤不肖不杂，是非不乱。贤不肖不杂则英杰至，是非不乱则国家治。若是，令行禁止，王者之事毕矣。公平者，职之衡也；中和者，听之绳也。其有法者以法行，其无法者以类举，听之尽也；偏党而无经，听之辟也。故有良法而乱者，有之矣；有君子而乱者，自古及今，未尝闻也。传曰：'治生乎君子，而乱生乎小人。'此之谓也。"

马骇舆，则君子不安舆；庶人骇政，则君子不安位。马骇舆，则莫若静之；庶人骇政，则莫若惠之。选贤良，举笃敬，兴孝悌，收孤寡，如是，则庶人安政，然后君子安位矣。《传》曰："君者，舟也；庶人者，水也。水则载舟，水则覆舟。"此之谓也。故君人者欲安，则莫若平政爱民矣；欲荣，则莫若隆礼敬士矣；欲立功名，则莫若尚贤使能矣。是君人者之大节也。三节者当，则其余莫不当矣；三节者不当，则其余虽曲当，由将无益也。成侯、嗣公，聚敛计数之君也，未及取民也；郑子产取民者也，未及为政也；管仲为政者也，未及修礼也。故修礼者王，为政者强，取民者安，聚敛者亡。故王者富民，霸者富士，仅存之国富大夫，亡国富筐箧、实府库。筐箧已富，府库已实，而百姓贫，夫是之谓上溢而下漏；入不可以守，出不可以战，则顷覆灭亡可立而待也。故我聚之以亡，敌得之以强。聚敛者，召寇、肥敌、亡国、危身之道也，故明君不蹈也。

足国之道，节用裕民，而善藏其余也。节用以礼，裕民以政。彼裕民则民富，出实百倍。上以法取焉，而下以礼节用之，余若丘山，夫君子奚患乎无余也！故知节用裕民，则必有仁义圣良之名，而且有富厚丘山之积矣。不知节用裕民则民贫，出实不半，上虽好取侵夺，犹将寡获也；而或以无礼节用之，则必有贪利之名，而且有空虚穷乏之实矣。礼者，贵贱有等，长幼有差，贫富轻重皆有称者也。德必称位，位必称禄，禄必称用。由士以上，则必以礼乐节之；众庶百姓，则必以法数制之。轻田野之税，平关市之征，省商贾之数，罕兴力役，无夺农时，如是则国富矣。夫是谓以政裕民也。人之生不能无群，群而五分则争。争则乱，乱则穷矣。故无分者，人之大害也；有分者，天下之本利也。古者，先王分割而等异之也，故使或美、或恶，或厚、或薄，或逸乐、或劬劳，非特以为淫夸之声，将以明仁之文、通仁之顺也。故为雕琢刻镂，黼黻文章，使之以辨贵贱而已，不求其观；为钟鼓管磬、琴瑟竽笙，使之以辨吉凶、合欢定和而已，不求其余；为宫室台榭，使以避燥湿、辨轻重而已，不求其外。若夫重色而衣之，重味而食之，重财物而制之，合天下而君之，非特以为淫泰也。以为王天下，理万变，裁万物，养万民，兼制天下者，为莫若仁人之善也夫！故其知虑足以治之，其仁厚足以安之，其德音足以化之。得之则治，失之则乱。百姓诚赖其智也，故相率而为之劳苦，以务逸之，以养其智也；诚美其厚也，故为之出死断亡，以覆救之，以养其厚也；诚美其德也，故为雕琢刻镂，黼黻文章，以藩饰之，

以养其德也。故仁人在上，百姓贵之如帝，亲之如父母，为之出死断亡者，无他故焉，其所是焉诚美，其所得焉诚大，其所利焉诚多也。故曰："君子以德，小人以力也。"百姓之力，待之而后功；百姓之群，待之而后和；百姓之财，待之而后聚；百姓之势，待之而后安；百姓之寿，待之而后长。父子不得不亲，兄弟不得不顺，男女不得不欢。少者以长，老者以养。故曰："天地生之，圣人成之。"此之谓也。今之世不然：厚刀布之敛以夺之财，重田野之税以夺之食，苛关市之征以难其事。权谋倾覆，以靡弊之，百姓晓然，皆知其将大危亡也。是以臣背其节，而不死其事者，无他故焉，人主自取之也。不教而诛，则刑繁而邪不胜；教而不诛，则奸民不惩；诛而不赏，则勤励之民不劝；诛赏而不类，则下疑，俗险而百姓不一。故先王明礼义以一之，致忠信以爱之，尚贤使能以次之，爵服赏庆以申重之。时其事，轻其任，以调齐之；兼覆之，养长之，如保赤子。若是，故奸邪不作，盗贼不起，而化善者劝勉矣。是何？则其道易，其塞固，其政令一，其防表明也。故曰："上一则下一矣，上二则下二矣。"

国者，天下之制利用也；人主者，天下之利势也。得道以持之，则大安也，大荣也；不得道以持之，则大危矣，大累矣。故用国者，义立而王，信立而霸，权谋立而亡。三者明主之所谨择也，仁人之所务白也。汤以亳，武王以镐，皆百里之地也，天下为一，诸侯为臣，通达之属，莫不从服，无他故焉，以济义矣。是所谓义立而王也。齐桓、晋文、楚庄、吴阖庐、越勾践，是皆僻陋之国也，威动天下，强殆中国，无他故焉，信也。是所谓信立而霸也。不务张其义、济其信，唯利之求，内则不惮诈其民而求小利焉，外则不惮诈其与而求大利焉。内不修正其所以有，然常欲人之有。如是，则臣下百姓莫不以诈心待其上矣。上诈其下，下诈其上，则是上下析也。如是，则敌国轻之，与国疑之，权谋日行，而国不免危亡。齐闵、薛公是也。是无他故焉，唯其不由礼义而由权谋也。三者明主之所谨择也，而仁人之所务白也。善择者制人，不善择者为人制之。

国君者，天下之大器也，重任也。不可不善为择所而后措之，措险则危；不可不善为择道然后道之，涂秽则塞，危塞则亡。故道王者之法，与王者之人为之，则亦王矣；道霸者之法，与霸者之人为之，则亦霸矣；道亡国之法，与亡国之人为之，则亦亡矣。故国者，世以新者也，改玉改行也。一朝之日也，一日之人也，然而有千岁之国，何也？曰：援夫千岁之信法以持之也，安与夫千岁之信士为之也。人无百岁之寿，而有千岁之信士，何也？曰：以夫千岁之法自持者，是乃千岁之信士矣。故与积礼义之君子为之，则王；与端诚信全之士为之，则霸；与权谋倾覆之人为之，则亡。三者，明主之所谨择也。国危则无乐君，国安则无忧民。乱则国危，治则国安。今君人者，急逐乐而缓治国，岂不过甚哉！譬之是由好声色而恬无耳目也，岂不哀哉！故百乐者，生于治国者也；忧患者，生于乱国者也。急逐乐而缓治国，非知乐者也。故明君者，必将先治其国，然后百乐得其中；暗君者，必将荒逐乐而缓治国，故忧患不可胜校也，必至于身死国亡，然后止也，岂不哀哉！将以为乐，乃得忧焉；将以为安，乃得危焉；将以为福，乃得死亡焉，岂不哀哉！呜呼！君人者，亦可以察若言矣！故治国有道，人主有职。若夫论一相以兼率之，使臣下百吏莫不宿道向方而务，是夫人主之职也。若是，则名配尧、禹。人主者，守至约而详，事至逸而功，垂衣裳不下簟席之上，而海内之人，莫不愿得以为帝王。夫是之谓至约，乐莫大焉。人主者，以官人为能者也；匹夫者，以自能为能者也。人主得使人为之，匹夫则无所移之。今以一人兼听天下，必自为之然后可，则劳苦耗瘁莫甚焉。如是，则虽臧获不肯与天子易势业。以是悬天下，一四海，役夫之道也。

《传》曰："士大夫分职而听，诸侯之君分土而守，三公总方而议，则天子拱已止矣！"故人主欲得善射，射远中微，则莫若使羿、逢门矣；欲得善驭，及速致远，则莫若使王良、造父矣；欲调一天下，制秦、楚，则莫若聪明君子矣。其用智甚简，其为事不劳，而功名致大，甚易处，而甚可乐矣。夫贵为天子，富有天下，名为圣王，兼制人，人莫得而制也，是人情之所同欲也。欲是之主并肩而存，能建是之士不世绝，千岁而不合，何也？曰："人主不公，人臣不忠也。"人主则外贤而偏举，人臣则争职而妒贤，是其所以不合之故也。人主胡不广焉，无恤亲疏，无偏贵贱，唯诚能之求？人臣轻职让贤，而安随其后矣。如是，则功一天下，名配禹、舜，物由有可乐，如是其美者乎！呜呼！君人者亦可以察若言矣！治国者分已定，则主相臣下百吏，各谨其所闻，不务听其所不闻；各谨其所见，不务视其所不见。则虽幽闲隐僻，百姓莫不敬分安制，以化其上，是治国之征也。主道，治近不治远，治明不治幽，治一不治二。主能治近，则远者理；主能治明，则幽者化；主能当一，则百事正。夫兼听天下，日有余而治不足者，如此也，是治之极也。既能治近，又务治远；既能治明，又务治幽；既能当一，又务正百，是过者也，过犹不及也。不能治近，又务治远；不能察明，又务见幽；不能当一，又务正百，是悖者也。故明主好要，而暗主好详。主好要则百事详，主好详则百事荒矣。

国得百姓之力者富，得百姓之死者强，得百姓之誉者荣。三得者具，而天下归之；三得者亡，而天下去之。汤、武兴天下同利，除天下同害，政令制度所以接百姓者，有非理如豪末必不加焉。故百姓亲之如父母，为之死亡而不偷也。乱世不然。使愚诏智，不肖临贤；生民则致贫隘，使民则甚劳苦；又望百姓为之死，不可得也。孔子曰："审吾所以适人，人之所以来我也。"大国之主，好见小利，又好以权谋倾覆之人断事，社稷必危，是伤国者也。大国之主好诈，群臣亦从而成俗。群臣若是，则众庶亦不隆礼义，而好贪利矣。君臣上下之俗，莫不若是，则地虽广，权必轻；人虽众，兵必弱；刑虽繁，令不下通。是之谓伤国。

有乱君，无乱国；有治人，无治法。羿之法非亡也，而羿不世中；禹之法犹存，而夏不世王。故法不能独立，得其人则存，失其人则亡。法者，治之端也；君子者，法之源也。故有君子，则法虽省，足以遍矣；无君子，则法虽具，足以乱矣。故明主急得其人，而暗主急得其势。急得其人，则身逸而国治，功大而名美；急得其势，则身劳而国乱，功废而名辱。故君人者，劳于索之，而休于使之。械数者，治之流也，

非治之源也；君子者，治之源也。官人守数，君子养源。故上好礼义，尚贤使能，而无贪利之心，则下亦将綦辞让，致忠信，而谨于臣子矣。故赏不治、政令不烦而俗美，百姓莫敢不顺上之法，象上之志，而劝上之事，而安乐之矣。

君者，民之源也。源清则流清，源浊则流浊。故有社稷而不能爱民，不能利民，而求民之亲爱己，不可得也；民不亲不爱，而求其为己用，为己死，不可得也；民不为己用，不为己死，而求兵之劲、城之固，不可得也；兵不劲、城不固，而求敌之不至，不可得也；敌至而求无危削，不灭亡，不可得也。故人主欲强固安乐，则莫若反之民；欲附下一民，则莫若反之政；欲修政美国，则莫若求其人。故君人者，爱民而安，好士而荣，两者无一焉而亡也。明分职，序事业，拔材官能，莫不治理，则公道达而私门塞矣，公义明而私事息矣。如是，则德厚者进而佞悦者止，贪利者退而廉节者起，兼听齐明而百事不留。故天子不视而见，不听而聪，不虑而知，不动而功，块然独坐，而天下从之，如四支之从心也。

人主有六患：使贤者为之，则与不肖者规之；使智者虑之，则与愚者论之；使修士行之，则与奸邪之人疑之；虽欲成功，得乎哉？譬之是犹立直木，而恐其影之枉也，惑莫大焉！《语》曰："公正之士，众人之痤也；循道之人，奸邪之贼也。"今使奸邪之人论其怨贼，而求其无偏，得乎哉！譬之是犹立枉木，而求其影之直也，乱莫大焉！故古之人为之不然其取人有道，其用人有法。取人以道，参之以礼；用人以法，禁之以等；行义动静，度之以礼；智虑取舍，稽之以成；日月积久，校之以功。故卑不得临尊，轻不得悬重，愚不得谋智，是以万举不过也。

人主欲得善射，射远中微者，欲得善驭，及速致远者，悬贵爵重赏，以招致之。内不可阿子弟，外不可隐远人，能致是者取之，是岂不必得之之道哉？虽圣人不能易也。欲治国驭民，调一上下，将内以固城，外以拒难。治则制人，人不能制也。乱则危辱灭亡，可立而待也。而求卿相辅佐，则独不若是其公也。唯便辟亲比己者之用也，岂不过甚哉？故有社稷者，莫不欲强，俄则弱矣；莫不欲安，俄则危矣；莫不欲存，俄则亡矣。故明主有私人以金石珠玉，无私人以官职事业，是何也？曰：本不利于所私也。彼不能而主使之，则是主暗也；臣不能而诬能，则是臣诈也。主暗于上，臣诈于下，灭亡无日，俱害之道也。夫文王非无贵戚也，非无子弟也，非无便僻也，乃举太公而用之，兼制天下，立七十一国，姬姓独居五十三人，周之子孙，莫不为显诸侯，如是者能爱人也。故举天下之大道，立天下之大功，然后隐其所怜所爱。故曰："唯明主为能爱其所爱，暗主则必危其所爱。"此之谓也。

从命而利君谓之顺，从命而不利君谓之谄；逆命而利君谓之忠，逆命而不利君谓之篡；不恤君之荣辱，不恤国之臧否，偷合苟容，以持禄养交而已，谓之国贼。君有过谋过事，将危国家、陨社稷之具也。大臣、父兄，有能进言于君，用则可，不用则去，谓之谏；有能进言于君，用则可，不用则死，谓之争；有能比智同力，率群臣百吏，而相与强君矫君，以解国之大患，除国之大害，成于尊君安国，谓之辅；有能抗君之命，窃君之重，反君之事，以安国之危，除君之辱，谓之弼。故谏、争、辅、弼之人，社稷之臣也，国君之宝也，明君之所尊所厚也，而暗主惑君为己贼也。故明君之所赏，暗君之所罚也；暗君之所赏，明君之所杀也。《传》曰：“从道不从君。”正义之臣设，则朝廷不颇；谏争辅弼之人信，则君过不远；爪牙之士施，则仇雠不作；边境之臣处，则界垂不丧。故明主好同，暗主好独。明主尚贤使能而飨其盛，暗主妒贤畏能而灭其功。罚其忠，赏其贼，夫是之谓至暗。有大忠者，有次忠者，有下忠者，有国贼者。以德覆君而化之，大忠也；以德调君而补之，次忠也；以是谏非而怒之，下忠也；不恤君之荣辱，不恤国之臧否，偷合苟容，以持禄养交而已，国贼也。

人主之患，不在乎不言，而在乎不诚。夫言用贤者，口也；却贤者，行也。口行相反，而欲贤者之至、不肖者之退，不亦难乎！夫曜蝉者，务在明其火，振其树而已。火不明，虽振其树，无益也。今人主有能明其德，则天下归之，若蝉之归明火也。

临武君与荀卿议兵于赵孝成王前，王曰：“请问兵要。”临武君曰：“上得天时，下得地利，观敌之变动，后之发，先之至，此用兵之要术也。”荀卿曰：“不然。所闻古之道，凡用兵战攻之本，在乎一民也。弓矢不调，则羿不能以中微；六马不和，则造父不能以致远；士民不亲附，则汤、武不能以必胜也。故善附民者，是乃善用兵者也。故兵要在乎善附民而已。”临武君曰：“不然。兵之所贵者，势利也；所行者，变诈也。善用之者，莫知其所从出，孙、吴用之无敌于天下，岂必待附民乎？”荀卿曰：“不然。臣之所道，仁人之兵，王者之志也。君之所贵，权谋势利，攻夺变诈也。仁人之兵，不可诈也。彼可诈者，怠慢者也。故以桀诈桀，犹有幸焉；以桀诈尧，譬之若以卵投石，若以指挠沸。若赴水火，入焉焦没耳！故仁人上下一心，三军同力；臣之于君，下之于上，若子之事父，弟之事兄；若手臂

之捍头目，而覆胸腹也。诈而袭之，与先惊而后击之一也。”临武君曰：“善！”陈嚣问荀卿曰：“先生议兵，常以仁义为本。仁者爱人，义者循理，然则又何以兵为？凡所为有兵者，为争夺也。”荀卿曰：“非汝所知也。彼仁者爱人，爱人故恶人之害之也；义者循理，循理故恶人之乱之也。彼兵者，所以禁暴除害也，非争夺也。故仁人之兵，所存者神，所过者化。若时雨之降，莫不悦喜。故近者亲其善，远方慕其德。兵不血刃，远迩来服，德盛于此，施及四极。”

天行有常，不为尧存，不为桀亡。应之以治则吉，应之以乱则凶。强本而节用，则天不能贫；养备而动时，则天不能病；循道而不忒，则天不能祸。故水旱不能使之饥，寒暑不能使之疾，妖不能使之凶。背道而妄行，则天不能吉。故水旱未至而饥，寒暑未薄而疾，怪未生而凶。受时与治世同，而殃祸与治世异，不可以怨天，其道然也。故明于天人之分，则可谓至人矣。

天不为人之恶寒辍冬，地不为人之恶辽远辍广，君子不为小人之匈匈辍行。天有常道，地有常数，君子有常体。君子道其常，小人计其功。星坠木鸣，国人皆恐。是天地之变，阴阳之化，物之罕至者也，怪之可也，而畏之非也。夫日月之有食，风雨之不时，怪异之傥见，是无世而不尝有之。上明而政平，则是虽并世起，无伤也；上暗而政险，则是虽无一至者，无益也。若夫天地之变，畏之非也，人妖则可畏也。政险失民，田芜稼恶，籴贵民饥，道路有死人，夫是之谓人妖也；政令不明，举措不时，本事不理，夫是之谓人妖也；礼义不修，外内无别，男女淫乱，父子相疑，上下乖离，寇难日至，夫是之谓人妖也。三者错，无安国矣。其说甚迩，其灾甚惨。《传》曰：“万物之怪，书不说，无用之辨，不急之察，弃而不治也。”若夫君臣之义、父子之亲、夫妇之别，则日切磋而不舍也。在天者莫明于日月，在人者莫明于礼义。故人之命在天，国之命在礼。君人者，隆礼、尊贤而王，重法、爱民而霸，好利、多诈而危，权谋、倾覆而亡矣。

主道明则下安，主道幽则下危。故下安则贵上，下危则贱上。故上易知，则下亲上矣；上难知，则下畏上矣。下亲上则上安，下畏上则上危。故主道莫恶乎难知，莫危乎使下畏己。《传》曰：“恶之者众，则危矣。”

入孝出悌，人之小行也；上顺下笃，人之中行也；从道不从君，从义不从父，人之大行也。孝子所以不从命有三：从命则亲危，不从命则亲安，孝子不从命，乃衷也；从命则亲辱，不从命则亲荣，孝子不从命，乃义也；从命则禽兽，不从命则修饰，孝子不从命，乃敬也。故可以从而不从，是不子也；未可以从而从，是不衷也。明于从不从之义，而能致恭敬、忠信、端悫，以慎行之，则可谓大孝矣。《传》曰：“从道不从君，从义不从父。”此之谓也。

繁弱、钜黍，古之良弓也，然而不得排檠则不能自正。干将、莫耶，古之良剑也，然而不加砥砺则不能利，不得人力则不能断。骅骝、騄駬，古之良马也，然而必前有衔辔之制，后有鞭策之威，加之以造父之驭，然后一日致千里也。夫人虽有性质美而心辨智，必求贤师而事之，择贤友而友之。得贤师而事之，则所闻者尧、舜、禹、汤之道也；得良友而友之，则所见者忠信敬让之行也。身日进于仁义而不自知者，靡使然也。今与不善人处，则所闻者欺诬、诈伪也，所见者污漫、淫邪、贪利之行也，身且加于刑戮而不自知者，靡使然也。《传》曰："不知其子，视其友；不知其君，视其左右。"靡而已矣！

桓公用其贼，文公用其盗，故明主任计不信怒，暗主信怒不任计。计胜怒则强，怒胜计者亡。

天子即位，上卿进曰："如之何忧长也？能除患则为福，不能则为贼。"授天子一策。中卿进曰："配天而有下土者，先事虑事，先患虑患。先事虑事谓之接，接则事优成；先患虑患谓之豫，豫则祸不生。事至而后虑者谓之后，后则事不举；患至而后虑者谓之困，困则祸不可御。"授天子二策。下卿进曰："敬戒无怠，庆者在堂，吊者在闾。祸与福邻，莫知其门。务哉！务哉！万民望之。"授天子三策。口能言之，身能行之，国宝也；口不能言，身能行之，国器也；口能言之，身不能行，国用也；口言善，身行恶，国妖也。治国者敬其宝，爱其器，任其用，除其妖。义与利者，人之所两有也。虽尧、舜不能去民之欲利，然而能使其欲利不克其好义也；虽桀、纣亦不能去民之好义，然而能使其好义，不胜其欲利也。故义胜利者为治世，利克义者为乱世。上重义则义克利，上重利则利克义。故天子不言多少，诸侯不言利害，大夫不言得丧，士不能通货财。从士以上，皆羞利而不与民争业，乐分施而耻积藏，然后民不困则，贫窭者有所窜其中矣。仁义礼善之于人也，譬之若货财粟米之于家也，多有之者富，少有之者贫，至无有者穷。

圣王在上，分义行乎下，则士大夫无沉淫之行，百吏官人无怠慢之事，众庶百姓无奸怪之俗，无盗贼之罪，莫敢犯上之禁。天下晓然，皆知夫盗窃之不可以为富也，皆知夫贼害之不可以为寿也，皆知夫犯上之禁不可以为安也。由其道，则人得其所好焉；不由其道，则必遇其所恶焉。是故刑罚甚省，而威行如流也。故刑当罪则威，不当罪则侮；爵当贤则贵，不当贤则贱。古者刑不过罪，爵不逾德。故杀其父而臣其子，杀其兄而臣其弟。刑罚不怒罪，爵赏不逾德。是以为善者劝，为不善者沮。威行如流，化易如神。乱世不然。刑罚怒罪，爵赏逾德，以族论罪，以世举贤。故一人有罪，而三族皆夷，德虽如舜，不免刑均，是以族论罪也。先祖贤，子孙必显，行虽如桀，列从必尊，此以世举贤也。以族论罪，以世举贤，欲无乱，得乎？尊圣者王，贵贤者霸，敬贤者存，嫚贤者亡，古今一也。故尚贤使能，等贵贱，分亲疏，序长幼，此先王之道也。故尚贤使能，则主尊下安；贵贱有等，则令行而不留；亲疏有分，则施行而不悖；长幼有序，则事业捷成，而有所休。故仁者，仁此者也；义者，分此者也；节者，死生此者也；忠者，惇慎于此者也。兼此而能之，备矣。

卷三十九

《吕氏春秋》治要

先圣王之治天下也，必先公，公则天下平〔平，和〕。尝观于上志〔上志，古记〕，有得天下者众矣，其得之必以公，其失之必以偏〔偏私不正〕。凡主之立也，生于公。故《洪范》曰："无偏无党，王道荡荡〔荡荡，平易〕。"阴阳之和，不长一类；甘露时雨，不私一物；万民之主，不阿一人。桓公行公去私恶，用管子而为五伯长；行私阿所爱，用竖刁而虫出于户〔五子争立，无主丧，六十日乃殡，至使虫流出户也〕。人之少也愚，其长也智。故智而用私，不若愚而用公〔用私以败，用公则齐〕。

天无私覆也，地无私载也，日月无私烛也，四时无私为也，行其德而万物得遂长焉〔遂，成〕。庖人调和而不敢食，故可以为庖。若使庖人调和而食之，则不可以为庖矣。王伯之君亦然，诛暴而不私，以封天下之贤者，故可以为王伯。若使王伯之君诛暴而私之，则亦不可以王伯矣〔诛暴有所私枉，则不可以为王伯〕。

水泉深，则鱼鳖归之；树木盛，则飞鸟归之；庶草茂，则禽兽归之；人主贤，则豪杰归之。故圣王不务归之者，而务其所以归〔务人使归之，末也；务其所行可归，本也〕。强令之笑不乐，强令之哭不悲〔皆无其中心也〕，强令之为道也，可以成小，而不可以成大。大寒既至，民暖是利；大热在上，民清是走。故民无常处，见利之聚，无利之去。欲为天子，民之所走，不可不察。

凡论人，通则观其所礼〔通，达〕，贵则观其所进，富则观其所养，听则观其所行〔养则养贤也，行则行仁也〕，近则观其所好，习则观其所言〔好则好义也，言则言道也〕，穷则观其所不受，贱则观其所不为。喜之以验其守〔守，情守也〕，乐之以验其僻〔僻，邪〕，怒之以验其节〔节，性〕，惧之以验其特〔特，独也，虽独不恐也〕，哀之以验其仁〔仁人见可哀者，则不忍之也〕，苦之以验其志。八观六验，此贤主之所以论人也。论人，必以六戚四隐〔六戚，六亲也；四隐，相匿扬长蔽短也〕。何谓六戚？父、母、兄、弟、妻、子。何谓四隐？交友、故旧、邑里、门廊。内则以六戚四隐，外则以八观六验，人之情伪，贪鄙美恶，无所失矣〔言尽知之〕。此先圣王之所以知人也。

先王之教，莫荣于孝，莫显于忠。忠孝，人君、人亲之所甚欲也；显荣，人臣、人子之所甚愿也。然而，人君、人亲不得所欲，人臣、人子不得所愿，此生于不知理义〔不知理义，在君父则不仁不慈，在臣子则不忠不孝〕。不知理义，生于不学〔生，犹出也〕。是故古之圣王，未有不尊师者也。尊师，则不论贵贱贫富矣。神农师悉诸，黄帝师大桡〔悉，姓。诸，名。大挠，作甲子者也〕，帝颛顼师伯夷父，帝喾师伯招，帝尧师子州支父，帝舜师许由，禹师大成挚，汤师小臣〔小臣，谓伊尹〕，文王、武王师吕望、周公旦，齐桓公师管夷吾，晋文公师咎犯、随会，秦穆公师百里奚、公孙枝，楚庄王师孙叔敖、沈尹巫〔沈，县大夫〕，吴王阖闾师伍子胥、文之仪〔文，氏。仪，名〕，越王勾践师范蠡、大夫种。此十圣六贤者，未有不尊师者也。今尊不至于帝，智不至于圣，而欲无尊师，奚由至哉〔至于道也〕？此五帝之所以绝，三代之所以灭〔言五帝三代之后，不复重道尊师，故以绝灭也〕。

音乐之所由来远矣！天下太平，万民安宁，皆化其上〔化，犹随也〕，乐乃可成。故唯得道之人，其可与言乐乎〔言，说〕。亡国戮民，非无乐也，其乐不乐〔不和于雅，故不乐也〕。溺者非不笑也〔溺人必笑，虽笑不欢〕，罪人非不歌也〔当死者，虽歌不乐也〕，狂者非不舞也〔虽舞不能中节〕，乱世之乐，有似于此。君臣失位，父子失处，夫妇失宜，民人呻吟，其以为乐，若之何哉〔以民人呻吟叹戚，不可为乐也，故曰若之何也〕？

乱世之乐，为木革之声，则若雷；为金石之声，则若霆；为丝竹歌舞之声，则若噪〔噪，叫〕。以此骇心气、动耳目、摇荡生则可矣〔生，性〕，以此为乐则不乐〔不乐，不和〕。故乐愈侈，而民愈郁〔侈，淫也。郁，怨也〕、国愈乱、主愈卑，则亦失乐之情矣。凡古圣王之所为贵乐者，为其乐也。夏桀、殷纣作为侈乐大鼓、钟、磬、管、箫之音，以巨为美〔巨，大〕，俶诡殊瑰，耳所未尝闻，目所未尝见〔俶，始也。始作诡异瑰奇之乐，故耳未尝闻，目未尝见〕，务以相过，不用度量〔不用乐之法制〕。侈则侈矣，失乐之情。失乐之情，其乐不乐〔非正乐也，故曰不乐〕。乐不乐者，其民必怨，其主必伤〔怨，悲也。伤，病也〕。此生乎不知乐之情，而以侈为务故也。

耳之情欲声，心不乐，五音在前弗听；目之情欲色，心弗乐，五色在前弗视；鼻之情欲香，心弗乐，芬香在前弗臭；口之情欲味，心弗乐，五味在前弗食。欲之者，耳目鼻口也。乐之者不乐者，心也。心必和平然后乐，心乐然后耳目鼻口有以欲之。故乐之务在于和心，和心在于行适〔适，中适也〕。夫乐有适，心亦有适。人之情欲寿而恶夭，欲安而恶危，欲荣而恶辱，欲逸而恶劳。四欲得，四恶除，则心适矣。四欲之得也，在于胜理。胜理以治身，则生全矣，生全则寿长矣。胜理以治国，则法立矣，法立则天下服〔服于理也〕。故适心之务，在胜理。凡音乐，通乎政，而风乎俗者也〔风，犹化也〕，俗定而乐化之矣。故有道之世，观其音而知其俗，观其俗而知其政矣，观其政而知其主矣。故先王必托于音乐，以论其教〔论，明〕。故先王之制乐也，非特以欢耳目、极口腹之欲也〔特，止也〕，将以教民平好恶、行理义也〔平，正也。行，犹通〕。

黄钟之月，土事毋作，慎毋发盖，以固天闭地〔十一月也〕。大吕之月，数将几终〔十二月也。几，近也。终，尽也〕，岁且更起，而农民毋有所使〔使，役〕。大蔟之月，阳气始至〔正月〕，草木繁动〔动，生〕，令农发土，毋或失时〔发土而耕〕。夹钟之月，宽裕和平，行德去刑〔夹钟，二月〕，毋或作事，以害群生〔事兵戎事〕。姑洗之月，达通道路，沟渎修利〔三月也。时雨将降，故修利沟渎〕。中吕之月，毋聚大众，巡劝农事〔四月也。大众，谓军旅兴功筑宜〕，草木方长，毋携民心〔民当务农，长育谷木。徭役聚，则心携离逆上命也〕。蕤宾之月，阳气在上，安壮养孩〔五月也，壮，盛也。孩，少〕，本朝不静，草木早槁〔静，安也。朝政不宁，故草木变动堕落，早枯槁也〕。林钟之月，草木盛满，阴将始刑〔六月也。立秋则行戮，故曰阴气将始杀也〕，毋发大事，以将阳气〔发，起也。将，犹养〕。夷则之月，修法饬刑，选士厉兵〔七月也。饬，正也〕，诘诛不义，以怀远方〔怀柔〕。南吕之月〔八月〕，趣农收聚，毋敢懈怠。无射之月，疾断有罪，当法勿赦〔九月也。有罪，当断杀勿赦〕。应钟之月，阴阳不通，闭而为冬〔十月也。阳伏在下，阴闭于上，故不通〕，修辨丧纪，审民所终〔审，慎也。终，卒也。修别丧服，亲疏轻重，服制之纪也〕。

周文王立国八年，寝疾五日，而地动东西南北，不出周郊。百吏皆请曰："臣闻地之动也，为人主也。今王寝疾，请移之。"文王曰："若何其移之也？"对曰："兴事动众，以增国城，其可以移之乎！"文王曰："天之见妖，以罚有罪也。我必有罪，故天以此罚我也。今兴事动众，以增国城，是重吾罪也。不可〔重，犹益也，移咎征于他人，是益吾咎〕。昌也请改行重善以移之，其可以免乎！"于是谨其礼秩、皮革，以交诸侯；饬其辞令、币帛，以礼豪士。无几何，疾乃止〔止，除〕。立国五一年而终。

宋景公之时，荧惑在心。公惧，召子韦而问之，曰："荧惑在心，何也〔子韦，宋之太史〕？"子韦曰："荧惑者，天罚也；心者，宋分野也。祸当君。虽然，可移于宰相。"公曰："宰相所与治国家也，而移死焉，不祥。"曰："可移于民。"公曰："民死，寡人将谁为君乎？"曰："可移于岁。"公曰："岁饥，民必饿死。为人君而杀其民以自活，其谁以我为君乎？是寡人之命固尽已，子无复言矣。"子韦再拜曰："臣敢贺君，天之处高而听卑。君有至德之言三，天必三赏君命，今昔荧惑必徙三舍，君延年二十一岁。"是昔也，荧惑果徙三舍。

兵之所自来者上矣〔自，从也。上，久也〕。家无怒笞，则竖子婴儿之有过也立见；国无刑罚，则百姓之相侵也立见；天下无诛伐，则诸侯之相暴也立见。故怒笞不可偃于家，刑罚不可偃于国，诛伐不可偃于天下，有巧有拙而已矣〔巧者以治，拙者以乱〕。故古之圣王，有义兵而无偃兵。夫有以噎死者，欲禁天下之食，悖矣；有以乘舟死者，欲禁天下之船，悖矣；有以用兵丧其国者，欲偃天下之兵，悖矣。兵之不可偃也，譬之若水火然〔水以疗渴，火以熟食，不可乏也；兵以除乱，亦不可偃〕，善用之则为福，不善用之则为祸〔能者养之取福，不能者败以取祸也〕。善用药者亦然，得良药则活人，得恶药则杀人。义兵之为天下良药也，亦大矣〔义兵除天下之凶残，解百姓之倒悬，故方之于良药〕。故兵诚义，以诛暴君，而振苦民，民之悦之也，若孝子之见慈亲也，若饥者之见美食也。民之号呼而走之〔走，归〕，若强弩之射于深溪也。义兵至，邻国之民归之若流水，诛国之民望之若父母。行地滋远，得民滋众。兵不接刃，而民服若化〔若，顺〕。

义也者，万事之纪也，君臣上下亲疏之所由起也，治乱安危之所在也。勿求于他，必反于己。人情欲生而恶死，欲荣而恶辱。死生荣辱之道一，则三军之士可使一心矣。

衣，人以其寒；食，人以其饥。饥寒，人之大害也。救之，大义也。人之困穷，甚如饥寒，故贤主必怜人之困也，必哀人之穷也。如此则名号显矣、国土得矣〔得国土也〕。人主其胡可以无务行德爱人乎？行德爱人，则民亲其上；民亲其上，则皆乐为其君死矣。赵简子有两白骡而甚爱之。阳城胥渠〔阳城，姓。胥渠，名〕，广门之宦，夜款门而谒曰："主君之臣胥渠有疾〔广门，邑名也。宦，小臣也。款，叩也〕，医教之曰：'得白骡之肝病则止，不得则死'。"谒者通。简子曰："夫杀畜以活人，不亦仁乎？"于是召庖人杀白骡，取肝以与之。无几何，赵兴兵而攻翟，广门之宦左七百人、右七百人，皆先登而获甲首〔获衣甲者之首也〕。人主其胡可以不好士也？

孝子之重其亲，慈亲之爱其子也，痛于肌骨，性也。所重所爱，死而弃之沟壑，人之情不忍为，故有葬死之义。葬者，藏也，慈亲孝子之所慎也〔慎，重〕。慎之者，以生人之心虑也〔虑，计〕。以生人之心为死者虑，莫如无动，莫如无发。无发无动，莫如无有可利。无有可利，此之谓重闭〔人不发掘，不见动摇，谓之重闭〕。葬，不可不藏也，葬浅则狐狸掘之，深则及于水泉。故凡葬必于高陵之上，以避狐狸之患、水泉之湿。此则善矣，而忘奸邪盗贼寇乱之难，岂不惑哉〔厚葬人利之，必有此难，故谓之惑也〕？慈亲孝子备之者，得葬之情矣。今世俗大乱，人主愈侈，非葬之心也，非为死者虑也，生者以相矜也。侈靡者以为荣，俭节者以为辱，不以便死为故〔故，事〕，而徒以生者之诽誉为务，此非慈亲孝子之心也。父虽死，孝子之重之不怠〔重，尊也。怠，懈也〕；子虽死，慈亲之爱之不懈。夫葬所爱重，而以生者之所甚欲，其以安之，若之何哉〔厚葬必发掘，故曰其以安之也。若之何，言不安〕？

世之为丘垄也，其高大若山，其树之若林，其设阙庭为宫室若都邑，以此观世示富则可矣，以此为死者则不可。夫死者其视万岁，犹一瞚也。人之寿，久不过百，中寿不过六十。以百与六十为无穷者虑，其情必不相当矣；以无穷为死者虑，则得之矣。今有人于此，为石铭，置之垄上曰："此其中珠玉玩好、财物宝器甚多，不可不掘，掘之必大富。"人必相与笑之，以为大惑〔惑，悖〕。世之厚葬也，有似于此。自古及今，未有不亡之国也。无不亡之国者，是无不掘之墓也。以耳目所闻见，齐、荆、燕尝亡矣，宋、中山已亡矣，赵、魏、韩皆失其故国矣。自此以上者，亡国不可胜数〔上，犹前也〕。是故古大墓无不掘者也，而世皆争为之，岂不悲哉？尧葬于谷，林通树之〔通林以为树也〕；舜葬于纪，市不变其肆〔市肆如故，言不烦民〕；禹葬于会稽，不变人徒〔变，动也。言无所兴造，不扰民也〕。是故先王以俭节葬死也，非爱其费，非恶其劳，以为死者虑也〔为，犹便也〕。先王之所恶，惟死者之辱也。发则必辱，俭则不发，故先王之葬必俭也。谓爱人者众，知爱人者寡〔谓凡爱死人者众，多厚葬之也，知所以爱之者寡，能俭葬者少也〕。故宋未亡而东冢掘〔文公冢也〕，齐未亡而庄公冢掘〔以葬厚，冢见发〕。国安宁而犹若此，又况百世之后，而国已亡乎？故孝子忠臣，亲父佼友，不可不察也。夫爱之而反害之，安之而反危之，其此之谓乎？

至忠逆于耳、倒于心〔倒，亦逆也〕，非贤主其孰能听之〔听，受〕？故贤主之所说，不肖主之所诛也〔贤主悦忠言，不肖主反之〕。今有树于此，而欲其美也，人时灌之，则恶之〔恶其灌之者也〕，而日伐其根，则必无活树矣。夫恶闻忠言，自伐之精者也〔精，犹甚，甚于自伐其根也〕。

贤主必自知士，故士尽力竭智、直言交争，而不辞其患〔士为知己者死，故尽力竭智，何患之辞也〕，豫让、公孙弘是矣。当是时也，智伯、孟尝君知之矣〔智伯知豫让，故为之报仇。孟尝君知公孙弘，故为之不受折于秦也〕。世之人主，得地百里则喜，四境皆贺，得士则不喜，不知相贺，不通乎轻重也。汤、武，千乘也，而士皆归之；桀、纣，天子也，而士皆去之。孔、墨，布衣之士也，万乘之主、千乘之君不能与之争士也〔士不归之，而归孔、墨，故曰不能与之争士〕。自此观之，尊贵富大不足以来士矣〔来，犹致也〕，必自知之，然后可〔可者，可至〕。豫让之友谓豫让曰："子尝事范氏、中行氏，诸侯尽灭之，而子不为报，至于智氏，而子必为之报，何故？"豫让曰："范氏、中行氏，我寒而不我衣，我饥而不我食，而时使我与千人共其养，是众人畜我也。夫众人畜我者，我亦众人事之。至于智氏则不然，出则乘我以车，入则足我以养，众人广朝，而必加礼于吾，所谓国士畜我也。夫国士畜我者，我亦国士事之。"豫让，国士也，而犹以人于己也〔于，犹厚也〕，又况于中人乎？孟尝君为从〔关东曰从〕，公孙弘谓孟尝君曰："不若使人西观秦，意者秦王帝王之主也，君恐不得为臣，何暇从以难之〔言不能成从以难秦〕？意者秦王不肖主也，君从以难之，未晚也。"孟尝君曰："善。愿因请公往矣。"公孙弘见昭王，昭王曰："薛之地小大几何？"公孙弘对曰："百里。"昭王笑而曰："寡人之国，地数千里，犹未敢以有难也？今孟尝君之地方百里，而欲以难寡人，犹可乎？"公孙弘对曰："孟尝君好士，大王不好士也。"昭王曰："孟尝君之好士何如？"对曰："义不臣乎天子、不友乎诸侯，得意慙为人君，不得意不肯为人臣，如此者三人；能治可为管、商之师〔管，管仲。商，商鞅〕，能致其主霸王，如此者五人；万乘之严主辱其使者，退而自刎，必以其血污其衣，有如臣者七人。"昭王笑而谢焉。

世之听者，多有所尤；多有所尤，则听必悖矣〔尤，过〕。人有亡鈇者，意其邻之子，视其色、言语、动作、态度无为而不窃鈇〔窃，盗〕。掘其谷得其鈇〔谷，坑〕，他日复见其邻之子，动作、态度，无似窃鈇者。其邻之子非变也，己则变之。变之者无他，有所尤也。邾之故法，为甲裳以帛〔以帛缀甲〕。公息忌谓邾君曰："不若以组。"邾君曰："将何所得组？"公息忌对曰："上用之，则民为之矣。"邾君曰："善。"下令，令官为甲必以组。公息忌因令其家皆为组。人有伤之者曰："公息忌之所以欲用组者，其家多为组也。"〔伤，败〕邾君不悦，于是乎止无以组〔以，用〕。邾君有所尤也。为甲以组而便，公息忌虽多为组，何伤？以组不便，公息忌虽无为组，亦何益！为组与不为组，不足以累公息忌之说〔累，犹辱也〕。凡听言不可不察〔察者，详也〕，不察则善不善不分。善不善不分，乱莫大焉。

昔禹一沐而三捉发，一食而三起，以礼有道之士，通乎己之不足〔欲以闻所不闻、知所不知故也〕。通乎己之不足，则不与物争矣〔情欲之物不争〕。愉易平静以待之，使夫自以之〔以，用〕；因然而然之，使夫自言之。亡国之主反此，自贤而少人。少人，则说者持容而不极〔极，至〕，听者自多而不得〔自多，自贤〕。

三王之佐，皆能以公及其私矣。俗主之佐，其欲名实也，与三王之佐同，其名无不辱者，其实无不危者，无功故也。皆患其身之不贵于国也，而不患其主之不贵于天下也。皆患其家之不富也，而不患其国之不大也。此所以欲荣而愈辱、欲安而愈危。故荣富非自至，缘功伐也。今功伐甚薄，而所望厚，诬也〔以薄获厚为诬〕；无功伐而求荣富，诈也〔以虚取之为诈〕。诈诬之道，君子不由〔由，用〕。

凡为天下、治国家，必务其本也。务本莫贵于孝。人主孝，则名章荣、天下誉〔誉，乐〕；人臣孝，则事君忠、处官廉、临难死；士民孝，则耕芸疾、守战固、不疲北。夫执一术而百喜至、百邪去，天下从者，其唯孝乎！故论人必以所亲，而后及所疏；必以所重，而后及所轻。曾子曰："先王之所以治天下者五：贵贵，贵德，贵老，敬长，慈幼。此五者，先王之所以定天下也〔定，安〕。所为贵贵，为其近于君也；所为贵德，为其近于圣也；所为贵老，为其近于亲也；所为敬长，为其近于兄也；所为慈幼，为其近于弟也。"

昔晋文公将与楚人战于城濮，召咎犯而问曰："楚众我寡，奈何而可？"咎犯对曰："臣闻繁礼之君，不足于文；繁战之君，不足于诈〔足，犹厌也〕。君亦诈之而已。"文公以咎犯言告雍季，雍季曰："竭泽而渔，岂不获得？而明年无鱼。焚薮而田，岂不获得？而明年无兽〔言尽其类〕。诈伪之为道，虽今偷可，后将无复〔不可复行〕，非长术也。"文公用咎犯之言，而败楚人于濮。反而为赏，雍季在上。左右谏曰："城濮之功，咎犯之谋也。君用其言，而后其身，或者不可乎？"公曰："雍季之言，百世之利也；咎犯之言，一时之务也〔务，犹事也〕。焉有以一时之务先百世之利者乎？"孔子闻之曰："临难用诈，足以却敌；返而尊贤，足以报德。文公虽不终始焉，足以霸矣。"

贤主，愈大愈惧，愈强愈恐〔愈，益〕。凡大者，小邻国也；强者，胜其敌也〔大者，侵削邻国使小〕。胜其敌则多怨，小邻国则多患。多怨，国虽强大，恶得不惧？恶得不恐〔恶，安〕？故贤主于安思危〔安不忘危〕、于达思穷〔显不忘约〕、于得思丧〔丧，亡也。有得必有失，故思之也〕。

惠盎见宋康王，康王曰："寡人之所悦者，勇有力也，不悦为仁义者，客将何以教寡人？"惠盎对曰："臣有道于此〔有道于此，勇有力也〕，使人虽勇，刺之不入，虽有力，击之弗中。夫刺之不入，击之不中，此犹辱也。臣有道于此，使人虽有勇弗敢刺，虽有力弗敢击。夫弗敢，非无其志也。臣有道于此，使人本无其志也〔本无有击刺之志也〕。夫无其志，未有爱利之心也。臣有道于此，使天下丈夫女子莫不欢然皆欲爱利之，此其贤于勇有力也〔言以仁义之德，使民皆欲爱利之，故贤于勇有力也〕。大王独无意耶？”宋王曰：“此寡人之所欲得也。”曰：“孔、墨是也〔言当为孔丘、墨翟之德，则德所欲也〕。孔丘、墨翟，无地为君〔以德见尊也〕，无官为长〔以道见敬〕，天下丈夫女子，莫不延颈举踵，而愿安利之〔愿其尊高而利己也〕。今大王万乘之主也，诚有其志〔孔、墨之志〕，则四境之内，皆得其利矣，其贤于孔、墨也远矣〔得贤名过于孔、墨〕。”

武王使人候殷，反报曰：“殷乱矣。”武王曰：“其乱焉至？”对曰：“谗慝胜忠良。”武王曰：“尚未也。”又往，反报曰：“贤者出走矣。”武王曰：“尚未也。”又往，反报曰：“其乱甚矣。百姓不敢诽谤怨矣。”武王遽告太公，太公曰：“其乱至矣，不可以驾矣。”〔驾，加也〕。

凡国之亡也，有道者必先去，古今一也〔君子见机而作，不待终日，故必先去〕。天下虽有有道之士，固犹少。千里而有一士，比肩也；累世而有一圣人，继踵也。士与圣人之所自来，若此其难也，而治必待之，治奚由至乎？虽幸而有，未必知也，不知则与无同〔不知其贤而用之，故不治。不治，则与无贤同〕。此治世之所以短，而乱世之所以长也〔短，少也。长，多也〕。故亡国相望〔言不绝也〕。贤主知其若此也，故日慎一日，以终其世。譬之若登山者，处已高矣，左右视，尚巍巍焉，山在其上矣。贤者之所与处，有似于此。身已贤矣，行已高矣，左右视，尚尽贤于己也。故周公曰：“与我齐者，吾不与处，无益我者也〔齐，等也。等则不能胜己，故曰无益我者也〕。”以为贤者必与贤于己者处。贤者之得可与处也，礼之。诸众齐民，不待知而使，不待礼而令〔令，亦使也〕。若夫有道之士，必礼必知，然后其智能可尽也〔可尽得而用也〕。

凡人主必审分，然后治可以至〔分，谓仁义、礼律、杀生、与夺之分。至，至于治也〕。凡为善难，任善易。奚以知之？今与骥俱走，则人不胜骥矣；居于车上而任骥，则骥不胜人矣。人主好治人官之事〔好为臣之官事〕，则是与骥俱走也，必多所不及矣〔言力不赡也〕。夫人主亦有车，无去其车，则众善皆尽力竭能矣。人主之车，所以乘物也。不知乘物，而自怙恃，奋其智能，多其教诏，而好自以〔诏，亦教也。以，用〕，则百官恫扰〔恫，动；扰，乱〕，少长相越，万邪并起，权威分移〔政在家门〕，此亡国之风〔风，化〕。王良之所以使马者约，审握其辔，而四马莫敢不尽力。有道之主，其所以使群臣者，亦有辔。正名审分，是治之辔也。故案其实、审其名，以求其情；听其言、察其类，毋使放悖〔放，纷也。悖，乱也〕。尧舜之民不独义，禹汤之臣不独忠，得其数也〔御之得其术也〕；桀纣之民不独鄙，幽厉之臣不独僻，失其理也。今有人于此，求牛则名马，求马则名牛，所求必不得矣〔失其名，故不得〕。而因用威怒，有司必诽怨矣，牛马必扰乱矣。百官，众有司也；万物，群牛马也。不正其名，不分其职，而数用刑罚，乱莫大焉。

昊天无形，而万物以成〔天无所制作物形，而物自成也〕；大圣无事，而千官尽能〔官得其人，其人任其职，故尽能也〕。此之谓不教之教、无言之诏。故有以知君之狂，以其言之当〔君狂言，臣下不敢谏止，而喜轻言，自以其言为当，是以知其言之当〕；有以知君之惑，以其言之得〔狂言而得，所以知其惑也〕。君也者，以无当为当、以无得为得者也。当得不在于君，而在于臣〔待臣匡正〕。今之为车者，数官然后成〔轮舆辕轴，各自有材，故曰数官然后成也〕。夫国岂特为车哉？众智众能之所持也，不可以一物一方安也〔方，道也〕。思虑自伤也〔思虑，劳精神也〕，智差自亡也〔用智过差，极其情欲，以自消亡〕，奋能自殃也〔奋，强〕。凡奸邪险诐之人也，必有因。何因？因主之为〔因，犹随也〕。

人主好以己为〔己所好，情欲则为也〕，则守职者，舍职而阿主之为，有过则主无以责之，则人主日侵，而人臣日得〔得其阿主之心〕。是宜动者静，宜静者动；尊之为卑，卑之为尊，从此生矣。此国之所以衰，而敌之所以攻也。

凡官者，以治为任，以乱为罪。今乱而无责，则乱愈长矣。人主以好为示能〔以能示众〕，以好唱自奋〔奋，强〕；人臣以不争持位，以听从取容。是君代有司为有司也〔大臣匡君，进思尽忠，退思补过。此以德从取容，无有正君者，君当自正耳，是为代有司为有司〕，是臣得后随以进其业也〔后随，随后也。其业，不争取容之业也〕。君臣不定〔君不君，臣不臣，故不定也〕。

人主自智而愚人、自巧而拙人，若此，则愚拙者请矣〔君自谓智而巧，故愚拙者从之请也〕，巧智者诏矣。诏多则请者愈多矣，请者愈多，且无不请也。主虽巧智，未无不知也〔未能尽无所不知也〕。以未无不知，应无不请，其道固穷〔固，必〕。穷而不知其穷，其患又将反以自多，是之谓重塞之主，无存国矣。故有道之主，因而不为〔因循旧法，不改为也〕，责而不诏〔责臣成功，不妄有所教诏〕，不伐之言，不夺之事，督名审实，官使自司，以不知为道，以奈何为实〔以不知为道，道尚因循长养，不违戾自然之性，故以不可奈何为实也〕。绝江者托于船，致远者托于骥，霸王者托于贤。伊尹、吕尚、管夷吾、百里奚，此霸王之船骥也。释父兄与子弟，非疏之也；任庖人、钓者与仇人、仆虏，非阿之也。用持社稷、立功名之道，不得不然也〔庖人即伊尹，钓者即吕尚，仇人即管夷吾，仆虏即百里奚也。非阿私近之也，用其以持社稷，立功名之道也，故曰不得不然〕。

三代之道无二，以信为管〔管，准法也〕。宋人有取道者，其马不进，刭而投之溪水〔刭，杀也。投，弃〕。又复取道，其马不进，又刭而投之溪水。如此者三。虽造父之所以威马，不过此矣。不得造父之道，而徒得其威，无益于御。人主之不肖者，有似于此。不得其道，而徒多其威，威愈多，民愈不用〔民不为之用也〕。亡国之主，多以威使其民矣。故威不可无有，而不足专恃。譬之若盐之于味，凡盐之用，有所托也，不适则败所托而不可食。威亦然矣。恶乎托？托于爱利〔爱则利民〕。爱利之心息，而徒疾行威，身必咎矣。

古之君民者，仁义以治之，爱利以安之，忠信以导之，务除其灾、致其福。故民之于上也，若玺之于涂，此五帝三王之所以无敌也。

东野稷以御见庄公，庄公以为造父不过也。颜阖曰："其马将败。"少顷，东野稷之马败而至。庄公召颜阖而问之曰："子何以知其败也？"对曰："夫进退中绳，左右旋中规，造父之御，无以过焉，犹求其马。臣得以知其败也。"故乱国之使其民，不论人之性，不反人之情，烦为教而过不识〔过，责也。识，知也〕，重为任而罪不胜〔不能胜其所任者而罚〕。民进则欲其赏，退则畏其罪。知其能力之不足也，则以伪继矣。知，则上又从而罪之〔罪其伪也〕，是以罪召罪也〔召，致〕。故礼烦则不庄，业众则无功，令苛则不听，禁多则不行。桀、纣之禁，不可胜数，故民不用而身为戮。

凡使贤、不肖异。使不肖以赏罚〔不肖者喜生恶死，则可使也矣〕，使贤以义〔唯义所在，死生一也〕。故贤主之使其下也，必以义，必审赏罚，然后贤、不肖尽为用也。

凡人筋骨欲其固也，心志欲其和也，精气欲其行也。若此，则病无所居，而恶无由生矣。病之留，恶之生，精气郁也〔郁滞不通〕。故水郁则为污〔水浅不流曰污〕，树郁则为蠹〔蠹，蝎〕，草郁则为蒉〔蒉，秽〕。国亦有郁：主德不通，民欲不达，此国之郁也。国之郁处久，则百恶并起，而万灾丛生矣〔丛，聚〕。故人贵豪士与忠臣也，为其敢直言而决郁塞也。

赵简子曰："厥也爱我，铎也不我爱也〔厥，简子家臣也。铎，尹铎，亦家臣〕。厥之谏我也，必于无人之所；铎之谏我也，喜质我于人中〔质，正〕，必使我丑。"尹铎对曰："厥也，爱君之丑〔爱，惜〕，而不爱君之过也；铎也，爱君之过，而不爱君之丑也。"不质君于人中，恐君之不变也〔变，改〕。此简子之贤也。人主贤，则人臣之言刻〔刻，尽〕。人主执民之命。执民之命，重任也，不得以快志。

亡国之主必自骄，必自智，必轻物〔自谓有过人智，故轻物。物，人也〕。自骄则简士〔简，贱〕，自智则专独〔不咨忠良〕，轻物则无物〔《传》曰：无备而官辩者，犹拾害〕。无备召祸，专独位危，简士壅塞〔士不尽规，故壅塞无闻知〕。欲无壅塞必礼士，欲位无危必得众，欲无召祸必完备。三者，人君之大经也〔经，道〕。

赵简子沉栾徼于河，曰："吾尝好声色矣，栾徼致之；吾尝好宫室台榭矣，而栾徼为之；吾尝好良马善御矣，而栾徼来之。今吾好士六年矣，而栾徼未尝进一人，是长吾过而绌吾善也〔所得者皆过也，所不进乃善，故曰长吾过而绌吾善也〕。"故若简子者，能以理督责于其臣矣。以理督责于其臣，则人主可与为善，而不可与为非；可与为直，而不可与为枉，此三代之盛教也。

吴起行，魏武侯自送之，曰：“先生将何以治西河？”对曰：“以忠以信，以勇以敢。”武侯曰：“安忠？”曰：“忠君〔尽忠于君〕。”“安信？”曰：“信民〔施信于民〕。”“安勇？”曰：“勇去不肖〔勇于去不肖也〕。”“安敢？”曰：“敢用贤〔用贤无疑〕。”武侯曰：“四者足矣。”

使人大迷惑者，必物之相似者也。玉人之所患，患石之似玉者；贤主之所患，患人博闻辩言而似通者〔通，达〕。亡国之主似智，亡国之臣似忠。似之物，此愚者之所大惑，而圣人之所加虑也〔思则知之〕。

贤主所贵莫如士。所以贵士，直言也。言直则枉者见矣，人主之患，欲闻枉而恶直言，是障其源而欲其水也，水奚自至〔自，从〕？是贱其所欲，而贵其所恶也，所欲奚自来〔所欲，欲闻己枉。所恶，恶闻直言也，直言何从来至〕？

能意见齐宣王，宣王曰：“寡人闻子好直，有之乎〔能，姓也。意，名也〕？”对曰：“意恶能直？意闻好直之士，家不处乱国，身不见污君。今身得见王，而家宅乎齐，意恶能直〔宅，居也。恶，安也〕？”若能意者，使谨乎论主之侧，亦必不阿主〔阿，曲〕。不阿主，主之所得岂少哉？此贤主之所求，而不肖主之所恶也。

荆文王得茹黄之狗、宛路之矰〔矰，弋射短矢也〕，以田于云梦〔田，猎也。云梦，楚泽也〕，三月不反；得丹之姬，淫，期年不听朝〔淫，惑〕。保申曰：“先王卜以臣为保，吉〔保，大保官。申，名〕。今王之罪当笞。”王曰：“愿请变更而无笞。”保申曰：“臣承先王之令，不敢废也。王不受笞，是废先王之令也。臣宁抵罪于王，毋抵罪于先王。”王曰：“诺。”引席，王伏，保申束细荆五十，跪而加之于背，如此者再，谓“王起矣”。王曰：“有笞之名，一也。”遂致之〔遂痛致之〕。保申曰：“臣闻君子耻之，小人痛之，耻之不变，痛之何益？”保申起，出请死。文王曰：“此不穀之过也，保申何罪？”王乃变，更召保申，杀茹黄之狗，折宛路之矰，放丹之姬。务治荆国，兼国三十九。令荆国广大至于此者，保申之力也，极言之功也。

齐宣王好射，悦人之谓己能用强弓〔示有力也〕。其尝所用不过三石，以示左右。左右皆试引之，中关而止〔关，开弓弦至半而止〕，皆曰：“此不下九石，非王，其孰能用是？”宣王终身自以为用九石，岂不悲哉〔伤其自诬而不知实〕？非直士其孰不阿主？故乱国之主，患在乎用三石为九石〔力不足，而自以为有余也。其功德，其治理，皆亦如之〕。

欲知平直，则必准绳；欲知方圆，则必规矩。人主欲自知，则必直士〔唯直士能正言〕。故天子立辅弼、设师保，所以举过也〔举犹正也〕，务在自知。尧有欲谏之鼓，舜有诽谤之木，汤有司过之士，武有戒慎之鞀〔欲戒者，摇其鞀鼓也〕，犹恐不能自知。今贤非尧、舜、汤、武也，而有掩蔽之道，奚由自知哉？荆成、齐庄不自知而杀，吴王、智伯不自知而亡。故败莫大于不自知。范氏之亡也〔范氏，晋卿〕，百姓有得钟者，欲负而走，则钟大不可负，以椎毁之，钟况然有音，恐人之闻之而夺己也，遽掩其耳。恶人之闻，不可也；恶己自闻之，悖矣。为人主而恶闻其过，亦由此

〔此自掩其耳之类也〕。

荆有善相人者，所言无遗策〔遗，失〕。庄王见而问焉，对曰："臣非能相人也，能观人之友也。布衣也，其友皆孝悌，纯谨畏令，如此者，家必日益，身必日安，此所谓吉人也；事君也，其友皆诚信有行好善，如此者，事君日益，官职日进，此所谓吉臣也；人主也，朝臣多贤，左右多忠，主有失，敢交争正谏〔交，俱〕，如此者，国日安，主日尊，天下日服，此所谓吉主也。臣非能相人也，能观人之友也。"庄王善之，于是疾收士，日夜不懈，遂霸天下。

先王用非其有，如已有之，通乎君道者也。为宫室，必任巧匠，奚故〔奚，何〕？曰："匠不巧则宫室不善也。"夫国，重物也，其不善也，岂特宫室哉〔特，犹直也〕？巧匠为宫室，为圆必以规，为方必以矩，为平直必以准绳。功已就〔就，成〕，不知规矩准绳，而赏巧匠。宫室已成，不知巧匠，而皆曰："此某君某王之宫室也。"人主之不通乎主道则不然，自为之则不能，任贤者恶之，与不肖者议之，此功名之所以伤〔伤，败〕，国家之所以危〔危，亡〕。汤、武一日而尽有夏、商之民，尽有夏、商之地，尽有夏、商之财。以其民安，而天下莫敢危之；以其地封，而天下莫不悦；以其财赏，而天下皆竞劝〔劝，进〕。通乎用非其有也。

卫灵公天寒凿池。宛春谏曰："天寒起役，恐伤民〔伤，病〕。"公曰："天寒乎哉？"宛春曰："公衣狐裘、坐熊席，是以不寒。今民衣弊不补，履决不组。君则不寒，民则寒矣。"公曰："善。"令罢役。左右以谏曰："君凿池，不知天之寒也，而春也知之。以春之知也，而令罢之，福将归于春也，而怨将归于君。"公曰："不然。夫春也，鲁国之匹夫也，而我举之〔举，用〕，夫民未有见焉〔未见其德〕，今将令民以此见之。且春也有善，如寡人有春之善，非寡人之善欤？"灵公之论宛春也，可谓知君道矣。

卷四十

《韩子》治要

十过

十过：一曰行小忠，则大忠之贼也；二曰顾小利，则大利之残也；三曰行僻自用，无礼诸侯，则亡身之至也；四曰不务听治，而好五音，则穷身之事也；五曰贪愎喜利，则灭国杀身之本也；六曰耽于女乐，不顾国政，则亡国之祸也；七曰离内远游，忽于谏士，则危身之道也；八曰过而不听于忠臣，而独行其意，则灭高名，为人笑之始也；九曰内不量力，外恃诸侯，则削国之患也；十曰国小无礼，不用谏臣，则绝世之势也。

说难

昔者，弥子瑕有宠于卫君。卫国之法，窃驾君车者罪刖。弥子母病，人间有夜告弥子，弥子矫驾君车以归。君曰："孝哉！为母故犯刖罪。"异日，与君游于果园，食桃而甘，不尽，以其半啖君。君曰："爱我哉，忘其口而啖寡人。"及弥子色衰爱弛，得罪于君，君曰："是故尝矫驾吾车，又尝啖我以余桃。"故弥子之行，未移于初也。而前所以见贤，后获罪者，人主爱憎之变也。故有爱于主，则智当而加亲；有憎于主，则智不当而加疏。

解老

工人数变业，则失其功；作者数摇徙，则亡其功。一人之作，日亡半日，十日则亡五人之功；万人之作，日亡半日，十日则亡五万人之功。然则数变业，其民弥众，其亏弥大矣。凡法令更，则利害易；利害易，则民务变。民务变，谓之变业。故以理观之，事大众而数摇之，则少成功；藏大器而数徙之，则多败伤；烹小鲜而数挠之，则贼其宰；治大国而数变法，则民苦之。是以有道之君，贵虚静而重变法。故曰："治大国者，若烹小鲜。"

说林上

乐羊为魏将，攻中山。其子在中山，中山之君烹其子而遗之，乐羊尽一杯。文侯谓堵师赞曰："乐羊以我故，食其子之肉！"答曰："其子而食之，且谁不食？"乐羊罢中山，文侯赏其功而疑其心。孟孙猎得麑，使秦西巴持之以归，其母随而呼，秦西巴以不忍而与之。孟孙大怒，逐之。居三月，复召为其子傅。其御曰："曩将罪之，今使傅子，何也？"孟孙曰："夫不忍麑，又且忍吾子乎？"故曰："巧诈不如拙诚。"乐羊以有功见疑，秦西巴以有罪益信。

观行

古之人目短于自见，故以镜观面；智短于自知，故以道正己。目失镜，则无以正须眉；身失道，则无以知迷惑。西门豹之性急，故佩韦以缓己；董阏于之心缓，故佩弦以自急。故以有余补不足、以长续短，之谓明主。

天下有信数三：一曰智有所不能立，二曰力有所不能举，三曰强有所不能胜。故虽有尧之智，而无众人之助，大功不立；有乌获之劲，而不得人助，不能自举；有贲育之强，而无术法，不得长生。故势有不可得，事有不可成。故乌获轻千钧，而重其身，非其身重于千钧也，势不便也。离娄易百步而难眉睫，非百步近而眉睫远也，道不可也。故明主不穷乌获，以其不能自举；不困离娄，以其不能自见。因可势，求易道，故用力寡而功名立。

用人

释法术而心治，尧不能正一国；去规矩而妄意，奚仲不能成一轮。使中主守法术，拙匠执规矩，则万不失也。君人者，能去贤巧之所不能，而守中拙之所万不失，则人力尽而功名立。

功名

明君之所以立功成名者四：一曰天时，二曰人心，三曰伎能，四曰势位。非天时，虽十尧不能冬生一穗；逆人心，虽贲育不能尽人力。故得天时，则不务而自生；得人心，则不趣而自劝；因伎能，则不急而自疾；得势位，则不进而成名。若水之流，若船之浮，守自然之道，行毋穷之令，故曰明主。

大体

古之全大体者，望天地，观江海，因山谷，日月照，四时行，云布风动；不以智累心，不以心累己；寄治乱于法术，托是非于赏罚，属轻重于权衡；不逆天理，不伤情性；不吹毛而求小疵，不洒垢而察难知；守成理，因自然。荣辱之责，在乎己，而不在乎人。上不天，则下不遍覆；心不地，则物不毕载。大山不立好恶，故能成其高；江海不择小助，故能成其富。故大人寄形于天地，而万物备；措心于山海，而国家富。上无忿怒之志，下无伏怨之患。故长利积，大功立。名成于前，德垂于后，治之至也。

外储说左上

文公反国至河，令："笾豆捐之，席蓐捐之，手足胼胝、面目黧黑者后之。"咎犯闻之而夜哭。文公曰："咎氏不欲寡人之反国耶？"对曰："笾豆，所以食也，而君捐之；席蓐，所以卧也，而君弃之；手足胼胝、面目黧黑，劳有功者也，而君后之。今臣与在后中，不胜其哀，故哭也。且臣为君行诈伪以反国者众矣，臣尚自恶也，而况于君乎！"再拜而辞。文公止之，乃解左骖而盟于河。

魏文侯与虞人期猎，明日会疾风，左右止，文侯不听，曰："可以疾风之故而失信？吾不为也。"遂自驱车往，犯风而罢虞人。

曾子妻之市，其子随而泣。其母曰："汝还顾反，为汝杀彘。"妻适市来，曾子欲捕彘杀之，其妻止之曰："特与婴儿戏也。"曾子曰："婴儿者非有知也，待父母而学之者也。今子欺之，是教子欺也。母欺子，子而不信其母，非所以成教也。"遂杀彘。

外储说左下

文王伐崇，至黄凤墟，而袜系解，左右顾无可令结系，文王自结之。太公曰："君何为自结系？"文王曰："吾闻上君之所与处者，尽其师也；中君之所与处者，尽其友也；下君之所与处者，尽其使也。今寡人虽不肖，所与处者，皆先君之人也，故无可令结之者也。"

解狐与邢伯柳为怨，赵简主问于解狐曰："孰可为上党守？"对曰："邢伯柳可。"简主曰："非子之仇乎？"对曰："臣闻忠臣之举贤也，不避仇雠；其废不肖也，不阿亲近。"简主曰："善。"遂以为守。邢伯柳闻之，乃见解狐谢，解狐曰："举子，公也；怨子，私也。往矣，怨子如异日。"

难势

夫良马固车，使臧获御之，则为人笑；王良御之，而日取千里。车马非异也，或至乎千里，或为人笑，则巧拙相去远矣。今以国为车，以势为马，以号令为辔衔，以刑罚为鞭策，尧舜御之则天下治，桀纣御之则天下乱，则贤不肖相去远矣。夫欲追远致速，不如任王良；欲进利除害，不如任贤能。此则不知类之患也，夫尧舜亦民之王良也。

明主之治国也，适其时事，以致财物；论其税赋，以均贫富；厚其爵禄，以尽贤能；重其刑罚，以禁奸邪。使民以力得富，以事致贵，以过受罪，以功置赏，而不望慈惠之赐，此帝王之政也。

奸劫弑臣

凡奸臣者，皆欲顺人主之心，以取信幸之势者也。是以主有所善，臣从而誉之；主有所憎，臣因而毁之。凡人之大体，取舍同则相是也，取舍异则相非也。今人臣之所誉者，人主之所是也，此之谓同取；人臣之所毁者，人主之所非也，此之谓同舍。夫取舍合同，而相与逆者，未尝闻也。此人臣之所取信幸之道也，夫奸臣得乘信幸之势以毁誉进退群臣者也。人主非有术数以御之，非有参验以审之，必将以曩之合己，信今之言。此幸臣之所以得欺主成私者也。故主必蔽于上，臣必重于下矣，此之谓擅主之臣。国有擅主之臣，则群下不得尽智力以陈其忠，百官之吏不得奉令以致其力矣。何以明之？夫安利者就之，危害者去之，此人之情也。人主者，非目若离娄乃为明也，非耳若师旷乃为聪也。不任其数，而待目以为明，所见者少矣，非不蔽之术也；不因其势，而待耳以为听，所闻者寡矣，非不欺之道也。明主者，使天下不得不为己视，使天下不得不为己听。故身在深宫之中，明烛四海之内，而天下弗能蔽、弗能欺也。

卷四十一

《淮南子》治要

原道

夫道者，覆天地而和阴阳，节四时而调五行。故达于道者，处上而民弗重也，居前而众不害也，天下归之，奸邪畏之。以其无争于万物也，故莫能与之争。故体道者，逸而不穷；任数者，劳而无功。夫峭法刻诛者，非霸王之业也〔峭，峻〕；棰筴繁用者，非致远之御也。离朱之明，察针末于百步之外，而不能见渊中之鱼；师旷之聪，合八风之调，而不能听十里之外。故任一人之能，不足以治三亩之宅；修道理之数，因天地之自然，则六合不足均也。

本经

凡人之性，心和欲得则乐，歌舞节则禽兽跳矣；有忧丧则悲哀，有所侵犯则怒，怒则有所释憾矣。故钟鼓管箫，所以饰喜也；衰绖苴杖〔苴，麻〕，所以饰哀也；金鼓铁钺，所以饰怒也。必有其质，乃为之文。古者圣王在上，上下同心，君臣辑睦，衣食有余，家足人给，父慈子孝，兄良弟顺，天下和洽，人得其愿。故圣人为之作礼乐，以和节之。末世之政，田渔重税，关市急征；民力竭于徭役，财用殚于会赋〔会，计〕；居者无食，行者无粮；老者不养，死者不葬；赘妻鬻子，以给上求，犹不能赡其用。愚夫蠢妇，皆有流连之心、凄怆之意，乃始为之撞大钟、击鸣鼓、吹竽笙、弹琴瑟，则失乐之本矣。

古者，上求薄而民用给，君施其德，臣尽其忠，父行其慈，子竭其孝，各致其爱，而无憾恨其间矣。夫三年之丧，非强引而致之也，听乐不乐，食旨不甘，思慕之心未能绝。晚世风流俗败，嗜欲多而礼义废，君臣相欺，父子相疑，怨尤充胸，思心尽亡，被衰戴绖，戏笑其中，虽致之三年，失丧之本矣。古者天子一畿〔千里为畿〕，诸侯一同〔百里为同也〕，各守其分地，不得相侵。有不行王道、暴虐万民、乱政犯禁者，乃举兵而伐之。戮其君，易其党，卜其子孙以代之〔天子不灭国，诸侯不灭姓，自古之政也〕。晚世务广地侵壤，并兼无已，举不义之兵而伐无罪之国，杀不辜之民而绝先圣之后。大国出攻，小国城守，驱人之马牛，系人之子女，毁人之宗庙，徙人之重宝。流血千里，暴骸满野，以赡贪主之欲，非兵之所为主也。故兵者所以讨暴也，非所以为暴也；乐者所以致和也，非所以为淫也；丧者所以尽哀也，非所以为伪也。故事亲有道矣，而爱为务；朝廷有容矣，而敬为上；处丧有礼矣，而哀为主；用兵有术矣，而义为本。本立而道行，本伤而道废矣。

主术

人主之术，处无为之事，行不言之教；清静而不动，一度而不摇；因循而任下，责成而不劳。是故心知规而师傅喻导，口能言而行人称辞，足能行而相者前导，耳能听而执正进谏。是故虑无失策，举无过事，言成文章，而行为仪表于天下，进退应时，动静循理，不为丑美好憎，不为赏罚喜怒，事由自然，莫出于己。故古之王者，冕而前旒，所以蔽明〔冕，冠也。前旒，冕前珠饰也〕；黈纩充耳，所以掩聪〔黈纩，所以塞耳〕。天子外屏，所以自障也。故所理者远，则所在者近；所治者大，则所守者小。目妄视则淫，耳妄听则惑，口妄言则乱。三关者，不可不慎守也。

夫明主之听于群臣，其计可用也，不羞其位；其言可行也，不责其辩。暗主则不然，信所爱习亲近者，虽邪枉不正，不能见也；疏远卑贱者，虽竭力尽忠，不能知也。有言者穷之以辞，有谏者诛之以罪。如此而欲照海内、存万方，是犹塞耳而听清浊、掩目而视青黄也，其离聪明亦远矣。汤、武，圣主也，而不能与越人乘舲舟、浮江湖；伊尹，贤相也，而不能与胡人骑原马、服駒駼〔原，国名，在益州西南，出千里马。騊駼，野马〕；孔墨博通，而不能与山居者入榛薄、出险阻。由此观之，则人智之于物浅矣。而欲以照海内、存万方，不因道理之数，而专己之能，则其穷不达矣。故智不足以为治，勇不足以为强，则人才不足以任明矣。然而君人者不下庙堂之上，而知四海之外者，因物以识物，因人以知人也。故人主深居隐处，以避燥湿，闺门重袭，以避奸贼。内不知闾里之情，外不知山泽之形，帷幕之外，目不能见十里之前，耳不能闻百步之外，然天下之物，无所不通者，其灌输者大而斟酌者众也。是故不出户知天下，不窥牖知天道。乘众人之智，则天下不足有也；专用其心，则独身不能保也。

主道圆者，运转而无端，化育如神，虚无因循，常后而不先者也。臣道方者，论是处当，为事先唱，守职分明，以立成功者也。是故君臣异道则治，同道则乱。各得其宜，处得其当，则上下有以相使也。夫载重而马羸，虽造父不能以致远；车轻而马良，中工可以追速。是故圣人之举事也，岂能咈道理之数，诡自然之性，以曲为直，以诎为伸哉？未尝不因其资而用之也。是以积力之所举，则无不胜也；众智之所为，则无不成也。贤主之用人，犹巧匠制木，大小修短，皆得所宜，规矩方圆，各有所施，殊形异材，莫不可得而用也。天下之物，莫凶于奚毒〔奚毒，附子〕，然而良医橐而藏之，有所用也。是故竹木草莽之材，犹有不弃者，而又况人乎？

今夫朝廷之所不举，而乡邑之所不誉，非其人不肖，其所以官之者，非其职也。麋之上山也，大獐不能跂也，及其下也，牧竖能追之，才有修短也。是故有大略者，不可责以捷巧；有小智者，不可任以大功。人有其才，物有其形，有任一而大重，有任百而尚轻。是故审于毫厘之计者，必遗天下之大数；不失小物之选者，惑于大事之举。犹狸之不可使搏牛，虎之不可使捕鼠也。今人之才，或欲平九州、并方外、存危国，而乃责之以闺阁之礼、奥窔之间。或佞巧小具，修乡曲之俗，卑下众人之耳目，而乃任之以天下之权、治乱之机。是犹以斧鬋毛，而以刀伐木也，皆失其宜矣。

人主之赋敛于人也，必先计岁收，量民积聚，知饶馑有余不足之数，然后取车舆衣食，供养其欲。高台层榭，非不丽也，然民无窟室狭庐〔窟室，土室〕，则明主不乐也；肥醲甘肥，非不美也，然民无糟糠菽粟，则明主不甘也；匡床衽席，非不宁也，然而民有处边城、犯危难、泽死暴骸者，则明主不安也。故古之君人者，甚憯怛于民也。国有饥者，食不重味；民有寒者，而冬不被裘。岁丰谷登，乃始悬钟鼓、陈干戚，君臣上下同心而乐之，国无哀人。故古之为金石管弦者，所以宣乐也；兵革斧钺，所以饰怒也；觞酌俎豆，所以效喜也；衰绖菅屦，所以喻哀也。此皆有充于内，而成象于外者也。及至乱主，取民则不裁其力，求下则不量其积，男女不得事耕织之业以供上之求，力勤财匮，君臣相疾。而乃始撞大钟、击鸣鼓、吹竽笙、弹琴瑟。是由贯介胄而入庙，被绮罗而从军也，失乐之所由生矣。

食者，民之本也；民者，国之本也；国者，君之本也。是故君人者，上因天时，下尽地财，中用人力。是以群生遂长，五谷蕃殖，各因其宜。所以应时修备，富利国民，实旷来远者，其道备矣。非能目见而足行之也，欲利之也，不忘于心，则官自备矣。心之于九窍四支也，不能一事焉。然而动静听视，皆以为主者，不忘乎欲利之也。故尧为善而众善至，桀为非而众非来矣。

凡人之论，心欲小而志欲大，智欲圆而行欲方，能欲多而事欲鲜。尧置敢谏之鼓，舜立诽谤之木，汤有司直之人，武王有戒慎之鞀，过若毫厘，而既已备之矣。夫圣人之于善也，无小而不举；于过也，无微而不改。战战栗栗，日慎一日。由此观之，则圣人之心小矣。武王克殷，发巨桥之粟，散鹿台之钱，封比干之墓，解箕子之囚，无故无新，唯贤之亲，用非其有，使非其人，晏然若其故有之。由此观之，则圣人之志大矣。文王周观得失，遍览是非，尧舜所以昌，桀纣所以亡者，皆著之于明堂。由是观之，则圣人之智圆矣。成康继文武之业，守明堂之制，观存亡之迹，见成败之变，非道不言，非义不行，言不苟出，行不苟为，择善而后从事焉。由此观之，则圣人之行方矣。孔子之通，智过苌弘〔苌弘，周景王之史臣，通天下鬼方之术也〕，勇服孟贲〔孟贲，卫人〕，能亦多矣。然而勇力不闻，伎巧不知，专行孝道，以成素王，事亦鲜矣。夫圣人之智，固已多矣，其所守者约，故举而必荣；愚人之智固以少矣，其所事者又多，故动而必穷矣。

缪称

主者，国之心也。心治则百节皆安，心扰则百节皆乱〔治，犹理也。节，犹事也。以体喻也〕。故其心治者，枝体相遗〔遗，忘〕；其国治者，君臣相忘也〔各得其所，无所思念〕。

君子非义无以生，失义则失其所以生；小人非嗜欲无以活，失嗜欲则失其所以活。故君子惧失义，小人惧失利，观其所惧，知各殊矣。

凡人各贤其所悦，而悦其所快，世莫不举贤〔贤其所悦者，而悦其所行之快性，人无不举与己同者，以为贤也〕。或以治，或以乱，非自遁也，求同于己者〔遁，失〕。己未必贤，而求与己同者也，而欲得贤，亦不几矣〔几，近也〕。

诠言

为治之本，务在于安民；安民之本，在于足用；足用之本，在于勿夺时；勿夺时之本，在于省事；省事之本，在于节欲；节欲之本，在于反性。释道而任智者必危，弃数而用材者必困。有以欲多亡者，未有以无欲危者也；有以欲治而乱者，未有以守常失者也。故智不足以免患，愚不足以至于失宁。守其分，循其理，失之不忧，得之不喜。因春而生，因秋而杀，所生者不德，所杀者不怨，则近于道矣！圣人守其所以有，不求其所未得。求其所未得，则所有者亡矣；修其所有，则所欲者至矣。故用兵者，先为不可胜，以待敌之可胜也；治国者，先为不可夺也，以待敌之可夺也。舜修之历山，而海内从；文王修之岐周，而天下移。使舜趋天下之利，而忘修己之道，身犹弗能保，何尺地之有乎？故福莫大无祸，利莫美不丧。动之为物，不损则益〔动，有为也〕，不成则毁，不利则病，皆险也〔险，言危难不可行〕，道之者危。

说山

上求材，臣残木；上求鱼，臣干谷；上求楫，而下致船。上言若丝，下言若纶；上有一善，下有二誉；上有三衰，下有九杀〔衰、杀，皆逾俭也。传曰：“上之所好，下有甚焉。”故有九杀也。〕

人间

夫言出于口者，不可止于人；行发于迩者，不可禁于远。事者难成而易败也，名者难立而易废也。千里之堤，以蝼蚁之穴漏；百寻之屋，以突隙之烟焚〔突，灶突也〕。《尧戒》曰：“战战栗栗，日慎一日。莫蹪于山，而蹪于垤〔蹪，蹶。垤，蚁封也〕。”是故人者，皆轻小害，易微事，是以多悔。患至而后忧之，是犹病者已惓

〔惓，剧〕，而索良医也。虽有扁鹊、俞夫之巧，犹不能生也〔俞夫，黄帝时医〕。

天下有三危：少德而多宠，一危也；材下而位高，二危也；身无大功而有厚禄，三危也。贤主不苟得，忠臣不苟利。何以明之？中行缪伯攻鼓弗能下〔中行缪伯，晋大夫。鼓，北翟〕，馈闻伦曰："鼓之啬夫，闻伦知之〔馈闻伦，晋大夫〕。请无疲武丈夫，而鼓可得也。"缪伯弗应。左右曰："不折一戟，不伤一卒，而鼓可得也，君奚为弗取？"缪伯曰："闻伦为人，佞而不仁。若使闻伦下之，吾可以勿赏乎？若赏之，是赏佞人。佞人得志，是使晋国之武，舍仁而为佞，虽得鼓，将何所用之？"

卷四十二

《盐铁论》治要

行远道者假于车，济江海者因于舟。故贤士之立功成名，因于资而假物者也。公输子能因人主之材木，以构宫室台榭，而不能自为专屋狭庐，材不足也。欧冶能因君之铜铁，以为金炉大钟，而不能自为壶鼎盘杅，无其用也。君子能因人主之正朝，以和百姓、润众庶，而不能自饶其家，势不便也。故舜耕于历山，恩不及州里；太公屠牛于朝歌，利不及妻子。及其见用，恩流八荒，德溢四海。故舜假之尧，太公因之周。君子能修身以假道者，不能枉道而假财也。

扁鹊不能治不受针药之疾，贤圣不能正不食善言之君。故桀有关龙逢而夏亡，纣有三仁而商灭。故不患无夷吾、由余之论，患无桓、穆之听耳。是以孔子东西无所遇，屈原放逐于楚国也。故曰："直道而事人，焉往而不三黜。枉道而事人，何必去父母之邦？"此所以言而不见从、行不得合者也。

古者笃教以导民，明辟以正刑。刑之于治，犹策之于御也。良工不能无策而御，有策而勿用也。圣人假法以成教，教成而刑不施，故威厉而不杀、刑设而不犯。今废其纪纲而不能张，坏其礼义而不能防，民陷于罪，从而猎之以刑，是犹开其阑牢，发以毒矢也，不尽不止矣。曾子曰："上失其道，民散久矣。如得其情，则哀矜而勿喜。夫不伤民之不治，而伐己之能得奸，犹弋者睹鸟兽挂罻罗而喜也。"今天下之被诛者，不必有管蔡之邪、邓皙之伪也。孔子曰："人而不仁，疾之以甚，乱也。"故民乱反之政，政乱反之身，身正而天下定。是以君子嘉善而矜不能，恩及刑人，德润穷夫，施惠悦尔，行刑不乐也。

周公之相成王也，百姓饶乐，国无穷人，非代之耕织也，易其田畴，薄其税敛，则民富矣。上以奉君亲，下无饥寒之忧，则教可成也。《语》曰："既富矣，又何加焉？”曰：“教之。”教之以德，齐之以礼，则民徙义而从善。莫不入孝出悌，夫何奢侈暴慢之有乎？管子曰：“仓廪实而知礼节，百姓足而知荣辱。”故富民易于适礼。

古者政有德则阴阳调、星辰理、风雨时。故行修于内，声闻于外；为善于下，福应于天。周公在上，而天下太平，国无夭伤，岁无荒年。当此时，雨不破块，风不鸣条，旬而一雨，必以夜，无丘陵高下皆孰。今不省其所以然，而曰阴阳之运也，非所闻也。孟子曰：“野有饿殍，不知收也；狗豕食人食，不知检也。为民父母，民饥而死，则曰‘非我，岁也’。何异乎以刃杀之，则曰‘非我，兵也’。”方今之务，在除饥寒之患，罢盐铁，退权利，分土地，趣本业，养桑麻，尽地力也。寡功节用，则民自富。如是，则水旱不能忧，凶年不能累也。

王者崇礼施德，尚仁义而贱怪力，故圣人绝而不言。孔子曰：“言忠信，行笃敬，虽之蛮貊，不可弃也。”今万方绝国之君，奉贽献见者，怀天子之威德，而欲观中国之礼仪，宜设明堂辟雍以示之，扬干戚、昭雅颂以风之。今乃以玩好不用之器、奇虫不畜之兽、角抵之戏、炫耀之物陈夸之，殆与周公之待远方殊也。昔周公处谦让以交卑士，执礼德以下天下。故辞越裳之贽，见恭敬之礼也。既与入文王之庙，是见大孝之礼也。目睹威仪干戚之容，耳听声歌雅颂之声，心充至德，欣然以归，此四夷所以慕义内附，非重译狄鞮，来观猛兽熊罴也。夫犀象兕虎，南夷之所多也；驴骡馲驼，北狄之常畜也。中国所鲜，外国贱之。南越以孔雀珥门户，昆山之旁以玉璞抵乌鹊。今贵人之所贱，珍人之所饶，非所以厚中国而明盛德也。隋和，世之名宝也，而不能安危存亡。故喻德示威，唯贤臣良相，不在戎马珍怪也。是以圣王以贤为宝，不以珠玉为宝。昔晏子修之樽俎之间，而折冲乎千里。不能者，虽隋和满箧，无益于存亡矣。

卫灵公当隆冬兴众穿池。海春以谏曰：“天寒百姓冻馁，愿公之罢役也。”公曰：“天寒乎哉，我何不寒哉？”海春曰：“人之言曰：‘安者不能恤危，饱者不能食饥。’故余粱肉者，难为言隐约；处逸乐者，难为言勤苦。夫高堂邃宇、广厦洞房者，不知专屋狭庐、上漏下湿者之痛也。系马百驷、货财充内、储陈纳新者，不知有旦无暮、称贷者之急也；乘坚驱良、列骑成行者，不知负担步行者之劳也；匡床荐席、侍御满侧者，不知服辂挽船、登高绝流者之难也；衣轻暖、处温室、载安车者，不知乘长城、眺胡代、向清风者之危寒也；妻子好合、子孙保之者，不知老母之憔悴、匹妇之悲恨也；耳听五音、目视弄优者，不知蒙流矢、距敌方外之死亡也；东向仗几、振笔而调文者，不知木索之急、棰楚之痛也。昔商鞅之任秦也，刑人若刈菅茅，用师若弹丸；从军旅者暴骨长城，戍漕者辎车相望；生而往，死而还，彼独非人子耶？故君子仁以恕，义以度，所好恶与天下共之。”

地广而不德者国危，兵强而凌敌者身亡。虎兕相搏，而蝼蚁得志；两敌相机，而匹夫乘闲。是以圣王见利虑害，见远存近。

道径众，民不知所由也；法令众，人不知所避也。故王者之制法也，昭乎如日月，故民不迷；旷乎若大路，故民不惑。幽隐远方，折乎知之；愚妇童妇，咸知所避。是故法令不犯，而狱犴不用也。昔秦法繁于秋荼，而网密于凝脂，然而上下相遁，奸伪萌生，有司治之，若救烂捌焦，不能禁，非网疏而罪漏，礼义废，而刑罚任也。方今律令百有余篇，文章繁，罪名重，群国用之，疑惑或浅或深，自吏明习者，不知所处，而况愚民乎？律令尘蠹于栈阁，吏不能遍睹，而况愚民乎？此断狱所以滋众，而民犯禁滋多也。亲服之属甚众，上附下附，而服不过五；五刑之属三千，上杀下杀，而罪不过五。故治民之道，务笃于教也。

法能刑人，而不能使人廉；能杀人，而不能使人仁。所贵良医者，贵其审消息，而退邪气也，非贵其下针石而钻肌肤也；所贵良吏者，贵其绝恶于未萌，使之不为非，非贵其拘之囹圄而刑杀之也。今之所谓良吏者，文察则以祸其民，强力则以厉其下；不本法之所由生，而专己之残心；文诛假法，以陷不辜、累无罪，以子及父，以弟及兄；一人有罪，州里惊骇，十家奔广。若痈疽之相漫、色淫之相连，一节动而百枝摇。《诗》云："舍彼有罪，既伏其辜。若此无罪，沦胥以铺。"伤无罪而累也。非患铫锄之不利，患其舍草而芸苗也；非患无准平，患其舍枉而绳直也。故亲近为过不必诛，是锄不用也；疏远有功不必赏，是苗不养也。故世不患无法，而患无必行之法也。

古者周其礼而明其教，礼周教明，不从者，然后等之以刑。刑罚中，民不怨矣。故舜施四罪，而天下咸服，诛不仁也。轻重各伏其诛，刑必加而无赦，赦维疑者。若此，则世安得不轨之人而罪之乎？今废其德教，而责之礼义，是虐民也。《春秋传》曰："子有罪执其父，臣有罪执其君，听失之大者也。"今以子诛父，以弟诛兄，亲戚相坐，什伍相连，若引根本而及华叶，伤小指而累四体也。如此，则以有罪反诛无罪。反诛无罪，则天下之无罪者寡矣。故吏不以多断为良，医不以多刺为工。子产杀一人、刑二人，道不拾遗，而民无诬心。故为民父母，以养疾子、长恩厚而已。自首匿，相坐之法立，骨肉之恩废，而刑罪多矣。闻父母之于子，虽有罪犹匿之，其不欲服罪尔。子为父隐，父为子隐，未闻父子之相坐也。闻兄弟能缓追以免贼，未闻兄弟之相坐也。闻恶恶止其人，疾始而诛首恶，未闻什伍而相坐也。

纣为炮烙之刑，而秦有收孥之法。赵高以峻文决罪于内，百官以峭法断割于外，死者相枕席，刑者相望，百姓侧目重足，不寒而栗。方此之时，岂特冒火蹈刃哉？然父子相背，兄弟相嫚，至于骨肉相残，上下相杀，非刑轻而罚不必，令太严而仁恩不施也。故政宽则下亲其上，政严则臣谋其主。晋厉以幽，二世以弑，恶在峻法之不犯，严家之无格虏也。圣人知之，是以务恩而不务威。故高皇帝约秦苛法，以慰怨毒之人，而长和睦之心，唯恐刑之重而德之薄也。是以恩施无穷，泽流后世。商鞅、吴起以秦楚之法为轻而累之，上危其主，下没其身，或非特慈母乎？

民之仰法，犹鱼之仰水。水清则静，浊则扰。扰则不安其居，静则乐其业。乐其业则富，富则仁生，赡则争止。是以成康之世，赏无所施，法无所加，非可刑而不刑，民莫犯禁也；非可赏而不赏，民莫不仁也。若斯则吏何事而可理乎？今之治民者，若拙御之御马也，行则顿之，止则击之，身创于棰，吻伤于衔，而求其无失，何可得也。故疲马不畏鞭棰，疲民不畏刑法，虽增而累之，其有益乎？

古者明其仁义之誓，使民不逾。不教而杀，是虐民也。与其刑不可逾，不若义之

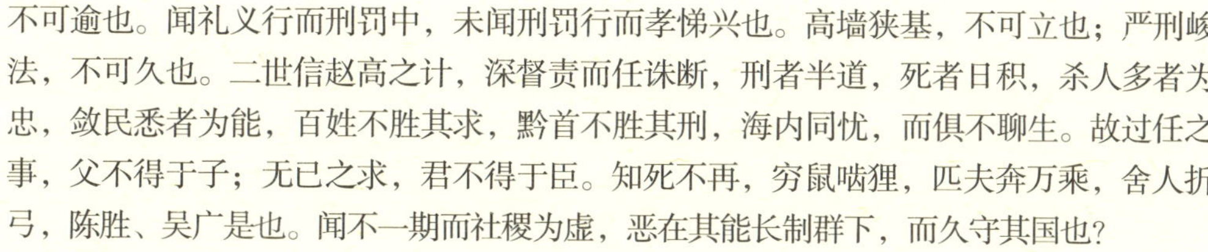
不可逾也。闻礼义行而刑罚中，未闻刑罚行而孝悌兴也。高墙狭基，不可立也；严刑峻法，不可久也。二世信赵高之计，深督责而任诛断，刑者半道，死者日积，杀人多者为忠，敛民悉者为能，百姓不胜其求，黔首不胜其刑，海内同忧，而俱不聊生。故过任之事，父不得于子；无已之求，君不得于臣。知死不再，穷鼠啮狸，匹夫奔万乘，舍人折弓，陈胜、吴广是也。闻不一期而社稷为虚，恶在其能长制群下，而久守其国也？

卷四十三

《说苑》治要

君道

河间献王曰："尧存心于天下，加志于穷民，痛万姓之罹罪，忧众生之不遂也。有一民饥，则曰'此我饥之也'；有一民寒，则曰'此我寒之也'；一民有罪，则曰'此我陷之也'。仁昭而义立，德博而化广，故不赏而民劝，不罚而民治。先恕而后教，是尧道也。"

河间献王曰："禹称'民无食，则我不能使也；功成而不利于民，则我不能劝也'。故疏河而道之，凿江通于九派，洒五湖而定东海，民亦劳矣。然而不怨苦者，利归于民也。"

禹出见罪人，下车问而泣之。左右曰："罪人不顺道使然，君王何为痛之至于此也？"禹曰："尧舜之民，皆以尧舜之心为心。今寡人为君也，百姓各自以其心为心，是以痛之也。"

当尧之时，舜为司徒，契为司马，禹为司空，后稷为田畴，夔为乐正，倕为工师，伯夷为秩宗，皋陶为大理，益掌驱禽，尧不能为一焉。尧为君，而九子者为臣，其何故也？尧知九职之事，使九子各受其事，皆胜其任以成功，尧遂成厥功以王天下。是故知人者主道也，知事者臣道也。主道知人，臣道知事，毋乱旧法，而天下治矣。

明主者有三惧：一曰处尊位而恐不闻其过；二曰得意而恐骄；三曰闻天下之至言而恐不能行。

师经鼓琴，魏文侯起舞，赋曰："使我言而无见违。"师经援琴而撞文侯，不中，中旒溃之。文侯顾谓左右曰："为人臣而撞其君，其罪何如？"左右曰："罪当烹。"提师经下堂一等。师经曰："臣可得一言而死乎？"文侯曰："可。"师经曰："昔尧舜之为君也，唯恐言而人不违；桀、纣之为君也，唯恐言而人违之。臣撞桀、纣，非撞吾君也。”文侯曰：“释之，是寡人之过也。悬琴于城门，以为寡人符；不补旒，以为寡人戒。”

臣术

人臣之行，行六正则荣，犯六邪则辱。何谓六正？一曰萌芽未动，形兆未见，昭然独见存亡之机、得失之要，豫禁乎不然之前，使主超然立乎显荣之处。如此者，圣臣也。二曰虚心白意，进善通道，勉主以礼义，谕主以长策，将顺其美，匡救其恶，如此者，良臣也。三曰夙兴夜寐，进贤不懈，数称于往古之行事，以厉主意。如此者，忠臣也。四曰明察极，见成败，早防而救之，塞其间，绝其源，转祸以为福，使君终以无忧。如此者，智臣也。五曰守文奉法，任官职事，不受赠遗，衣服端齐，食饮节俭。如此者，贞臣也。六曰国家昏乱，所为不谀，敢犯主之严颜，面言主之过失。如此者，直臣也。是谓六正也。

何谓六邪？一曰安官贪禄，不务公事，与世沉浮，左右观望。如此者，具臣也。二曰主所言皆曰善，主所为皆曰可，隐而求主之所好而进之，以快主之耳目，偷合苟容，与主为乐，不顾其后害。如此者，谀臣也。三曰中实险诐，外貌小谨，巧言令色，又心疾贤，所欲进则明其美、隐其恶，所欲退则明其过、匿其美，使主赏罚不当，号令不行。如此者，奸臣也。四曰智足以饰非，辩足以行说，内离骨肉之亲，外妒乱朝廷。如此者，谗臣也。五曰专权擅势，以为轻重，私门成党，以富其家，擅矫主命，以自显贵。如此者，贼臣也。六日谄主以邪，坠主于不义，朋党比周，以蔽主明，使白黑无别，是非无闻，使主恶布于境内、闻于四邻。如此者，亡国之臣也。是谓六邪。

贤臣处六正之道，不行六邪之术，故上安而下治，生则见乐，死则见思，此人臣之术也。

汤问伊尹曰：“三公九卿，大夫列士，其相去何如？”对曰：“智通于大道，应变而不穷。辨于万物之情，其言足以调阴阳、正四时、节风雨，如是者，举以为三公。故三公之事，常在于道也。不失四时，通于地理；能通不通，能利不利，如此者，举以为九卿。九卿之事，常在于德也。通于人事，行猷举绳，通于关梁，实于府库，如是者，举以为大夫。大夫之事，常在于仁也。忠正强谏，而无有奸诈，去私立公，而言有法度，如是者，举以为列士。列士之事，常在于义也。故道德仁义定，而天下正。凡此四者，明王臣而不臣。”汤曰：“何谓臣而不臣？”对曰：“君之所不名臣者四：诸父，臣而不名；诸兄，臣而不名；先王之臣，臣而不名；盛德之士，臣而不名，是谓大顺也。”

贵德

圣人之于天下也，譬犹一堂之上也。今有满堂饮酒者，有一人独索然向隅而泣，则一堂之人皆不乐矣。圣人之于天下也，譬犹一堂之上也。有一人不得其所者，则孝子不敢以其物荐进也。

复恩

晋文公亡时，陶叔狐从。文公反国，三行赏而不及。见咎犯曰："吾从君而亡，十有三年，颜色黧黑，手足胼胝。今君反国，三行赏而不及我，意者君忘我与？我有大故与？"咎犯言之文公，文公曰："噫，我岂忘是子哉！夫耽我以道，说我以仁，昭明我名，使我为成人者，吾以为上赏；防我以礼，谏我以义，使不得为非者，吾以为次赏；勇壮强御，难在前则居前，难在后则居后，免我于患难中者，吾复以为次赏。且子独不闻乎？死人者，不如存人之身；亡人者，不如存人之国。三行赏之后，而劳苦之士次之。劳苦之士，子固为首矣。吾岂敢忘子哉！"周内史叔兴闻之曰："文公其霸乎？昔者圣王先德后力，文公其当之矣。"

楚庄王赐群臣酒，日暮，酒酣，灯烛灭，乃有引美人衣者。美人援绝其冠缨，告王曰："今烛灭，有引妾衣者，援得其缨，持之矣。"促上火，视绝缨者。王曰："赐人酒，使醉失礼，奈何欲显妇人节而辱士乎？"乃命左右："今与寡人饮，不绝冠缨者不欢。"群臣皆绝缨而上火，尽欢而罢。居三年，晋与楚战，有一臣常在前，五合五获首而却敌，卒得胜之。庄王怪而问之。对曰："臣往者醉失礼，王隐忍不暴而诛，常愿肝脑涂地，用颈血湔敌久矣。臣乃夜绝缨者也。"

阳虎得罪，北见简子曰："自今已来，不复树人矣。"简子曰："何哉？"对曰："夫堂上之人，臣所树者过半矣；朝廷之吏，臣所立者亦过半矣；边境之士，臣所立者亦过半矣。今夫堂上之人，亲却臣于君；朝廷之吏，亲危臣于法；边境之士，亲劫臣于兵。"简子曰："唯贤者为能复恩，不肖者不能。夫树桃李者，夏得休息，秋得食焉；树蒺藜者，夏不得休息，秋得其刺焉。今子之所树者，蒺藜也，非桃李也。自今已来，择人而树之，毋已树而择之也。"

正谏

《易》曰："王臣謇謇，匪躬之故。"人臣之所以謇謇为难，而谏其君者，非为身也，将欲以匡君之过、矫君之失也。君有过失，危亡之萌也。见君之过失而不谏，是轻君之危亡也。夫轻君之危亡者，忠臣不忍为也。

敬慎

昔成王封伯禽于鲁，将辞去。周公戒之曰："往矣。子其无以鲁国骄士也。我文王之子、武王之弟、今王之叔父也，又相天子，吾于天下不轻矣。然尝一沐而三捉发，一食而三吐哺，犹恐失天下之士。吾闻之曰：'德行广大，而守以恭者荣；土地博裕，而守以俭者安；禄位尊盛，而守以卑者贵；人众兵强，而守以畏者胜；聪明睿智，而守以愚者益；博闻多记，而守以浅者广。'此六守者，皆谦德也。贵为天子，富有四海，德不谦者，失天下亡其身，桀纣是也，可不慎乎！故《易》曰：‘有一道，大足以守天下，中足以守国家，小足以守其身，谦之谓也。’夫天道毁满而益谦，地道变满而流谦，鬼神害满而福谦，人道恶满而好谦。《易》曰：‘谦，亨，君子有终，吉。’子其无以鲁国骄士矣。”

孙叔敖为楚令尹，一国吏民皆来贺。有一老父后来吊，叔敖曰：“楚王不知臣不肖，使臣受吏民之垢。人尽来贺，子独后来吊，岂有说乎？”父曰：“有。身已贵而骄人者，民去之；位已高而擅权者，君恶之；禄已厚而不知足者，患处之。”叔敖再拜曰：“敬受命，愿闻余教。”父曰：“位已高而意益下，官益大而心益小，禄已厚而慎不敢取。君谨守此三者，足以治楚矣。”

魏公子牟东行，穰侯送之曰：“先生独无一言以教冉乎？”公子牟曰：“夫官不与势期，而势自至；势不与富期，而富自至；富不与贵期，而贵自至；贵不与骄期，而骄自至；骄不与罪期，而罪自至；罪不与死期，而死自至。”穰侯曰：“善。”

善说

齐宣王出猎于社山，父老相与劳王。王曰：“父老苦矣！”赐父老田不租，父老皆拜，闾丘先生独不拜。王曰：“父老以为少耶？”赐父老无徭役，先生又不拜。王曰：“父老皆拜，先生独不拜，寡人得无有过乎？”闾丘先生对曰：“闻大王来游，所以为劳大王，望得寿于大王，望得富于大王，望得贵于大王。”王曰：“天杀生有时，非寡人所得与也，无以寿先生；仓廪虽实，以备灾害，无以富先生；大官无缺，小官卑贱，无以贵先生。”先生对曰：“此非人臣所敢望也。愿大王选有修行者以为吏，平其法度，如此，臣少可以得寿焉；振之以时，无烦扰百姓，如是，臣可少得以富焉；愿大王出令，令少者敬老，如是，臣可少得以贵焉。今大王幸赐臣田不租，然则仓廪将虚也；赐臣无徭役，然则官府无使焉。此固非臣之所敢望也。”齐王曰：“善。”

修文

成王将冠，周公使祝雍祝王曰：“达而勿多。”祝雍曰：“使王近于仁，远于佞，啬于时，惠于财，任贤使能。”

反质

秦始皇帝既兼天下，侈靡奢泰，有方士韩客侯生、齐客卢生相与谋曰：“当今时，不可以居。上乐以刑杀为威，下畏罪持禄，莫敢尽忠。上不闻过而日骄，下慑服以慢欺而取容，谏者不用，而失道滋甚，吾党久居，且为所害。”乃亡去。始皇闻之大怒曰：“吾闻诸生多为妖言，以乱黔首。”乃使御史悉上诸生。诸生四百余人，皆坑之。侯生后得，始皇召而见之。侯生曰：“陛下肯听臣一言乎？”始皇曰：“若欲何言？”侯生曰：“今陛下奢侈失本，淫佚趣末。宫室台阁，连属增累；珠玉重宝，积袭成山；妇女倡优，数巨万人；钟鼓之乐，流漫无穷；舆马文饰，所以自奉，丽靡烂漫，不可胜极。黔首匮竭，民力殚尽，尚不自知，又急诽谤，严威刻下，下喑上聋，臣等故去。臣等不惜臣之身，惜陛下国之亡耳。今陛下之淫，万丹朱而十昆吾、桀纣。臣恐陛下之十亡，曾不一存。”始皇默然，久之曰：“汝何不早言？”侯生曰：“陛下自贤自健，上侮五帝，下凌三王，弃素朴就末技，陛下亡征久见矣。臣等恐言之无益，而自为取死，故逃而不敢言。今臣以必死，故为陛下陈之。虽不能使陛下不亡，欲使陛下自知也。”始皇曰：“吾可以变乎？”侯生曰：“形已成矣，陛下坐而待亡耳。若陛下欲更之，能若尧与禹乎？不然，无冀也。”始皇喟然而叹，遂释不诛。

魏文侯问李克曰：“刑罚之源安生？”对曰：“生于奸邪淫佚之行也。凡奸邪之心，饥寒而起。淫佚者，文饰之耗。雕文刻镂，害农事者也；文绣纂组，伤女功者也。农事害则饥之本，女功伤则寒之源也。饥寒并至，而能不为奸邪者，未之有也。男女饰美以相矜，而能无淫佚者，未尝有也。故上不禁技功，则国贫民侈；国贫民侈，则贫穷者为奸邪，而富足者为淫佚，则驱民而为邪也。民已为邪，因以法随而诛之，则是为民设陷也。刑罚之起有源，人主不塞其本，而督其末，伤国之道也。”文侯曰：“善。”

季文子相鲁，妾不衣帛，马不食粟。仲孙忌谏曰：“子为鲁上卿，妾不衣帛，马不食粟，人其以子为爱，且不华国也。”文子曰：“然！吾观人之父母，衣粗食蔬，吾是以不敢。且吾闻君子以德华国，不闻以妾与马。夫德者，得于我，又得于彼，故可行。若淫于奢侈，沉于文章，不能自反，何以守国。”仲孙忌惭而退。

卷四十四

《桓子新论》治要

昔秦王见周室之失统，丧权于诸侯，故遂自恃，不任人、封立诸侯。及陈胜、楚、汉，咸由布衣，非封君有土，而并共灭秦。高帝既定天下，念项王从函谷入，而己由武关到，推却关，修强守御，内充实三军，外多发屯戍，设穷治党与之法，重悬告反之赏。及王翁之夺取，乃不犯关梁厄塞，而坐得其处。王翁自见以专国秉政得之，即抑重臣，收下权，使事无大小深浅，皆断决于己身。及其失之，人不从，大臣生怨。更始帝见王翁以失百姓心亡天下，既西到京师，恃民悦喜，则自安乐，不听纳谏臣谋士，赤眉围其外，而近臣反，城遂以破败。由是观之，夫患害奇邪不一，何可胜为设防量备哉？防备之善者，则唯量贤智大材，然后先见豫图，将遏救之耳！

维针艾方药者，已病之具也，非良医不能以愈人；材能德行者，治国之器也，非明君不能以立功。医无针药，可作为求买，以行术伎，不须必自有也；君无材德，可选任明辅，不待必躬能也。由是察焉，则材能德行，国之针药也。其得立功效，乃在君辅。《传》曰："得十良马，不如得一伯乐；得十利剑，不如得一欧冶。"多得善物，不如少得能知物。知物者之致善珍，珍益广，非特止于十也。

言求取辅佐之术，既得之，又有大难三，而止善二。为世之事，中庸多，大材少，少不胜众，一口不能与一国讼，持孤特之论干雷同之计，以疏贱之处逆贵近之心，则万不合，此一难也。夫建踔殊、为非常，乃世俗所不能见也；又使明智图事，而与众平之，亦必不足，此二难也。即听纳有所施行，而事未及成，谗人随而恶之，即中道狐疑，或使言者还受其尤，此三难也。智者尽心竭言，以为国造事，众间之则反见疑，一不当合，遂被谮诉，虽有十善，隔以一恶去，此一止善也。材能之士，世所嫉妒，遭遇明君，乃一兴起，既幸得之；又复随众弗与知者，虽有若仲尼，犹且出走，此二止善也。

是故非君臣致密坚固，割心相信，动无间疑，若伊、吕之见用，傅说通梦，管、鲍之信任，则难以遂功竟意矣。又说之言，亦甚多端。其欲观使者，则以古之贤辅厉主；欲间疏别离，则以专权危国者论之。盖父子至亲，而人主有高宗、孝己之谗，及景、武时，栗、卫太子之事；忠臣高节，时有龙逄、比干、伍员、晁错之变。比类众多，不可尽记，则事曷可为邪？庸易知邪？虽然，察前世已然之效，可以观览，亦可以为戒。惟诸高妙大材之人，重时遇合，皆欲上与贤侔，而垂荣历载，安肯毁名废义，而为不轨恶行乎？若夫鲁连解齐赵之金封，虞卿捐万户与国相，乃乐以成名肆志，岂复干求便辟趋利耶！览诸邪背叛之臣，皆小辨贪饕之人也，大材者莫有焉。由是观之，世间高士材能绝异者，其行亲任亦明矣。不主乃意疑之也，如不能听纳、施行其策，虽广知得，亦终无益也。

凡人耳目所闻见，心意所知识，情性所好恶，利害所去就，亦皆同务焉。若材能有大小，智略有深浅，听明有暗照，质行有薄厚，亦则异度焉。非有大材深智，则不能见其大体。大体者，皆是当之事也。夫言是而计当，遭变而用权，常守正，见事不惑，内有度量，不可倾移，而诳以谲异，为知大体矣。如无大材，则虽威权如王翁，察慧如公孙龙，敏给如东方朔，言灾异如京君明，及博见多闻，书至万篇，为儒数授数百千人，祇益不知大体焉。维王翁之过绝世人有三焉：其智足以饰非夺是，辨能穷诘说士，威则震惧群下。又数阴中不快己者，故群臣莫能抗答其论，莫敢干犯匡谏，卒以致亡败，其不知大体之祸也。

夫帝王之知大体者，则高帝是矣。高帝曰："张良、萧何、韩信，此三子者，皆人杰也，吾能用之，故得天下。"此其知大体之效也。

王翁始秉国政，自以通明贤圣，而谓群下才智莫能出其上。是故举措兴事，辄欲自信任，不肯与诸明智者通共，苟直意而发，得之而用，是以稀获其功效焉。故卒遇破亡，此不知大体者也。高帝怀大智略，能自揆度，群臣制事定法，常谓曰："庳而勿高也，度吾所能行为之。"宪度内疏，政合于时，故民臣乐悦，为世所思，此知大体者也。

王翁嘉慕前圣之治，而简薄汉家法令，故多所变更，欲事事效古，美先圣制度，而不知己之不能行其事。释近趋远，所尚非务，故以高义退致废乱，此不知大体者也。高祖欲攻魏，乃使人窥视其国相，及诸将率左右用事者，知其主名，乃曰："此皆不如吾萧何、曹参、韩信、樊哙等，亦易与耳。"遂往破之，此知大体者也。

王翁前欲北伐匈奴，及后东击青、徐众郡赤眉之徒，皆不择良将，而但以世姓及信谨文吏，或遣亲属子孙，素所爱好，咸无权智将帅之用，猥使据军持众，当赴强敌，是以军合则损，士众散走。咎在不择将，将与主俱不知大体者也。

夫言行在于美善，不在于众多。出一美言善行，而天下从之，或见一恶意丑事，而万民违，可不慎乎？故《易》曰："言行，君子之枢机。"枢机之发，荣辱之主，所以动天地者也。

王翁刑杀人，又复加毒害焉，至生烧人，以醯五毒灌死者肌肉，及埋之，复荐覆以荆棘。人既死，与木土等，虽重加创毒，亦何损益？成汤之省纳，无补于士民，士民向之者，嘉其有德惠也；齐宣之活牛，无益于贤人，贤人善之者，贵其有仁心也；文王葬枯骨，无益于众庶，众庶悦之者，其恩义动之也；王翁之残死人，无损于生人，生人恶之者，以残酷示之也。维此四事，忽微而显著，纤细而犹大。故二圣以兴，一君用称，王翁以亡，知大体与不知者远矣。

圣王治国，崇礼让，显仁义，以尊贤爱民为务，是为卜筮维寡，祭祀用稀。王翁好卜筮，信时日，而笃于事鬼神，多作庙兆，洁斋祀祭，牺牲肴膳之费，吏卒辨治之苦，不可称道。为政不善，见叛天下。及难作兵起，无权策以自救解，乃驰之南郊告祷，搏心言冤，号兴流涕，叩头请命，幸天哀助之也。当兵入宫日，射矢交集，燔火大起，逃渐台下，尚抱其符命书，及所作威斗，可谓蔽惑至甚矣。

淳于髡至邻家，见其灶突之直，而积薪在旁，曰："此且有火灾。"即教使更为曲突，而徙远其薪。灶家不听，后灾，火果及积薪，而燔其屋，邻里并救击。及灭止，而烹羊具酒以劳谢救火者，曲突远薪，固不肯呼淳于髡饮饭。智者讥之云："教人曲突远薪，固无恩泽；焦头烂额，反为上客。"盖伤其贱本而贵末。岂夫独突薪可以除害哉？而人病国乱，亦皆如斯。是故良医医其未发，而明君绝其本谋。后世多损于杜塞未萌，而勤于攻击已成，谋臣稀赏，而斗士常荣，犹彼人殆失事之重轻。察淳于髡之预言，可以无不通，此见微之类也。

王者初兴，皆先建根本，广立藩屏，以自树党，而强固国基焉。是以周武王克殷，未下舆而封黄帝、尧、舜、夏、殷之后，及同姓亲属、功臣德行，以为羽翼，佐助鸿业，永垂统于后嗣。乃者强秦罢去诸侯，而独自恃任一身，子弟无所封，孤弱无与，是以为帝十四岁而亡。汉高祖始定天下，背亡秦之短计，遵殷周之长道，褒显功德，多封子弟，后虽多以骄佚败亡，然汉之基本，得以定成，而异姓强臣，不能复倾；至景、武之世，见诸王数作乱，因抑夺其权势，而王但得虚尊，坐食租税，故汉朝遂弱，孤单特立。是以王翁不兴兵领士，而径取天下，又怀贪功独专之利，不肯封建子孙及同姓戚属，为藩辅之固，故兵起莫之救助也。《传》曰："与死人同病者，不可为医；与亡国同政者，不可为谋。"王翁行甚类暴秦，故亦十五岁而亡。夫猎射禽兽者，始欲中之，恐其创不大也；既已得之，又恶其伤肉多也。鄙人有得鲠酱而美之，及饭，恶与人共食，即小唾其中，共者怒，因涕其酱，遂弃而俱不得食焉。彼亡秦、王翁，欲取天下时，乃乐与人分之，及已得而重爱不肯与，是惜肉嗜鲠之类也。

昔齐桓公出，见一故墟而问之，或对曰："郭氏之墟也。"复问郭氏曷为墟，曰："善善而恶恶焉。"桓公曰："善善恶恶，乃所以为存，而反为墟，何也？"曰："善善而不能用，恶恶而不能去。彼善人知其贵己而不用，则怨之；恶人见其贱己而不好，则仇之。"夫与善人为怨，恶人为仇，欲毋亡，得乎？乃者王翁善天下贤智才能之士，皆征聚而不肯用，使人怀诽谤而怨之。更始帝恶诸王假号无义之人，而不能去，令各心恨而仇之。是以王翁见攻而身死，宫室烧尽；更始帝为诸王假号而出走，令城郭残。二王皆有善善恶恶之费，故不免于祸难大灾，卒使长安大都，坏败为墟，此大非之行也。

北蛮之先，与中国并，历年兹多，不可记也。仁者不能以德来，强者不能以力并也。其性忿鸷，兽聚而鸟散，其强难屈而和难得，是以圣王羁縻而不专制也。昔周室衰微，夷狄交侵，中国不绝如线。于是宣王中兴，仅得复其侵地。夫以秦始皇之强，带甲四十万，不敢窥河西，乃筑长城以分之。

汉兴，高祖见围于平城，吕后时为不轨之言。文帝时，匈奴大入，烽火候骑，至雍、甘泉。景、武之间，兵出数困，卒不能禽制，即与之结和亲，然后边民得安，中国以宁。其后匈奴内乱，分为五单于，甘延寿得承其弊，以深德呼韩耶单于，故肯委质称臣，来入朝见汉家，汉家得以宣德广之隆，而威示四海，莫不率服，历世无寇。安危尚未可知，而猥复侵刻匈奴，往攻夺其玺绶，而贬损其大臣号位，变易旧常，分单于为十五，是以恨恚大怒，事相攻拒。王翁不自非悔，反遂持屈强无理，多拜将率，调发兵马，运徙粮食财物，以殚索天下，天下愁恨怨苦，因大扰乱，竟大能挫伤一胡虏，徒自穷极竭尽而已。《书》曰："天作孽，犹可避；自作孽，不可活。"其斯之谓矣。夫高帝之见围，十日不食，及得免脱，遂无愠色，诚知其往攻非务，而怨之无益也。今匈奴负于王翁，王翁就往侵削扰之，故使事至于斯，岂所谓肉自生虫，而人自生祸者耶！其为不急，乃剧如此，自作之甚者也。

灾异变怪者，天下所常有，无世而不然。逢明主贤臣，智士仁人，则修德善政，省职慎行以应之，故咎殃消亡，而祸转为福焉。昔大戊遭桑谷生朝之怪，获中宗之号；武丁有雊雉升鼎之异，身享百年之寿；周成王遇雷风折木之变，而获反风岁熟之报；宋景公有荧惑守心之忧，星为徙三舍。由是观之，则莫善于以德义精诚报塞之矣。故《周书》曰："天子见怪则修德，诸侯见怪则修政，大夫见怪则修职，士庶见怪则修身。"神不能伤道，妖亦不能害德。及衰世薄俗，君臣多淫骄失政，士庶多邪心恶行，是以数有灾异变怪。又不能内自省视，畏天戒，而反外考谤议，求问厥故，惑于佞愚，而以自诖误，而令祸患得就，皆违天逆道者也。

或言："往者公卿重臣缺，而众人咸豫部署，云甲乙当为之，后果然。彼何以虑知，而又能与上同意乎？孔子谓子贡'亿则屡中'，令众人能与子贡等乎？"余应曰："世之在位人，率同辈，相去不甚胶著，其修善少愈者，固上下所昔闻知也。夫明殊者视异，智均者虑侔。故群下之隐，常与上同度也。如昔汤、武之用伊、吕，高宗之取傅说，桓、穆之授管、宁、由、奚，岂众人所识知哉？彼群下虽好意措，亦焉能真？斯以可居大臣辅相者乎？"

国家设理官、制刑辟，所以定奸邪。又内置、中丞、御史，以正齐毂下。故常用明习者，始于欲分正法，而终乎侵轻深刻，皆务酷虐过度，欲见尽力而求获功赏。或著能立事，而恶劣弱之谤，是以役以棰楚，舞文成恶。及事成狱毕，虽使皋陶听之，犹不能闻也。至以言语小故，陷致人于族灭，事诚可悼痛焉！渐至乎朝廷，时有忿悁，闻恶弗原，故令天下相放俱成惑，讥有司之行深刻，云下尚执重，而令上得施恩泽，此言甚非也。夫贤吏正士，为上处事持法，宜如丹青矣。是故言之当必可行也，罪之当必可刑也，如何苟欲阿指乎？如遭上忽略不宿留，而听行其事，则当受强死也。哀帝时，待诏伍客以知星好方道，数召，后坐事下狱，狱穷讯，得其宿与人言，"汉朝当生勇怒子如武帝者"。刻暴以为先帝为"怒子"，非所宜言，大不敬。夫言语之时，过差失误，乃不足被以刑诛，及诋欺事，可无不至罪。《易》言："大人虎变，君子豹变。"即以是论谕，人主宁可谓曰："何为比我禽兽乎？"如称君之圣明与尧舜同，或可怒曰："何故比我于死人乎？"世主既不通，而辅佐执事者，复随而听之、顺成之，不亦重为蒙蒙乎！

卷四十五

《崔寔政论》治要

自尧舜之帝、汤武之王，皆赖明哲之佐、博物之臣。故皋陶陈谟，而唐虞以兴；伊、箕作训，而殷周用隆。及继体之君，欲立中兴之功者，曷尝不赖贤哲之谋乎？凡天下之所以不治者，常由人主承平日久，俗渐弊而不寤，政浸衰而不改，习乱安危，怢不自睹。或荒耽嗜欲，不恤万机；或耳蔽箴诲，厌伪忽真；或犹豫歧路，莫适所从；或见信之佐，括囊守禄；或疏远之臣，言以贱废。是以王纲纵弛于上，智士郁伊于下。悲夫！且守文之君，继陵迟之绪，譬诸乘弊车矣，当求巧工，使辑治之，折则接之，缓则契之，补琢换易，可复为新，新不已，用之无穷。若遂不治，因而乘之，摧拉捌裂，亦无可奈何矣。若武丁之获傅说，宣王之得申甫，是则其巧工也。今朝廷以圣哲之姿，龙飞天衢，大臣辅政，将成断金。诚宜有以满天下望，称兆民之心，年谷丰稔，风俗未乂。夫风俗者，国之脉诊也。不和，诚未足为休。《书》曰："虽休勿休。"况不休而可休乎？且济时救世之术，岂必体尧蹈舜，然后乃治哉？期于补绽决坏，枝拄邪倾，随形裁割，取时君所能行，要厝斯世于安宁之域而已。故圣人执权，遭时定制，步骤之差，各有云设。不强人以不能，背所急而慕所闻也。

昔孝武皇帝策书曰："三代不同法，所由殊路，而建德一也。"盖孔子对叶公以来远、哀公以临民、景公以节礼。非其不同，所急异务也。俗人拘文牵古，不达权制，奇玮所闻，简忽所见，策不见珍，计不见信。夫人既不知善之为善，又将不知不善之为不善，恶足与论家国之大事哉？故每有言事，颇合圣德者，或下群臣，令集议之，虽有可采，辄见掎夺。何者？其顽士暗于时权，安习所见，殆不知乐成，况可与虑始乎？心闪意舛，不知所云，则苟云率由旧章而已。其达者，或矜名嫉能，耻善策不从己出，则舞笔奋辞，以破其义。寡不胜众，遂见屏弃。虽稷、契复存，由将困焉。斯实贾生之所以排于绛、灌，吊屈子以舒愤者也。夫以文帝之明，贾生之贤，绛、灌之忠，而有此患，况其余哉！况其余哉！且世主莫不愿得尼、轲之伦以为辅佐，卒然获之，未必珍也。自非题牓其面曰"鲁孔丘"、"邹孟轲"，殆必不见敬信。何以明其然也？此二者，善已存于上矣，当时皆见薄贱，而莫能任用。困厄削逐，待放不追，劳辱勤瘁，为竖子所议笑，其故获也。夫淳淑之士，固不曲道以媚时，不诡行以徼名，耻乡原之誉、比周之党。而世主凡君，明不能别异量之士，而适足受谮润之愬。前君既失之于古，后君又蹈之于今。是以命世之士，常抑于当时，而见思于后人。以往揆来，亦何容易？向使贤不肖相去如泰山之与蚁垤，策谋得失相觉如日月之与萤火，虽顽嚣之人，犹能察焉。常患贤佞难别，是非倒纷，始相去如毫厘，而祸福差以千里。故圣君明主，其犹慎之。

夫人之情，莫不乐富贵荣华、美服丽饰、铿锵眩耀、芬芳嘉味者也。昼则思之，夜则梦焉。唯斯之务，无须臾不存于心，犹急水之归下，下川之赴壑。不厚为之制度，则皆侯服王食，僭至尊，逾天制矣。是故先王之御世也，必明法度，以闭民欲，崇堤防以御水害。法度替而民散乱，堤防堕而水泛溢。顷者，法度颇不稽古，而旧号网漏吞舟。故庸夫设藻棁之饰，匹竖享方丈之馔。下僭其上，尊卑无别，礼坏而莫救，法堕而不恒，斯盖有识之士所为于邑而增叹者也。律令虽有舆服制度，然断之不自其源，禁之又不密。今使列肆卖侈功、商贾鬻僭服、百工作淫器，民见可欲，不能不买，贾人之列，户蹈逾侈矣。故王政一倾，普天率土，莫不奢僭者。非家至人告，乃时势驱之使然。此则天下之患一也。且世奢服僭，则无用之器贵，本务之业贱矣。农桑勤而利薄，工商逸而入厚，故农夫辍耒而雕镂，工女投杼而刺文。躬耕者少，末作者众。生土虽皆垦乂，故地功不致，苟无力穑，焉得有年？财郁蓄而不尽出，百姓穷匮而为奸寇，是以仓廪空而囹圄实。一谷不登，则饥馁流死，上下俱匮，无以相济。国以民为根，民以谷为命。命尽则根拔，根拔则本颠。此最国家之毒忧，可为热心者也。斯则天下之患二也。

法度既堕，舆服无限，婢妾皆戴瑱楴之饰，而被织文之衣，乃送终之家，亦无法度，至用辒梓黄肠，多藏宝货，享牛作倡，高坟大寝。是可忍也，孰不可忍！而俗人多之，咸曰“健子”。天下跂慕，耻不相逮。念亲将终，无以奉遣。乃约其供养，豫修亡殁之备。老亲之饥寒，以事淫法之华称。竭家尽业，甘心而不恨。穷厄既迫，迫为盗贼，拘执陷罪，为世大戮。痛乎！化俗之刑陷愚民也。且橘柚之贡，尧舜所不尝御；山龙华虫，帝王不以为亵服。今之臣妾，皆余黄甘，而厌文绣者，盖以万数矣。其余称此，不可胜记。古者墓而不坟，文武之兆与平地齐。今豪民之坟，已千坊矣。欲民不匮，诚亦难矣。是以天戚戚，人汲汲，外溺奢风，内忧穷竭。故在位者则犯王法以聚敛，愚民则冒罪戮以为健。俗之坏败，乃至于斯。此天下之患三也。承三患之弊，继荒顿之绪，而徒欲修旧修故，而无匡改，虽唐虞复存，无益于治乱也。昔圣王远虑深思，患民情之难防，忧奢淫之害政，乃塞其源以绝其末，深其刑而重其罚。夫善堙川者，必杜其源；善防奸者，必绝其萌。昔子产相郑，殊尊卑，异章服，而国用治。岂大汉之明主，曾不如小藩之陪臣？在修之与不耳。

《易》曰：“言行，君子所以动天地也。”仲尼曰：“人而无信，不知其可。”今官之接民，甚多违理，苟解面前，不顾先哲。作使百工，及从民市，辄设计加以诱来之，器成之后，更不与直。老弱冻饿，痛号道路。守阙告哀，终不见省。历年累岁，乃才给之，又云逋直，请十与三，此逋直岂物主之罪耶？不自咎责，反复灭之，冤抑酷痛，足感和气。既尔复平弊败之物与之，至有车舆。故谒者冠，卖之则莫取，服之则不可。其余杂物，略皆此辈。是以百姓创艾，咸以官为忌讳，遁逃鼠窜，莫肯应募。因乃捕之，劫以威势。心苟不乐，则器械行沽，虚费则用，不周于事。故曰："上为下效，然后谓之教。"上下相效殆如此，将何以防之？罚则不恕，不罚则不治。是以风移于诈，俗易于欺，狱讼繁多，民好残伪。为政如此，未睹其利。斯皆起于典藏之吏，不明为国之体。苟割胫以肥头，不知胫弱亦将颠仆也。《礼》讥聚敛之臣，《诗》曰"贪人败类"，盖伤之也。

《传》曰："工欲善其事，必先利其器。"旧时永平、建初之际，去战攻未久，朝廷留意于武备，财用优饶，主者躬亲，故官兵常牢劲精利。谢蔡大仆之弩及龙亭九年之剑，至今擅名天下。顷主者既不敕慎，而诏书又误进入之宾。贪饕之吏，竞约其财用。狡猾之工，复盗窃之。至以麻枲被弓弩、米粥杂漆、烧铠铁焠醯中，令脆易冶，孔又褊小，刀牟悉钝。故边民敢斗健士，皆自作私兵，不肯用官器。凡汉所以能制胡者，徒擅铠弩之利也。铠则不坚，弩则不劲，永失所恃矣。且夫士之身，苟兵钝甲软，不可依怙，虽孟贲、卞庄，由有犹豫。推此论之，以小况大，使三军器械，皆可依阻，则胆强势盛，各有赴敌不旋之虑。若皆弊败，不足任用，亦竞奋皆不避水火矣。三军皆奋，则何敌不克？诚宜复申明巧工旧令，除进入之课，复故财用，虽颇为吏工所中，尚胜于自中也。

苟以牢利任用为故，无问其他。《月令》曰："物刻工名，以覆其诚。功有不当，必行其罪，以穷其情。"今虽刻名之，而赏罚不能，又数有赦赎，主者轻玩，无所惩畏。夫兵革，国之大事，宜特留意，重其法罚。敢有巧诈辄行之辈，罪勿以赦赎除，则吏敬其职、工慎其业矣。昔圣王之治天下，咸建诸侯，以临其民。国有常君，君有定臣，上下相安，政如一家。秦兼天下，罢侯置县，于是君臣始有不亲之衅矣。我文、景患其如此，故令长视事。至十余年，居位或长子孙，永久则相习，上下无所窜情，加以心坚意专，安官乐职，图虑久长，而无苟且之政；吏民供奉，亦竭忠尽节，而无一切之计。故能君臣和睦，百姓康乐。苟有康乐之心充于中，则和气应于外。是以灾害不生，祸乱不作。

自顷以来，政教稍改，重刑阙于大臣，而密罔刻于下职。鼎辅不思在宽之德，牧牧守守逐之，各竞擿微短、吹毛求疵、重案深诋，以中伤贞良。长吏或实清廉，心平行洁，内省不疚，不肯媚灶，曲礼不行于所属，私敬无废于府。州郡侧目，以为负折，乃选巧文猾吏，向壁作条，诬覆阖门，摄捕妻子。人情耻令妻子就逮，则不迫自去。且人主莫不欲豹、产之臣，然西门豹治邺一年，民欲杀之；子产相郑，初亦见诅，三载之后，德化乃洽。今长吏下车百日，无他异观，则州郡睥睨，待以恶意，满岁寂漠，便见驱逐。正使豹、产复在，方见怨诅，应时奔驰，何缘得成易歌之勋，垂不朽之名者哉？犹冯唐评文帝之不能用李牧矣。近汉世所谓良吏，黄侯召父之治郡视事，皆且十年，然后功业乃著。且以仲尼之圣，由曰"三年有成"，况凡庸之士，而责以造次之效哉？故夫卒成之政，必有横暴酷烈之失，而世俗归称，谓之辨治。故绌已复进，弃已复用，横迁超取，不由次第。是以残猛之人，遂奋其毒；仁贤之士，劫俗为虐。本操虽异，驱出一揆。故朝廷不获温良之用，兆民不蒙宽惠之德，则百姓之命，委于酷吏之手，嗷嗷之怨，咎归于上。

夫民善之则畜，恶之则仇，仇满天下，可不惧哉？是以有国有家者，甚畏其民，既畏其怨，又畏其罚。故养之如伤病，爱之如赤子，兢兢业业，惧以终始，恐失群臣之和，以堕先王之轨也。今朝廷虽屡下恩泽之诏，垂恤民之言，而法度制令，甚失养民之道，劳思而无功，华繁而实寡。必欲求利民之术，则宜沛然改法，有以安固长吏，原其小罪，阔略微过，取其大较，惠下而已。昔唐虞之制，三载考绩，三考绌陟，所以表善而简恶，尽臣力也。汉法亦三年一察治状，举孝廉尤异。宣帝时，王成为胶东相，黄霸为颍川太守，皆且十年，但就增秩赐金，封关内侯，以次入为公卿。然后政化大行，勋垂竹帛，皆先帝旧法，所宜因循。及中兴后，上官象为并州刺史，祭彤为辽东太守，视事各十八年，皆增秩中二千石，近日所见，或一期之中，郡主易数二千石。云扰波转，溃溃纷纷，吏民疑惑，不知所谓。及公卿、尚书，亦复如此。且台阁之职，尤宜简习。先帝时尚书，但厚加赏赐，希得外补，是以机事周密，莫有漏泄。昔舜命九官，自受终于文祖，以至陟方五十年，不闻复有改易也。圣人行之于古，以致时雍；文、宣拟式，亦至隆平。若不克从，是羞效唐虞，而耻遵先帝也。

昔明王之统黎元，盖济其欲，而为之节度者也。凡人情之所通好，则恕己而足之。因民有乐生之性，故分禄以颐其士，制庐井以养其萌，然后上下交足，厥心乃静。人非食不活，衣食足然后可教以礼义，威以刑罚。苟其不足，慈亲不能畜其子，况君能捡其臣乎？故《古记》曰：“仓廪实而知礼节，衣食足而知荣辱。”今所使分威权、御民人、理狱讼、干府库者，皆群臣之所为，而其奉禄甚薄，仰不足以养父母，俯不足以活妻子。父母者，性所爱也；妻子者，性所亲也。所爱所亲，方将冻馁，虽冒刃求利，尚犹不避，况可令临财御众乎？是所谓渴马守水、饿犬护肉，欲其不侵，亦不几矣。夫事有不疑，势有不然，盖此之类。虽时有素富骨清者，未能百一，不可为天下通率。圣王知其如此，故重其禄以防其贪欲，使之取足于奉，不与百姓争利。故其为士者，习推让之风，耻言十五之计，而拔葵去织之义形矣。故三代之赋也，足以代其耕。故晏平仲，诸侯之大夫耳，禄足赡五百，斯非优衍之故耶？昔在暴秦，反道违圣，厚自封宠，而虏遇臣下。汉兴因循，未改其制。夫百里长吏，荷诸侯之任，而食监门之禄。

请举一隅，以率其余。一月之禄，得粟二十斛、钱二千。长吏虽欲崇约，犹当有从者一人，假令无奴，当复取客。客庸一月千刍，膏肉五百，薪炭盐菜又五百，二人食粟六斛，其余财足给马，岂能供冬夏衣被、四时祠祀、宾客升酒之费乎？况复迎父母，致妻子哉？不迎父母，则违定省；不致妻子，则继嗣绝。迎之不足相赡，自非夷齐，孰能饿死？于是则有卖官鬻狱、盗贼主守之奸生矣。孝宣皇帝悼其如此，乃诏曰：“吏不平则治道衰。今小吏皆勤事，奉之薄，欲其不侵渔百姓，难矣！”其益吏奉百石以下什五。然尚俭隘，又不上逮古赋禄。虽不可悉遵，宜少增益，以赒其匮，使足代耕自供，以绝其内顾念奸之心。然后重其受取之罚，则吏内足于财，外惮严刑，人怀羔羊之洁，民无侵枉之性矣。昔周之衰也，大夫无禄，诗人刺之；暴秦之政，始建薄奉；亡新之乱，不与吏除。三亡之失，异世同术，我无所鉴？夏后及商，覆车之轨，宜以为戒。

大赦之造，乃圣王受命而兴，讨乱除残，诛其鲸鲵，赦其臣民，渐染化者耳。乃战国之时，犯罪者辄亡奔邻国，遂赦之以诱还其逋逃之民。汉承秦制，遵而不越。孝文皇帝即位二十三年乃赦，示不废旧章而已。近永平、建初之际，亦六七年乃一赦命，子皆老于草野，穷困惩艾，比之于死。顷间以来，岁月一赦，百姓忸忕，轻为奸非，每迫春节，侥幸之会，犯恶尤多。近前年一期之中，大小四赦。谚曰："一岁再赦，奴儿喑恶。"况不轨之民，孰不肆意？遂以赦为常俗。初期望之，过期不至，亡命蓄积，群辈屯聚，为朝廷忧。如是则劫不得不赦。赦以趣奸，奸以趣赦，转相驱蹴，两不得息，虽日赦之，乱甫繁耳。由坐饮多发消渴，而水更不得去口，其归亦无终矣。又践祚改元际，未尝不赦，每其令曰："荡涤旧恶，将与士大夫更始。"是袁己薄先，且违无改之义，非所以明孝抑邪之道也。昔管子有云："赦者，奔马之委辔；不赦者，痤疽之砭石。"及匡衡、吴汉，将相之隽，而皆建言不当数赦。今如欲遵先王之制，宜旷然更下大赦令，因明谕使知永不复赦，则群下震栗，莫轻犯罪。纵不能然，宜十岁以上，乃时一赦。

卷四十六

《申鉴》治要

夫道之大本，仁义而已。《五典》以经之，群籍以纬之。前鉴既明，后复申之。故古之圣王，其于仁义也，申重无已，笃序无疆，谓之"申鉴"。天作道，皇作极，臣作辅，民作基。制度以纲之，事业以纪之。先王之政：一曰承天，二曰正身，三曰任贤，四曰恤民，五曰明制，六曰立业。承天惟允，正身惟恒，任贤惟固，恤民惟勤，明制惟典，立业惟敦，是谓政体。

致治之术，先屏四患，乃崇五政。一曰伪，二曰私，三曰放，四曰奢。伪乱俗，私坏法，放越轨，奢败制。四者不除，则政无由行矣。俗乱则道荒，虽天地不得保其性矣；法坏则世倾，虽人主不得守其度矣；轨越则礼亡，虽圣人不得全其行矣；制败则欲肆，虽四表不能充其求矣。是谓四患。兴农桑以养其生，审好恶以正其俗，宣文教以章其化，立武备以秉其威，明赏罚以统其法，是谓五政。

民不畏死，不可惧以罪；民不乐生，不可劝以善。虽使契布五教、咎繇作士，政不行焉。故在上者，先丰民财以定其志，帝耕籍田，后桑蚕宫。国无游民，野无荒业，财不虚用，力不妄加，以周民事，是谓养生。

君子之所以动天地、应神明、正万物，而成王治者，必本乎真实而已。故在上者，审则仪道，以定好恶。善恶要于功罪，毁誉效于准验。听言责事，举名察实，无或诈伪淫巧以荡众心。故事无不核，物无不功，善无不显，恶无不彰，俗无奸怪，民无淫风。百姓上下，睹利害之存乎己也，故肃恭其心，慎修其行。有罪恶者无侥幸，无罪过者不忧惧。请谒无所行，货赂无所用，则民志平矣，是谓正俗。

君子以情用，小人以刑用。荣辱者，赏罚之精华也。故礼教荣辱以加君子，治其情也；桎梏鞭扑以加小人，治其刑也。君子不犯辱，况于刑乎？小人不忌刑，况于辱乎？若夫中人之伦，则刑礼兼焉。教化之废，推中人而坠于小人之域；教化之行，引中人而纳于君子之途，是谓彰化。

小人之情，缓则骄，骄则恣；急则叛，叛则谋乱。安则思欲，非威强无以惩之。故在上者，必有武备，以戒不虞，以遏寇虐。安居则寄之内政，有事则用之军旅，是谓秉威。

赏罚，政之柄也。明赏必罚，审信慎令，赏以劝善，罚以惩恶。人主不妄赏，非徒爱其财也，赏妄行则善不劝矣。不妄罚，非徒矜其人也，罚妄行则恶不惩矣。赏不劝，谓之止善；罚不惩，谓之纵恶。在上者，能不止下为善，不纵下为恶，则国治矣，是谓统法。

四患既蠲，五政既立，行之以诚，守之以固，简而不怠，疏而不失；无为为之，使自施之，无事事之，使自交之；不肃而成，不严而治，垂拱揖让，而海内平矣，是谓为政之方。

惟恤十难，以任贤能：一曰不知，二曰不进，三曰不任，四曰不终，五曰以小怨弃大德，六曰以小过黜大功，七曰以小失掩大美，八曰以干讦伤忠正，九曰以邪说乱正度，十曰以谗嫉废贤能。是谓十难。十难不除，则贤臣不用；贤臣不用，则国非其国也。

惟审九风，以定国常：一曰治，二曰衰，三曰弱，四曰乖，五曰乱，六曰荒，七曰叛，八曰危，九曰亡。君臣亲而有礼，百僚和而不同、让而不争、勤而不怨、无事惟职是司，此治国之风也。礼俗不一，职位不重，小臣谗嫉，庶人作议，此衰国之风也。君好让，臣好逸，士好游，民好流，此弱国之风也。君臣争明，朝廷争功，士大夫争名，庶人争利，此乖国之风也。上多欲，下多端，法不定，政多门，此乱国之风也。以侈为博，以伉为高，以滥为通，遵礼谓之劬，守法谓之固，此荒国之风也。以苛为察，以利为公，以割下为能，以附上为忠，此叛国之风也。上下相疏，内外相疑蒙，小臣争宠，大臣争权，此危国之风也。上不访下，下不谏上，妇言用，私政行，此亡国之风也。

惟稽五赦，以绥民中：一曰原心，二曰明德，三曰劝功，四曰褒化，五曰权计。

凡先王之攸赦，必是族也。非是族焉，刑兹无赦。

有一言而可常行者，恕也；一行而可常履者，正也。恕者，仁之术也；正者，义之要也，至矣哉。

或曰：圣王以天下为乐乎？曰：否。圣王以天下为忧，天下以圣王为乐。凡主以天下为乐，天下以凡主为忧。圣王屈己以申天下之乐，凡主申己以屈天下之忧。申天下之乐，故乐亦报之；屈天下之忧，故忧亦及之。天之道也。

治世之臣，所贵乎顺者三：一曰心顺，二曰职顺，三曰道顺。衰世之臣，所贵乎顺者三：一曰体顺，二曰辞顺，三曰事顺。治世之顺，则真顺也。衰世之顺，则生逆也。体苟顺则逆节，辞苟顺则逆忠，事苟顺则逆道。下有忧民，则上不尽乐；下有饥民，则上不备膳；下有寒民，则上不具服。故足寒伤心，民忧伤国。

或曰：三皇之民至敦也，其治至清也，天性乎？曰：皇民敦，秦民弊，时也；山民朴，市民玩，处也。桀纣不易民而乱，汤武不易民而治，政也。皇民寡，寡斯敦；皇治纯，纯斯清矣。唯性不求无益之物，不畜难得之货；节华丽之饰，退利进之路，则民俗清矣。简小忌，去淫祀，绝奇怪，则妖伪息矣；致精诚，求诸己，正大事，则神明应矣。放邪说，绝淫智，抑百家，崇圣典，则道义定矣；去浮华，举功实，绝末伎，周本务，则事业修矣。

尚主之制非古也。厘降二女，陶唐之典；归妹元吉，帝乙之训；正姬归齐，宗周之礼也。以阴乘阳，违天也；以妇凌夫，违人也。违天不祥，违人不义。

古者天子诸侯，有事必告于庙。朝有二史，右史记事，左史记言。事为《春秋》，言为《尚书》。君举必记，臧否成败，无不存焉。下及士庶，苟有茂异，咸在载籍。或欲显而不得，欲隐而名章，得失一朝，荣辱千载。善人劝焉，淫人惧焉。故先王重之，以嗣赏罚，以辅法教。宜于今者，官以其方，各书其事，岁尽则集之于《尚书》。各备史官，使掌其典。

君子有三鉴：鉴乎前，鉴乎人，鉴乎镜。前惟训，人惟贤，镜惟明。夏商之衰，不鉴于禹汤也；周秦之弊，不鉴于群下也；侧弁垢颜，不鉴于明镜也。故君子惟鉴之务焉。

不任所爱之谓公，唯公是从之谓明。齐桓公中材也，夫能成功业，由有异焉者矣。妾媵盈宫，非无爱幸也；群臣盈朝，非无亲近也；然外则管仲射己。卫姬色衰，非爱也，任之也。然后知非贤不可任，非智不可从也，夫此之举宠矣哉。

膏肓纯白，二竖不生，兹谓心宁；省闼清净，嬖孽不作，兹谓政平。夫膏肓近心而处厄，针之不逮，药之不中，攻之不可，二竖藏焉，是谓笃患。故治身治国者，唯是之畏。

或曰：爱民如子，仁之至乎？曰：未也。爱民如身，仁之至乎？曰：未也。汤祷桑林，邾迁于绎，景祀于旱，可谓爱民矣。曰：何重民而轻身也？曰：人主承天命以养民者也。民存则社稷存，人亡则社稷亡。故重民者，所以重社稷而承天命也。

或问曰：孟轲称人皆可以为尧舜，其信矣乎？曰：人非下愚，则可以为尧舜矣。写尧舜貌，同尧之性，则否；服尧之制，行尧之道，则可矣。行之于前，则古之尧舜也；行之于后，则今之尧舜也。或曰：人皆可以为桀纣乎？曰：行桀纣之事，是桀纣也。尧、舜、桀、纣之事，常并存于世，唯人所用而已。

人主之患，常立于二难之间：在上而国家不治，是难也；治国家则必勤身苦思，矫情以从道，是难也。有难之难，暗主取之；无难之难，明主居之。

人臣之患，常立于二罪之间：在职而不尽忠直之道，罪也；尽忠直之道焉，则必矫上拂下，罪也。有罪之罪，邪臣由之；无罪之罪，忠臣致之。

人臣有三罪：一曰导非，二曰阿失，三曰尸宠。以非引上，谓之导；从上之非，谓之阿；见非不言，谓之尸。导臣诛，阿臣刑，尸臣绌。

忠有三术：一曰防，二曰救，三曰戒。先其未然，谓之防也；发而进谏，谓之救也；行而责之，谓之戒也。防为上，救次之，戒为下。

或问：天子守在四夷，有诸？曰：此外守也，天子之内守在身。曰：何谓也？曰：至尊者，其攻之者众焉，故便僻御侍，攻人主而夺其财；近幸妻妾，攻人主而夺其宠；逸游伎艺，攻人主而夺其志；左右小臣，攻人主而夺其行；不令之臣，攻人主而夺其事。是谓内寇。自古失道之君，其见攻者众矣，小者危身，大者亡国。鲧、共工之徒攻尧，仪狄攻禹，弗能克，故唐、夏平；南之威攻文公，申侯伯攻恭王。不能克，故晋、楚兴。万众之寇凌疆场，非患也；一言之寇袭于膝下，患之甚矣！八域重译而献珍，非宝也；腹心之人，匍匐而献善，宝之至矣。故明主慎内守，除内寇，而重内宝。

君子所恶乎异者三：好生事也，好生奇也，好变常也。好生事，则多端而动众；好生奇，则离道而惑俗；好变常，则轻法而乱度。故名不贵苟传，行不贵苟难。纯德无慝，其上也；伏而不动，其次也；动而不行，行而不远，远而能复，又其次也。其下远而不近也。

卷四十七

《蒋子万机论》治要

政略

夫君王之治，必须贤佐，然后为泰。故君称元首，臣为股肱，譬之一体，相须而行也。是以陶唐钦明，羲氏平秩，有虞明目，元恺敷教，皆此君唱臣和，同亮天功，故能天成地平，咸熙于和穆，盛德之治也。夫随俗树化，因世建业，慎在务三而已：一曰“择人”，二曰“因民”，三曰“从时”。时移而不移，违天之祥也。民望而不因，违人之咎也。好善而不能择人，败官之患也。三者失，则天人之事悖矣。夫人乖则时逆，时逆则天违。天违而望国安，未有也。

刑论

患之巨者，狡猾之狱焉。狡黠之民，不事家事，烦贷乡党，以见厌贱，因反忿恨，看国家忌讳，造诽谤，崇饰戏言，以成丑语，被以叛逆，告白长吏。长吏或内利疾恶尽节之名，外以为功，遂使无罪并门灭族，父子孩耄，肝脑涂地，岂不剧哉！求媚之臣，侧人取舍，虽烝子啖君，孤己悦主而不惮也。况因捕叛之时，无悦亲之民，必获尽节之称乎？夫妄造诽谤，虚书叛逆，狡黠之民也。而诈忠者知而族之，此国之大残，不可不察也。

用奇

或曰："官人用士，累功积效，以次相叙，明主之法、忠臣之节尽矣。若拔奇求异，超等逾第，非臣之事也。"应之曰："顾当忧世无奇人，倘有又不能识耳。明法忠节，未必已尽也。"自昔五帝之冠，固有黜陟之谟矣，复勤扬侧陋；殷有考诫之诰矣，复力索岩穴；西伯有呈效之誓矣，复旁求鱼钓；小伯有督课之法矣，复遽求囚俘；汉祖有赏爵之约矣，复急追亡信。若修叙为明法，拔奇为非事，是两帝三君非圣哲，而鲍萧非忠吏也。然则考功案第，守成之法也；拔奇取异，定社稷之事也。当多事之世，而论无事之法，处用奇之时，而必效一官之智，此所以上古多无严之国也。是以高世之主，成功之臣，张法以御常人，厚礼以延奇逸。求之若不及，索之若骨肉。故能消灾除难，君臣同烈也。曩使五主二臣，牵于有司，束于修常，不念畴咨，则唐民康哉之歌不作，殷无高宗之号，周无殪商雅颂之美，齐无九合功，汉歼于京索而不帝矣。故明君良臣，垂意于奇异，诚欲济其事也。使奇异填于沟壑，有国者将不兴其治矣。

汉元帝为太子时，谏持法泰深，求用儒生，宣帝作色怒之云："俗儒不达不足任，乱吾家者太子也。"据如斯言，汉之中灭，职由宣帝，非太子也。乃知班固步骤盛衰、发明是非之理，弗逮古史远矣。昔秦穆公近纳英儒，招致智辩，知富国强兵。至于始皇，乘历世余，灭吞六国，建帝号而坑儒任刑，疏扶苏之谏，外蒙恬之直，受胡亥之曲，信赵高之谀，身没三岁，秦无噍类矣。前史书二世之祸，始皇所起也。夫汉祖初以三章，结黔首之心，并任儒辩，以并诸侯，然后网漏吞舟之鱼，烝民朴谨，天下大治。宣帝受六世之洪业，继武昭之成法，四夷怖征伐之威，生民厌兵革之苦，海内归势，适当安乐时也。而以峻法绳下，贱儒贵刑名，是时名则石显、弘恭之徒，便僻危险，杜塞公论，专制于事，使其君负无穷之谤也。如此，谁果乱宣帝家哉！向使宣帝豫料柱石之士、骨鲠之臣，属之社稷，不令宦竖秉持天机，岂近于元世栋桡榱崩，三十年间，汉为新家哉！推计之，始皇任刑，祸近及身；宣帝好刑，短丧天下。同于秦祸少者耳。

卷四十八

《典语》治要

爵禄赏罚，人主之威柄，帝王之所以为尊者也。故爵禄不可不重。重之则居之者贵，轻之则处之者贱。居之者贵，则君子慕义；取之者贱，则小人觊觎。君子慕义，治道之兆；小人觊觎，乱政之渐也。《易》曰："圣人之大宝曰位，何以守位，曰人。"故先王重于爵位，慎于官人。制爵必俟有德，班禄必施有功。是以见其爵者昭其德，闻其禄者知其功。然犹诫以威罚，劝以黜陟，显以锡命，耀以车服。故朝无旷官之讥，士无尸禄之责矣。夫无功而受禄，君子犹不可，况小人乎？孔子所以耻禀丘之封，而恶季氏之富也。故曰：富与贵是人之所欲，不以其道得之不处。苟得其志，执鞭可为；苟非其道，卿相犹避。明君不可以虚授，人臣亦不可以苟受也。《书》曰："天工人其代之。"是以圣帝明王，重器与名，尤慎官人。故周褒申伯，吉甫著诵；祈父失职，诗人作刺；王商为宰，单于震畏；千秋登相，匈奴轻汉。推此言之，官人封爵，不可不慎也。官得其人，方类相求，虽在下位，士以为荣也。俗以货成，位失其守，虽则三公，士以为辱也。故王阳在位，贡公弹冠；王许并立，班伯耻之。

天子据率土之资，总三才之任，以制御六合，统理群生，固未易为也。是以圣帝明王，忧劳待旦，勤于日昃，未有不汲汲于求贤，勤勤于远恶者也。故大舜招二八于唐朝，投四凶于荒裔，殛鲧不嫌登禹，亲仁也；举子不为宥父，远恶也。以能昭德立化，为百王之命也。

夫世之治乱，国之安危，非由他也。俊乂在官，则治道清；奸佞干政，则祸乱作。故王者任人，不可不慎也。得人之道，盖在于敬贤而诛恶也。敬一贤则众贤悦，诛一恶则众恶惧。昔鲁诛少正，佞人变行；燕礼郭隗，群士向至。此非其效与！然人主处于深宫之中，生于禁闼之内，眼不亲见臣下之得失，耳不亲闻贤愚之否臧，焉知臣下谁忠谁否、谁是谁非？须当留思隐括，听言观行，验之以实，效之以事。能推事效实，则贤愚明而治道清矣。

王者所以称天子者，以其号令政治，法天而行故也。夫天之育万物也，耀之以日月，纪之以星辰，运之以阴阳，成之以寒暑，震之以雷霆，润之以云雨。天不亲事，而万事归功者，以所任者得其宜也。然握璿玑，御七辰，调四时，制五行，此盖天子之所为任者也。孔子曰："唯天为大，唯尧则之。"帝王之盛莫过虞。昔帝尧之末，洪水有滔天之灾，烝民有昏垫之忧，于是咨嗟四岳，举及侧陋。虞舜既登，百揆时叙，二八龙腾，并干唐朝。故能扬严亿载，冠德百王。舜既受终，并简俊德，咸列庶官，从容垂拱，身无一劳，而庶事归功、光炎百世者，所任得其人也。

天子所以立公卿、大夫、列士之官者，非但欲备员数、设虚位而已也。以天下至广，庶事总猥，非一人之身所能周理，故分官别职，各守其位。事有大小，故官有尊卑；人有优劣，故爵有等级。三公者，帝王之所杖也。自非天下之俊德，当世之良材，即不得而处其任。处其任者，必荷其责；在其任者，必知所职。夫匡辅社稷，佐日扬光，协齐七政，宣化四方，此三公之职。笾豆之事，则有司存。大臣不亲细事，犹周鼎不调小味也。故《书》曰："元首丛脞哉，股肱惰哉，庶事隳哉。"此之谓也。陈平曰："宰相者，上佐天子，下理阴阳，外抚四夷诸侯，内亲附百姓，使卿大夫各得其任其职也。"可谓知其任者也。

天下至广，万机至繁。人主以一人之身，处重仞之内，而御至广之士，听至繁之政，安知万国之声息、民俗之动静乎？故古之圣帝立辅弼之臣，列官司之守，劝之以爵赏，诫之以刑罚。故明诫以效其功，考绩以核其能，德高者位尊，才优者任重。人主总君谟以观众智，杖忠贤而布政化，明耳目以来风声，进直言以求得失。夫如是，虽广必周，虽繁必理。何则？御之有此具也。夫君称元首，臣云股肱，明大臣与人主一体者也。尧明俊德，守位以人，所以强四支而辅体也，其为己用岂细也哉！苟非其选，器不虚假。苟得其人，委之无疑。君之任臣，如身之信手，臣之事君，亦宜如手之击身，安则共乐，痛则同忧。其上下协心，以治世事，不俟命而自勤，不求容而自亲。何则？相信之忠著也。是以天子改容于大臣，所以重之也；人臣尽命于君上，所以报德也。宠之以爵级，而天下莫不尊其位；任之以重器，天下莫不敬其人；显之以车服，天下莫不瞻其荣者，以其荷光景于辰耀，登阶于天路也。若此之人，进退必足以动天地而应列宿也。故选不可以不精，任之不可以不信，进不可以不礼，退之不可以权辱。昔贾生尝陈阶级，而文帝加重。大臣每贤其遗言，博引古今，文辞雅伟，真君人之至道、王臣之硕谟也。

夫料才核能，治世之要也。凡人之才，用有所周，能有偏达，自非圣人，谁兼资百行、备贯众理乎？故明君圣主，裁而用焉。昔舜命群司，随才守位；汉述功臣，三杰异称。况非此俦，而可备责乎？且造父善御，师旷知音，皆古之至奇也。使其探事易伎，则彼此俱屈。何则？才有偏达也。人之才能，率皆此类，不可不料也。若任得其才，才堪其任，而国不治者，未之有也。或有用士而不能以治者，既任之，不尽其才，不核其能，故功难成而世不治也。马无辇重之任，牛无千里之迹。违其本性，责其效事，岂可得哉！使韩信下帷，仲舒当戎，于公驰说，陆贾听讼，必无曩时之勋，而显今日之名也。何则？素非才之所长也。推此论之，何可不料哉！

政有宜于古而不利于今，有长于彼而不行于此者。风移俗易，每世则变。故结绳之治，五帝不行；三代损益，政法不同；随时改制，所以救弊也。《易》曰："随时之义大矣哉！"孔子曰："不教民战，是谓弃之。"司马法曰："国虽大，好战必亡。天下虽安，忘战必危。”明用武有时。昔秦杖威用武，卒成王业，吞灭六国，帝有天下。而不斟酌唐虞以美其治，损益三代以御其世，尔乃废先圣之教，任残酷之政，阻兵行威，暴虐海内。故百姓怨毒，雄桀奋起，至于二世，社稷湮灭，非武不能取，而所守之者非也。《传》曰：“夫兵犹火也，不戢将自焚。”秦无戢兵之虑，故有自焚之祸。“好战必亡”，此之谓也。徐偃王好行仁义，不修武备，楚人伐之，身死国灭。天下虽安，武不可废。况以区区之徐，处争夺之世乎！“忘战必危”，此之谓也。汉高帝发迹泗水，龙起丰沛，仁以怀远，武以弭难，任奇纳策，遂扫秦项，被以惠泽，饰以文德，文武并作，祚流世长。此高帝之举也。

秦汉俱杖兵用武，以取天下。汉何以昌？秦何以亡？秦知取而不知守，汉取守之具备矣乎！中世孝武以武功恢帝纲，元、成以儒术失皇纲，德不堪也。王莽之世，内尚文章，外缮师旅，立明堂之制，修辟雍之礼；招集儒学，思遵古道；文武之事备矣。然而命绝于渐台，支解于汉刃者，岂文武之不能治世哉？而用之者拙也。班输骋功于利器，拙夫操刀而伤手，非利器有害于工匠。而夫膏粱旨馔，时或生疾；针艾药石，时或疗疾。故体病则攻之以针艾，疾疗则养之以膏粱，文武之道亦犹是矣。世乱则威之以师旅，道治则被之以文德。

天生烝民，授之以君，所以综理四海、收养品庶也。王者据天位，御万国，临兆民之众，有率土之资，此所以尊者也。然宫室壮观，出于民力；器服珍玩，生于民财；千乘万骑，由于民众。无此三者，则天子魁然独在，无所为尊者也。明主智君，阶民以为尊，国须政而后治。其恤民也，忧劳待旦，日侧忘餐，恕己及下，务在博爱。临御华殿，轩槛华美，则欲民皆有容身之宅、庐室之居；窈窕盈堂，美女侍侧，则欲民皆有配匹之偶、室家之好；肥肉淳酒，珠膳玉食，则欲民皆有余粮之资、充饥之始；轻裘累暖，衣裳重茧，则欲民皆有温身之服、御寒之备。凡四者，生民之本性，人情所共有。故明主乐之于上，亦欲士女欢之于下。是以仁惠广洽，家安厥所，临军则士忘其死，御政则民戴其化，此先王之所以丰动祚、享长期者也。若居无庇首之庐，家无配匹之偶，口无充饥之食，身无蔽形之衣，婚姻无以致娉，死葬无以相恤，饥寒入于肠骨，悲愁出于肝心，虽百舜不能杜其怨声，千尧不能成其治迹。是以明主御世，恤民养士，恕下以身，自近及远，化通宇宙，丕惧民之不安，故能康厥世治，播其德教焉。

卷四十九

《傅子》治要

治国有二柄：一曰赏，二曰罚。赏者，政之大德也；罚者，政之大威也。人所以畏天地者，以其能生而杀之也。为治审持二柄，能使杀生不妄，则其威德与天地并矣。信顺者，天地之正道也；诈逆者，天地之邪路也。民之所好莫甚于生，所恶莫甚于死。善治民者，开其正道，因所好而赏之，则民乐其德也；塞其邪路，因所恶而罚之，则民畏其威矣。善赏者，赏一善而天下之善皆劝；善罚者，罚一恶而天下之恶皆惧者。何？赏公而罚不贰也。有善虽疏贱必赏，有恶虽贵近必诛，可不谓公而不贰乎？若赏一无功，则天下饰诈矣；罚一无罪，则天下怀疑矣。是以明德慎赏，而不肯轻之；明德慎罚，而不肯忽之。夫威德者，相须而济者也。故独任威刑而无德惠，则民不乐生；独任德惠而无威刑，则民不畏死。民不乐生，不可得而教也；民不畏死，不可得而制也。有国立政，能使其民可教可制者，其唯威德足以相济者乎！

贤者，圣人所与共治天下者也。故先王以举贤为急。举贤之本，莫大正身而一其听。身不正、听不一，则贤者不至；虽至，不为之用矣。古之明君，简天下之良财，举天下之贤人，岂家至而户阅之乎？开至公之路，秉至平之心，执大象而致之，亦云诚而已矣。夫任诚，天地可感，而况于人乎？傅说，岩下之筑夫也，高宗引而相之；吕尚，屠钓之贱老也，文、武尊而宗之；陈平，项氏之亡臣也，高祖以为腹心。四君不以小疵忘大德，三臣不以疏贱而自疑，其建帝王之业，不亦宜乎！文王内举周公旦，天下不以为私其子；外举太公望，天下称其公。周公诛弟而典刑立，桓公任仇而齐国治。苟其无私，他人之与骨肉，其于诛赏，岂二法哉？唯至公然后可以举贤也。夏禹有言：“知人则哲，惟帝其难之。”因斯以谈，君莫贤于高祖，臣莫奇于韩信。高祖在巴汉困矣，韩信去楚而亡穷矣。夫以高祖之明，困而思士；信之奇材，穷而愿进。其相遭也，宜万里响应，不移景而将相可取矣。然信归汉，历时而不见知，非徒不见知而已，又将案法而诛之。向不遇滕公，则身不免于戮死；不值萧何，则终不离于亡命。幸而得存，固水滨之饿夫，市中之怯子也，又安得市人可驱而立乎天下之功也哉？萧何一言，而不世之交合，定倾之功立。岂萧何知人之明，绝于高祖，而韩信求进之意，曲于萧何乎？尊卑之势异，而高下之处殊也。高祖势尊而处高，故思进者难；萧何势卑而处下，故自纳者易。然则居尊高之位者，其接人之道固难，而在卑下之地者，其相知之道固易矣。

昔人知居上取士之难，故虚心而下听；知在下相接之易，故因人以致人。舜之举咎陶难，得咎陶致天下之士易；汤之举伊尹难，得伊尹致天下之士易。故举一人而听之者，王道也；举二人而听之者，霸道也；举三人而听之者，仅存之道也。听一人何以王也？任明而致信也。听二人何以霸也？任术而设疑也。听三人何以仅存也，从二而求一也。明主任人之道专，致人之道博。任人道专，故邪不得间；致人之道博，故下无所壅。任人之道不专，则谗说起而异心生；致人之道不博，则殊途塞而良材屈。使舜未得咎陶、汤未得伊尹，而不求贤，则上下不交，而大业废矣。既得咎陶，既得伊尹，而又人人自用，是代大匠斫也。君臣易位，劳神之道也。今之人，或抵掌而言，称古多贤，患世无人，退不自三省，而坐诬一世，岂不甚耶！夫圣人者，不世而出者也。贤能之士，何世无之。何以知其然？舜兴而五臣显，武王兴而九贤进。齐桓之霸，管仲为之谋；秦孝之强，商君佐之以法。欲王则王佐至，欲霸则霸臣出，欲富国强兵，则富国强兵之人往。求无不得，唱无不和，是以天下之不乏贤也，顾求与不求耳，何忧天下之无人乎！

夫裁径尺之帛，刊方寸之木，不任左右，必求良工者，裁帛刊木，非左右之所能故也。径尺之帛、方寸之木，薄物也，非良工不能裁之，况帝王之佐、经国之任，可不审择其人乎！故构大厦者，先择匠然后简材；治国家者，先择佐然后定民。大匠构屋，必大材为栋梁，小材为榱撩。苟有所中，尺寸之木无弃也。非独屋有栋梁，国家亦然。大德为宰相，此国之栋梁也。审其栋梁，则经国之本立矣。经国之本立，则庶官无旷，而天工时叙矣。

天下之害，莫甚于女饰。上之人不节其耳目之欲，殚生民之巧，以极天下之变。一首之饰，盈千金之资；婢妾之服，兼四海之珍。纵欲者无穷，用力者有尽。用有尽之力，逞无穷之欲，此汉灵之所以失其民也。上欲无节，众下肆情，淫奢并兴，而百姓受其殃毒矣。尝见汉末一笔之柙，雕以黄金，饰以和璧，缀以随珠，发以翠羽。此笔非文犀之植，必象齿之管、丰狐之柱、秋兔之翰。用之者，必被珠绣之衣，践雕玉之履。由是推之，其极靡不至矣。然公卿大夫，刻石为碑，镌石为虎，碑虎崇伪，陈于三衢，妨功丧德，异端并起。众邪之乱正若此，岂不哀哉！夫经国立功之道，有二：一曰息欲，二曰明制。欲息制明，而天下定矣。

夫商贾者，所以伸盈虚而获天地之利，通有无而一四海之财。其人可甚贱，而其业不可废。盖众利之所充，而积伪之所生，不可不审察也。古者民朴而化淳，上少欲而下尠伪。衣足以暖身，食足以充口；器足以给用，居足以避风雨；养以大道，而民乐其生；敦以大质，而下无逸心。日中为市，民交易而退。各得其所，盖化淳也。暨周世殷盛，承变极文，而重为之防。国有定制，下供常事；役赋有恒，而业不废。君臣相与，一体上下，譬之形影；官恕民忠，而恩侔父子。上不征非常之物，下不供非常之求；君不索无用之宝，民不鬻无用之货。自公侯至于皂隶仆妾，尊卑殊礼，贵贱异等，万机运于上，百事动于下，而六合晏如者，分数定也。夫神农正其纲，先之以无欲，而咸安其道；周综其日，一之以中正，而民不越法。及秦乱四民而废常贱，竞逐末利而弃本业，苟合一切之风起矣。于是士树奸于朝，贾穷伪于市；臣挟邪以罔其君，子怀利以诈其父。一人唱欲而亿兆和。上逞无厌之欲，下充无极之求，都有专市之贾，邑有倾世之商，商贾富乎公室，农夫伏于陇亩而堕沟壑。上愈增无常之好以征下，下穷死而不知所归，哀夫！

且末流滥溢而本源竭，纤靡盈市而谷帛罄，其势然也。古言非典义，学士不以经心；事非田桑，农夫不以乱业；器非时用，工人不以措手；物非世资，商贾不以适市。士思其训，农思其务，工思其用，贾思其常，是以上用足而下不匮。故一野不如一市，一市不如一朝，一朝不如一用，一用不如上息欲，上息欲而下反真矣。不息欲于上，而欲于下之安静，此犹纵火焚林，而索原野之不凋瘁，难矣！故明君，止欲而宽下，急商而缓农，贵本而贱末。朝无蔽贤之臣，市无专利之贾，国无擅山泽之民。一臣蔽贤，则上下之道壅；商贾专利，则四方之资困；民擅山泽，则兼并之路开。兼并之路开，而上以无常役。下赋一物，非民所生，而请于商贾，则民财暴贱；民财暴贱，而非常暴贵；非常暴贵，则本竭而末盈。末盈本竭而国富民安，未之有矣。

昔者，圣人之崇仁也，将以兴天下之利也。利或不兴，须仁以济天下，有不得其所，若己推而委之于沟壑然。夫仁者，盖推己以及人也。故己所不欲，无施于人；推己所欲，以及天下。推己心孝于父母，以及天下，则天下之为人子者，不失其事亲之道矣；推己心有乐于妻子，以及天下，则天下之为人父者，不失其室家之欢矣；推己之不忍于饥寒，以及天下之心，含生无冻馁之忧矣。此三者，非难见之理，非难行之事，唯不内推其心，以恕乎人，未之思耳，夫何远之有哉！古之仁人，推所好以训天下，而民莫不尚德；推所恶以诫天下，而民莫不知耻。孔子曰："仁远乎哉？我欲仁，斯仁至矣。"此之谓也。若子方惠及于老马，西巴不忍而放麑，皆仁之端也。推而广之，可以及乎远矣。

盖天地著信，而四时不悖；日月著信，而昏明有常；王者体信，而万国以安；诸侯秉信，而境内以和；君子履信，而厥身以立。古之圣君贤佐，将化世美俗，去信须臾，而能安上治民者，未之有也。夫象天则地，履信思顺，以一天下，此王者之信也；据法持正，行以不贰，此诸侯之信也；言出乎口，结乎心，守以不移，以立其身，此君子之信也。讲信修义，而人道定矣。若君不信以御臣，臣不信以奉君，父不信以教子，子不信以事父，夫不信以遇妇，妇不信以承夫，则君臣相疑于朝，父子相疑于家，夫妇相疑于室矣。小大混然而怀奸心，上下纷然而竞相欺，人伦于是亡矣。

夫信由上而结者也。故君以信训其臣，则臣以信忠其君；父以信诲其子，则子以信孝其父；夫以信先其妇，则妇以信顺其夫。上秉常以化下，下服常而应上。其不化者，百未有一也。夫为人上，竭至诚开信以待下，则怀信者欢然而乐进，不信者赧然而回意矣。老子不云乎："信不足焉，有不信也。"故以信待人，不信思信；不信待人，信斯不信。况本无信者乎！先王欲下之信也，故示之以款诚，而民莫欺其上；申之以礼教，而民笃于义矣。夫以上接下，而以不信随之，是亦日夜见灾也。周幽以诡烽灭国，齐襄以瓜时致杀，非其显乎？故祸莫大于无信，无信则不知所亲，不知所亲，则左右书己之所疑，况天下乎？信者亦疑，不信亦疑，则忠诚者丧心而结舌，怀奸者饰邪以自纳，此无信之祸也。

傅子曰：能以礼教兴天下者，其知大本之所立乎？夫大本者与天地并存，与人道俱设。虽蔽天地，不可以质文损益变也。大本有三：一曰君臣，以立邦国；二曰父子，以定家室；三曰夫妇，以别内外。三本者立，则天下正；三本不立，则天下不可得而正。天下不可得而正，则有国有家者亟亡，而立人之道废矣。礼之大本存乎三者，可不谓之近乎？用之而蔽天地，可不谓之远乎？由近以知远，推己以况人，此礼之情也。

商君始残礼乐，至乎始皇，遂灭其制，贼九族、破五教，独任其威刑酷暴之政。内去礼义之教，外无列国之辅。日纵桀纣之淫乐，君臣竞留意于刑书。虽荷戟百万，石城造天，威凌沧海，胡越不动，身死未收，奸谋内发，而太子已死于外矣。胡亥不觉，二年而灭。曾无尽忠效节之臣，以救其难。岂非敬义不立，和爱先亡之祸也哉！礼义者，先王之藩卫也。秦废礼义，是去其藩卫也。夫赍不訾之宝，独宿于野，其为危败，甚于累卵。方之于秦，犹有泰山之安。《易》曰："上慢下暴，盗思代之。"其秦之谓与！

立善防恶谓之礼，禁非立是谓之法。法者，所以正不法也。明书禁令曰法，诛杀威罚曰刑。治世之民，从善者多。上立德而下服其化，故先礼而后刑也。乱世之民，从善者少。上不能以德化之，故先刑而后礼也。《周书》曰："小乃不可不杀，乃有大罪，非终，乃惟眚灾。"然则心恶者，虽小必诛；意善过误，虽大必赦，此先王所以立刑法之本也。礼、法殊途而同归，赏、刑递用而相济矣。是故圣帝明王，惟刑之恤，惟敬五刑，以成三德。若乃暴君昏主，刑残法酷，作五虐之刑，设炮烙之辟，而天下之民，无所措其手足矣。故圣人伤之，乃建三典，殊其轻重，以定厥中。司寇行刑，君为之不举乐，哀矜之心至也；八辟议其故而宥之，仁爱之情笃也。

柔愿之主，闻先王之有哀矜仁爱、议狱缓死也，则妄轻其刑，而赦元恶。刑妄轻，则威政堕而法易犯；元恶赦，则奸人兴而善人困。刚猛之主，闻先王之以五刑纠万民，舜诛四凶而天下服也，于是峻法酷刑以侮天下，罪连三族，戮及善民，无辜而死者过半矣。下民怨而思叛，诸侯乘其弊而起，万乘之主死于人手者，失其道也。齐、秦之君，所以威制天下，而或不能自保其身，何也？法峻而教不设也。末儒见峻法之生叛，则去法而纯仁；偏法见弱法之失政，则去仁而法刑。此法所以世轻世重，而恒失其中也。

爵禄者，国柄之本，而贵富之所由，不可以不重也。然则爵非德不授，禄非功不与。二教既立，则良士不敢以贱德受贵爵，劳臣不敢以微功受重禄，况无德无功，而敢虚干爵禄之制乎！然则先王之用爵禄，不可谓轻矣。夫爵者位之级，而禄者官之实也。级有等而称其位，实足利而周其官，此立爵禄之分也。爵禄之分定，必明选其人而重用之。德贵功多者，受重爵大位，厚禄尊官；德浅功寡者，受轻爵小位；薄禄卑官。厚足以卫宗党，薄足以代其耕。居官奉职者，坐而食于人。既食于人，不敢以私利经心。既受禄于官，而或营私利，则公法绳之于上，而显议废之于下。是以仁让之教存，廉耻之化行，贪鄙之路塞，嗜欲之情灭，百官各敬其职。大臣论道于朝，公议日兴，而私利日废矣。明君必顺善制而后致治，非善制之能独治也，必须良佐有以行之也。

欲治其民，而不省其事，则事繁而职乱。知省其职，而不知节其利、厚其禄也，则下力既竭，而上犹未供。薄其禄也，则吏竞背公义、营私利，此教之所以必废而不行也。凡欲为治者，无不欲其吏之清也。不知所以致清而求其清，此犹滑其源，而望其流之洁也。知所以致清，则虽举盗跖，不敢为非；不知所以致清，则虽举夷、叔，必犯其制矣。夫授夷、叔以事，而薄其禄，近不足以济其身，远不足以及室家，父母饿于前，妻子馁于后，不营则骨肉之道亏，营之则奉公之制犯。骨肉之道亏，则怨毒之心生；怨毒之心生，则仁义之理衰矣。使夷、叔有父母存，无以致养，必不采薇于首阳、顾公制而守死矣！由此言之，吏禄不重，则夷叔必犯矣。夫弃家门，委身于公朝，荣不足以庇宗人，禄不足以济家室，骨肉怨于内，交党离于外，仁孝之道亏，名誉之利损，能守志而不移者鲜矣。人主不详察，闻其怨兴于内，而交离于外，薄其名，必时黜其身矣。家困而身黜，不移之士，不顾私门之怨，不惮远近之谪，死而后已，不改其行。上不见信于君，下不见明于俗，遂委死沟壑，而莫之能知也，岂不悲夫！天下知为清之若此，则改行而从俗矣。清者化而为浊，善者变而陷于非，若此而能以致治者，未之闻也。

昔先王之兴役赋，所以安上济下，尽利用之宜，是故随时质文，不过其节，计民丰约而平均之，使力足以供事、财足以周用。乃立一定之制，以为常典。甸都有常分，诸侯有常职焉。万国致其贡，器用殊其物。上不兴非常之赋，下不进非常之贡。上下同心，以奉常教。民虽输力致财，而莫怨其上者，所务公而制有常也。战国之际，弃德任威，竞相吞代，而天下之民困矣。秦并海内，遂灭先王之制，行其暴政。内造阿房之宫，继以骊山之役；外筑长城之限，重以百越之戍。赋过太半，倾天下之财，不足以盈其欲；役及闾左，竭天下之力，不足以周其事。于是蓄怨积愤，同声而起。陈涉、项梁之畴，奋剑大呼，而天下之民，响应以从之。骊山之墓未闭，而敌国已收其图籍矣。昔者东野毕御，尽其马之力，而颜回知其必败。况御天下，而可尽人之力也哉！夫用人之力，岁不过三日者，谓治平无事之世，故周之典制载焉。

若黄帝之时，外有赤帝、蚩尤之难，内设舟车、门卫、甲兵之备，六兴大役，再行天诛。居无安处，即天下之民，亦不得不劳也；劳而不怨，用之至平也。禹凿龙门，辟伊阙，筑九山，涤百川，过门不入，薄饮食，卑宫室，以率先天下。天下乐尽其力，而不敢辞劳者，俭而有节，所趣公也。故世有事，即役烦而赋重。世无事，即役简而赋轻。役简赋轻，则奉上之礼宜崇，国家之制宜备，此周公所以定六典也。役烦赋重，即上宜损制以恤其下，事宜从省以致其用，此黄帝、夏禹之所以成其功也。

后之为政，思黄帝之至平、夏禹之积俭、周制之有常，随时益损而息耗之，庶几虽劳而不怨矣。

虎至猛也，可威而服；鹿至粗也，可教而使；木至劲也，可柔而屈；石至坚也，可消而用。况人含五常之性，有善可因，有恶可改者乎！人之所重，莫重乎身。贵教之道行，士有伏节成义、死而不顾者矣。此先王因善教义，因义而立礼者也。因善教义，故义成而教行；因义立礼，故礼设而义通。若夫商、韩、孙、吴，知人性之贪得乐进，而不知兼济其善，于是束之以法，要之以功，使天下唯力是恃，唯争是务。恃力务争，至有探汤赴火，而忘其身者，好利之心独用也。人怀好利之心，则善端没矣。中国所以常制四夷者，礼义之教行也。失其所以教，则同乎夷狄矣。其所以同，则同乎禽兽矣。不唯同乎禽兽，乱将甚焉！何者？禽兽保其性然者也，人以智役力者也。智役力而无教节，是智巧日用，而相残无极也。相残无极，乱孰大焉！不济其善，而唯力是恃，其不大乱几稀耳！人之性，避害从利。故利出于礼让，即修礼让；利出于力争，则任力争。修礼让，则上安下顺而无侵夺；任力争，则父子几乎相危，而况于悠悠者乎！

上好德则下修行，上好言则下饰辩。修行则仁义兴焉，饰辩则大伪起焉，此必然之征也。德者难成而难见者也，言者易撰而易悦者也。先王知言之易，而悦之者众，故不尚焉。不尊贤尚德、举善以教，而以一言之悦取人，则天下之弃德饰辩，以要其上者不鲜矣。何者？德难为而言易饰也。夫贪荣重利，常人之性也。上之所好，荣利存焉。故上好之，下必趣之，趣之不已，虽死不避也。先王知人有好善尚德之性，而又贪荣而重利，故贵其所尚，而抑其所贪。贵其所尚，故礼让兴；抑其所贪，故廉耻存。夫荣利者可抑，而不可绝也，故明为显名高位、丰禄厚赏，使天下希而慕之。不修行崇德，则不得此名；不居此位，不食此禄，不获此赏。此先王立教之大体也。夫德修之难，不积其实，不成其名。夫言撰之易，合所悦而大用，修之不久，所悦无常，故君子不贵也。

立德之本，莫尚乎正心。心正而后身正，身正而后左右正，左右正而后朝廷正，朝廷正而后国家正，国家正而后天下正。故天下不正，修之国家；国家不正，修之朝廷；朝廷不正，修之左右；左右不正，修之身；身不正，修之心。所修弥近，而所济弥远。禹、汤罪己，其兴也勃焉，正心之谓也。心者，神明之主，万理之统。动而不失正，天地可感，而况于人乎？况于万物乎？夫有正心，必有正德。以正德临民，犹树表望影，不令而行。《大雅》云："仪形文王，万邦作孚。"此之谓也。有邪心必有枉行。以枉行临民，犹树曲表，而望其影之直。若乃身坐廊庙之内，意驰云梦之野，临朝宰事，情系曲房之娱，心与体离，情与志乖，形神且不相保，孰左右之能正乎哉！忠正仁理存乎心，则万品不失其伦矣。礼度仪法存乎体，则远迩内外，咸知所象矣。古之大君子，修身治人，先正其心，自得而已矣。能自得则无不得矣，苟自失则无不失矣。无不得者，治天下有余。故否则保身居正，终年不失其和。达则兼善天下，物无不得其所。

无不失者，营妻子不足，故否则是己非人，而祸逮乎其身，达则纵情用物，而殃及乎天下。昔者有虞氏弹五弦之琴，而天下乐其和者，自得也；秦始皇筑长城之塞以为固，祸机发于左右者，自失也。夫推心以及人，而四海蒙其佑，则文王其人也；不推心虑用天下，则左右不可保，亡秦是也。秦之虣君目玩倾城之色，天下男女怨旷而不肯恤也。耳淫亡国之声，天下小大哀怨而不知抚也。意盈四海之外，口穷天下之味，宫室造天而起，万国为之憔瘁，犹未足以逞其欲。唯不推心以况人，故视用人，如用草芥。使用人如用己，恶有不得其性者乎？古之达治者，知心为万事主，动而无节则乱，故先正其心。其心正于内，而后动静不妄，以率先天下，而后天下履正，而咸保其性也。斯远乎哉？求之心而已矣。

夫能通天下之志者，莫大乎至公。能行至公者，莫要乎无忌心。唯至公，故近者安焉，远者归焉，枉直取正，而天下信之。唯无忌心，故进者自尽，而退不怀疑，其道泰然，浸润之谮，不敢干也。《虞书》曰："辟四门，则天下之人辐凑其庭矣。明四目，则天下之人乐为之视矣。达四聪，则天下之人乐为之听矣。"江海所以能为百谷王者，以其不逆之也。苟有所逆，众流之不至者多矣。众流不至者多，则无以成其深矣。夫有公心，必有公道；有公道，必有公制。丹朱、商均，子也，不肖，尧舜黜之；管叔、蔡叔，弟也，为恶，周公诛之。苟不善，虽子弟不赦，则于天下无所私矣。鲧乱政，舜殛之；禹圣明，举用之。戮其父而授其子，则于天下无所忌矣。

石厚，子也，石碏诛之；冀缺，仇也，晋侯举之。是之谓公道。夫在人上，天下皆乐为之用。无远无近，苟所怀得达，死命可致也。唯患众流异源，清浊不同，爱恶相攻，而亲疏党别。上之人或有所好，所好之流独进，而所不好之流退矣。通者一而塞者万，则公道废而利道行矣，于是天下之志塞而不通。欲自纳者，因左右而达，则权移左右，而上势分矣。昧于利者，知趣左右之必通，必变业以求进矣。昧利者变业而党成，正士守志而日否，则虽见者盈庭，而上之所开实寡。外倦于人，而内寡闻，此自闭之道也。故先王之教，进贤者为上赏，蔽贤者为上戮；顺礼者进，逆法者诛；设诽谤之木，容狂捐之人；任公而去私，内恕而无忌。是之谓公制也。公道行则天下之志通，公制立则私曲之情塞矣。

凡有血气，苟不相顺，皆有争心。隐而难分、微而害深者，莫甚于言矣。君人者，将和众定民，而殊其善恶，以通天下之志者也，闻言不可不审也。闻言未审，而以定善恶，则是非有错，而饰辩巧言之流起矣。故听言不如观事，观事不如观行。听言必审其本，观事必校其实，观行必考其迹。参三者而详之，近少失矣。问曰："汉之官制，皆用秦法。秦不二世而灭，汉二十余世而后亡者，何也？"答曰："其制则同，用之则异。秦任私而有忌心，法峻而恶闻其失。任私者则天下怨，有忌心则天下疑，法峻则民不顺之，恶闻其失则过不上闻，此秦之所以不二世而灭也。"

"汉初入秦，约法三章；论功定赏，先封所憎。约法三章，公而简也；先封所憎，无忌也。虽网漏吞舟，而百姓安之者，能通天下之志，得其略也。世尚宽简，尊儒贵学；政虽有失，能容直臣。简则不苛，宽则众归之；尊儒贵学，则民笃于义；能容直臣，则上之失不害于下，而民之所患上闻矣。自非圣人，焉无失！失而能改，则所失少矣。心以为是，故言行由之。其或不是，不自知也。先王患人之不自知其失，而处尊者天下之命在焉。顺之则生，逆之则死。顺而无节，则谄谀进；逆而畏死，则直道屈。明主患谀己者众，而无由闻失也，故开敢谏之路，纳逆己之言。苟所言出于忠诚，虽事不尽是，犹欢然受之。所通直言之途，引而致之，非为名也，以为直言不闻，则己之耳目塞。耳目塞于内，谀者顺之于外，此三季所以至亡，而不自知也。周昌比高祖于桀纣，而高祖托以爱子；周亚夫申军令，而太宗为之不驱；朱云折槛，辛庆忌叩头流血。斯乃宽简之风，汉所以历年四百也。"

天下之福，莫大于无欲；天下之祸，莫大于不知足。无欲则无求。无求者，所以成其俭也。不知足，则物莫能盈其欲矣。莫能盈其欲，则虽有天下，所求无已、所欲无极矣。海内之物不益，万民之力有尽，纵无已之求以灭不益之物，逞无极之欲而役有尽之力，此殷士所以倒戈于牧野，秦民所以不期而同叛。曲论之，好奢而不足者，岂非天下之大祸耶！

民富则安，贫则危。明主之治也，分其业而一其事。业分则不相乱，事一则各尽其力。而不相乱，则民必安矣。重亲民之吏而不数迁，重则乐其职，不数迁则志不流于他官。乐其职，而志不流于他官，则尽心恤其下。尽心以恤其下，则民必安矣。附法以宽民者赏，克法以要名者诛。宽民者赏，则法不亏于下，克民者诛，而名不乱于上，则民必安矣。量时而置官，则吏省而民供。吏省则精，精则当才而不遗力；民则供顺，供顺则思义而不背上。上爱其下，下乐其上，则民必安矣。笃乡闾之教，则民存知相恤，而亡知相救。存相恤而亡相救，则邻居相恃，怀土而无迁志。邻居相恃，怀土无迁志，则民必安矣。度时宜而立制，量民力以役赋。役赋有常，上无横求，则事事有储，而并兼之隙塞。事有储，并兼之隙塞，则民必安矣。图远必验之近，兴事必度之民。知稼穑之艰难，重用其民，如保赤子，则民必安矣。

职业无分，事务不一，职荒事废，相督不已，若是者民危。亲民之吏不重，有资者无劳而数迁，竞营私以害公、饰虚以求进，仕宦如寄，视用其民，如用路人，若是者民危。以法宽民者不赏，克民为能者必进，下力尽矣，而用之不已，若是者民危。吏多而民不能供，上下不相乐，若是者民危。乡闾无教，存不相恤，而亡不相救，若是者民危。不度时而立制，不量民而役赋无常，横求相仍，弱穷迫不堪其命，若是者民危。视远而忘近，兴事不度于民；不知稼穑艰难，而转用之，如是者民危。安民而上危，民危而上安者，未之有也。《虞书》曰："安民则惠，黎民怀之。"其为治之要乎！今之刺史，古之牧伯也；今之郡县，古之诸侯也。州总其统，郡举其纲，县理其目，各职守不得相干，治之经也。夫弹枉正邪，纠其不法，击一以警百者，刺史之职也。比物校成，考定能否，均其劳逸，同其得失，有大不可，而后举之者，太守之职也。亲民授业，平理百事，猛以威吏，宽以容民者，令长之职也。然则令长者，最亲民之吏，百姓之命也。国以民为本，亲民之吏，不可以不留意也。

傅子曰："利天下者，天下亦利；害天下者，天下亦害之。利则利，害则害，无有幽深隐微，无不报也。仁人在位，常为天下所归者，无他也，善为天下兴利而已矣。”

刘子问政。傅子曰：“政在去私。私不去，则公道亡；公道亡，则礼教无所立；礼教无所立，则刑赏不用情。刑赏不用情，而下从之者，未之有也。夫去私者，所以立公道也。唯公然后可以正天下。”傅子曰：“善为政者，天地不能害也，而况于人乎！尧水汤旱，而人无菜色。犹太平也，不亦美乎！晋饥矣，懈而为秦所禽。人且害之，而况于天地乎！”

傅子曰：“秦始皇之无道，岂不甚哉！视杀人如杀狗彘。狗彘，仁人用之犹有节。始皇之杀人，触情而已，其不以道如是。而李斯又深刑峻法，随其指而妄杀人。秦不二世而灭，李斯无遗类，以不道遇人，人亦以不道报之。人仇之，天绝之，行无道未有不亡者也。”或曰：“汉太宗除肉刑，可谓仁乎？”傅子曰：“匹夫之仁，非王天下之仁也。夫王天下者，大有济者也，非小不忍之谓也。先王之制，杀人者死，故生者惧；伤人者残其体，故终身惩。所刑者寡，而所济者众，故天下称仁焉。今不忍残人之体，而忍杀之，既不类，伤人刑轻，是失其所以惩也。失其所以惩，则易伤人；人易相伤，乱之渐也。犹有不忍人心，故曰匹夫之仁也。”

傅子曰：“古之贤君，乐闻其过，故直言得至，以补其阙。古之忠臣，不敢隐君之过，故有过者，知所以改。其戒不改，以死继之，不亦至直乎！”

傅子曰：“至哉，季文子之事君也！使恶人不得行其境内，况在其君之侧乎？推公心而行直道，有臣若此，其君稀陷乎不义矣。”

傅子曰：“正道之不行，常由佞人乱之也。故桀信其佞臣推侈，以杀其正臣关龙逢，而夏以亡。纣信其侯臣恶来，以割其正臣王子比干之心，而殷以亡。”曰：“惑佞之不可用如此，何惑者之不息也？”傅子曰：“佞人善养人私欲也，故多私欲者悦之。唯圣人无私欲，贤者能去私欲也。有见人之私欲，必以正道矫之者，正人之徒也；违正而从之者，佞人之徒也。自察其心，斯知佞正之分矣。”

或问：“佞孰为大？”傅子曰：“行足以服俗，辨足以惑众，言必称乎仁义，隐其恶心而不可卒见，伺主之欲微合之，得其志敢以非道陷善人。称之有术，饰之有利，非圣人不能别，此大佞也。其次，心不欲为仁义，言亦必称之，行无大可非，动不违乎俗，合主所欲而不敢正也，有害之者然后陷之。最下佞者，行不顾乎天下，唯求主心，使文巧辞，自利而已，显然害善，行之不怍。若四凶，可谓大佞者也；若安昌侯张禹，可谓次佞也；若赵高、石显，可谓最下佞也。大佞形隐为害深，下佞形露为害浅。形露犹不别之，可谓至暗也已。”

治人之谓治，正己之谓正。人不能自治，故设法以一之。身不正，虽有明法，即民或不从，故必正己以先之也。然即明法者，所以齐众也；正己者，所以率人也。夫法设而民从之者，得所故也。法独设而无主，即不行；有主而不一，则势分。一则顺，分则争，此自然之理也。

天地至神，不能同道而生万物；圣人至明，不能一检而治百姓。故以异致同者，天地之道也；因物制宜者，圣人之治也。既得其道，虽有诡常之变，相害之物，不伤乎治体矣。水火之性相灭也。善用之者，陈釜鼎乎其间，爨之煮之，而能两尽其用，不相害也，五味以调，百品以成。天下之物，为火水者多矣，若施釜鼎乎其间，则何忧乎相害，何患乎不尽其用也。

卷五十

《抱朴子》治要

酒诫

抱朴子曰：目之所好，不可从也；耳之所乐，不可顺也；鼻之所喜，不可任也；口之所嗜，不可随也；心之所欲，不可恣也。故惑目者，必逸容鲜藻也；惑耳者，必妍音淫声也；惑鼻者，必芷蕙芬馥也；惑口者，必珍羞嘉旨也；惑心者，必势利功名也。五者毕惑，则或承之祸，为身患者，不亦信哉！是以其抑情也，剧乎堤防之备决；其御性也，过乎腐辔之乘奔。故能内保永年，外免衅累也。夫酒醴之近味，生病之毒物，无豪锋之细益，有丘山之巨损。君子以之败德，小人以之速罪。耽之惑之，鲜不及祸。世之士人，亦知其然，既莫能绝，又不肯节，纵口心之近欲，轻名灾之根原，似热肠之恣冷，虽适己而身危。小大乱丧，亦罔非酒。然而俗人是酣是湎。其初筵也，抑抑济济，言希容整，咏湛露之厌厌，歌在镐之恺乐，举万寿之觞，诵温克之义。日未移晷，体轻耳热，琉璃海螺之器并用，满酌罚余之令遂急，醉而不出，拔辖投井。于是口涌鼻溢，濡首及乱，屡舞仙仙，舍其座迁。载号载呶，如沸如羹。

或争辞尚胜，或哑哑独笑，或无对而谈，或呕吐机筵，或颠蹶良倡，或冠脱带解。贞良者，流华督之顾盼；怯懦者，效庆忌之蕃捷；迟重者，蓬转而波扰；整肃者，鹿踊而鱼跃。口讷于寒暑者，皆抚掌以谐声；谦卑而不竞者，悉裨瞻以高交。廉耻之仪毁，而荒错之疢发；阘茸之性露，而傲狠之态出。精浊神乱，臧否颠倒。或奔车走马，赴阬谷而不惮，以九折之坂为蚁封也；或登危蹋颓，虽堕坠而不觉，以吕梁之渊为牛迹也。或肆忿于器物，或酗蒿于妻子。加枉酷于臣仆，用剡锋乎六畜；炽火烈于室庐，迁威怒于路人，加暴害于士友。亵严主以夷戮者有矣，犯凶人而受困者有矣。言虽尚辞，烦而叛理；拜伏徒多，劳而非敬。臣子失礼于君亲之前，幼贱悖慢于老宿之座。谓清谈为诋詈，以忠告为侵己。于是，白刃抽而忘思难之虑，棒杖奋而罔顾乎先后。构酒血之仇，招大辟之祸。以少凌长，则邻党加重责矣；辱人父兄，则子弟将推刃矣。发人所讳，则壮士不能堪矣；计数深刻，则醒者不能恕矣。起众患于须臾，结百痾于膏肓。奔驷不能追既往之悔，思改而无自反之蹊。盖知者所深防，而庸人所不免也。其为祸败，不可胜载。然而欢集，莫之或释，举白盈耳，不论能否。料沥雷于小余，以稽迟为轻己。倾筐注于所敬，殷勤变而成薄。劝之不持，督之不尽，恶色丑音，所由而发也。

夫风经府藏，使人忽恍，或遇斯疾，莫不忧惧，吞苦忍痛，欲其速愈。至于醉之病性，何异于兹？而独居密以逃风，不能割情以节酒。若畏酒如畏风，憎醉如憎病，则荒沉之咎塞，而流连之失止矣。夫风之为病，犹展攻治，酒之为变，在乎呼噏。及其闷乱，若存若亡，视泰山如弹丸，见沧海如盘盂，仰哗天堕，俯呼地陷，卧待虎狼，投井赴火，而不谓恶也。夫用身之如此，亦安能惜敬恭之礼，护喜怒之失哉！昔仪狄既疏，大禹以兴；糟丘酒池，辛癸以亡。丰侯得罪，以戴樽衔杯；景升荒坏，以三雅之爵。赵武之失众，子反之诛戮，灌夫之灭族，季布之疏斥，子建之免退，徐邈之禁言，皆是物也。世人之好之乐之者甚多，而戒之畏之者至少。彼众我寡，良箴安施？且愿君子节之而已。

疾谬

抱朴子曰：世故继有，礼教斯颓，敬让莫崇，傲慢成俗。俦类饮会，或蹲或踞；暑夏之月，露首袒体。盛务唯在樗蒲弹棋，所论极于声色之间。举足不离绮襦纨袴之侧，游步不去势利酒客之门。不闻清言讲道之言，专以丑辞嘲弄为先。以如此者为高远，以不尔者为呆野。于是驰逐之庸民，偶俗之近人，慕之者，犹宵虫之赴明烛，学之者犹轻毛之应飚风。嘲戏之言，或上及祖考，或下逮妇女。往者务其深焉，报者恐不重焉。唱之者不虑见答之后患，和之者耻于言轻之不塞。以不应者为拙劣，以先止者为负败。如此交恶之辞，焉得嘿哉！其有才思者之为之也，犹善于依因机会，言微理举，雅而可笑，中而不伤。若夫疏拙者之为之也，则枉曲直奏，使人愕然。妍之与蚩，其于宜绝，岂唯无益而已哉！乃有使酒之客，及于难侵之性，不能堪之，拂衣拔棘，而手足相及。丑言加于所尊，欢心变而成仇，绝交坏厚，构隙致祸。以栝螺相掷者有矣，以阴私相讦者有矣。昔陈灵之被矢，灌夫之泯族，匪降自天，口实为之。

枢机之发，荣辱之主。三缄之戒，岂欺我哉！激电不能追既往之失辞，班输不能磨斯言之既玷。虽不能三思而吐情谈，犹可息谑调以杜祸萌也。然而迷谬者，无自见之明；触情者，讳逆耳之规。疾美而无直亮之针艾，群惑而无指南以自反。谄媚小人，欢笑以赞善；面从之徒，拊节以称功。益使惑者不觉其非，自谓有端晏之捷、过人之辩而不寤。斯乃招患之旌、召害之符也。岂徒减其方策之令问，亏其没世之德音而已哉！然敢为此者，非必笃顽也，率多冠盖之后、势援之门，素颇力行善事，以窃虚名。名既粗立，本性便放。或假财色以交权豪，或因时运以佻荣位，或以婚姻而连贵戚，故并毁誉以合威柄，器盈志溢，态发病出；党成交广，道通步高。清论所不能复制，绳墨所不能复弹，遂成鹰头之蝇，庙垣之鼠。所未及者，则低眉扫地以奉望之；其下者，作威作福以鞍御之。故胜己者，则不得闻，闻亦阳不知也；减己者，则不敢言，言亦不能禁也。

刺骄

盖劳谦虚已，则附之者众；骄慢倨傲，则去之者多矣。附之者众，则安之征也；去之者多，则危之诊也。存亡之机，于是乎在。轻而为之，不亦蔽哉！自尊重之道，乃在乎以贵下贱，卑以自牧也。非此之谓也，乃衰薄之弊俗、膏盲之废疾，安共为之？可悲者也。不修善事，即为恶人；无事于大，则为小人。纣为无道，见称独夫；仲尼陪臣，谓为素王。即君子不在乎富贵矣。今为犯礼之行，而不喜闻遄死之讥，是负豕而憎人说其臭，投泥而讳人言其污也。夫节士不能使人敬之，而志不可夺也；不能使人不憎之，而道不可屈也；不能令人不辱之，而荣在我也；不能令人不摈之，而操之不可改也。

故分定计决，劝沮不能干；乐天知命，忧惧不能入。困瘁而益坚，穷否而不悔。诚能用心如此者，亦安肯草靡萍浮，效礼之所弃者之所为哉？俗之伤破人伦，剧于寇贼之来，不能经久，其所损坏一时而已。若夫贵门子孙，及在位之士，不惜典刑，而皆科头袒体，踞见宾客，毁辱天官，又移染庸民。后生晚出，见彼或已经清资，或叨窃虚名，而躬自为之，则凡夫便谓立身当世，莫此之为美也。夫守礼防者，苦且难，而其人多穷贱焉；恣骄放者，乐且易，而为者皆速达焉。于是俗人莫不委此而就彼矣。世间或有少无清白之操业，长以买官而富贵。或亦其所知，足以自饰也，其党与足以相引也。而无行之子，便指以为证，曰彼纵情恣欲，而不妨其赫奕矣；此整身履道，而不免于贫贱矣。而不知荣显者有幸，而顿沦者不遇，皆不由其行也。

博喻

抱朴子曰：民财匮矣，而求不已；下力极矣，而役不休。欲怨叹之不生，规其宁之惟永，犹断根以续枝，剜背以裨腹，刻目以广明，割耳以开聪也。

抱朴子曰：法无一定，而慕权宜之随时；功不倍前，而好屡变以偶俗，犹剸高马以适卑车、削跗裸以就褊履、断长剑以赴短鞞、剖尺璧以纳促匣也。

抱朴子曰：禁令不明，而严刑以静乱；庙算不精，而穷兵以侵邻。犹钐禾以计蝗虫、伐木以杀蛣蝎、食毒以中蚤虱、撤舍以逐雀鼠也。

广譬

抱朴子曰：三辰蔽于天，则清景暗于地；根荄蹶于此，则柯条瘁于彼。道失于近，则祸及于远；政缪于上，而民困于下。

抱朴子曰：贵远而贱近者，常人之用情也；信耳而疑目者，古今之所患也。是以秦王叹息于韩非之书，而想其为人；汉武慷慨于相如之文，而恨不同世。及既得之，终不能拔，或纳谗而诛之，或放之乎冗散。此盖叶公之好伪形，见真龙而失色也。

参考文献

［1］（唐）魏征等著 . 群书治要［M］. 天津：天津人民出版社，2015.

［2］（唐）魏征等著 . 群书治要［M］. 北京：团结出版社，2012.

［3］（唐）魏征等编撰 . 群书治要［M］. 北京：北京理工大学出版社，2013.

［4］（唐）魏征等编 . 群书治要译注［M］. 北京：中国书店出版社，2012.

［5］（唐）魏征等著；赵明华注 . 群书治要精华录（精装珍藏本）［M］. 北京：北京联合出版公司，2014.

［6］（唐）魏征著；黄占英校 . 群书治要［M］. 长春：吉林大学出版社，2013.